STIEHLER

Dialektik und Praxis

Gottfried Stiehler

Dialektik und Praxis

deb

verlag das europäische buch 1973

das europäische buch
literaturvertrieb gmbh
westberlin
ISBN 3 – 920 303 – 113
Copyright 1968 by
Akademie-Verlag, Berlin – DDR
Printed in the German
Democratic Republic
1180

INHALT

Tätigkeit als menschliche Wesensbestimmtheit

In der gegenwärtigen Etappe des Aufbaus der sozialistischen Gesellschaft in der Deutschen Demokratischen Republik tritt immer klarer die Tatsache zutage, daß die gesellschaftlichen Verhältnisse des Menschen sein eigenes Werk sind, daß er nicht nur das Objekt, sondern vor allem das Subjekt der Geschichte ist. Die bewußte, tätige Verwirklichung der sozialistischen Lebensbedingungen durch die werktätigen Massen stellt an die Philosophen die Forderung, das Wesen und die Formen der Selbsterzeugung des Menschen hinreichend klar theoretisch zu bestimmen. Dies schließt die Aufgabe ein, die in der marxistischen Weltanschauung enthaltene „tätige Seite" – d. h. die Auffassung des Menschen als eines sich tätig mit seiner Umwelt vermittelnden sozialen Wesens – in ihren Voraussetzungen und Implikationen zu entwickeln. Die gegenwärtige marxistische philosophische Forschung in der Deutschen Demokratischen Republik geht in der vielfältigen Weise dieser eminent praxisverbundenen Fragestellung nach.

Die vorliegenden Untersuchungen stellen sich das Ziel, die „tätige Seite" vor allem unter philosophiegeschichtlichen Fragestellungen thematisch zu explizieren. Es versteht sich von selbst, daß bei der Komplexität des Themas eine sachliche Beschränkung geboten war. Insbesondere sollte die *Beziehung von Dialektik und sozialer Praxis* an einigen wesentlichen Zusammenhängen sichtbar gemacht werden. Das Bemühen um die Lösung dieser Frage sah sich zugleich ständig der Notwendigkeit gegenüber, den Zusammenhang von Praxis und Materialismus herauszuarbeiten. So verfolgen diese Untersuchungen das Ziel, dem Gestaltwandel nachzugehen, in dem der Zusammenhang von Dialektik und menschlicher Tätigkeit im mechanischen Materialismus, in der klassischen deutschen idealistischen Philosophie und in der Lehre von Karl Marx, Friedrich Engels und W. I. Lenin reflektiert wurde. Dies aber konnte nicht geschehen, ohne zugleich jenen Bedingungen der sozialistischen Gesellschaft nachzuspüren, die einerseits das Wesen der marxistischen Lösung dieser Frage klarer herauszuarbeiten gestatten, andererseits Impulse für das Setzen neuer Akzente in der Gestaltung der Theorie erteilen. Damit begreift sich die philosophiegeschichtliche Forschung als unabdingbares Element der Lösung der großen Weltanschauungsfragen unserer Epoche und der umfassenden Analyse der Voraussetzungen und des Inhalts des sozialistischen Bewußtseins in unserer Zeit.

1. Soziale Aspekte der „tätigen Seite"

Die Ausarbeitung der „tätigen Seite" bildete eine der wesentlichen Leistungen der klassischen deutschen Philosophie. Immanuel Kant, Johann Gottlieb Fichte und Georg Wilhelm Friedrich Hegel näherten sich in hohem Maße der Erkenntnis, daß das Wesen des Menschen nicht durch ruhiges Sein, sondern durch Handeln, durch Tätigkeit konstituiert wird, und daß die Welt des Menschen das Werk des Menschen ist. Wenn noch Baruch (Benediktus) de Spinoza die Substanz lediglich unter dem Aspekt des Seins betrachtet hatte, formulierte Hegel die Einsicht (der bereits Fichte vorgearbeitet hatte), daß die Substanz wesentlich Subjekt ist. Diese Kurzformel enthielt eine geschichtsphilosophische Fassung des menschlichen Wesens und seiner äußeren Verhältnisse von außerordentlicher Tragweite. Das geschichtliche Werden des Menschen stellte sich von diesem Gesichtspunkt aus nicht mehr — wie im mechanischen Materialismus — lediglich als Produkt des Wirkens äußerer Determinanten auf den Menschen, sondern als dessen eigenes Tun dar. Der Inhalt der Geschichte verwirklichte sich nicht als ruhige, organische Entfaltung, sondern als lebendige, konfliktreiche Tätigkeit der menschlichen Individuen.

Die Neubestimmung des Verhältnisses des Menschen zu seiner Welt hatte einschneidende Folgen für die gesamte philosophische Wirklichkeitsinterpretation. Diese Folgen manifestierten sich deutlich in der Philosophie Fichtes. Er stellte in den Mittelpunkt seiner Erwägungen den handelnden Menschen und faßte die Philosophie als theoretisches Bewußtwerden menschlicher Tätigkeit auf. Das Objekt des Erkennens und Handelns sah er als jeweils durch menschliche Aktivität vorgeformt an. Er leugnete die Existenz einer zu dem Menschen beziehungslosen Realität. Als die Substanz aller Wirklichkeit faßte Fichte den handelnden Menschen auf.

Aber der idealistische Ansatz, von dem aus diese Erkenntnis gewonnen und formuliert wurde, implizierte zugleich die Preisgabe der Wirklichkeit als einer materiellen Realität. Die menschliche Tätigkeit wurde einseitig unter dem Aspekt ihrer Seinsbegründung gefaßt: Fichte vermochte nicht zu begreifen, daß sie zugleich Produkt materiellen Seins, durch dieses bedingt, ist. Tätigkeit war für ihn wesentlich ein in der ideologischen Sphäre der Gesellschaft sich entfaltender Vorgang, nicht aber der materiell fundierte menschliche Schaffensprozeß. Erst in der Philosophie von Marx konnte mit der Konzipierung der „tätigen Seite" wirklich Ernst gemacht werden, weil Marx deren materielle Grundlage entdeckte. Der Standpunkt eines Materialismus, der die gesellschaftliche Wirklichkeit sowohl nach der Seite ihrer Objektivität und Eigengesetzlichkeit als auch nach der ihrer konkrethistorischen Verdinglichung menschlicher Aktivität nahm, der also reales Sein und menschliches Handeln dialektisch zusammenschloß, bot die Voraussetzung, um den lebendigen Gehalt des Gedankens von der Tätigkeit als menschlicher Wesensbestimmtheit allseitig fruchtbar zu machen. Die „tätige Seite" ist dem Marxismus nicht nur äußerlich, sie ist nicht nur einer unter vielen Aspekten der Wirklichkeitsauffassung, sondern auf der Grundlage des Materialismus ein wesentliches Moment der marxistischen Weltanschauung. Man kann die Aussagen von Marx über das Wesen der Gesellschaft nur richtig verstehen, wenn man sie als nicht nur „ontologisch", sondern zugleich als theoretischen Ausdruck der Vergegenständlichung menschlicher Tätigkeit begreift. Dies bedeutet kein Auflösen des Seins in Tun, wie dies Fichte proklamiert hatte, sondern es markiert den wesentlichen Bezugspunkt, von dem aus die objektive Realität für den Menschen überhaupt faßbar wird. Die Beziehung zwischen Mensch und äußerer Wirklichkeit ist nicht, wie der vordialektische Materialismus gemeint hatte, ein linearmechanisches Wirkungsgeschehen, sondern der komplizierte, konfliktreiche Prozeß der Selbstentäußerung und Selbsterfahrung des Menschen auf der Grundlage des Wirkens objektiver Prozesse und Gesetze.

Die Ausarbeitung der „tätigen Seite" stellte die Reflexion objektiver sozialer Erfordernisse und Bedingungen dar. Dies läßt sich schon an den Erkenntnissen des deutschen Idealismus ablesen, und es wird vollends deutlich, wenn die Anschauungen von Marx untersucht werden. Die allgemeine geschichtliche Grundlage des „tätigen Prinzips" bestand in der Entfaltung des Gegensatzes von „produktiven" und „konsumtiven" Klassen. Die „tätige Seite" in der Philosophie ist die Widerspiegelung der objektiven sozialen Interessen von Klasssen, die durch ihre Tätigkeit den Lebensprozeß der Gesellschaft entscheidend fördern, im Gegensatz zu jenen Klassen, die bereits keine produktive Bedeutung mehr für den geschichtlichen Fortschritt besitzen. Sie wird insbesondere dann theoretisch entwickelt, wenn die geschichtlich produktiven Klassen sich ihrer Rolle bewußt werden und gegen Verhältnisse revoltieren, in denen überlebte Klassen noch die bestimmende Rolle spielen.

In diesem Sinne handelte Engels in einer speziellen Arbeit über „Notwendige und überflüssige Gesellschaftsklassen". Die Notwendigkeit einer Klasse, die jeweils historisch-konkret bestimmt ist, ergibt sich aus der ökonomischen Funktion, die sie ausübt, aus ihrer Bedeutung für die Entwicklung der Produktivkräfte. Diese Funktion ist in unterschiedlicher Weise an unmittelbar gegenständliche Tätigkeit geknüpft: Sklaven, Leibeigene und Lohnarbeiter bildeten, als materielle Produzenten, die unter den jeweiligen historischen Bedingungen absolut notwendige soziale Klasse. Aber auch das Bürgertum, obwohl als Klasse nicht in derselben Weise wie das Proletariat im Sinne der Ökonomie produktiv, trug durch seine wirtschaftliche, politische und ideologische Tätigkeit zur Überwindung der überlebten Feudalverhältnisse und zur Errichtung einer Gesellschaft mit unvergleichlich höherem wirtschaftlichen Niveau bei. Engels kennzeichnete daher die Bourgeoisie als eine unter bestimmten historischen Bedingungen notwendige Klasse. Sie organisierte das System der industriellen Produktion, förderte und erweiterte das Niveau des wirtschaftlichen Lebens und räumte die ökonomischen und politischen Hindernisse der Entwicklung des neuen Systems aus dem Wege. Die industriellen Bourgeois waren in das wirtschaftliche Geschehen noch fest eingefügt und spielten eine wichtige Rolle bei der Entfaltung der menschlichen und sachlichen Produktivkräfte.

In dem Maße, wie die Bourgeoisie erstarkte, wurde die Grundbesitzeraristokratie eine ökonomisch und gesellschaftlich überflüssige

Klasse. Sie übte keine nennenswerte Funktion bei der weiteren Entwicklung der Produktivkräfte aus, sondern repräsentierte immer mehr
den bloß genießenden Reichtum (was natürlich anti-progressive soziale
Aktivität nicht ausschließt). Diese Klasse suchte am wirtschaftlichen
Aufschwung, den die Bourgeoisie organisierte, vor allem in der Form
der Konsumtion von Luxusartikeln zu partizipieren, für den sie eine
maßlose Ausbeutung der Leibeigenen betrieb. Echte Impulse für die
Entwicklung der Produktivkräfte vermochte sie bereits nicht mehr zu
erteilen. Die Grundbesitzeraristokratie bildete mit den Rentiers den
von Marx in den „Ökonomisch-philosophischen Manuskripten" apo-
strophierten genießenden, untätigen Reichtum. Ihnen galt nicht Tätigkeit, Arbeit, sondern der Genuß (in seinen vielfältigen Formen) als
eigentliche menschliche Daseinsbestimmung. Der Illusion über den
Reichtum als Mittel zum bloßen Genuß trat geschichtlich das arbeitende, „prosaische" Kapital, die industrielle Bourgeoisie, entgegen.
Während die Macht des genießenden Reichtums sich ihrer inneren
Substanz nach mehr und mehr in gesellschaftliche Ohnmacht verwandelte, war die gesellschaftliche Macht des industriellen Kapitals gerade dadurch zur Reproduktion und Erweiterung fähig, daß dieses
Kapital „arbeitete". Die Entfaltung der industriellen Bourgeoisie ver-
körperte so den „vollständigen Sieg des arbeitenden Kapitals über den
verschwenderischen Reichtum, d. h. die Verwandlung alles Privateigentums in industrielles Kapital."[1]

Wenn für den genießenden Reichtum der Genuß im Mittelpunkt
stand, so war er für den tätigen, erwerbenden Reichtum nur Neben-
sache. Der Genuß war unter das Kapital, das genießende Individuum
unter das tätige (kapitalisierende) subsumiert. Auf diese Weise hatte,
wie Engels bemerkte, „die stille Arbeit der unterdrückten Klassen in
ganz Westeuropa das Feudalsystem untergraben"[2]. Weder der bloß
genießende Reichtum, noch die Tätigkeit der Ritter, die überwiegend
ohne ökonomische Bedeutung blieb, vermochten die gesellschaftliche
Entwicklung entscheidend zu fördern, sondern dies leistete allein eine

[1] Karl Marx/Friedrich Engels, „Kleine ökonomische Schriften", Berlin 1955,
  S. 152.
[2] Friedrich Engels, „Über den Verfall des Feudalismus und das Aufkommen
  der Bourgeoisie", in Karl Marx/Friedrich Engels, Werke, Bd. 21, Berlin
  1962, S. 392.

Tätigkeit, die mit der Entfaltung der Produktivkräfte die Herrschaft des Menschen über die Natur erweiterte, die die Menschen durch Belebung der Wirtschaft einander näherbrachte und damit zugleich die Vorbedingung für eine intensive Entfaltung des geistig-kulturellen Lebens schuf.

Die ökonomische Stellung der aufstrebenden Bourgeoisie und die damit verknüpften realen politischen Notwendigkeiten und Erfordernisse waren es somit, die sich in der „tätigen Seite" der progressiven bürgerlichen Philosophie theoretisch reflektierten. Der Kern dieses Prinzips bestand in der Erkenntnis, daß der Mensch nur als ein tätiges Wesen wahrhaft Mensch ist, daß er allein auf dem Wege der Tätigkeit sich geschichtlich entwickelt. In diesem Prinzip, das der deutsche Idealismus mit Entschiedenheit zur Geltung brachte, kristallisierten sich ökonomische Erfahrungsgehalte der Epoche des Übergangs vom Feudalismus zum Kapitalismus, die vielfach unmittelbar in politischen Forderungen Ausdruck fanden. Dies zeigte sich in Formulierungen der kleinbürgerlichen Demokraten, welche kritisch hervorhoben, daß die Bürgerlichen arbeiteten, während die Adligen müßig gingen; eine Feststellung, an die sich nicht selten die Forderung anschloß, das Produkt der Arbeit müsse den Arbeitenden — den Bürgern und den Bauern — gehören und dürfe ihnen von den Fürsten und Adligen nicht durch Steuern und Abgaben weggenommen werden.

Gegen den Erbadel traten selbstbewußte bürgerliche Denker mit der Proklamation des Vorrangs der eigenen Leistung, des eigenen Verdienstes vor angeerbter sozialer Stellung auf. Immer wieder wurde geltend gemacht, daß der wahre Adel des Menschen in seiner Leistung begründet liege, und daß die Existenz des ererbten Adels eine Mißachtung der menschlichen Würde, der Selbsttätigkeit des Menschen darstelle.

Freilich wird an diesen Überlegungen auch der illusionäre Charakter der frühbürgerlichen Proklamation des tätigen Menschen sichtbar; denn es lebte in ihr die Vorstellung, die erstrebte neue gesellschaftliche Wirklichkeit sei eine solche, in der die soziale Stellung des Menschen allein durch seine Leistung legitimiert werde und in der es keine hiervon unabhängigen Bestimmungsgründe sozialer Geltung mehr gebe. Hierbei wurde zweierlei übersehen: Erstens, die soziale Ungleichheit, die aus den ökonomischen Gegensätzen hervorwuchs und die nichts

weniger als „gleiche Startbedingungen" für jeden ermöglichte. Sie ver-
hinderte es effektiv, daß das Individuum seinen Platz in der bürgerlichen Gesellschaft allein durch eigene Leistung fixieren konnte. Zweitens, die hiermit eng verbundene politische Ungleichheit, der Gegensatz zwischen herrschender und beherrschter Klasse und das Interesse
der herrschenden Klasse, die sozialen Bedingungen dieses Gegensatzes
zu verewigen. Die Proklamation der eigenen Tätigkeit und Leistung
als soziale Wertmaßstäbe erwies sich mithin als Reflex vorübergehender historischer Konstellationen des aufstrebenden Bürgertums; sie
mußte ihre Geltung verlieren, wenn diese Klasse ihre Lebensbedingungen zu den herrschenden erhob und sie durch Ausübung der Macht
im Staate politisch sanktionierte.

Solange das Bürgertum noch um die Erreichung seiner Ziele kämpfte,
hatte die Verteidigung der Tätigkeit und die Kritik einer einseitigen
Genußhaltung vorwärtstreibende soziale Bedeutung. Gegen die Untätig-
keit und Prasserei des Adels wurde der Gesichtspunkt entwickelt, daß
die Arbeit höher stehe als der Genuß: Ein Gedanke, der bei den radikal-demokratischen Denkern mit einer Hervorhebung der geschichts-
bestimmenden Rolle der produktiv tätigen Volksmassen verbunden
war. Gleichzeitig trat dieser Gedanke in der Form eines politischen
Programms auf, welches besagte, daß jene sozialen Verhältnisse umzu-
stürzen seien, in denen die Arbeitenden unter das Joch der Leibeigen-
schaft gebeugt waren und ein erblicher Stand sich anmaßte, sein
Leben auf Kosten des Schweißes und Fleißes der Untertanen zu führen,
wobei er sich jeder nützlichen Tätigkeit enthielt. Eine Klasse, die
die Arbeit als ihrer unwürdig erachtete, sprach das Todesurteil über
sich selbst aus. Demgegenüber konnte sich der dritte Stand, das Bürgertum, in den Zeugnissen seiner Ideologen als der Stand der nützlichen
Tätigkeit begreifen. Durch die umwälzende Tätigkeit dieses Standes
erwies sich in der Folge der geschichtlichen Entwicklung immer klarer,
daß die Feudalaristokratie entbehrlich, überflüssig war.

Das Prinzip der Tätigkeit, die „tätige Seite", stellte mithin eine theo-
retische Waffe im Kampfe der Bourgeoisie gegen den Feudaladel dar.
Es wurde das Wesen des Menschen, seine Stellung gegenüber der
Wirklichkeit im Sinne der Klassenziele der Bourgeoisie definiert und
in der Tätigkeit, im Unterschied zum bloßen Genuß, das entscheidende
Mittel des Menschen erblickt, die Wirklichkeit zu verändern.

Allerdings war es den bürgerlichen Ideologen nur im Ansatz möglich, als grundlegende Form geschichtsgestaltender menschlicher Tätigkeit die *materielle Arbeit* zu erfassen. Unter den damals gegebenen historischen Bedingungen traten vielmehr Geschick, Fleiß, Umsicht und auch geschäftliches Glück der Unternehmer als ökonomische Triebkräfte vordergründiger in Erscheinung als die produktive Arbeit der Lohnarbeiter. Außerdem war es natürlich, daß die Ideologen der Bourgeoisie die gesellschaftliche Tätigkeit ihrer Klasse als entscheidend ansahen; einen theoretischen Zugang zur Arbeit der Lohnarbeiter konnten sie schon aus klassenbedingten Gründen kaum finden.

Das industrielle Bürgertum hatte in jener Zeit eine wichtige ökonomische Funktion zu erfüllen; es organisierte den wirtschaftlichen Prozeß – wenn auch innerhalb der Spontaneität und Entfremdung – und war insofern eine gesellschaftlich produktive Klasse. Da die Tätigkeit der industriellen Bourgeoisie aber überwiegend geistiger, nicht körperlicher Art war, mußte es ihren Ideologen so scheinen, als sei überhaupt die geschichtlich wirksame Tätigkeit die geistige Arbeit. Erst in dem Maße, wie das Proletariat als selbstbewußte, selbständige soziale Kraft in Erscheinung trat, waren die objektiven Bedingungen dafür gegeben, die soziale Tätigkeit wesentlich differenzierter zu erfassen und die umwälzende Bedeutung der materiellen Produktionstätigkeit zu erkennen. Die bürgerliche Philosophie gelangte über eine abstrakte, einseitige Auffassung von der menschlichen Tätigkeit im allgemeinen nicht hinaus; sie besaß keinen Blick für die Bedeutung der materiellen Produzenten in der Geschichte und stellte die geistige Arbeit, die theoretische Tätigkeit als die entscheidende Triebkraft der Geschichte hin. Natürlich wäre es unsinnig, hierin nur einen Irrtum zu erblicken; denn die geistige Tätigkeit ist ein gewaltiger Faktor menschlicher Entwicklung. Aber sie ist dies nur auf der gesellschaftlichen Grundlage materieller Tätigkeit und im Zusammenwirken mit ihr, auf der Grundlage eines praktischen und nicht bloß theoretischen Verhaltens zur Wirklichkeit. Indem aber in der bürgerlichen Ideologie dieser Zusammenhang nur einseitig und unvollkommen erfaßt wurde, erfolgte eine Verselbständigung der geistigen Tätigkeit; sie wurde in den Rang einer aparten, transzendenten Wirkkraft erhoben.

Wenn im deutschen Idealismus Tätigkeit als menschliche Wesensbestimmung fixiert wurde, so geschah dies im Unterschied und im

Gegensatz zu der eudämonistischen Ethik, wie sie Vertreter namentlich des französischen Materialismus entwickelt hatten. Sie hatten zwar
keineswegs die Tätigkeit als Grunderfordernis menschlichen Seins ge-
leugnet, hatten aber im Kampf gegen die religiösen Ideale der Askese
und Weltflüchtigkeit ihr gegenüber den sinnlichen Genuß als Ziel
menschlichen Strebens in den Vordergrund gerückt. In dieser Denkweise erfolgte eine unmittelbare, direkte Proklamation bürgerlicher,
antifeudalistischer Interessen, nämlich des Verlangens des dritten
Standes, an den Glücksgütern und Freuden des Daseins teilzuhaben
und insofern an dem genießenden Reichtum zu partizipieren. Paul
Heinrich Dietrich Baron von Holbach erklärte das individuelle Glück
zum Maßstab jeglicher Moral, was im Grunde die Umfunktionierung
des kapitalistischen Gewinnstrebens zu einer allgemein-menschlichen
sittlichen Verhaltensweise war.

Nun haben Marx und Engels mit vollem Recht darauf hingewiesen,
daß die Philosophie des Genusses nie etwas anderes war, „als die geist-
reiche Sprache gewisser zum Genuß privilegierter gesellschaftlicher
Kreise , und daß sie notwendig „zur reinen *Phrase*" wurde, sobald sie
als allgemeine Lebensanschauung auftrat.[3] In der Tat: Der Eudämonis-
mus reflektierte soziale Interessen der Bourgeoisie, aber er tat dies in
der Form eines „falschen Bewußtseins", insofern er eine Daseinsbestimmung „des" Menschen zu geben unternahm. Denn die Maxime des
politischen Handelns der ausgebeuteten und unterdrückten Volksmassen – der Bauern, Handwerker, Lohnarbeiter – konnte primär nicht
das Streben nach Genuß, sondern mußte der Kampf um die Schaffung
von Lebensbedingungen sein, in denen der Mensch sich von Ausbeutung und Unterdrückung befreit und sich damit wahrhaft als Mensch
entfaltet. Es mußte ihnen gerade um die *Überwindung* jener sozialen
Verhältnisse gehen, die die bürgerliche Genußphilosophie unkritisch
als absolute menschliche Daseinsbestimmungen auffaßte.

Genuß und Sinnesfreude waren unter den geschichtlichen Bedingungen des Kampfes um die Verwirklichung der bürgerlichen Gesellschaft
historisch berechtigte und begründete Losungen der aufsteigenden bürgerlichen Klasse. Auch konnten sie in einem gewissen Maße eine ideo-

---

[3] Karl Marx und Friedrich Engels, „Die deutsche Ideologie", in Karl Marx/
Friedrich Engels, Werke, Bd. 3, Berlin 1958, S. 402.

logische Funktion bei der Sammlung der antifeudalen Kräfte ausüben,
da sie in der Tat ein elementares Verlangen jedes Menschen ausdrück-
ten, nämlich das, Freude am Dasein, Freude am Leben und an der
Arbeit zu empfinden. Gleichzeitig aber wurden diese Losungen inhalts-
leer in dem Maße, wie sich der Gegensatz der Interessen unter den
antifeudalistischen Kräften entfaltete.

Die Genußphilosophie ließ aber auch die Erfordernisse der Entwicklung der bürgerlichen Klasse nur in begrenztem Maße sichtbar
werden. Unter den Bedingungen der bürgerlichen Aufstiegsperiode
mußte es sich für das Bürgertum wesentlich darum handeln, dem
Standpunkt des nur genießenden den Standpunkt des tätigen Reichtums entgegenzusetzen, den Reichtum nicht als Zweck, sondern als Mittel, nicht als Ruhe, sondern als Prozeß zu begreifen.

Darum wurde das „tätige Prinzip" im deutschen Idealismus sowohl
in der Auseinandersetzung mit der feudalistischen Lebenshaltung, wie
mit den Einseitigkeiten des Genußstandpunktes der bürgerlichen Ethik
ausgearbeitet. Der deutsche Idealismus vermochte die philosophische
Erkenntnis weiterzuführen, indem er jene grundlegenden Aspekte des
menschlichen Seins schärfer hervorhob, denen die sensualistischen
Ethiken nur untergeordnete Bedeutung verliehen hatten. Er machte
bereits nicht mehr nur die feudale, sondern zugleich auch eine entwickelte *bürgerliche* Ideologie — den französischen Materialismus —
zum Gegenstand kritischer Reflexion und entwickelte dadurch die bürgerliche Ideologie *insgesamt* weiter. Dies stand mit der Tatsache im
Zusammenhang, daß die deutsche Bourgeoisie eine ideologische Vor-
bereitung der Revolution unter Bedingungen vornahm, da die klassische bürgerliche Revolution in Frankreich bereits stattgefunden und
manche Illusionen zerstört hatte, was die Ausarbeitung neuer Positionen innerhalb der bürgerlichen Ideologie erforderlich machte. Wenn
der neue Standpunkt auch wiederum Erkenntnisbegrenzungen unterworfen war — man denke nur an den ethischen Rigorismus Kants —
so leistete er doch wesentliches im Sinne der Ausarbeitung des „tätigen
Prinzips".

Es wurde der Gedanke entwickelt, daß der Sinn und der Wert des
Lebens nicht in der Fülle des Genusses, sondern vor allem in der fördernden Kraft menschlichen Tuns besteht. In Übereinstimmung damit
wurde an die Spitze der moralischen Werteskala die Aktivität des Men-

schen gerückt und ihr der Genuß entschieden untergeordnet, oder vielmehr: in der Arbeit, im Tun selbst entdeckt. Für das ökonomisch und politisch zurückgebliebene deutsche Bürgertum konnte es sich offensichtlich weniger darum handeln, sich auf behaglichen Genuß, als vielmehr auf die mühselige Tätigkeit des Produzierens und Erwerbens einzustellen. Nur sie konnte die Grundlage für eine allmähliche Untergrabung der feudalen Machtverhältnisse bilden. Jener ernste Appell an die Geduld und Mühsal des Negativen, den Hegel formulierte, reflektierte die sozialen Zielvorstellungen eines Bürgertums, das einen Weg stiller, zäher Arbeit vor sich sah, auf dem allein es hoffen durfte, seine ökonomische und politische Stellung entscheidend zu verbessern. Dieses Bürgertum konnte in seinem Sprecher Fichte erklären, daß Wohlleben nicht der Sinn menschlichen Daseins sei, sondern allein die Arbeit. Die Heiterkeit des französischen Lebensgefühls war bei Kant und Fichte durch eine Pflichtethik verdrängt worden, die, bei allen vorwärtstreibenden Tendenzen, zugleich die Enge und Gedrücktheit der deutschen Lebensverhältnisse spiegelte. Für das zurückgebliebene, von Despoten getretene deutsche Bürgertum galt es, überhaupt erst materielle Voraussetzungen und Möglichkeiten eines genießenden bürgerlichen Reichtums zu schaffen.

Andererseits ging es aber der industriellen Bourgeoisie im Grunde niemals primär um Genuß, sondern vielmehr um die Selbstverwertung des Kapitals, und der Genuß des Kapitalisten besaß eine diesem Ziel untergeordnete Funktion. Wie Marx zeigte, herrschten „in den Anfängen der kapitalistischen Produktionsweise . . . Bereicherungstrieb und Geiz als absolute Leidenschaften vor." Erst auf einem gewissen Höhegrad der kapitalistischen Entwicklung wurde die Teilnahme an einer Welt von Genüssen, ein bestimmter Grad von Verschwendung, als „Schaustellung des Reichtums und daher Kreditmittel . . . zu einer Geschäftsnotwendigkeit des . . . Kapitalisten."[4] Wenn Johann Gottfried Herder, Kant, Fichte und Hegel immer wieder betonten, die Arbeit stehe höher als das Genießen, so brachten sie *allgemeine* Erfordernisse der Aufstiegsperiode der Bourgeoisie zum Ausdruck und formulierten ein *allgemeines* Moment der bürgerlich-progressiven Ideologie.

[4] Karl Marx, „Das Kapital", Erster Band, in Karl Marx/Friedrich Engels, Werke, Bd. 23, Berlin 1962, S. 620.

Die Unterschiede in der Auffassung von menschlicher Daseinsbestimmung, vom Wesen des Menschen, wie sie in den verschiedenen Grund-
legungen bürgerlicher Ethiken hervortraten, heben folglich den Umstand
nicht auf, daß die Philosophie der aufsteigenden Bourgeoisie den Menschen als tätiges Wesen definieren mußte, wenn sie die sozialen Aufgaben dieser Klasse theoretisch adäquat bestimmen wollte. Der deutsche
Idealismus rückte daher diese Seite energisch in den Vordergrund, nachdem der französische Materialismus – auch auf Grund mechanistischer
Gedankenvorgänge, die den Menschen mehr als Objekt, denn als Subjekt geschichtlichen Werdens interpretierten – die aktive Tätigkeit in
seiner Ethik gegenüber dem passiven Genuß vernachlässigt hatte.

Indessen: So Bedeutendes der deutsche Idealismus bei der Ausarbeitung der „tätigen Seite" leistete, er konnte sie im ganzen doch nur
in einseitiger und verzerrter Weise zur Geltung bringen. Es wurde
schon darauf hingewiesen, daß die bürgerlichen Philosophen, auf Grund
objektiver geschichtlicher Konstellationen des Verhältnisses von Bourgeoisie und Proletariat, der geistigen Arbeit gegenüber der materiellen
Produktionstätigkeit den Vorrang gaben. Eine gültige Ausarbeitung
der „tätigen Seite" hat aber die Erkenntnis der Bedeutung der materiellen Produktion und der Produzenten, der werktätigen Massen, in
der Geschichte zur Voraussetzung, eine Erkenntnis, die der bürgerlichen Philosophie verschlossen bleiben mußte. Die bürgerlichen Philosophen sahen als umwälzende menschliche Tätigkeit die theoretische
Arbeit an. Darüber hinaus aber beschränkten sie das Prinzip der Tätigkeit noch dadurch, daß das eigentliche Subjekt der Tätigkeit für sie weniger der Mensch, als eine übermenschliche, übergeschichtliche Macht
war. Schon die mechanischen Materialisten hatten den Menschen nicht
als Subjekt seiner selbst zu verstehen vermocht, sondern ihn zu einer
Funktion von Kausalreihen herabgesetzt, die mit Notwendigkeit sein
Leben bestimmten und damit den Charakter eines „Fatums", eines blinden Schicksals annahmen. Der deutsche Idealismus suchte demgegenüber die Selbsttätigkeit des Menschen herauszuarbeiten, aber auch er
vermochte die Auffassung von der Fremdbestimmtheit des Menschen
nicht wirklich zu durchbrechen. Dies ergab sich u. a. daraus, daß für
die bürgerlichen Philosophen der Mensch seinem Wesen nach waren-
produzierendes Individuum war, daß der *bürgerliche* als der *wahre*
Mensch angesehen wurde. Das Zusammenwirken der Warenprodu-

zenten aber stellte sich als äußere Verknüpfung individueller Tätigkeiten dar, wobei die Menschen *mit Bewußtsein* nur partikuläre Zwecke realisierten. Der Gesamtzusammenhang des Wirkens der Individuen mußte daher notwendig im Dunkeln bleiben. Indem die Geschichte sich als gerichteter Prozeß aufsteigender Entwicklung darstellte, die Menschen aber immer nur ihre begrenzten individuellen Ziele verfolgten, nahm die Gerichtetheit im philosophischen Bewußtsein transzendenten Charakter an. Die Erfahrungstatsache der gesellschaftlichen Spontaneität des Handelns der Warenproduzenten konnte mit der Erfahrungstatsache des geschichtlichen Fortschritts nur so in Übereinstimmung gebracht werden, daß ein übermenschliches Bewußtsein als „Weltenlenker" angenommen wurde.

Die unter bürgerlichen Lebensbedingungen fehlende regulierende kollektive Bewußtheit wurde damit in der Form einer aparten geistigen Kraft, des „Weltgeistes" usw. als Geschichtswirklichkeit postuliert. Im Zusammenwirken mit anderen sozialen Bedingungen entstand so ein Geschichtsidealismus, der die „tätige Seite" beschnitt und depravierte. Die sozialen Bedingungen der aufsteigenden Bourgeoisie, die die Ausarbeitung der „tätigen Seite" stimuliert hatten, begrenzten sie zugleich; sie verursachten den Widerspruch, daß der Mensch sowohl als ein tätiges, wie als ein passives Wesen angesehen würde, als Herr seiner selbst sowie als bloßes Ausführungsorgan einer überirdischen fremden Macht. Diesen Widerspruch vermochte erst der Marxismus aufzuheben. Die Theorie von Marx bezeichnete mit den objektiven Bedingungen der realen Selbstentfremdung des Menschen jener konkreten historischen Epoche zugleich Voraussetzung und Form ihrer revolutionären Überwindung. Dadurch konnte ein soziales Sein gedanklich konzipiert werden, in dem der Mensch wahrhaft Subjekt seiner selbst und damit uneingeschränkt geschichtlich produktiv ist. Die mit der revolutionären Überwindung des Kapitalismus bewußt geschaffenen materiellen Bedingungen des Sozialismus werden von Marx und Engels als die reale Grundlage der wahren Freiheit des Menschen erkannt, die sich in der planmäßigen, bewußten Tätigkeit der Glieder der sozialistischen Gesellschaft entfaltet. Der Ansatz dieses Denkens war zunächst dem ähnlich, von dem aus im deutschen Idealismus die „tätige Seite" konzipiert wurde. Es ging darum, die geschichtliche Stellung, die soziale Aktion jener Klasse ins Bewußtsein zu heben, die durch

ihre materielle Tätigkeit das gesellschaftliche Sein des Menschen überhaupt erst ermöglichte. Ein soziales Selbstbewußtsein dieser Art hatte
auch das Denken der aufstrebenden Bourgeoisie beflügelt; jedoch war
es mit der grundsätzlichen Täuschung behaftet, in der wirtschaftlichorganisierenden und überhaupt in der geistigen Tätigkeit die eigentliche und wahrhafte menschliche Lebensäußerung zu erblicken. Es
wurde nicht gesehen, daß, wie in allen bisherigen Gesellschaftsformen,
so auch in der bürgerlichen Gesellschaft, die materiellen Produzenten,
die werktätigen Massen, die Schöpfer der Geschichte in dem Sinne sind,
daß sie deren gegenständliche Voraussetzungen und damit ihre materielle Grundlage erzeugen. Gerade diese Erkenntnis aber erzielte der
Marxismus. Dies wurde dadurch möglich, daß mit der Entfaltung des
Kapitalismus die objektiven Bedingungen des Geschichtsprozesses
nachdrücklicher als je zuvor in Erscheinung traten, daß die Entwicklung der großen Industrie die gesellschaftlichen Verhältnisse ständig
revolutionierte, und zum erstenmal in der Geschichte die materiellen
Produzenten als organisierte, ihrer selbst bewußt werdende Kraft in der
Geschichte wirkten. Indem Marx und Engels den Standpunkt des Proletariats einnahmen, vermochten sie es, von diesen völlig neuen Erkenntnisbedingungen aus, die Wirklichkeit der Klassengesellschaft wissenschaftlich zu erfassen.

Konnte die junge Bourgeoisie den Kampf gegen den Feudalismus
unter der Losung des Sieges des arbeitenden über den genießenden
Reichtum führen, so wurde im Maße der Entfaltung der kapitalistischen Verhältnisse sichtbar, daß die Kapitalisten aus der wirtschaftlichorganisierenden Tätigkeit immer mehr heraustraten und zu bloßen
Konsumenten des Reichtums, daß sie also zu einer unproduktiven,
überflüssigen Klasse wurden. Wie Marx zeigte, steht die Arbeit des
Kapitalisten „im umgekehrten Verhältnis zur Größe seines Kapitals,
d. h. zum Grad, worin er Kapitalist" ist.[5] Die Scheidung zwischen
Arbeitsbedingungen und Produzenten nimmt in der entwickelten kapitalistischen Gesellschaft die Form der Zentralisation der Kapitale an,
was dazu führt, daß die Masse der Kapitalisten ökonomisch überflüssig wird. Die Bourgeoisie hört auf, eine gesellschaftlich nützliche

---

[5] Karl Marx, „Das Kapital", Dritter Band, in Karl Marx/Friedrich Engels,
Werke, Bd. 25, Berlin 1964, S. 256.

und notwendige Funktion zu spielen: Die Schaffung des gesellschaftlichen Reichtums ist das Werk des Proletariats im Zusammenwirken mit dem ingenieur-technischen Personal und den wirtschaftlichen Leitungskräften. Diese Struktur der materiellen gesellschaftlichen Tätigkeit enthält an sich bereits keinen Platz mehr für die Klasse der Kapitalisten. Die Existenz dieser Klasse ist nicht durch die Natur der Großproduktion bedingt, sondern ergibt sich aus überlieferten Produktionsverhältnissen, über deren Erhaltung sie mittels staatlich-politischen, ideologischen und ökonomischen Zwanges wacht.

In den konkreten Elementen der Totalität gesellschaftlich nützlicher Tätigkeit, im Gegensatz zu der bloßen Genuß- und Konsumfunktion der Kapitalisten, wurden objektiv die Bedingungen für die Ausarbeitung eines neuen Tätigkeitsbegriffs sichtbar. Dieser schließt die Vielfalt der Formen produktiven menschlichen Handelns ein und begreift als deren Kern die Tätigkeit der materiellen Produzenten. Diese aber wird durch die Entwicklung der modernen Produktivkräfte immer mehr mit der geistigen Arbeit zusammengeschlossen, wodurch der materielle Boden für die Aufhebung des Gegensatzes von körperlicher und geistiger Arbeit entsteht. Körperliche und geistige Tätigkeit bedingen einander in allen Gesellschaftsformen; aber ihr Zusammenwirken realisiert sich in der Klassengesellschaft in der Form eines sozialen Gegensatzes. Erst im Sozialismus kann die durch die Natur des gesellschaftlichen Lebensprozesses begründete Entsprechung beider Seiten bewußt realisiert werden und die menschliche Tätigkeit sich in der Einheit ihrer beiden grundlegenden Momente als Triebkraft des Geschichtsprozesses entfalten.

Bereits im Hochkapitalismus wurde die Möglichkeit eines politischen Zusammenwirkens der Angehörigen der verschiedenen Zweige gesellschaftlicher Tätigkeit im Kampfe gegen das Kapital materiell begründet und damit eine objektive Voraussetzung ihres späteren einheitlichen Handelns unter den Bedingungen des Sozialismus geschaffen. Die in der Totalität des ökonomischen Prozesses wurzelnde gesellschaftliche Notwendigkeit sowohl der unmittelbar gegenständlichen Arbeit als auch der wirtschaftlich-organisierenden und der theoretisch-konzeptiven Tätigkeit ermöglicht ein nicht nur ökonomisches, sondern auch politisches Zusammenwirken der Menschen unterschiedlicher sozialer Schichten. Philosophisch gesehen, macht es die Durchdringung von

„Praxis" und „Theorie" im gesellschaftlichen Gesamtprozeß sichtbar; es entzieht sowohl einem vulgären Materialismus, der in der körperlichen Tätigkeit des Proletariats die allein geschichtsbestimmende Bedeutung sieht, als auch dem Idealismus, der ausschließlich die geistig-konzeptive Tätigkeit als Hebel des Geschichtsfortschritts proklamiert, den Boden.

Tätigkeit als Element und Lebensgrundlage menschlicher Existenz stellt sich somit zunächst als ein historisch-ökonomischer Sachverhalt dar, demzufolge die produktive Arbeit der Werktätigen die Existenzbedingungen der Menschheit ständig reproduziert. Der die gesamte marxistische Philosophie durchdringende Zug des Aktivismus, das „tätige Prinzip", stellt eine verallgemeinernde Reflexion dieses ökonomischen Faktums dar; er widerspiegelt die Tatsache, daß die produktive Tätigkeit der werktätigen Massen in allen Gesellschaftsformen menschliche Existenz überhaupt erst möglich macht. Insofern Tätigkeit eine Grundbestimmung des gesellschaftlichen Seins des Menschen bildet, muß eine Philosophie, die theoretischer Interessenausdruck der materiellen Produzenten der Geschichte ist, an die Erscheinungen der Wirklichkeit unter dem Gesichtspunkt des aktiven Verhältnisses der Menschen zu ihrem eigenen Sein herantreten, muß sie die „tätige Seite" in sich aufnehmen.

Aber die objektive Wurzel dieses Prinzips ist nicht nur ein bloß ökonomisches, sondern vor allem auch ein politisches Faktum. Es handelt sich darum, daß durch ökonomische Tätigkeit *allein* der Geschichtsfortschritt nicht erfolgt, vielmehr sein wesentlicher Hebel die *politische* Aktion der Massen ist. Das gilt zunächst wesentlich für die Klassengesellschaft und ihre Überwindung. Für die sozialistische Gesellschaft gilt es in veränderter Form.

Schon in der Epoche des Übergangs vom Feudalismus zum Kapitalismus war von einzelnen Denkern die Erkenntnis formuliert worden, daß die Gestaltung der politischen Verhältnisse der Menschen ihr eigenes Werk und nicht das Ergebnis des Wirkens einer transzendenten Macht ist. Aber da unter den bürgerlichen Lebensbedingungen als „der" Mensch der bürgerliche einzelne, das isolierte Individuum, galt, dessen Bewußtheit sich im allgemeinen lediglich auf seine individuell fixierten Zwecke richtete, blieb stets Raum für die Annahme einer überindividuellen und damit zugleich übermenschlichen Wirkkraft, die,

als hypostasiertes *Allgemein*bewußtsein, die Form eines ideellen Ge-
schichtsproduzenten annahm. Auf diesem Erkenntnisniveau war es
daher nicht eigentlich der *Mensch*, der seine politischen Verhältnisse
auf dem Wege geschichtlicher Aktion gestaltete, sondern vielmehr der
„Weltgeist" usw., der sich der Menschen zur Ausführung seiner Absichten bediente. Auf Grund der realen gesellschaftlichen Entfremdung
vermochten die bürgerlichen Ideologen den Kampf um die Veränderung der Wirklichkeit nur in verzerrter, mystifizierter, entfremdeter
Form theoretisch zu konzipieren.

In der Theorie von Marx lagen die Dinge jedoch völlig anders. Indem Marx zum Ausgangspunkt seiner Gesellschaftsanalyse nicht mehr
den vereinzelten Einzelnen, sondern den Menschen als Ensemble der
gesellschaftlichen Verhältnisse nahm, konnte er die ideologische Ver-
zerrung und Verkehrung als Ausdruck objektiver gesellschaftlicher Beziehungen nachweisen und zugleich durchbrechen. Mit der praktisch
wie theoretisch gegebenen Möglichkeit des Durchschauens der ökonomischen Mystifikationen war auch die Grundlage für das Bestimmen
des realen Weges zu ihrer Überwindung gegeben. Dieser bestand darin,
daß jene Klasse, die, als Opfer der Verhältnisse, zugleich ihr Schöpfer
war – das Proletariat –, durch ihren politischen Kampf die bestehenden
Verhältnisse zertrümmerte und an deren Stelle eine Ordnung setzte, in
der der Mensch seinen gesellschaftlichen Lebensprozeß bewußt regelte.

Mit dem Durchschauen des realen Bewegungsmechanismus der kapitalistischen Gesellschaft war zugleich die Erkenntnis gewonnen, daß
kein Gott, kein höheres Wesen die soziale Befreiung der Unterdrückten vollzieht, sondern daß dies allein deren eigene Leistung sein
muß. Mit der Erkenntnis der antagonistischen Klassengegensätze
schwanden zugleich alle Illusionen über eine Befreiung des Proletariats
durch die herrschende Klasse. Unabweisbar drängte sich die Einsicht
auf, daß die Ausgebeuteten und Entrechteten selbst, und nur sie, jene
reale Potenz verkörperten, die das Werk der Befreiung vollbringen
konnte. Darum erzogen die Begründer des Marxismus das Proletariat
im Geiste eines unbeugsamen, entschlossenen Kämpfertums; sie lehrten
es, daß schon die Besserung seiner Lage im Kapitalismus, insbesondere
aber die Aufhebung seines Daseins als einer ausgebeuteten Klasse, nur
das Ergebnis seiner eigenen Energie und Aktivität sein konnte.

Somit entdeckte der Marxismus in wissenschaftlicher Form, frei von ideologischen Verkehrungen, den Menschen als Subjekt seiner selbst und erkannte, daß sein Sein wesentlich sein eigenes Tun ist. Die Geschichte ist das Werk der tätigen, handelnden Menschen – nicht der bloß genießenden, konsumierenden Klassen –; das Maß der Energie und Intensität ihres Handelns, die Höhe ihrer Einsicht in den notwendigen Gang der Geschichte bestimmen – auf der Grundlage der objektiven Möglichkeiten und Erfordernisse – den Grad, in dem sie jeweils die Geschichte zu fördern vermögen. Wissenschaftliches Erkennen und revolutionäres Handeln machen das Proletariat zu einer geschichtlichen Macht; Illusion und Passivität würden es zur Ohnmacht verurteilen.

So sehr dies für die ausgebeutete Arbeiterklasse im Kapitalismus gilt: In noch höherem Maße trifft es für die befreite Arbeiterklasse der sozialistischen Gesellschaft zu. Im Sozialismus ist zum erstenmal in der Geschichte der Schöpfer des materiellen Reichtums der Gesellschaft zugleich der Herr über ihn. Darum besteht die Aufgabe der Werktätigen nicht allein in der bloß gegenständlichen Hervorbringung der materiellen Lebensbedingungen der Gesellschaft, sondern auch darin, den Gesamtprozeß bewußt zu organisieren, sowohl materielle als auch politische und ideologische Tätigkeit für die Entwicklung der Gesellschaft zu leisten und damit in einem totalen Sinne gesellschaftlich produktiv zu sein. Es ist selbstverständlich, daß die Weltanschauung der herrschenden Arbeiterklasse nicht Pessimismus, Skeptizismus, Passivismus zu ihrem Inhalt haben kann, da dies die Menschen der sozialistischen Gesellschaft ihren realen Aufgaben gegenüber ohnmächtig machen würde. Vielmehr muß das Bewußtsein der Macht und Größe des Menschen und die Erkenntnis, daß sein Sein ihm selbst anheimgestellt ist, das Lebensgefühl der zur Macht gekommenen Werktätigen beherrschen. Der Aktivismus der sozialistischen Weltanschauung, die „tätige Seite" der marxistischen Philosophie, spiegelt auf diese Weise die realen Lebensbedingungen und die objektiven, materiellen Erfordernisse der Geschichtsgestaltung der werktätigen Massen in der Epoche des Sozialismus wider. Dieses Prinzip tritt nicht als gleichsam vernunftgesetzter kategorischer Imperativ in Funktion, sondern es bildet die philosophisch-theoretische Transformierung objektiver Beziehungen und Gesetzmäßigkeiten. Diese aber bestehen wesentlich darin, daß der Mensch nur als ein gesellschaftlich tätiges Wesen existieren kann, und daß er dieses sein Wesen gerade in der sozialistischen Gesellschaftsformation frei entfaltet. Das „totale Individuum" im Sozialismus ist der tätige, allseitig sich verwirklichende und daher allseitig entfaltete, sich bewußt als Glied des gesellschaftlichen Gesamtzusammenhangs betätigende, wahrhaft freie Mensch. Indem hier alle Klassenschranken einer realen Menschlichkeit gefallen sind, kann sich das „totale Individuum" zugleich als der totale Schöpfer seiner selbst begreifen und betätigen.

2. Zur Phänomenologie der menschlichen Tätigkeit

Karl Marx untersuchte im „Kapital" den Arbeitsprozeß zunächst unabhängig von jeder bestimmten gesellschaftlichen Form, in seiner äußersten Allgemeinheit. In den „Grundrissen der Kritik der politischen Ökonomie" bemerkte er, daß die *Produktion im Allgemeinen*... eine verständige Abstraktion" ist, „sofern sie wirklich das Gemeinsame (aller unterschiedlichen Arten und Formen der Produktion – G. St.) hervorhebt."[6] Auf dem Wege des Abstrahierens wird es möglich, Wesensaspekte der Produktion im Wandel ihrer Erscheinungsformen zu fixieren. Das Wesen selbst ist freilich wiederum in sich differenziert und spezifiziert: Die Allgemeinheit der Produktion ist vereinigendes Band der konkreten geschichtlichen Entwicklungsformen der gesellschaftlichen Produktion, so daß die Wesensbestimmtheiten sich überlagern und vielfältig durchdringen. Abstrakte Betrachtung darf daher nicht der Konkretheit entraten; das reine „An-sich" der Dinge wird zu einem bloßen Gedankenprodukt, wenn nicht die historischen Vermittlungen mitbedacht werden, die das „An-sich" zu einem geschichtlichen Konkretum machen. Die allgemeinste Abstraktion ist eine verständige Abstraktion genau dann, wenn sie mit dem Blick auf die unterschiedlichen Wesenssphären, auf die jeweils konkreten Existenzbedingungen des Allgemeinen konzipiert ist.

Unter dieser Voraussetzung und mit diesen Einschränkungen ist auch der Begriff der menschlichen Tätigkeit, des menschlichen Han-

---

[6] Karl Marx, „Grundrisse der Kritik der politischen Ökonomie", Berlin 1953, S. 7.

delns als eine verständige Abstraktion handhabbar. Mit ihr kann das
allen Erscheinungsformen menschlicher Tätigkeit Gemeinsame erfaßt
werden, allerdings nur zu dem Zweck, das jeweils historisch konkret
bestimmte menschliche Handeln tiefer in seinem Wesen zu erschließen.
Damit wird aus der „verständigen Abstraktion" eine „vernünftige Abstraktion", der abstrakte wird zu einem konkreten Begriff.

Die Aufgabe der nachfolgenden Untersuchung ist daher die einer
einführenden Beschreibung wesentlicher Strukturmomente des menschlichen Handelns, und zwar zunächst unabhängig von der Mannigfaltigkeit seiner Besonderungen.

Zunächst müssen jedoch einige definitorische Festlegungen getroffen
werden. Solche körperliche Tätigkeiten wie Herztätigkeit, Atmungs-
tätigkeit usw. werden aus dem Kreis der Betrachtung ausgeschlossen;
bei ihnen handelt es sich um mehr oder weniger unbewußte Prozesse
innerhalb des Subjekts. Wenn wir von menschlicher Tätigkeit sprechen,
haben wir einen Vorgang im Auge, bei dem nicht irgendein Organ
des Menschen, sondern der Mensch selbst als Subjekt auftritt.[7] Im
Unterschied zu den genannten Tätigkeitsformen ist unter menschlicher
Tätigkeit stets *bewußte*, zweckgerichtete Tätigkeit zu verstehen. Diese
kann allgemein als eine Einwirkung des Subjekts auf (materielle oder
ideelle) Objekte bestimmt werden. Es gibt praktische und theoretische
Tätigkeit; jene geht auf eine unmittelbare Veränderung der objektiven
Wirklichkeit aus, diese stellt die Umgestaltung und Entwicklung eines
Systems von Begriffen und Erkenntnissen über die Wirklichkeit dar.
Theoretische Tätigkeit hat – mittelbar oder unmittelbar – praktische
Tätigkeit zur Voraussetzung; praktische Tätigkeit ihrerseits ist stets
bewußte, aber in unterschiedlichem Maße theoretisch bestimmte Tätig-
keit.

Die grundlegende Form der praktischen Tätigkeit stellt die Arbeit
dar; sie ist, nach der Definition von Marx, der Prozeß, in dem der
Mensch seinen Stoffwechsel mit der Natur durch seine eigene Tat vermittelt, regelt und kontrolliert.

Mit dem Begriff der menschlichen Tätigkeit wird prozessuales Geschehen erfaßt; ein einzelnes Glied dieses Prozesses heißt Tat. Syno-
nyme zu Tätigkeit und Tat sind Handeln und Handlung (von der durch

[7] Vgl. S. L. Rubinstein, „Sein und Bewußtsein", Berlin 1964, S. 233.

Rubinstein getroffenen Unterscheidung zwischen Tat und Handlung soll in der vorliegenden Untersuchung abgesehen werden).[8]

Menschliches Handeln ist seinem Wesen nach in die Zukunft gerichtet. Dies besagt natürlich nicht, daß das *Objekt* des Handelns, entwicklungsmäßig betrachtet, aus der Gegenwart herausfällt, oder daß es — als Gegenstand theoretischer Tätigkeit — nicht der Vergangenheit angehören könnte. Indem menschliches Handeln stets ein wirksamer, wirkender Vorgang ist, ist sein zeitlicher Ort natürlich jeweils die Gegenwart; tätiges Handeln findet stets aktuell, gegenwärtig statt.

Aber die Intention des Handelns geht auf die Zukunft. Dies ist nicht nur lediglich so zu verstehen, daß der Ablauf des Handelns an die Zeit gebunden ist und daher die Zukunft aus der Gegenwart entbindet, sondern menschliches Handeln zweckt stets darauf ab, einen noch nicht bestehenden Zustand zu verwirklichen, das noch nicht Erreichte zu erreichen, das Mögliche und Notwendige Wirklichkeit werden zu lassen.

Die Zukunft bietet sich dem Handelnden als ein Feld noch nicht entschiedener Möglichkeiten dar. E. Topitsch, der dies richtig bemerkte, vermochte nicht zu sehen, daß hierbei keineswegs an eine unendliche Mannigfaltigkeit ambivalenter Möglichkeiten zu denken ist. Das Feld realer Möglichkeiten ist sowohl subjektiv als auch objektiv eingegrenzt. Die inneren und äußeren Voraussetzungen des Subjekts, die sowohl eine individuelle als auch eine gesellschaftliche Bestimmtheit besitzen, entscheiden darüber, welche von den realen Möglichkeiten durch das menschliche Handeln zur Wirklichkeit werden kann. Diese Subjektbestimmtheit besitzt zugleich einen objektiven Charakter; denn das Subjekt ist durch seine historischen Existenzbedingungen auf ein gesellschaftlich konkret mögliches Handeln eingeschränkt.

Bei den Möglichkeiten, die den Zielpunkt menschlichen Handelns bilden, handelt es sich nicht um abstrakte Möglichkeiten einer bloßen Denkbarkeit. Diese Möglichkeiten sind vielmehr durch die allgemeinen und spezifischen Gesetze der gegebenen Wirklichkeit bestimmt. Sie partizipieren daher an dieser Wirklichkeit und stellen sich als *reale* Möglichkeiten dar, als Möglichkeiten, deren Potenzcharakter von der Sache selbst und ihren Bedingungen abhängt.

---

[8] S. L. Rubinstein, a. a. O., S. 229.

Damit wird jene illusionäre Freiheit, wie sie sich aus dem Möglichkeitshorizont des Handelns ergibt, auf ihre realen Grenzen zurückgeführt. Menschliches Handeln kann nur scheinbar auf eine unendliche Mannigfaltigkeit von Möglichkeiten zielen; in Wirklichkeit ist diese Mannigfaltigkeit immer historisch bestimmt und damit begrenzt, wobei diese Begrenzung subjektive und objektive Momente einschließt.

Es wäre falsch, zu glauben, daß die Möglichkeiten bloß dichotomisch gegliedert seien derart, daß der Handelnde nur die Möglichkeit vor sich sähe, etwas zu tun oder zu lassen. Erstens ist die Alternative selbst immer eine von real möglichen, und es hängt von den objektiven und subjektiven Voraussetzungen ab, sie als Möglichkeit überhaupt ins Auge zu fassen. Zweitens aber entscheiden die Intensität und Aktivität des Subjekts darüber, in welcher Qualität und auf welchem Niveau Möglichkeiten realisiert werden. Es handelt sich bei der Beziehung des Subjekts auf das Feld von Möglichkeiten um ein inhaltliches und nicht bloß um ein formales Verhältnis.

Indem der handelnde Mensch sich in aktiver Weise mit der Wirklichkeit vermittelt, um an ihr mögliche Zustandsänderungen herbeizuführen, muß er sein Denken, seine Einsicht mobilisieren. Menschliches Handeln ist ein bewußter, ein vom Bewußtsein gesteuerter Vorgang; er setzt ein denkendes Subjekt voraus. Das Bewußtsein ist erforderlich, einerseits um die sich aus den Gesetzmäßigkeiten und Zustandsbeschaffenheiten der gegenwärtigen Wirklichkeit entbindenden Möglichkeiten zu erkennen, andererseits um den geeigneten Weg der Verwirklichung dieser Möglichkeiten zu bestimmen. Menschliches Denken ist, unter diesem Blickpunkt, ein sich mit der Kenntnis des Wirklichen erfüllendes antizipatorisches Beziehen auf die Zukunft. Der Blick des Handelnden fixiert gedanklich eine künftige Wirklichkeit; das tätige Subjekt entwirft ein Programm, das die Vermittlungen von Gegenwart und Zukunft vorbestimmt.

Das aktive Verhältnis des Menschen zur Wirklichkeit ist an zwei Voraussetzungen gebunden: Erstens muß die Wirklichkeit erkennbar und eine mögliche Veränderung an ihr damit vorausschaubar sein, damit der Mensch handelnd in sie eingreifen kann. Zweitens aber muß sie veränderbar sein; bei der Wahl geeigneter Mittel muß der Mensch die Möglichkeit besitzen, die Wirklichkeit geplanten Zustandsänderungen zu unterwerfen. Die Wirklichkeit stellt kein starres Gefüge mechanisch ablaufender Prozesse dar, sondern sie ist, in den Grenzen objektiver Gesetze, der Veränderung offen. Die Veränderbarkeit gründet in dem Möglichkeitsaspekt des Wirklichen, in der Dialektik von Wesen und Erscheinung.

Das Erkennen und das Verändern haben das Bewußtsein des handelnden Subjekts zur Voraussetzung. In seinem Bewußtsein erfaßt der Mensch die Wirklichkeit in ihren gesetzmäßigen Zusammenhängen und in ihrem konkreten Beschaffensein; diese Erkenntnis ermöglicht es ihm, seinen Interessen gemäß ein neues Dasein zu konzipieren, in der Form der Mittel Gesetzmäßigkeiten zu kristallisieren und gleichsam gegen die Wirklichkeit selbst zu kehren.

Die Erkennbarkeit der Wirklichkeit impliziert, daß die objektive Realität und das Erkenntnissubjekt in der Weise übereinstimmen, daß, auf der Grundlage des Wirkens gleicher allgemeinster Gesetze in beiden, das Subjekt die Wirklichkeit in der Form des ideellen Abbildes „verdoppeln" kann. Es besteht also keine absolute „Fremdheit" zwischen beiden Seiten, sondern das Bewußtsein, als von der Materie hervorgebracht und an eine materielle Grundlage gebunden, kann die objektive Realität in sich aufnehmen und sie reproduzieren.

Die Veränderbarkeit der Wirklichkeit ist deren Eigenschaft, im Vollzug menschlichen Handelns (relativ) passives Substrat zu sein. Dieser Zusammenhang besitzt mehrere Aspekte: Er setzt voraus, daß der Mensch sich nicht bloß theoretisch, sondern praktisch „über" die Realität „erheben" kann, daß er sich zum Herrn über seine natürlichen und gesellschaftlichen Lebensbedingungen zu machen vermag. In Bezug auf die Wirklichkeit gilt, daß der Ablauf der Prozesse in ihr nicht an mechanisch starre Formen gebunden, sondern daß er variabel ist. Aber diese Variabilität hat natürlich ihre Grenzen. Sie werden gezogen von den objektiven Gesetzen und Bedingungen. Eine Veränderung der Wirklichkeit entgegen den in ihr wirkenden Gesetzen ist nicht möglich.

Diese Beziehung gilt für die Stellung des handelnden Subjekts sowohl zu materiellen als auch zu ideellen Erscheinungen. Menschliches Handeln zweckt in letzter Instanz auf die Veränderung der objektiven Wirklichkeit ab. Die Entwicklung des geistigen Lebens, die Veränderung und Entfaltung der theoretischen Erkenntnis ist eine unverzichtbare Voraussetzung hierzu. (Allerdings geht das geistige Leben des Menschen nicht in diesem unmittelbar pragmatischen Wirklichkeitsbezug auf, sondern besitzt zugleich eine darüber hinausgehende selbständige Bedeutung.) Auch die Umgestaltung und Entwicklung von Theorien ist an Gesetze gebunden. Diese sind einerseits in den Zusammenhängen der Wirklichkeit selbst gegeben, die diese Theorien abbilden, andererseits in den Zusammenhängen der Erkenntnisgewinnung und in den gesellschaftlichen Voraussetzungen des Erkenntnisfortschritts.

Gesetzmäßigkeit im Ablauf der Prozesse der Wirklichkeit und in den Bewegungsformen menschlichen Handelns ist die allgemeinste Voraussetzung für zweckgerichtetes menschliches Tun. In einer regellos, chaotisch ablaufenden Wirklichkeit – abgesehen davon, daß sie gar nicht existieren könnte, – wäre menschliches Handeln undenkbar, weil die Konzipierung von Eingriffen in die Wirklichkeit auf der Voraussetzung beruht, daß unter gleichen Umständen ein gleiches Handeln den gleichen Effekt erzielt. Jedes bewußte Verändern der Wirklichkeit ist an die Tatsache geknüpft, daß die objektive Gesetzmäßigkeit im Ablauf der Prozesse gedanklich widergespiegelt, ideell bewahrt und praktisch ausgenutzt, reproduziert werden kann. Ohne diese Gesetzmäßigkeit wäre menschliches Denken seines eigentlichen Inhalts beraubt; im Denken werden ja gerade wesentliche Konstanten des Seins, und nicht beziehungslose Punkt-Ereignisse bewahrt.

Menschliches Handeln, als bewußtes Tun, setzt daher einerseits objektive, materielle Gesetze der Wirklichkeit voraus; andererseits wohnt ihm selbst Gesetzmäßigkeit inne. Die Tätigkeit des Menschen ist, um welche ihrer Formen es sich auch handelt, ein gesetzmäßig bestimmter Vorgang. Das menschliche Handeln weist überhaupt wie auch in seinen besonderen Existenzformen Konstanten, allgemeine Wesenszüge, auf, die das handelnde Subjekt berücksichtigen muß, wenn seinem Tun Erfolg beschieden sein soll. Die Gesetze des menschlichen Handelns bilden einen eigenen Bereich gesetzmäßiger Zusammenhänge, der keineswegs als bloße Abbildung der äußeren Wirklichkeit definiert werden kann. Er verkörpert vielmehr die Wesensbeziehungen zwischen dem Subjekt und dem Objekt menschlicher Tätigkeit, menschlichen Handelns, die Gesetzmäßigkeiten der Praxis.

Ihrem allgemeinsten Gehalt nach kann menschliche Tätigkeit als Formänderung der Wirklichkeit bestimmt werden. Wie Fichte in seinem „Naturrecht" ausführte, ändert der Mensch durch sein Tun nur die Form, nicht aber den Stoff der Dinge. Dies gilt zunächst für den unmittelbaren Arbeitsprozeß; der Mensch kann durch seine Arbeits-tätigkeit nicht neue Materie (Stoff, Feld) schaffen, sondern nur die vorhandene umgestalten und neu formieren. In bezug auf den ideellen Bereich gilt, daß die geistige Tätigkeit des Menschen inhaltlich an die Wesensbeschaffenheiten der materiellen Wirklichkeit gebunden ist und nicht in der Weise darüber hinaus gehen kann, daß sie sich von der Determination durch die objektive Realität völlig frei zu machen vermöchte.

Der Mensch kann also durch sein Tun die Form, die inneren und äußeren Beziehungen der Dinge und ihrer Abbilder verändern, aber er kann nicht gleichsam als „Schöpfer" von Materie auftreten.

Allein diese Aussage ist nur in einem allgemeinen Sinne richtig; dann nämlich, wenn wir die Materie wesentlich als naturwissenschaftliche Kategorie fassen und die Arbeit nur nach der Seite ihrer „gegenständ-lichen" Wirklichkeitsveränderung nehmen. Durch das Handeln des ge-sellschaftlichen Menschen werden unter bestimmten Voraussetzungen neue materielle soziale Bedingungen geschaffen, ein neues gesellschaft-liches Sein, neue Produktionsverhältnisse, die an die Stelle der alten treten. Bei diesen materiellen Veränderungen bleibt das „Substrat" der gesellschaftlichen Wirklichkeit erhalten; es wird einer Formänderung derart unterworfen, daß die Menschen in neue Beziehungen zur Natur und zueinander treten. Da die materiellen Bedingungen des gesell-schaftlichen Lebens jene Verhältnisse bilden, die die Menschen in der Produktion eingehen, zeigt sich, daß der Prozeß der Revolutionierung dieser Verhältnisse nicht nur auf eine bloße Formänderung hinaus-läuft, sondern auch den Charakter inhaltlicher Neuschöpfung besitzt. Es wird nicht ein Natursubstrat, es werden nicht Stoff oder Felder neu erzeugt, aber es wird eine materielle Wirklichkeit in eine andere überführt. Was sich erhält, ist diese materielle gesellschaftliche Wirk-lichkeit als Allgemeines, was sich verändert, ist ihr konkret-historisches Wesen. Nur *in diesem Sinne* kann das politisch-soziale Handeln der Menschen als Formänderung bestimmt werden, und nur *in diesem Sinne* gilt der Erhaltungssatz auch für die materielle gesellschaftliche Wirklichkeit.

Jene Formänderung, der menschliches Handeln die Wirklichkeit unterwirft, geht so vor sich, daß dem Resultat des Prozesses die Vor-

stellung von ihm vorhergeht. (Damit wird die Struktur der menschlichen Tätigkeit freilich erst ganz abstrakt gekennzeichnet und von
der durch gesellschaftliche Bedingungen verursachten Divergenz von
Ziel und Resultat abgesehen.) Marx hob als Kennzeichnung des Arbeitsprozesses hervor, daß am Ende des Prozesses ein Resultat heraus-
kommt, das bei seinem Beginn schon in der Vorstellung des Handelnden, also schon ideell vorhanden war. Dies gilt auch für andere Formen der menschlichen Tätigkeit, insbesondere unter den Bedingungen
der sozialistischen Gesellschaft, wo Entfremdung und Spontaneität
überwunden sind. Der Begriff der Formänderung reicht also zur Kennzeichnung des Wesens menschlicher Tätigkeit nicht aus, er fixiert lediglich *einen* Aspekt des Prozesses. Formänderungen der Wirklichkeit
rufen alle Dinge im Prozeß ihrer Wechselwirkung mit anderen Dingen
hervor. Was aber die Formänderung betrifft, die menschliches Tun
herbeiführt, so ist sie unmittelbar eine beabsichtigte Veränderung des
Wirklichen. Die Voraussetzung aber für ein so beschaffenes Eingreifen
in die Realität ist menschliches Bewußtsein.

Wie Marx in den „Ökonomisch-philosophischen Manuskripten"
zeigte, ist das Tier unmittelbar eins mit seiner Lebenstätigkeit; es
findet keine Differenzierung beider Seiten derart statt, daß das Tier
sich *zu* seiner Tätigkeit verhielte, sondern es *ist* sie selbst. Aber der
Mensch unterscheidet sich in sich, indem er seine eigene Tätigkeit
zum Gegenstand seines Bewußtseins und Wollens macht. Er fällt daher
nicht mit seiner Tätigkeit zusammen, sondern diese ist sein eigenes
Resultat, sie ist geplant, konzipiert, verläuft in einer vom Menschen
intendierten Weise.

Die Bewußtheit der menschlichen Lebenstätigkeit macht eine Seite
der Gattungsbestimmtheit des Menschen aus. Bewußtheit der Lebensgestaltung ist ohne kollektives Zusammenwirken der Menschen nicht
möglich; Sprache und Denken sind Resultate einer durch die Arbeit
vermittelten menschlichen Gemeinsamkeit. Indem der Mensch, im Unterschied zum Tier, seine Lebenstätigkeit bewußt gestaltet, betätigt
und verwirklicht er sich zugleich als ein gesellschaftliches Wesen.

Die Bewußtheit menschlichen Handelns besagt, daß das Tun des
Menschen nicht nur durch Sinnesempfindungen, durch Triebe und der-
gleichen, sondern daß es insbesondere durch das Denken bestimmt
wird. Wenn Kant und Fichte das bewußte als das wahrhaft menschliche

Handeln dem bloß triebhaften Handeln gegenüberstellten, so pointierten sie zugleich die Dominanz der menschlichen Vernunft, des Denkens über die Sinnlichkeit. Natürlich ist auch ein triebhaftes menschliches Handeln bewußtes Tun, aber es verkörpert nicht das eigentliche Wesen menschlicher Lebenstätigkeit. In einem überwiegend sinnlich bestimmten Tun ist das Handeln jeweils auf das Sein in seiner Partikularität gerichtet. Aber bewußtes menschliches Tun ist dadurch gekennzeichnet, daß es allgemeine und wesentliche Zusammenhänge zum Ausgangspunkt und Ziel nimmt oder zu nehmen sucht. Daher hatte Kant recht, wenn er in der „Grundlegung zur Metaphysik der Sitten" bewußtes Handeln als ein Wirken nach der Vorstellung von Gesetzen bestimmte. Wie Kant zeigte, wirken alle Dinge der Natur nach Gesetzen, aber nur der Mensch „hat das Vermögen, *nach der Vorstellung* der Gesetze d. i. nach Prinzipien zu handeln"[9]; nur er hat einen Willen. Wenn in der außermenschlichen Wirklichkeit das spontane Wirken von Gesetzen die Bewegung der Dinge regelt, so besitzt der Mensch die Fähigkeit, in seinem Handeln *bewußt* Gesetze zu realisieren. Durch die Erkenntnistätigkeit ist es ihm möglich, die gesetzmäßigen Zusammenhänge der Wirklichkeit zu erfassen und sie, insofern sein Handeln bewußtes Tun ist, seiner praktischen Tätigkeit zugrunde zu legen. Der Mensch vermag Gesetze zu erkennen und bewußt auszunutzen; dies gerade bildet das Kennzeichen menschlicher Tätigkeit im Unterschied zu tierischen Lebensäußerungen.

Die Antizipation des Resultats des Handelns im Zweck gilt, betrachtet man diese Zusammenhänge historisch konkret, nur mit wesentlichen Modifikationen. In der kapitalistischen Gesellschaft ist das ökonomische Handeln der Kapitalisten auf die Erzielung von Profit gerichtet. Der Kapitalist geht von der empirisch gewonnenen Kenntnis der Marktbedingungen aus und sucht durch den Einsatz ihm geeignet erscheinender Mittel sein Ziel, die Profiterlangung, zu erreichen. Da aber die anderen Kapitalisten ihr Handeln in der gleichen Weise einrichten, kommt, unter den Bedingungen des Konkurrenzkampfes, etwas heraus, was jene nicht bezweckt hatten, die die Opfer des Prozesses werden; je ein Kapitalist schlägt viele tot; Produktion und Kapital

---

[9] Immanuel Kant, „Grundlegung zur Metaphysik der Sitten", Leipzig 1947, S. 34.

konzentrieren und zentralisieren sich. Im staatsmonopolistischen Kapitalismus werden die Bedingungen relativ günstiger, daß Zweck und Resultat des Handelns der kapitalistischen Unternehmungen übereinstimmen. Aber erstens ist natürlich der Konkurrenzkampf keineswegs überwunden, und zweitens resultiert aus den Aktionen der Monopolvereinigungen etwas, was sie niemals beabsichtigt hatten: der Widerspruch zwischen Produktivkräften und Produktionsverhältnissen verschärft sich, und die materiellen Grundlagen des Übergangs zum Sozialismus reifen immer machtvoller heran.

Erst im Sozialismus, wo Entfremdung und Spontaneität im Prinzip überwunden sind, ist die grundsätzliche Übereinstimmung von Zweck und Resultat des Wirkens der Gesellschaft und ihrer einzelnen Subsysteme gegeben. Dies ergibt sich aus der notwendig bewußten Gestaltung aller grundlegenden gesellschaftlichen Prozesse, aus der Überwindung der ökonomischen Bedingungen der Spontaneität. Das heißt natürlich nicht, daß eine *absolute* Deckungsgleichheit von Zweck und Resultat vorliegt. Diese wird in keinem Handeln zu erreichen sein; schon deswegen nicht, weil das Handeln selbst fortlaufend die Bedingungen der Realisierung des Zwecks verändert. Aber dem *wesentlichen* Gehalt nach stimmen Zweck und Resultat bei einem richtigen, von adäquaten Erkenntnissen bestimmten Handeln überein, und dies macht eine wesentliche Seite der Freiheit des Menschen in der sozialistischen Gesellschaft aus.

Betrachtet man die Struktur des menschlichen Handlungsablaufes, so scheint an seinem Anfang der vernunftbestimmte Entschluß, die gedankliche Antizipation künftiger Wirklichkeit, und damit das Ideelle zu stehen. Dieser Umstand bildete in der Geschichte der Philosophie eine wesentliche Motivation der idealistischen Weltanschauung. So sprach Fichte von einer „Kausalität des Begriffs", die sich im Handeln offenbare, und moderne bürgerliche soziologische und geschichtsphilosophische Theorien suchen aus der ideellen Regulierung menschlicher Tätigkeit den Schluß auf den Primat des Geistigen gegenüber dem Materiellen zu ziehen. In der Tat liegt im Wesen der menschlichen Tätigkeit als eines bewußten Tuns begründet, daß der Vernunft, dem Denken, dem Geistigen eine entscheidende Stellung in der Wirklichkeitsbewältigung des Menschen zukommt. Die Macht des gesellschaftlichen Menschen über die äußere Wirklichkeit ist ja gerade an seine Fähigkeit zu deren denkender Erfassung geknüpft; indem sein praktisches Handeln, sein materiell-gegenständliches Wirken von der Einsicht in die gesetzmäßigen Zusammenhänge des Seins ausgeht, vermag es den Menschen zur Herrschaft über die Wirklichkeit zu führen.

Aber eine genaue Analyse dieser Zusammenhänge lehrt, daß die fundierende Stellung des Geistigen im Handeln relativ ist, daß es über die menschliche Tätigkeit das Materielle mit sich selbst vermittelt. In der Tat ist ja der Ausgangspunkt bewußter menschlicher Tätigkeit die Wirklichkeit in ihrem objektiven Gegebensein. Das Handeln wäre ziellos und müßte scheitern, würde es bestimmt durch ideelle Apriori-Motivationen. Die Grundlage des Handelns ist eine bewußte Wirklichkeitserfahrung; indem das Handeln des Menschen von der Erkenntnis objektiver Gesetze ausgeht, wird es überhaupt erst zu einem eigentlich vernunftbestimmten, praktischen, „wirklichen" Handeln. So übt das Denken die Funktion eines Vermittlers aus; es ist einerseits rezeptiv, aufnehmend, andererseits produktiv, hervorbringend. Nur in dieser Doppelsinnigkeit vermag es das menschliche Handeln zu steuern, nur durch sie verhilft es dem Menschen zu einem Tun, das bewußt und erfolgreich in die Wirklichkeit eingreift, das den Menschen zur Herrschaft über seine natürliche und gesellschaftliche Umwelt zu führen vermag.

Die Bewußtheit des menschlichen Handelns findet darin ihren Ausdruck, daß der Tätigkeit des Menschen jeweils der angestrebte Zustand ideell vorhergeht, daß er als Ziel, Zweck des Handelns fungiert. Menschliches Handeln setzt Möglichkeiten frei, die einer gegebenen Wirklichkeit innewohnen; diese Möglichkeiten sind jedoch stets wirklich in dem Sinne, daß sie dem aktuell Wirklichen inhärieren, sie sind, als reale Möglichkeiten, keine bloßen Denkkonstruktionen. Indem der Mensch diese realen Möglichkeiten zum Zweck seines Handelns macht und sie aus dem jeweils Wirklichen entbinden hilft, ist sein Tun durch die Bewegung der Wirklichkeit selbst bestimmt, zeigt sich die materielle Grundlage menschlicher Tätigkeit.

Kant definierte in der „Grundlegung zur Metaphysik der Sitten" den Zweck als einen Gegenstand des Willens, durch dessen Vorstellung der Mensch zu einer Handlung, diesen Gegenstand hervorzubringen, bestimmt wird. Diese Definition läßt die empirisch-materielle Fundierung der Zwecksetzung im Dunkeln. Kant war der Ansicht, die

Zwecke der praktischen Vernunft seien ihrem eigentlichen Wesen nach Erzeugnisse des Bewußtseins. Er war in einer Täuschung befangen, als er die historischen Ziele des Bürgertums jener Epoche als reine Vernunftbestimmtheiten deutete und nicht zu begreifen vermochte, daß sie Ausdruck materieller Verhältnisse und Interessen waren. Die individualisierende Auffassung vom Menschen, wie sie dem bürgerlichen Denken gemäß ist, wird in Kants Darlegung in der Weise sichtbar, daß er meint, Zwecksetzung sei jeweils ein absolut durch das Individuum bestimmter Akt; man könne nie von anderen gezwungen werden, einen Zweck zu haben.

Indessen handelt es sich zunächst gar nicht um das Gezwungenwerden zu einem Zweck, sondern darum, daß Menschen als Gruppen — Kollektive, Klassen, Völker — sich Zwecke setzen, die aus ihren gemeinsamen Lebensbedürfnissen hervorgehen, und die, indem sie Zwecke des Ganzen sind, zugleich den Einzelnen als Zwecke vorgegeben sind. Wenn der Mensch nur als gesellschaftliches Wesen tätig ist, dann ist auch seine Zwecksetzung niemals ein bloß individueller, ein nur vom Individuum bestimmter Vorgang, sondern sie ist, wie sein Wesen selbst, durch die Gesellschaft determiniert. Der Zwang, der hierbei vorliegt, muß durchaus nicht den Charakter einer Fremdbestimmung haben; indem der Zweck sich als gemeinschaftliches Ziel etabliert, ist er zugleich seiner Substanz nach Ziel der Einzelnen als Glieder eines gegebenen Kollektivs. Gruppen, Klassen können nur Ziele verwirklichen, insofern das jeweilige Ganze als dialektische Totalität der Individuen ihnen nachstrebt. Die Zwecke der Gruppe greifen also mehr oder minder stark in die Zwecke der Individuen ein; dies ist für das Individuum einerseits Zwecksetzung von außen, von dem Kollektiv, dem das Individuum angehört, andererseits ist es Selbst-Zwecksetzung des Individuums, insofern die Zwecke des Kollektivs die wohlverstandenen Zwecke des Einzelnen sind. So muß also, wie Hegel in seinen „Vorlesungen über die Philosophie der Geschichte" hervorhob, der Zweck, für den ein Individuum tätig sein soll, stets Zweck dieses Individuums sein, obwohl er Momente einschließt, nach denen er dem Individuum äußerlich bleibt. Der Mensch setzt sich in seinem praktischen Handeln nur Zwecke, die in irgendeiner Weise seinen individuellen Interessen entsprechen. Sehen wir von der Verfolgung unmittelbar persönlicher Interessen ab, wo dies offenkundig ist, so steht auch ein Wirken für allgemeine Zwecke im Dienste des jeweiligen Individuums, ist also auch zugleich Handeln nach persönlichen Zwecken.

Diese Beziehung ist freilich in der Klassengesellschaft völlig anders gelagert als im Sozialismus. In jener gehen die Individuen (der besitzenden Klassen) in der Regel von ihren persönlichen Interessen und Zwecken aus. Diese sind durch die Natur der jeweiligen Produktionsverhältnisse zugleich als Ausdruck allgemeiner Erfordernisse bestimmt; der Individualismus ist die Form und das Mittel, in denen sich das Allgemeine, das Wesen dieser Gesellschaft realisiert. Es ist dies ein Zusammenhang, der sich im allgemeinen spontan herstellt. Die Interessen der herrschenden Klassen werden in der Form der Kollision und Konkurrenz der besonderen und einzelnen Zwecke durchgesetzt. Es erfolgt im allgemeinen keine bewußte Sicherung der Interessen der ganzen Gesellschaft, weil die Interessen der herrschenden und der beherrschten Klasse sich dem Wesen nach feindlich gegenüberstehen. Von einer Übereinstimmung der persönlichen und der gesellschaftlichen Interessen kann deshalb keine Rede sein; nur durch den Konflikt dieser Interessen setzen sich die allgemeinen Erfordernisse durch.

Im Sozialismus hingegen wird die Einheit der persönlichen mit den gesellschaftlichen Interessen durch die Natur der Eigentumsverhältnisse verbürgt; sie wird durchschaubar und bewußt vollziehbar. Die Verfolgung persönlicher Zwecke kann sich als die individualisierte Realisierung gesellschaftlicher Zwecke begreifen, ebenso wie ein Ausgehen von den gesellschaftlichen Zwecken den persönlichen Interessen und Zwecken mittelbar oder unmittelbar dient.

Der Zweck ist eine Kategorie, die ein Wesenselement menschlichen Handelns sichtbar macht. Er bringt menschliche, und, da der Mensch als gesellschaftliches Wesen existiert, gesellschaftliche Beziehungen zum Ausdruck. Hierin liegt beschlossen, daß es im ausschließenden Sinne individuelle Zwecke nicht gibt. Die Zwecke des Einzelnen sind ihrer allgemeinen Substanz nach durch die Natur der Produktionsverhältnisse und den Entwicklungsstand der Produktivkräfte geprägt. Im Sozialismus setzt sich der Mensch einerseits in hohem Maße bewußt allgemeine Zwecke, wenn er sich besondere Ziele stellt. Andererseits verkörpert, da die Gesellschaft eine Totalität von Individuen ist, das Betätigen der allgemeinen Zwecke stets zugleich Wahrnehmung der Zwecke der Individuen.

In seiner „Encyclopädie der philosophischen Wissenschaften" schrieb Hegel, der Zweck sei der *„für-sich-seiende* Begriff vermittelst der *Negation* der unmittelbaren Objektivität."[10] Sehen wir von der falschen Hypostasierung des Begriffs ab, so ist hierin der richtige Gedanke enthalten, daß der Mensch mit der Zwecksetzung sich über das unmittelbar faktisch Gegebene erhebt und eine neue Wirklichkeit gedanklich erzeugt. Wenn Hegel in der „Wissenschaft der Logik" den Zweck als negative Beziehung auf die Objektivität definierte, so entzifferte Lenin[11] in seinem Kommentar hierzu diesen Gedanken materialistisch, indem er zeigte, daß der Mensch in seiner praktischen Tätigkeit die objektive Welt vor sich hat, daß er von ihr abhängt und durch sie seine Tätigkeit bestimmen läßt. Hegel hob im Zweck das antizipatorische Element idealistisch hervor, Lenin machte, bei aller Anerkennung des Antizipatorischen, das reflektorische Element materialistisch sichtbar.

In der zweckmäßigen Tätigkeit wirkt ein Künftiges, ein in der Zukunft liegendes Sein ideell auf die Gegenwart ein. Es ist dies indes keine objektiv reale Kausalbeziehung, derart, daß die Wirkung der Ursache zeitlich voranginge. Sondern die Präexistenz der causa finalis als causa efficiens ist ideeller Natur. Wenn Hegel meinte, der Zweck erhalte sich, indem er am Ende sei, was er am Anfang war, so übersah er, daß es einen Wesensunterschied macht, ob eine Erscheinung nur gedanklich, oder ob sie objektiv real existiert. Ideelle und materielle Realität sind wesentlich verschieden; Denken und Sein bilden keine Identität, sondern eine Beziehung entgegengesetzter Seiten. Die wirkliche Ursache der Handlung verkörpert der Willensentschluß, der Übergang zur Tat. Der Zweck als solcher, in seiner ideellen Existenz, bewegt nichts; darum findet auch keine reale Wirkung der Zukunft auf die Gegenwart statt, sondern nur eine solche in der Form des Begriffs, die aber, um zu einer objektiv realen zu werden, sich in eine praktisch-konkrete umfunktionieren muß.

Stellen Zwecke einerseits das (ideelle) Anfangsglied eines Tätigkeitsvorgangs dar, so gilt andererseits, daß sie mit der objektiven Wirklichkeit vermittelt sind, aus ihr hervorgehen und ihre inhaltliche Be-

---

[10] Georg Wilhelm Friedrich Hegel, „Encyclopädie der philosophischen Wissenschaften", Leipzig 1949, S. 181.

[11] Vgl. W. I. Lenin, „Konspekt zu Hegels ‚Wissenschaft der Logik'", in Werke, Bd. 38, Berlin 1964, S. 175 ff.

stimmung durch sie empfangen. Zwecke sind niemals lediglich aus
der Struktur der Handlung selbst zu verstehen, sondern nur so, daß
ihre objektiv-reale Fundierung begriffen wird. Die Zwecke, die die
Menschen sich in ihrer Tätigkeit setzen, sind inhaltlich durch die Natur
der gegebenen Gesellschaft sowie durch die konkreten Voraussetzungen
und Wirkungsbedingungen des Handelns bestimmt. Sie besitzen somit
eine historische Determiniertheit. In der Zwecksetzung der Individuen
und Gruppen werden Konstellationen einer sozial-ökonomischen Formation manifest. Die Zwecke stehen im Verhältnis feindlicher Entgegensetzung, wenn sie die Interessen sich bekämpfender Klassen zum
Ausdruck bringen. Sie sind dadurch objektiv bestimmt, daß sie die
Sicherstellung von Klasseninteressen gewährleisten sollen; sie sind
also abgeleitet, sekundär gegenüber den materiellen gesellschaftlichen
Erfordernissen und bilden daher keineswegs einen absoluten Ausgangspunkt menschlichen Handelns, sondern vielmehr ein Vermittlungsglied zwischen der objektiven Realität und ihrer Konservierung
bzw. Revolutionierung durch das Handeln der Menschen. Die Tätigkeit selbst mit ihren Zwecken hat die Funktion der Vermittlung; das
schließt nicht aus, daß sie selbst wieder eine Totalität mit inhärieren-
den Vermittlungsgliedern darstellt.

Den Prozeß zweckmäßiger Tätigkeit kann man mit Hegel so bestimmen, daß durch ihn die Voraussetzungen des Zwecks aufgehoben
werden, indem der Zweck in die Objektivität übergeführt wird. Die
Voraussetzung des Zwecks besteht ja gerade darin, daß die Wirklichkeit eine Beschaffenheit zeigt, die in ihrer Einzelheit oder Allgemeinheit den Bedürfnissen des Menschen nicht voll entspricht. Die Sicherung der menschlichen Lebensbedingungen im umfassenden Sinne
erfordert, die Wirklichkeit einer Formänderung zu unterziehen, indem
reale Möglichkeiten des Seins in eine menschlichen Interessen angemessene Wirklichkeit überführt werden. Die Voraussetzung des
Zwecks besteht also in einem Nicht-Koinzidieren von Wirklichkeit
und menschlichen Bedürfnissen, Interessen usw. kurz: von Objektivität
und Subjektivität. Durch die Tätigkeit wird dieser Widerspruch aufgehoben, die Übereinstimmung beider Seiten hergestellt und damit die
Voraussetzung des Zwecks negiert.

Die Tätigkeit hat, wie Hegel richtig sah, die Form einer doppelten
negativen Bewegung. Sie negiert das Objekt in seinem jeweiligen

Gegebensein, indem sie es einer beabsichtigten Zustandsänderung unterwirft. Gerade hierdurch aber wird auch der Zweck negiert; jene Zustandsänderung, die der Zweck ideell antizipierte, stellt durch ihre Wirklichkeit die Aufhebung des Zweckes in seiner ideellen Wirklichkeit, seine Realisation, dar. Die negative Bewegung der Tätigkeit richtet sich gegen das Objekt so, daß sie es dem Zwecke gemäß verändert, und gegen den Zweck so, daß sie ihn, den Möglichkeiten des Objekts entsprechend, aufhebt. Der Zweck, der zuvor ideelle Wirklichkeit besaß, wird durch die Tätigkeit, gemäß den objektiven Möglichkeiten, „materialisiert" (bei theoretischen Tätigkeiten ist dies die Umwandlung eines „subjektiv" Ideellen in ein „objektiv" Ideelles), das Objekt wird „idealisiert", indem es die vom Zweck antizipierte Formänderung erfährt. Hierbei handelt es sich, wie gezeigt wurde, nicht um einen Schöpfungsakt des Ideellen, sondern um eine Bewegung, die einen materiellen, objektiven Inhalt besitzt; sie gehorcht Gesetzen, die vom menschlichen Willen unaufhebbar sind. Diese Tatsache hob Lenin mit den Worten hervor, daß die menschlichen Zwecke „durch die objektive Welt erzeugt" werden und sie voraussetzen; gleichzeitig scheine es dem Menschen aber, seine Zwecke stammten „von außerhalb der Welt", seien ein reines Geistesprodukt.[12] Die idealistische Mystifikation und Verkehrung findet in der Zweckbestimmtheit menschlicher Tätigkeit einen Ansatzpunkt; der Tätigkeit des Menschen wohnt – auf einem bestimmten historischen Erkenntnisniveau – der Schein inne, als trete das Ideelle als Demiurg des Materiellen auf. Die Existenz dieses Scheines ist, als eine ideologische Fehlorientierung des Denkens, an solche gesellschaftlichen Bedingungen gebunden, in denen die Verkehrung tatsächlicher Beziehungen und damit der Schein zu einer gesellschaftlichen Notwendigkeit werden.

Im Wesen des menschlichen Handelns liegt es begründet, daß der Zweck das Moment der Einzelheit, der Partikularität besitzt. Hegel sprach davon, daß der Zweck seiner Natur nach endlich ist. In der Tat, im Zweck wird eine konkrete, bestimmte, besondere Zustandsänderung des (materiellen oder ideellen) Wirklichen präformiert. Der Zweck ist also gleichsam „räumlich" endlich, bestimmt. Die Objektivität soll einer *bestimmten* (natürlich von Fall zu Fall unterschiedlich dimen-

---

[12] W. I. Lenin, Werke, Bd. 38, a. a. O., S. 179.

sionierten) Formänderung unterworfen werden. Aber er ist zugleich „zeitlich" fixiert. Durch seine Realisierung wird sein Dasein aufgehoben, er hat sich mit dem Objekt verbunden und damit den Prozeß seiner Bewegung beendet. Die Endlichkeit, Einzelheit des Zweckes unterscheidet ihn vom Mittel, das, auf Grund seiner Allgemeinheit, dem Menschen die Möglichkeit gibt, viele einzelne Zwecke zu realisieren. (Später wird allerdings zu zeigen sein, daß auch dem Zweck das Merkmal der Allgemeinheit, wie dem Mittel das der Besonderheit zukommt).

Hegel meinte, der Inhalt sei das identisch bleibende in der Realisierung des Zwecks; der teleologische Prozeß sei die Übersetzung des distinkt als Begriff existierenden Begriffs in die Objektivität. Insofern finde eine Vermittlung des Begriffs mit sich selbst statt. Diese These hat den absoluten Idealismus zur Voraussetzung und muß nicht nur nach der Seite dieser allgemeinen Voraussetzung, sondern auch nach der Seite ihrer bestimmten Aussage der Kritik unterworfen werden. Die Meinung, im teleologischen Prozeß schließe sich der Begriff mit sich selbst zusammen, enthält den Gedanken, daß die Wirklichkeit selbst teleologisch strukturiert sei und die menschliche Tätigkeit nur die Freisetzung eines objektiven zweckgerichteten Prozesses darstelle. Damit wird der objektive Kausalzusammenhang, der zwischen realer Möglichkeit und entfalteter Wirklichkeit besteht, teleologisch-idealistisch umgedeutet; eine Anschauung, die offensichtlich an der idealistischen Auffassung des Geschichtsprozesses orientiert ist. Nun gibt es freilich in der objektiven Realität tatsächlich „innere" Zweckbeziehungen, und der deutsche Idealismus hatte teilweise diese Problematik im Auge, wobei er den Begriff der dialektischen Totalität, des in sich reflektierten objektiven Systems, entwickelte. Aber es liegt natürlich kein Grund vor, diese Beziehung als einen ideellen Ordnungszusammenhang zu deuten, sondern es handelt sich um einen nichtgeistigen, einen materiellen Zusammenhang, der in der dialektischen Beziehung einer Erscheinung auf sich selbst gegeben ist.

Ferner muß der Meinung entgegengetreten werden, der Zweck bleibe in seiner Realisierung inhaltlich mit sich identisch. Dies gilt nur in einem ganz allgemeinen Sinne; im Konkreten zeigt sich stets, daß der Zweck, gerade um seiner ideellen Entgegensetzung zu der Wirklichkeit willen, den Prozeß seiner Realisierung niemals vollkommen antizipie-

ren kann. Im Gegenteil, die ideelle Bestimmtheit des Zweckes enthält
in sich auch das Moment einer idealischen Vor-Prägung der Wirklichkeit, der diese im allgemeinen keineswegs adäquat nachkommt.
Durch die Verwirklichung wird jene idealische Verselbständigung
korrigiert und damit die Inhaltlichkeit des Zweckes richtiggestellt. Der
Zweck wird abgeschliffen, modifiziert, umgestaltet, wenn er in die Objektivität überführt wird: Also liegt zwischen subjektivem und ausgeführtem Zweck keine einfache, lineare Entsprechung vor, sondern
eine durch die Gesetze der Wirklichkeit und der Praxis bedingte widerspruchsvolle, dialektische Einheit.

Zwischen dem subjektiven und dem ausgeführten Zweck vermittelt
die menschliche Tätigkeit. Sie bedient sich bestimmter Organe, die
sie als Mitte und Mittel zwischen Idee und Wirklichkeit einschiebt.
Das Mittel ist, wie Hegel richtig sah, ein durch den Zweck bestimmtes
(materielles oder ideelles) Objekt. Der Zweck entäußert sich daher
nicht nur in das Objekt des Handelns, sondern auch in das Mittel desselben. Das Mittel überbrückt die Kluft zwischen subjektivem und
ausgeführtem Zweck; seine Bestimmtheit durch den Zweck ergibt sich
daraus, daß es der Verwirklichung des Zweckes dient. Nach dieser
Seite betrachtet, ist das Mittel dem endlichen Zweck untergeordnet
und partizipiert an seiner Einzelheit. Der Zweck entläßt sich zunächst
in das Mittel und dann, mit diesem, in das Objekt. Dieses enthält die
Wirklichkeit von Zweck und Mittel in sich und stellt damit die Realisierung einer doppelten Zwecksetzung dar.

Erscheint einerseits das Mittel als Teilhabe an der Endlichkeit des
Zweckes, was auch dadurch bedingt ist, daß es selbst Zweckvergegen-
ständlichung ist, so steht es andererseits über dem einzelnen Zweck
und betätigt sich als lebendige Allgemeinheit, insofern es vielen ähnlich beschaffenen Zwecken dienen kann. Das Mittel hat die Eigentüm-
lichkeit, daß es, obwohl für einen jeweils einzelnen Zweck entworfen,
immer neu eingesetzt werden kann. Dies ist nur deshalb möglich, weil
die einzelnen Zwecke selbst zugleich allgemeine sind. Die Zwecke des
Menschen fallen nicht nur nicht beziehungslos auseinander, sondern
stellen auch eine widerspruchsvolle Einheit des Allgemeinen und Besonderen dar. Im Mittel ist diese Allgemeinheit subjektiv gesetzt, sie
wird zu einem Organ des tätigen Menschen.

Die bei aller Einzelheit vorhandene Allgemeinheit der Zwecke und die daraus resultierende Allgemeinheit des Mittels ergeben sich aus der in bestimmten Grenzen identischen Beziehung des Menschen auf die Wirklichkeit. Ferner resultieren sie aus der dialektischen Identität der Wirklichkeit, die durch deren Gesetze und grundlegende Zusammenhänge bedingt ist.

Zweck und Mittel verkörpern somit beide eine Einheit der Momente des Allgemeinen und des Besonderen. Aber die Allgemeinheit der Zwecke kristallisiert sich in der allgemeinen Funktionsfähigkeit des Mittels, während die Zwecke in ihrer jeweils partikularisierten Existenz aufgehoben werden. Die Allgemeinheit des Mittels wird gerade dadurch vertieft, daß es immer neuen besonderen Zwecken dienstbar gemacht wird. Insofern besitzt der Mensch in den Mitteln seiner Tätigkeit die Herrschaft über die Wirklichkeit; durch die Entwicklung und Verfeinerung der Mittel wird die Tätigkeit geeigneter, diese Herrschaft sicherzustellen. Im Mittel hat sich unmittelbar die „Vernunft" des Menschen, seine Fähigkeit denkender Erfassung des Wirklichen, Gestalt gegeben. Natürlich tragen auch die Zwecke die Prägung praktischer und theoretischer Aktivität des Menschen, aber in ihnen fixiert sich eine dem Menschen gestellte *Aufgabe,* während im Mittel die Fähigkeit ihrer Lösung Gestalt gewinnt. Hegel sah das Mittel als schlechthinnige Existenz des „Vernünftigen" an; dies führte freilich zu dem idealistischen Mißverständnis, als trete der Geist in reiner Schöpfertätigkeit auf, während das Mittel in Wahrheit die Kristallisation der Erfahrung des Menschen an den Gesetzen der Wirklichkeit ist. Das Mittel hat, wie der Zweck, jeweils eine konkrete Existenz, es tritt in der Form der Einzelheit auf. Aber diese Einzelheit ist Existenzweise des Allgemeinen, insofern sich in ihr die theoretische Erfassung der Wirklichkeit in ihren Wesenszusammenhängen niederschlägt.

Zweck und Mittel stimmen insofern überein, als auch das Mittel zunächst eine Zweckbeziehung realisiert. Es dient dem Zweck, den eigentlichen Zweck zu realisieren. Der Zweck ist das erste, gleichsam ursprüngliche Moment der tätigen Beziehung zwischen Mensch und Wirklichkeit, das Mittel das zweite, davon abgeleitete Moment. Insofern steht das Mittel, als Zweck, unter dem Zweck und in seinem Dienst. Indem aber gerade das Mittel neue Zwecke freisetzen hilft, ist es dem Zweck vorgeordnet und steht höher als er. Zum eigentlichen Zweck des Menschen wird das Mittel gerade deshalb, weil es ihn zur Herrschaft über die Wirklichkeit führt.

Weist somit das Mittel die Momente des Zweckes auf, so stellt sich wiederum auch der Zweck als Mittel dar. Die Realisierung der konkreten Zwecke, als Prozeß praktisch-theoretischer Bewährung des Menschen, wird zum Mittel der Selbstentfaltung und Selbsterzeugung des Menschen, sie verkörpert die Triebkraft seiner individuellen und geschichtlichen Entwicklung. Nur in der Tätigkeit, nur in der Bewältigung seiner Zwecke, vermag der Mensch zu reifen. Die Entfaltung der Mittel, als der Kristallisation menschlicher Herrschaft, bedarf daher immer erneuter Bewährung des Menschen an den Zwecken, und insofern wird der Zweck zu einem Mittel des Mittels und greift, als Zweck „an sich", über das Mittel über, ist allgemein gegenüber der Einzelheit des Mittels.

Somit zeigt sich, daß die Zweck- und die Mittelbestimmtheit einander durchdringen, daß die Zwecke die Funktion von Mitteln ausüben und die Mittel sich als realisierte Zwecke darstellen. Alle zwecksetzende Tätigkeit des Menschen ist, in letzter Instanz, Mittel zur Sicherung seiner Existenz. Als relative Zwecke sind die Ziele des Menschen immer zugleich Mittel.

Die Momente des Tuns, wie sie sich bisher ergaben, stellen eine dialektische Beziehung her. Die Pole dieses Verhältnisses treten als Subjekt (subjektiver Zweck, Mensch) und Objekt (ausgeführter Zweck, Wirklichkeit) auf; sie sind sich dialektisch entgegengesetzt, insofern sie Extreme innerhalb eines Verhältnisses darstellen und sich wechselseitig „negieren". Die Mitte zwischen beiden, ihr Vermittlungsglied, bildet die menschliche Tätigkeit mit den durch sie mobilisierten Mitteln. Die Mitte, als zwecksetzende Tätigkeit, bildet das übergreifende Moment des ganzen Prozesses; sowohl Zweck wie Gegenstand sind durch sie bestimmt und existieren als Glieder des Prozesses nur vermittels ihrer. Die Mitte ist daher das Mittel als bewegliches Element der Tätigkeit selbst. Als Mitte partizipiert das Mittel an den Extremen, es ist sowohl bestimmt durch den Zweck wie durch den Gegenstand (die Wirklichkeit) und vermag gerade deshalb beide zusammenzuschließen.

Das Mittel, so wurde gesagt, ist dem Zweck übergeordnet, insofern es gerade durch die Kristallisation allgemeiner Beziehungen und Erfordernisse zu beliebigen Zwecken (innerhalb einer Klasse von Zwecken) brauchbar ist. Das Mittel ist somit dominant gegenüber den Zwecken. Aber andererseits dominieren die Zwecke absolut über die Mittel. Die Entwicklung der Mittel ist nämlich durch die Zwecke bestimmt. Wenn auch die Entfaltung der Mittel (relativ) eigenen Gesetzen gehorcht, so gehen die bestimmenden Impulse hierzu doch von den Zwecken aus. Mit den Bedürfnissen entfalten sich die Mittel. Die sich wandelnden konkret-historischen Situationen des Menschen lassen jeweils neue Bedürfnisse entstehen, und auch der Einzelne sieht sich in seiner Tätigkeit Aufgaben gegenüber, die neue Anforderungen an ihn stellen. Im allgemeinen löst sich dieser Widerspruch so, daß der Einzelne oder die Gemeinschaft jene Mittel erarbeiten, die zur Sicherung der Bedürfnisse, zur Lösung der Aufgaben notwendig sind. Die Entwicklung der Mittel geht folglich von den Bedürfnissen, den Zwecken aus und ist von deren Entwicklung abhängig.

Die Funktion der Regulierung des menschlichen Handelns spielen nicht nur die Zwecke, sondern auch die Motive. Der Zweck ist das Resultat des Handelns, ideell gesetzt; das Motiv ist ein Zweck besonderer Art, es ist der psychische Antrieb, der den Menschen zum Handeln bestimmt. Durch seine Tätigkeit sucht der Handelnde diesem Antrieb zu genügen: So übt er die Funktion eines Zweckes aus. Motive, die das Handeln regulieren, sind in der bürgerlichen Gesellschaft das Streben, persönlichen Vorteil zu erlangen, den anderen gegenüber eine bessere Position im Konkurrenz- und Daseinskampf zu gewinnen usw. In der sozialistischen Gesellschaft wirkt als stimulierendes Motiv immer stärker der Drang, sich selbst *und* dem Ganzen der Gesellschaft nützlich zu sein, der Gemeinschaft, dem Kollektiv zu dienen.

In der Regel wirken als Antriebe menschlicher Handlungen mehrere Motive, und es kann zum Konflikt zwischen ihnen kommen. Die Stärke des Willens findet darin ihren Ausdruck, daß der Mensch sich von den gesellschaftlich positiv bewerteten Motiven bestimmen läßt und die Wirkung konträrer Motive überwindet.

Motive können mehr oder weniger bewußt auf das menschliche Handeln einwirken. Der Sinn sozialistischer Erziehung besteht darin, positive Motive auf dem Wege über die Bildung des Bewußtseins zu entwickeln und ihnen einen solchen Grad von Festigkeit zu geben, daß sie gleichsam zur „zweiten Natur" werden. Dies betrifft vor allem die Einstellung zur Arbeit, in der sich eine Verhaltensstruktur festigt, die die Arbeit als bewußten Dienst an der Gemeinschaft, als eine Sache individueller und kollektiver menschlicher Selbstentfaltung begreift.

Man muß zwischen materiellen und ideellen (moralischen) Antrieben zur Arbeit unterscheiden [13]; jene beziehen sich im Sozialismus auf das Ergebnis, das der Arbeitende aus seiner Tätigkeit auf der Grundlage des Gesetzes der Verteilung nach der Leistung für sich erwartet, diese beziehen sich sowohl auf die gesellschaftliche Anerkennung wie auf die innere Befriedigung, die ihm seine Arbeit vermittelt. Die materiellen und die ideellen Motive bilden in der Arbeit im Sozialismus eine Einheit. Dies ergibt sich daraus, daß die Arbeit sowohl Mittel zur Sicherung der materiellen Lebensbedürfnisse des Menschen als auch Grundlage seiner Entfaltung als Persönlichkeit ist.

Mit der Ausübung menschlicher Tätigkeit verbindet sich ein System von Erwartungen, das der Handelnde durch sein Tun zu erfüllen hofft. Diese Erwartungen wirken als Motive des Handelns, sie sind der subjektive Sinn, der in die Tätigkeit gelegt wird. Die Erwartungen schließen in sich die antizipierte Veränderung der Situation ein, auf die das Handeln gerichtet ist. Der Handelnde hofft durch sein Tun eine ihm und anderen nützliche Veränderung der Situation zu erreichen. Der Zweck ist die antizipierte konkrete Veränderung der Situation, die Erwartungen beziehen sich auf die Ergebnisse, die aus dieser Veränderung für den Handelnden und seine „Umwelt" resultieren. Die Erwartungen können als Hoffnungen oder Befürchtungen auftreten; der Handelnde erwartet, daß nützliche Ergebnisse eintreten, schädliche unterbleiben.

Durch die Komplexität der Resultate der Tätigkeit gerät der Handelnde in die Verstrickung von Verdienst und Schuld. Das Eintreten nützlicher Ergebnisse läßt sein Handeln als Verdienst, das Eintreten schädlicher Ergebnisse läßt es als Schuld erscheinen. Der Handelnde muß für sein Tun einstehen; er muß sowohl Zweck, Motiv wie Resultat seiner Tätigkeit verantworten. Die Schwierigkeit liegt für den Handelnden darin, daß er seine Tätigkeit mit positiv zu bewertenden Zwecken und Motiven beginnen mag und doch Schuld auf sich nimmt. Dies

[13] Vgl. A. G. Sdrawomyslow, W. A. Jadow, „Erfahrungen aus einer konkreten Untersuchung des Verhältnisses zur Arbeit", Sowjetwissenschaft, Gesellschaftswissenschaftliche Beiträge, 10/1964, S. 1024.

kann aus dem Umstand resultieren, daß jedes Handeln in ein anderes Handeln eingreift. Dadurch wird es möglich, daß eine bestimmte, an sich positive Tätigkeit mit einem größeren fördernden Handlungsgeschehen kollidiert und sich als schädlich erweist. Im Sozialismus kann diese Möglichkeit durch gesellschaftlich bewußte Regulierung der Handlungen und durch Entfaltung des sozialistischen Bewußtseins vermindert werden.

Die Bestimmungsgründe der menschlichen Tätigkeit treten auch als Interessen auf. Im Begriff des Interesses werden sowohl Zwecke als auch Motive zusammengefaßt. Das Interesse wirkt vor allem als Motiv der Tätigkeit; der Unterschied beider besteht darin, daß das Motiv stets, wenn auch unterschwellig, bewußt ist, das Interesse dies hingegen nicht zu sein braucht. Im Sozialismus sind die persönlichen Interessen den Menschen in der Regel bewußt, nur sind sie dies nicht immer in ihrem wahren gesellschaftlichen Wesen, sondern treten mitunter auch subjektiv verzerrt auf. Die gesellschaftlichen Interessen müssen durch ideologische Einflußnahme bewußt gemacht werden, um als Antriebe menschlichen Handelns fungieren zu können. Das Handeln kann somit durch Ziele bestimmt sein, die dem Handelnden nicht oder nicht klar bewußt sind. Eine optimale Gestaltung der menschlichen Tätigkeit setzt aber die Bewußtheit über die Ziele voraus. Dies schließt im Sozialismus das Erfordernis ein, den Menschen das Verhältnis von persönlichen und gesellschaftlichen Interessen klar zu machen und ihnen die gesellschaftliche Bedeutung ihrer Tätigkeit zum Bewußtsein zu bringen. Dadurch wird das Handeln stimuliert und seine Triebkräfte können umfassender zu Geltung gelangen.

Insofern das Handeln sein Ziel erreicht, die Interessen und Motive sichergestellt werden, führt die Tätigkeit zur Befriedigung. Der Befriedigungseffekt der Tätigkeit ist um so höher, je mehr der Handelnde die Energie seiner Wesenskräfte in sein Tun legte, je mehr sich dieses in einer Bewährungssituation vollzog. Darum beruht im Handeln selbst menschliches Glück: Der Mensch erfährt seine Macht über sich und seine äußeren Verhältnisse konkret im Werk als dem Resultat seines Tuns. Dies setzt einerseits voraus, daß das Handeln den Menschen fördernd in Anspruch nimmt, daß es ihn zur Bewährung zwingt, andererseits, daß es auf gesellschaftlich anerkannte, nützliche Zwecke orientiert ist. Zur Befriedigung und zum Einklang mit sich selbst gelangt der Mensch im und durch das Handeln; eine bloße Genuß- und Konsumhaltung kann wohl zu partiellem Wohlbefinden, nicht aber zu echter Selbstbestätigung führen.

Die Befriedigung, die die Tätigkeit vermittelt, fließt aus ihrem dialektischen Charakter; aus dem Prozeß der Überwindung von Widersprüchen, des Ertragens von Rückschlägen und Mißerfolgen, des energievollen Fortschreitens. Natürlich kann dies im allgemeinen nicht eine mechanische, zum Automatismus erstarrte Reihe von Handlungsabläufen bewirken, sondern nur eine Tätigkeit, die den Menschen vor noch nicht rationalisierte Situationen stellt. Darum ist es im Sozialismus so wichtig, daß die Menschen über ihre oft mechanischen beruflichen Arbeitstätigkeiten hinaus sich gedanklich und praktisch aktiv mit den größeren Zusammenhängen ihres sozialen Lebens vermitteln, daß sie teilnehmen an der bewußten Gestaltung der politischen Verhältnisse, allgemeine Fragen des jeweiligen Betriebes und Arbeitskollektivs mit klären helfen, sich in vielfältiger Weise auf kulturellem Gebiet betätigen usw. Gerade die soziale Stellung des Menschen der sozialistischen Gesellschaft verhindert, daß er in seiner Arbeit zu einem Automaten wird, die Arbeit als Qual empfindet und in seiner Freizeit lediglich Ersatzbefriedigungen sucht. Die Quelle des menschlichen Glücks kann nicht außerhalb der Tätigkeit gesucht werden. Dies besagt nicht, daß der Mensch nur arbeiten solle, sondern heißt, daß er seinem ganzen Leben einen Sinn verleiht, der auf der Ausübung einer Vielfalt nützlicher, zu persönlicher Befriedigung führender Tätigkeiten beruht. Je größere Anforderungen die Situation an die intellektuelle und charakterliche Handlungsbereitschaft und -fähigkeit des Menschen stellt, um so größer ist, bei erfolgreichem Tun, der Befriedigungseffekt. Jede menschliche Tätigkeit ist ein ganzes System von Teilhandlungen; diese, in ihrer Verselbständigung genommen, haben in der Regel kaum einen solchen Effekt; aber das Ganze einer menschlichen Tätigkeit in seiner gesellschaftlichen Geltung stellt jene Ansprüche an den Menschen, deren Erfüllung ihn zugleich zur Selbstbestätigung wie zur Fremdbestätigung gelangen läßt. Selbst bei einer nicht ausdrücklich formulierten gesellschaftlichen (oder kollektiven) Anerkennung wird die Spiegelung des Menschen in den Ergebnissen seines Handelns ihn zu innerem Einklang mit sich selbst gelangen lassen.

Freilich ist dieser Einklang oft vorübergehender Art. Wie Hannah Arendt hervorhob, tritt der Handelnde in Konkurrenz mit seinem Werk: Er entwickelt sich, aber das konkrete Resultat seines jeweiligen Handelns bleibt in dem ihm verliehenen Zustand zunächst bestehen. Als Werk ist es ganz von der Tätigkeit des Menschen abhängig; es ist Produkt, nicht Produzent und kann sich daher nicht, wie der Mensch, durch eigene Energie weiterentwickeln. Der Fortschritt des Menschen über je erreichte, in den Werken verdinglichte Handlungspositionen hinaus hat das Moment der „Trauer", ja, um einen Hegelschen Ausdruck zu gebrauchen: der „Verzweiflung" an sich; er führt zur ständigen Überwindung von Errungenem und offenbart die Endlichkeit menschlichen Handelns.

Aber dies ist natürlich nur ein untergeordneter Aspekt der Tätigkeit. Der Fortschritt besteht gerade in dem Hinausgehen über die jeweils erreichten Positionen. Diese aber stellen, gemessen an der weiterentwickelten Tätigkeit und ihren Resultaten, etwas Unvollkommenes dar, und das Hinausschreiten über sie führt auf diese Weise zu jener Befriedigung, die das Bewußtsein gewachsener Kräfte dem Menschen gewährt. Wer daher die „Trauer" des Fortschritts nicht auf sich nehmen will, kann auch sein Glück nicht genießen. Er intendiert den Stillstand, indem er das unendlich Vollkommene will. Es wäre daher unsinnig, sich negativ zu dem jeweils Erreichten zu verhalten, weil es notwendig wieder überwunden wird. Weil sein Dasein gerade die Voraussetzung seiner Überwindung ist, kommt ihm positive Bedeutung zu, insofern es Baustein des Progresses ist.

Die Werke verändern und vervollkommnen sich, indem der sie erzeugende Mensch sich verändert und vervollkommnet. Das Sammeln von Erfahrungen an den jeweiligen Resultaten seines Tuns eröffnet dem Menschen die Möglichkeit, neue und bessere Resultate zu erzielen. Insofern ist schöpferische, produktive Unzufriedenheit mit dem jeweils Erreichten Voraussetzung, um Höheres zu erreichen.

Das Unverständnis der dialektischen Struktur des Fortschritts als Einheit von Bewahren und Überwinden führt politisch zu kleinbürgerlicher Verzagtheit gegenüber den Mängeln und Schwierigkeiten der Gegenwart, zu einer scheinradikalen Verwerfung des früher Erreichten oder zu einer tatenlosen Schwärmerei über eine ferne Zukunft, die der Gegenwart als abstraktes Ideal gegenüber gestellt wird. Der praktische, lebensverbundene Mensch weicht den Schwierigkeiten des Daseins nicht aus; er verhält sich kritisch zu seinen Taten, ohne sie blind zu verwerfen und strebt, sich zu vervollkommnen, indem er durch aktive Auseinandersetzung mit der Wirklichkeit dieser und zugleich sich selbst eine entwickeltere Gestalt verleiht.

Menschliche Tätigkeit führt ihrem Wesen und ihrer Bestimmung nach zu einem Umformen jeweils vorgefundener Situationen, zu einer Veränderung der Wirklichkeit. Diese Veränderung ist eine vom Menschen gewollte und beabsichtigte, sie hat die Eigenschaft, dem Menschen nützlich zu sein. Der Mensch führt nicht absichtsvoll eine Umformung der Situation herbei, die auf die Dauer der Sicherung seiner Lebensbedürfnisse widerstreitet, die ihm schädlich ist. Insofern spielt der Nutzen als gesellschaftlich-historische Erscheinung eine bestimmende Rolle im menschlichen Handeln. Die Verfolgung eines nützlichen Zweckes durch die Tätigkeit setzt Kenntnis und Entscheidung auf seiten des Handelnden voraus. Wer ohne Kenntnis handelt, muß das Ergebnis seines Tuns dem Zufall überlassen; wer sich nicht zu klarer Entscheidung durchringen kann, wird nicht die sonst möglichen Ergebnisse erzielen. Je umfassender die Kenntnis der Bedingungen und möglichen Effekte des Tuns, um so größer ist die Aussicht des Erfolgs. Je besser begründet die Entscheidungen sind, um so zielgerichteter ist die Tätigkeit.

Die Urteile, die dem Handeln zugrunde liegen, können wahr oder falsch sein, die Handlung selbst ist entweder richtig oder falsch. Man spricht nicht von einer „wahren", sondern von einer „richtigen" Handlung. Die Richtigkeit der Handlung bezieht sich auf die Stimmigkeit des Zusammenhangs von Zweck und Mittel; sie äußert sich konkret in den Ergebnissen der Tätigkeit.

Die Entscheidung, die der Handelnde trifft, wird durch die Kenntnis des Zwecks und der Mittel sowie durch die Motive bestimmt. Gleichzeitig müssen die Bedingungen der Tätigkeit mit berücksichtigt werden; für die Erreichung bestimmter Zwecke können sich unter verschiedenen Bedingungen verschiedene Mittel als geeignet erweisen. Die Bedingungen stellen die Einheit der sachlichen (objektiven) und mit-menschlichen (sozialen) Voraussetzungen des Tuns dar. Der Handelnde wählt aus der endlichen Menge möglicher Entscheidungen die nach seiner Kenntnis optimale aus.

Indem der Handelnde durch seine Tätigkeit die Wirklichkeit einer beabsichtigten Veränderung unterwirft, formt sich sein Wirklichkeitsbewußtsein durch sein Tun. Er tritt dem Sein tätig gegenüber, erlebt und erfährt es durch sein Handeln und gibt dem Sein damit die Gestalt des „Werkes", der „Wirklichkeit". Das Sein, das aus dem Handeln hervorgeht, verkörpert die Einheit objektiver Gesetze und Zusammenhänge und vergegenständlichter menschlicher Zwecke. Insofern stellt es sich als Subjekt-Objekt dar. Das Weltbewußtsein des Handelnden präsentiert sich als Wirklichkeitsbewußtsein, als Erfahrung und Erkenntnis dessen, wie sich die Realität unter dem Einfluß tätiger Gestaltung dem Handelnden zeigt. Es gibt eine Erkenntnis des Existierenden nur unter der Voraussetzung, daß der Mensch sich tätig mit ihm vermittelt, daß er es durch sein Tun erfährt. Damit wandelt sich das Existierende selbst: Aus einem „An-sich-Sein" wird es zu einem „Sein-für-den-Menschen".

Eine Handlung erlischt in ihrem Resultat, in dem verwirklichten Zweck. Aber insofern hierdurch eine irreversible Veränderung des Wirklichen geschah, knüpfen sich zugleich an diese Handlung weitere Wirkungen, die der Handelnde in ihrer Totalität nicht überschauen kann. Der unmittelbare Zweck der Tätigkeit ist beabsichtigt, aber die Fernwirkungen des Tuns können als unbeabsichtigte Resultate auftreten. In ihrer Gesamtheit konstituieren Nah- und Fernwirkungen den objektiven Zusammenhang der Wirklichkeit, die Beziehungen der Menschen untereinander und zur Natur. Es ergibt sich hieraus, daß dieser Gesamtzusammenhang sich niemals aus der Sicht eines individuellen Handelns erschließen läßt, sondern nur von einem Subjekt erfaßt werden kann, das sich das Ganze der Beziehungen aneignet, indem es dieses hervorbringt. Dieses Subjekt ist die revolutionäre Klasse bzw. die sozialistische Gesellschaft.

In der Klassengesellschaft können auch die kollektiv gesetzten Ziele der Privateigentümer nur tendenziell erreicht werden, weil eine entscheidende Voraussetzung ihrer vollen Verwirklichung fehlt, nämlich die Kenntnis der gesellschaftlichen Gesetze und Bedingungen, auf deren Grundlage soziales Handeln erfolgt. Ferner führt das Gegeneinanderstreben der Privateigentümer und der antagonistischen Klassen zu einer gegenseitigen Durchkreuzung der Handlungsreihen, welche die tatsächliche Wirkung der Tätigkeiten als Resultante konkurrie-

4*

render Aktionen herstellt. Daher nimmt das Resultat der Handlung den handelnden Subjekten gegenüber die Form der Entfremdung an: Es ist durch ihre Tätigkeit ins Dasein getreten, aber es entspricht nicht nur nicht dem gesetzten Zweck, sondern widerstreitet auch diesem häufig. Der ursprünglich gesetzte Zweck wird oft nur teilweise, nur gebrochen realisiert – oder es kommt überhaupt das Gegenteil dessen heraus, was beabsichtigt war.

In der sozialistischen Gesellschaft ist das Handeln der Individuen und Kollektive ebenfalls in einen gesellschaftlichen Zusammenhang integriert, welcher Fernwirkungen einschließt, die aus der Sicht partikularer Handlungssubjekte nicht intendiert waren. Das Resultat der Tätigkeit nimmt, in seinen gesellschaftlichen Verzahnungen betrachtet, dem Handelnden gegenüber eine Gestalt an, wo es nicht mehr als sein Eigenes erscheint, sondern einer seinem Tun entnommenen eigenständigen Realität angehört. Man kann dies als die Entfremdung der partikularen Tätigkeit bezeichnen; aber diese Entfremdung hat natürlich nur strukturelle, nicht inhaltliche Ähnlichkeit mit der kapitalistischen Entfremdung. Denn das tätige Subjekt der sozialistischen Gesellschaft ist nicht das Individuum in seiner Isolierung, sondern in seinem durch die Natur der Eigentumsverhältnisse bedingten gesellschaftlichen Zusammenhang. Von der Totalität der handelnden Individuen und Gruppen aus, die ein gesellschaftliches Ganzes konstituieren, muß daher das Verhältnis von Zweck und Resultat betrachtet werden. Und eine solche Betrachtung zeigt, daß im Sozialismus das gesellschaftlich intendierte Ziel und das tatsächlich erreichte Resultat im großen und ganzen zusammenfallen. Der Sozialismus ist gerade auf diese Identität von Zweck und Resultat gegründet; denn die bewußte Gestaltung der sozialen Beziehungen in ihrem dialektischen Fortschreiten schließt die wissenschaftliche Bestimmung der Zwecke und Mittel ein.

Selbstverständlich können die Fernwirkungen des sozialen Handelns nicht bis in eine ferne Zukunft hinein verfolgt werden. Aber dies ist auch gar nicht erforderlich; es geht vielmehr darum, daß die Gesellschaft ihre Lebensbedingungen perspektivisch so gestaltet, daß sie ihnen eine progressive Entwicklung ermöglicht und vermittelt. Die perspektivisch gesetzten Ziele definieren einen Zeitraum, in dem das Handeln der jeweiligen Generation wirkungsvoll zur Geltung gelangen kann. Aber es besteht natürlich nicht und kann nicht bestehen die Aufgabe, die gesamte künftige Entwicklung der Gesellschaft vorauszuplanen. Jede Generation geht von den Bedingungen aus, die sie vorfindet, und sucht sie in einer solchen Weise weiterzuentwickeln, daß sie ihr eigenes Leben optimal sichert und günstige Voraussetzungen für das gesellschaftliche Wirken der kommenden Generation schafft.

Das menschliche Handeln in der sozialistischen Gesellschaft ist durch seinen bewußt gesellschaftlichen Charakter, durch seine zielstrebig realisierte soziale Natur gekennzeichnet. Im Sozialismus werden die gesellschaftlichen Gesetze zu Normen des Handelns der Individuen und Kollektive. Die Zwecke werden daher nicht aus der unreflektierten Unmittelbarkeit partikularen Seins heraus festgelegt, sondern ergeben sich aus den Zielen der ganzen Gesellschaft. Die Gesellschaft arbeitet den Plan des sozialen Handelns aus und schließt die besonderen Tätigkeiten zu einem dialektischen Ganzen zusammen. Die Planung im Sozialismus ist immer Planung von *Tätigkeiten;* im Planen definiert die Gesellschaft den allgemeinen Rahmen, in dem sich die konkreten Tätigkeiten mit ihren besonderen Plänen und Zwecken realisieren. Der Plan umfaßt die Einheit von Zwecken und Mitteln, und er reguliert die Tätigkeit des gesellschaftlichen Gesamtsystems wie der Subsysteme.

Das kollektive Handeln tritt im Sozialismus gegenüber der Klassengesellschaft auf einer wesentlich höheren Stufe in Funktion. Es ist dadurch gekennzeichnet, daß die Gemeinschaft in kollektiver Beratung die Ziele formuliert, die das gemeinsame Handeln bestimmen. Jedes Mitglied des Kollektivs hat seine besonderen Aufgaben und Zwecke zu erfüllen, die ein Element der gemeinsam zu lösenden Aufgabe sind. Jeder realisiert nicht nur seine besonderen Zwecke, sondern er realisiert durch sie auch die Zwecke der Gemeinschaft. Dies schließt ein, daß er sich zugleich für die Erfüllung der Aufgaben des anderen mitverantwortlich fühlt und diese daher mit zu seinen Zwecken macht. Diese Wechselbeziehung findet in der Sorge der Menschen füreinander, in der sozialistischen Kollektivität ihren lebendigen Ausdruck. Gemeinsame Zwecksetzung, Koordination und wechselseitige Information bilden den Funktionsmechanismus kollektiver Tätigkeit; sie werden mit Leben erfüllt durch wahrhaft sozialistische Beziehungen der Menschen zueinander. Ständige Analyse des Erreichten, gegenseitige Kritik der Individuen und Kritik des Kollektivs insgesamt an seiner Arbeit,

Überprüfung und Verbesserung der eingesetzten Mittel verbürgen den Erfolg der Arbeit.

Der Effekt der kollektiven Tätigkeit ist um so höher, je mehr sich der Einzelne mit dem Kollektiv und seinen Aufgaben identifiziert, je mehr er alle seine Potenzen für die Lösung der gemeinsamen Aufgaben mobilisiert. Dies setzt vor allem eine kluge Führungsarbeit der Leitungskräfte voraus. Ihre besonderen Aufgaben sind durch die Natur kollektiver Tätigkeit festgelegt: Sie haben *das Ganze* der gemeinsamen Arbeit und den beweglichen Einsatz der Glieder des Kollektivs zum Inhalt.

Auf diese Weise bildet die sozialistische Gemeinschaft ein Subjekt des Handelns von höherer Leistungsfähigkeit als sie der Summe der individuellen Tätigkeiten innewohnt. Der Leistungsvorteil ergibt sich aus der besonderen Natur des Kollektivs, das über Kraftpotenzen verfügt, die auch der Beste, für sich genommen, nicht zu realisieren vermag. Es handelt sich nicht nur um die Erhöhung der Leistungsfähigkeit des Einzelnen, sondern um eine der Gemeinschaft *als solche* innewohnende Kraft.[14] Diese Kraft besteht vornehmlich in der Koordination der Einzelleistungen, in der Zusammenfassung der individuellen Kraftpotenzen zu einem höheren Ganzen. Dieses Ganze vermag die individuellen Schranken weitgehend zu überwinden und gleichzeitig die besonderen individuellen Leistungsvermögen sinnvoll zu synthetisieren. Der Erfolg dieser Funktionsweise des Kollektivs hängt wesentlich vom Geschick der leitenden Tätigkeit und von dem Entwicklungsgrad der sozialistischen Beziehungen der Kooperierenden ab. Die Leistungsfähigkeit der Gruppe ist um so größer, je mehr der Einzelne die Ziele der gemeinsamen Tätigkeit aus Überzeugung bejaht und eine Disziplin übt, die auf Einsicht beruht und dadurch zur Ausdrucksform seiner Freiheit wird.

Was von der sozialistischen Gemeinschaft gilt, gilt von der sozialistischen Gesellschaft als staatlich organisierter Form menschlicher Tätigkeit in noch höherem Grade. Im Sozialismus tritt der Mensch als Produktivkraft der Geschichte auf, insofern die Gesellschaft ihren eigenen Lebensprozeß in bewußter, kollektiv organisierter Form voll-

---

[14] Vgl. H. Hiebsch, M. Vorwerg, „Einführung in die marxistische Sozialpsychologie", Berlin 1966, S. 119.

zieht. Die Tätigkeit der Individuen und Kollektive ist auf die Erfordernisse des gesamtgesellschaftlichen Prozesses ausgerichtet; sie wird durch die gesellschaftliche Planung zur höchsten Effektivität geführt. Das Volk selbst gestaltet seine Geschichte; die knechtenden, die Tätigkeit lähmenden Bedingungen der kapitalistischen Entfremdung und Unterdrückung sind überwunden und die Freiheit des Menschen realisiert sich in der Form seiner gesellschaftlichen Herrschaft über seine Daseinsbedingungen. Die Partei weist durch ihre Programme und Direktiven dem Volk den Weg in die Zukunft, sie faßt alle menschlichen Tätigkeiten zusammen und richtet sie auf die Lösung der grundlegenden gemeinsamen Aufgaben aus. So schafft sie den Boden, auf dem die Menschen durch ihre eigene Tätigkeit sich entwickeln und zu sozialistischen Persönlichkeiten werden. In diesem Sinne heißt es im Manifest des VII. Parteitages der SED: *„Die entwickelte sozialistische Gesellschaft* erfordert hohe wissenschaftliche und humanistische Bildung ihrer Bürger. Gut arbeiten, ständig lernen, die Persönlichkeit entwickeln und sachkundig an der Regelung der öffentlichen Angelegenheiten teilnehmen – das soll das Streben der Menschen dieser Gesellschaft sein."[15]

3. Mensch und Wirklichkeit

Die gedankliche Gewinnung der sozialen Realität für den Menschen war ein Ergebnis des wissenschaftlichen und des philosophischen Denkens, das die geschichtliche Bewegung des Kampfes unterdrückter Klassen gegen eine sie beherrschende Wirklichkeit reflektierte. Die Revolutionierung der gesellschaftlichen Verhältnisse konnte nur unter der Voraussetzung erfolgen, daß ihre Fremdheit theoretisch überwunden wurde, was an die Voraussetzung geknüpft war, daß sie, als von Menschen geschaffen, als durch Menschen veränderbar begriffen wurden. Hierin liegt die sprengende Kraft des theoretischen Bewußtseins, die Marx durch den Hinweis kenntlich machte, daß mit der Einsicht

---

[15] Manifest des VII. Parteitages der Sozialistischen Einheitspartei Deutschlands an die Bürger der Deutschen Demokratischen Republik. Protokoll des VII. Parteitages; Bd. IV, Berlin 1967, S. 285.

in den realen Zusammenhang der Klassengesellschaft, vor ihrem praktischen Zusammenbruch, aller Glaube an ihre Notwendigkeit zerbricht.
Daher die große Bedeutung des jahrhundertelangen Ringens der Ideologen aufsteigender Klassen um das Begreifen des Zusammenhangs
von Mensch und Wirklichkeit und der Gesetze, die diesen Zusammenhang regeln. In der Erkenntnis der Wesensbeziehungen beider Momente
lag der Schlüssel, um der Bewegung der Wirklichkeit eine Richtung
zu geben, die den Interessen jener Klassen entsprach. Daher besaß
auch das Bürgertum unter bestimmten Bedingungen und in bestimmten Grenzen ein Bedürfnis nach Erkenntnis der sozialen Wirklichkeit;
dies bildete die Grundlage für die Gewinnung mehr oder weniger
bedeutsamer Einblicke in die gesetzmäßigen Zusammenhänge des
Seins und die Voraussetzung dafür, daß der Marxismus manches vorgefundene Gedankenmaterial verwenden und theoretisch von ihm ausgehen konnte.

Der in den nachfolgenden Ausführungen verwendete Terminus
„Wirklichkeit" meint eine Realität, die sich als Wirkungsfeld des gesellschaftlich tätigen Menschen bestimmt. Der Ausdruck „objektive
Realität" zielt zunächst auf ein Sein, das im Sinne der erkenntnistheoretischen Abbildlehre dem Bewußtsein als Primäres gegenübersteht. Die
theoretische Beziehung erweist sich aber bei näherem Zusehen zugleich
als praktische. Unter dem Gesichtspunkt menschlicher Praxis besitzt die
Wirklichkeit sowohl eine objektive wie eine subjektive Seite, durchdringen sich in ihr materielle und ideologische Prozesse. Die Frage
nach der objektiv-realen Existenz der Wirklichkeit – als Einheit von
Gesellschaft und humanisierter Natur – ist damit zugleich eine Vor-
frage nach ihrer dialektischen Struktur.

Das Begreifen der Wirklichkeit hatte zunächst den Nachweis zur
Voraussetzung, daß von ihr überhaupt etwas zu begreifen war. Unbe-
greiflich war die Wirklichkeit, wenn sie als Chaos, und nicht als Kos-
mos verstanden wurde, wenn die Grundlage der in ihr ablaufenden
Prozesse Wunder, nicht aber Gesetze bildeten. Darum hat das progressive philosophische Denken stets jeglichen mystischen und – in
bestimmten Grenzen – auch theologischen Ansatz des Wirklichkeits-
verständnisses zu tilgen gesucht. Wenn die Theologie die Wirklichkeit
aus *Gott* zu erklären suchte, so strebte das philosophische Denken danach, sie *aus sich selbst* zu erklären. Die Erklärung der Wirklichkeit

aus sich selbst aber schloß die Voraussetzung ein, daß in ihr exakt definierbare Wesenszusammenhänge bestanden, Zusammenhänge, die allgemein, notwendig, wesentlich und sich wiederholend waren, kurz: daß es in ihr gesetzmäßig zuging. An der Vorstellung der gesetzmäßigen Beschaffenheit der Wirklichkeit wurde daher mit größter Entschiedenheit festgehalten; auch solche bürgerlichen Denker, die Gott in ihrem Weltbild explizit einen Platz einräumten, wie Gottfried Wilhelm Leibniz, Herder, Hegel u. a., gingen von der Überzeugung der Gesetzmäßigkeit des Wirklichkeitsgeschehens aus und relativierten damit den Begriff eines göttlichen Weltschöpfers. Um so höher ist der Begriff des Gesetzes natürlich in einem atheistischen, wissenschaftlichen Weltbild wie dem des Marxismus gestellt. Der Marxismus formulierte jene Gesetze, die der Entwicklung der Gesellschaft zugrunde liegen und konnte damit das gesellschaftliche Sein wirklich umfassend aus sich selbst heraus erklären.

In dem Bemühen, eine antitheologische Bestimmung der Wirklichkeit durchzuführen, orientierte sich das progressive Denken des 18. Jahrhunderts zunächst auf die Natur. Hier lagen, bezogen auf den damaligen Erkenntnisstand, die Dinge relativ einfach, insofern eine Wirklichkeitserklärung von materialistischen Positionen aus weitgehend möglich war. Demgegenüber stellte sich die den bürgerlichen Lebensbedingungen entsprechende Spontaneität der gesellschaftlichen Prozesse einer materialistischen Geschichtserklärung hindernd in den Weg. Es ist daher nur zu begreiflich, daß das materialistische Denken sich an der Naturwirklichkeit und der Naturwissenschaft orientierte. Für Holbach bestand die Philosophie wesentlich in der Kenntnis der Natur; alle Wirklichkeitszusammenhänge waren begriffen, wenn sie als naturbestimmt gedeutet wurden. Um dieses antitheologische Weltbild allseitig zu realisieren, mußte auch der Mensch als Naturwesen gedeutet werden; ein Gedanke, dem z. B. Spinoza und Holbach klaren Ausdruck verliehen.

Von diesem Gesichtspunkt aus unterscheiden sich die Zusammenhänge der Gesellschaft prinzipiell nicht von denen der Natur. Während später Fichte Gesellschaft *und* Natur unter dem Gesichtspunkt menschlicher Aktivität und Produktivität deutete, erklärte der Materialismus Natur *und* Gesellschaft als Entäußerungen natürlicher Kräfte. Dieser theoretische Ansatz machte es jedoch nur schwer möglich, den Menschen als Schöpfer seiner selbst zu begreifen, vielmehr stellte sich der Mensch als Geschöpf, zwar nicht mehr Gottes, aber doch der Natur dar.

Übrigens trat in dem mechanisch-materialistischen Weltbild die Natur überhaupt in einem gewissen Maße in die durch die Entthronung Gottes leer gewordene Stelle ein. Die Natur wurde vielfach als ein fühlendes, denkendes und wollendes sowie als ein schöpferisch produzierendes Wesen dargestellt. Dies zeigt, daß Materialismus und Atheismus nur dann als gültige Weltanschauung entwickelt werden können, wenn der Mensch wahrhaft als Schöpfer seiner selbst und weder als Geschöpf Gottes, noch als bloßes Geschöpf der Natur begriffen wird. Damit fallen auch die Voraussetzungen einer idealistisch-anthropomorphen Deutung der Natur. Der materialistische Ansatz der Naturbestimmung im 18. Jahrhundert schlug immer wieder in Idealismus um; gleichzeitig deuteten betont idealistische Denker wie Kant und Fichte die Gesellschaft nach dem Modell eines bewußten Natursubjekts, indem sie einen inneren Naturplan der Geschichte statuierten oder eine ideelle Naturnotwendigkeit des gesellschaftlichen Lebens postulierten. Die objektiven Gesetze der Wirklichkeit, die der Materialismus des 18. Jahrhunderts als Naturgesetze zu bestimmen gesucht hatte, definierte der Idealismus als Ausdruck einer ideellen, in der Gesellschaft präsenten Naturwirklichkeit. In dem Begriff der Natur schwang das Pathos eines um die Erklärung der Welt aus sich selbst bemühten Denkens mit; die idealistische Auffassung der Natur bezeichnete die Grenzen, die diesem Denken unter den gegebenen gesellschaftlichen Verhältnissen gezogen waren.

Wenn einerseits die Auffassung der Wirklichkeit als Natur in die Bestimmung des gesellschaftlichen Lebens einfloß, so wurde andererseits vielfach eine undialektische Entgegensetzung von Naturzustand und gesellschaftlichem Zustand vorgenommen, die in anderer Weise die Verlegenheit gegenüber der Aufgabe einer philosophischen Wesensbestimmung des Wirklichen kenntlich machte. Der Naturzustand präsentierte sich als *gesellschaftlicher* Zustand einer bestimmten historischen Etappe, nämlich jener vor der Gründung des Staates. Hier wurde folglich in anderer Weise eine falsche Identifizierung von Natur und Gesellschaft vorgenommen, indem das Gesellschaftliche mittels polarer Ausschließung in die Natur zurückprojiziert wurde.

Immerhin war in dem Entgegensetzen von Natur- und Gesellschaftszustand das Bemühen wirksam, die Gesellschaft als eine Wirklichkeit eigener Gesetzmäßigkeiten neben der Natur zu begreifen. In dem Gedanken, daß der Staat das die Gesellschaft auszeichnende Moment bilde, war die Überzeugung lebendig, daß die Gesellschaft ein bewußtes kollektives Zusammenwirken der Menschen voraussetzt. Der Naturzustand stellte sich demgegenüber als die Existenz einer ungeregelten allgemeinen Freiheit dar.

Der rationelle Kern der Gesellschaftsbetrachtung des älteren Materialismus bestand in einem Zweifachen: Erstens wurde der Erkenntnis vorgearbeitet, daß die menschliche Gesellschaft eine Naturgrundlage insofern besitzt, als ihre Existenz die fortschreitende Beherrschung von Naturkräften zur Voraussetzung hat. Zweitens war in den materialistischen Anschauungen die Vermutung enthalten, daß es objektiv wirkende, unverbrüchliche Gesetze der gesellschaftlichen Entwicklung gibt, die eine Art Naturbasis der Gesellschaft bilden. Es war jedoch damals noch nicht möglich, diese Naturbasis in ihrem realen gesellschaftlichen Sein, als die ökonomische Basis der Gesellschaft, zu begreifen. Der bürgerliche Materialismus vermochte nicht zu der Unterscheidung von ökonomischer Basis und ideologischem Überbau vorzustoßen; das Ideologische trat bei ihm als selbständige Macht der Geschichte auf und wurde nicht in seinem Widerspiegelungscharakter begriffen. Hinter dem Bemühen dieses Materialismus, die Objektivität der Geschichte zu bestimmen, trat die andere notwendige Seite zurück, nämlich das Begreifen der Rolle des subjektiven Faktors in der gesellschaftlichen Entwicklung. Die metaphysische Auffassung der Objektivität führte zu einer Preisgabe der Subjektivität, womit die Geschichte sich zwar nicht mehr als Werk Gottes, aber doch als Resultat des Wirkens vom Menschen nicht oder schwer beeinflußbarer Faktoren erwies. Dieser Materialismus hatte eine wesentliche Dimension des Geschichtsverständnisses ausgespart, die nun der deutsche Idealismus in den Blick zu bekommen suchte.

Der entscheidende Fortschritt, den die klassische deutsche Philosophie erzielte, bestand darin, daß die Wirklichkeit nicht mehr als dem Menschen äußerliches, fremdes Sein, sondern als Ausdruck und Resultat seines eigenen Wirkens begriffen wurde. Dieser Gedanke, der in idealistischer Form in der Philosophie Kants, Fichtes und Hegels

entwickelt wurde, enthielt das Programm, die Entfremdung zwischen
dem Menschen und seinem äußeren Sein, wie sie der Klassengesellschaft
eigentümlich ist und in den mechanisch-materialistischen Vorstellungen
der Herrschaft von Naturmächten sich darstellte, durch den Nachweis
in Frage zu stellen, daß das dem Menschen fremde Sein seine eigene
Entäußerung, sein eigenes Produkt ist. Natürlich wurde diese Vorstellung nicht gegen die Klassengesellschaft *überhaupt*, sondern vor allem gegen eine ihrer historischen Formen, den Feudalismus, entwickelt.
Aber dabei waren die Ideologen weitgehend von der Vorstellung beherrscht, die Negation des Feudalismus werde die Negation auch der der
bisherigen Gesellschaft eigenen *allgemeinen* Klassenmerkmale bringen.

Der Gedanke von der Wirklichkeit als nicht mehr bloße Naturbestimmtheit, sondern als Werk des Menschen basierte auf den Ideen
des bürgerlichen Humanismus und hatte die Überzeugung zur Voraus-
setzung, daß durch eine theoretische Neubestimmung des seinsmäßigen
Ortes des Menschen die Entfremdung prinzipiell zu überwinden sei.
Diese Überzeugung lag Fichtes Gesellschaftsphilosophie ebenso wie
Ludwig Feuerbachs Religionskritik zugrunde. Fichte meinte, der Nachweis, daß die Realität Produkt des Ich ist, vermöge die Menschen zur
Befreiung von den toten Objekten und damit zur Überwindung der
Entfremdung zu führen. Und nach Feuerbachs Überzeugung sollte die
Einsicht, daß die Glaubensformen und -inhalte menschlichen Ursprungs
sind, die Menschen gedanklich von der Knechtschaft unter Götter
und Dämonen befreien und sie zu sich selbst zurückführen.

Ein wesentliches Motiv, das die neu gewonnene Ortsbestimmung
des Menschen leitete, war das Bewußtsein, daß in der Epoche des
Niedergangs des Feudalismus den progressiven Kräften die Aufgabe
erwuchs, eine neue, höhere, bessere Gesellschaftsordnung zu begründen,
ein Vorgang, der selbstverständlich den tätigen, seiner selbst bewußten Menschen zur Voraussetzung hatte. Der Übergang von einer
alten zu einer neuen gesellschaftlichen Epoche, wie ihn die Französische Revolution praktisch leistete, entzog sich naturgemäß der Vorstellung, daß in der Geschichte ein maschinenmäßiger Gang der Natur
walte; er provozierte den Gedanken menschlicher Bewußtheit und Aktivität. Deshalb waren auch schon die mechanischen Materialisten ihren
Grundvorstellungen teilweise untreu geworden und hatten einen ideellen
deus ex machina in die Geschichte eingeführt.

Die idealistische Auffassung der Prävalenz des Bewußtseins hatte eine ihrer Grundlagen in der Überzeugung, daß die Geburt einer neuen Gesellschaft ohne den bewußt handelnden Menschen unmöglich ist. Die geschichtliche Erfahrung einer bestimmten Epoche wurde dabei zu der Vorstellung verallgemeinert, daß der bewußt tätige Mensch der Schöpfer der Wirklichkeit überhaupt ist, daß diese sich stets als das Werk des Menschen präsentiert. Die Produktivität des gesellschaftlichen Menschen wurde jedoch wesentlich als Vorgang geistigen Schöpfertums angesehen. Unter anderem hing dies damit zusammen, daß die materielle Basis der neuen, bürgerlichen Gesellschaft sich bereits im Schoße des Feudalismus zu entwickeln begonnen hatte und die Bemühungen der bürgerlichen Klasse und ihrer Ideologen daher vor allem auf die Veränderung des Überbaus gerichtet waren, um der Entwicklung der materiellen Verhältnisse größeren Spielraum zu gewähren. Die Entfaltung der bürgerlichen Produktionsverhältnisse war ein mehr oder weniger spontaner Vorgang; die Bewußtheit der geschichtlichen Aktion des Bürgertums als Klasse war vorwiegend auf die ideologische Sphäre – den ideologischen Überbau der Gesellschaft – gerichtet. Aus dieser Konstellation ergab sich die Vorstellung, daß der geschichtliche Fortschritt überhaupt das Werk ideologischer Veränderungen, einer Neuinterpretation der Wirklichkeit sei. Die Ideologen erschienen als die produktive Macht der Geschichte – eine Anschauung, in der trotz verschiedener Modifikationen vormarxscher Idealismus und Materialismus übereintrafen.

Die bürgerlichen Ideologen waren der Überzeugung, daß die neue Gesellschaft eine solche der verwirklichten Vernunft sei; an die Stelle unvernünftiger feudaler, sollten vernünftige bürgerliche Verhältnisse treten. Damit war der Gedanke einer inneren materiellen Kontinuität der Geschichte von vornherein abgeschnitten, die Kontinuität konnte lediglich in einer sukzessiven Herausprofilierung der „Vernünftigkeit" des Wirklichen bestehen. Das Verhältnis des Menschen zu der gesellschaftlichen Realität war als das einer wesentlich geistigen Hervorbringung bestimmt, die Gesellschaft stellte sich als Entäußerung des menschlichen Geistes dar. Die Wirklichkeit war das Werk des Menschen, aber nicht das Werk des praktisch, sondern des geistig tätigen Menschen.

Die Implikationen dieses Standpunktes wurden vom deutschen Idealismus mit großer Konsequenz ins Bewußtsein gehoben. Zwar war die
Vorstellung einer geistigen Produktivität des geschichtlichen Menschen
auch im Materialismus des 18. Jahrhunderts angelegt, auch fehlte
keineswegs die Vorstellung, daß die Tätigkeit die Substanz des menschlichen Daseins bildet. Aber der theoretische Ausgangspunkt dieses
Denkens – die Fassung der Wirklichkeit unter dem Gesichtspunkt
ihrer Naturbedingtheit und damit „toten" Objektivität – ließ diese
Anschauungen zurücktreten. Erst die Vertreter des deutschen Idealismus – Kant, Hegel, vor allem Fichte – setzten dem Gedanken der
reinen Objektivität des Wirklichen den Gedanken seiner reinen Subjektivität gegenüber (wobei allerdings Kant und in anderer Weise Hegel
die Einseitigkeit dieses Standpunktes zu mildern suchten). Hatte der
Materialismus die Wirklichkeit unter dem Gesichtspunkt des Objekts,
der Anschauung gefaßt, so bestimmte der Idealismus sie unter dem
Gesichtspunkt des Subjekts, der Tätigkeit. Für den vormarxschen Materialismus war die Wirklichkeit Objektivität und das Subjekt deren
bloßes Akzidens; für den Idealismus war sie Subjektivität und das
Objekt deren Produkt.

Von diesem Standpunkt aus wurde nun das Verhältnis des Menschen
sowohl zur Natur wie zur Gesellschaft neu definiert. In der Kantschen
Unterscheidung einer Welt „an sich" und einer Welt „für uns" war die
Vorstellung enthalten, daß der Mensch sich aktiv auf seine Umwelt
bezieht derart, daß diese das Gepräge seines eigenen Wollens, Denkens,
Tuns erhält. Zwar wurde diese Beziehung von Kant vorwiegend unter
erkenntnistheoretischem Aspekt gesehen, aber es waren in dieser Sicht
Konsequenzen enthalten, die den Menschen nicht nur in seinem Erkennen, sondern in seinem gesamten Handeln als Produzenten der
Wirklichkeit erscheinen ließen. Da es sich für den Idealismus sowieso
nicht um eine primär materiell-gegenständliche Wirklichkeitsbeziehung
handeln konnte, realisierte Kants Neubestimmung des erkenntnismäßigen Bezugs des Menschen zur Wirklichkeit bereits entscheidende
Möglichkeiten der bürgerlich-idealistischen Lehre vom Menschen.

Genauer bezeichnet wurden diese Möglichkeiten vor allem durch
Fichte. Hatte Kant die dem Menschen erkenntnismäßig zugängliche
Welt als durch menschliches Bewußtsein konstituiert bestimmt, so er-
klärte Fichte die ganze Welt als einen Abglanz des menschlichen Da-

seins. Damit war der Rahmen einer bloß gnoseologischen Betrachtung gesprengt und diese der Tendenz nach zu einer gesellschaftlich-historischen erweitert. Die Welt, wie sie dem tätigen Menschen gegenübertritt, ist bereits keine „An-sich-Welt" mehr, sondern sie ist durch das tätige Wirken des Menschen zu einer „Für-ihn-Welt" geworden. Die Welt, mit der es der Mensch zu tun hat, ist stets eine durch ihn geprägte, eine Welt, die zu einer Welt „für ihn" wurde eben durch dieses tätige Eingreifen des Menschen in die Realität. Daher konnte der deutsche Idealismus erklären, daß alles Sein aus einem Tun abzuleiten ist (wobei dieses Tun allerdings niemals in gültiger Weise als ein konkret-historisches *menschliches* Tun bestimmt wurde).

Es ist offensichtlich, daß damit die Milieukonzeption des alten Materialismus preisgegeben werden mußte — freilich auch unter Verzicht auf deren richtigen Grundgedanken. Jetzt war es nicht mehr die Umwelt, die den Menschen prägte, sondern der Mensch war der Gestalter seiner Umwelt. Das aktive Moment wurde vom Objekt auf das Subjekt verlagert. Die Verhältnisse, unter denen der Mensch lebt, erschienen nicht als Determinanten des Menschen, sondern als dessen Entäußerungen. Damit war die gesellschaftliche Wirklichkeit als das Werk des Menschen bestimmt und ihr die Form einer dem Menschen fremden Naturwirklichkeit genommen. Dieser Ansatz, wenn er auch sofort in neue Einseitigkeit umschlug, bot die Möglichkeit, die Gesellschaft in ihrer ontischen Spezifität in den Blick zu bekommen. Der Mensch erschien nicht mehr als bloßes Naturprodukt, sondern als Erzeugnis der Gesellschaft und damit seiner selbst; an die Stelle von Naturbestimmungen traten gesellschaftliche Bestimmungen. Die von der älteren Aufklärung erarbeitete Unterscheidung von Natur- und Gesellschaftszustand wurde in der Weise erweitert, daß der tätige Mensch zum Bezugspunkt alles Seins wurde, womit auch die Natur eine neue Deutung erfuhr. Indem der Mensch entschlossen in den Mittelpunkt des Seins gerückt wurde, bestimmte sich dieses im strengen Sinne als dessen Entäußerung und Setzung. Der Mensch verhielt sich nicht mehr zu einer Welt „an sich", sondern zu einer von ihm geformten Wirklichkeit und damit zu sich selbst. Die Natur wurde als bloße Stofflichkeit denunziert und der Mensch als jene Macht begriffen, die der Natur erst eine eigentliche, höhere Wirksamkeit zu verleihen vermag. Nichts habe der Mensch von der Natur, alles von sich selbst zu erwarten: Der Mensch begann, seine Macht über die Dinge zu fühlen und zu verstehen, daß durch sein Tun eine Form der Realität in die Welt trat, die hervorzubringen die „bloße Natur" unfähig war. Der Verhimmelung der Natur im Materialismus des 18. Jahrhunderts setzte der deutsche Idealismus ihre Profanierung entgegen; die Natur an sich war für ihn impotent, alle Potenz vereinigte der Mensch auf sich. Der Mensch kann, wie Hegel hervorhob, niemals „Natur" kosumieren, sondern immer nur seine eigene Produktion, als deren bloßes Substrat nunmehr die Natur erschien.

Es ist nicht zu übersehen, daß in dieser neuen Ortsbestimmung des Menschen und der Natur die Grundlage für einen entschiedenen Idealismus gegeben war: Eine bewußtseinsunabhängige Realität existierte für den deutschen Idealismus faktisch nicht mehr (hierbei gab es freilich graduelle Unterschiede bei den einzelnen Denkern). Indem die Realität als eine vom Menschen erzeugte begriffen und die menschliche Tätigkeit auf ihre ideologische Komponente reduziert wurde, war alles Sein durch Bewußtsein geformt und folglich nicht mehr von ihm unabhängig. Das Bewußtsein, das Ideelle erschien als der Ausgangspunkt und die Grundlage aller Prozesse der Wirklichkeit.

Dieser Idealismus hatte somit zur Voraussetzung, daß die Beziehung des Menschen zur Wirklichkeit einseitig gefaßt wurde. In Übereinstimmung damit, daß die gesellschaftliche Praxis der Bourgeoisie sich mehr oder weniger auf lenkende, organisierende, regulierende Tätigkeit beschränkte und, der sozialen Lage des Bürgertums entsprechend, ideologische Veränderung als Stimulus geschichtlichen Fortschritts erschien, erhielt auch der Wirklichkeitsbezug des Menschen vor allem die Bestimmung geistiger Aktion. Die konkrete Natur und Struktur der bürgerlichen Lebenspraxis führte zu einer idealistischen Aufassung der menschlichen Praxis überhaupt und damit zu einer idealistischen Weltanschauung. In einem allgemeinen Sinne war es der Gegensatz körperlicher und geistiger Arbeit, der die idealistische Weltanschauung mit herbeiführte; dieser Gegensatz bildete eine Grundlage dafür, daß alles vormarxistische philosophische Denken, das ja im wesentlichen von ausbeutenden Klassen entwickelt wurde, in der einen oder anderen Weise an dieser Weltanschauung partizipierte. Der Idealismus konnte daher erst überwunden werden von einer Klasse, deren soziale Lebenspraxis und geschichtliche Aktion in der materiellen, gegenständlichen

Veränderung der Wirklichkeit bestand, und die daher erstmalig die Praxis zugleich materialistisch und dialektisch zu bestimmen vermochte.

Der Marxismus hat die rationellen Elemente beider Denkweisen – des Materialismus des 18. Jahrhunderts und des deutschen Idealismus – ihrer Einseitigkeiten entkleidet, in sich aufgenommen. Einerseits wurde die Wirklichkeit in ihrer Materialität und „Naturgesetzlichkeit" anerkannt, andererseits wurde davon ausgegangen, daß sie Produkt des gesellschaftlich tätigen Menschen ist. Die Materialität, wie sie der ältere Materialismus begriffen und als totes Sein definiert hatte, reflektierte Merkmale entfremdeter gesellschaftlicher Erscheinungen, ohne in der menschlichen Tätigkeit die Substanz dieser Entfremdung und zugleich die Voraussetzung ihrer Überwindung zu erblicken. Der deutsche Idealismus suchte von dem Begriff der menschlichen Tätigkeit ausgehend die prinzipielle Macht des Menschen über die Wirklichkeit und damit seine Fähigkeit zur Beseitigung der Entfremdung zu erweisen, ohne allerdings die Tätigkeit und ihr Produkt historisch konkret und materialistisch zu bestimmen.

Das dem deutschen Idealismus und dem Marxismus gemeinsame Problem war das der Veränderung der gesellschaftlichen Wirklichkeit durch die geschichtliche Aktion der bürgerlichen bzw. der proletarischen Klasse. Der deutsche Idealismus sah als den Weg der Lösung dieser Aufgabe vor allem die Veränderung der Ideen an, die Schaffung eines neuen gesellschaftlichen Bewußtseins, das durch seine prägende Kraft die Wirklichkeit umgestalten sollte. Die praktische Vermittlung der gewandelten Ideen mit der zu wandelnden Wirklichkeit blieb dabei vielfach außer Betracht oder stellte sich als untergeordnetes Problem dar. Diese Konzeption erweiterte – als Ideologie – die Reflexion des Platzes der Bourgeoisie im sozialen Lebensprozeß zu einer Bestimmung des Verhältnisses der Menschen zur Wirklichkeit überhaupt.

Marx, der Theoretiker der Arbeiterklasse, wies nach, daß mit der bloßen Veränderung der Ideen eine tatsächliche Umgestaltung der Wirklichkeit noch nicht erzielt ist. Zwar gehen der Entstehung einer neuen gesellschaftlichen Realität in dem Maße, wie sie bewußt geschaffen wird, auch Veränderungen des gesellschaftlichen Bewußtseins voran; aber dieses Bewußtsein, das der realen Gestaltung des Künftigen mittels Reflexion des gegenwärtig Wirklichen vorgreift, vermag

an sich, losgelöst von der materiell-praktischen Tätigkeit des gesellschaftlichen Menschen, keine neue reale Wirklichkeit zu schaffen. Die
Wirklichkeit ist, anders als der Idealismus meint, keineswegs ihrer
Grundlage nach ideell, sondern materiell. Daher müssen zu ihrer Gestaltung und Umgestaltung materielle Mittel angewandt, und es muß
jener Prozeß in Gang gesetzt werden, den Marx als „gegenständliche"
Tätigkeit definierte. Diese Tätigkeit ist die materielle Praxis des
gesellschaftlichen Menschen; sie kann nur als gesellschaftlicher Akt
betätigt werden, weil der Mensch ein gesellschaftliches Wesen und
sein Handeln demnach gesellschaftlich determiniert ist.

Wir haben es mit zwei grundlegenden Formen menschlicher Tätigkeit zu tun. Sie bilden im gesamtgesellschaftlichen Prozeß eine Einheit,
die in der Klassengesellschaft allerdings die Form einer Einheit innerhalb der sozialen Entgegensetzung annimmt. Die eine dieser Formen
ist die Umgestaltung und Weiterentwicklung der Ideen über die Wirklichkeit; sie stellt die gedankliche Verarbeitung der Resultate der Praxis
dar. Dies ist die theoretisch-kognitive Tätigkeit; ihr unmittelbares Objekt ist die objektive Realität, ihr vermitteltes Objekt die Theorie. Den
anderen Prozeß bildet die Erhaltung, Umgestaltung und Weiterentwicklung der objektiven Wirklichkeit; dies geschieht durch praktische Tätigkeit; ihr Objekt ist die äußere Realität. Es stehen sich demnach
gegenüber einerseits theoretische Tätigkeit (Erkennen) und praktische
Tätigkeit (Praxis), andererseits Theorie (Erkenntnis) und objektive
Wirklichkeit. Der gesellschaftliche Lebensprozeß umfaßt die theoretische und die praktische Tätigkeit in ihrer Einheit, jene bildet seine
ideelle, diese seine materielle Seite. (Der Begriff „materiell" ist damit
zunächst lediglich als Gegensatz zum Bewußtsein bestimmt; seine gesellschaftliche Spezifik bedarf noch der Erhellung.)

Der Begriff der Praxis ist jenes Schlüsselwort, mittels dessen Marx
in den „Thesen über Feuerbach"[16] seinen gegenüber dem Idealismus
und dem alten Materialismus neu gewonnenen Standpunkt festlegte.
Das Gesamtwerk von Marx kann als die materialistische Erhellung
und Präzisierung dieses Grundbegriffes beschrieben werden. Bleibt in
den „Thesen über Feuerbach" die Explikation des Begriffes noch ver-
hältnismäßig vage, so enthüllt die Gesamttheorie von Marx seinen

---

[16] Vgl. Karl Marx/Friedrich Engels, Werke, Bd. 3, a. a. O., S. 533 ff.

Wesenskern. Praxis ist jene Form gesellschaftlicher Tätigkeit, durch die eine nicht nur theoretisch entworfene, sondern auch tatsächlich, wirklich ausgeführte Veränderung der Wirklichkeit erfolgt. Der Mensch reproduziert und revolutioniert die Wirklichkeit vor allem durch die ökonomische und die politische Tätigkeit. Die politische Tätigkeit ist ein Reflex der ökonomischen Tätigkeit der Menschen und der Bewegungsgesetze der durch sie geschaffenen materiellen Wirklichkeit. Die grundlegende Form der umwälzenden Praxis ist die materielle Arbeit, die ökonomisch-produktive Tätigkeit. Diese Erkenntnis stellte eine Fassung der Praxis durch Marx dar, wie sie vor ihm zwar gelegentlich partiell genial antizipiert, aber niemals mit vollem theoretischen Bewußtsein entwickelt worden war. Der Standpunkt von Marx exponierte sich auf diese Weise als vollendete Antithese zu jeglicher idealistischer Geschichtserklärung.

In der Auseinandersetzung mit der idealistischen Denkweise und ihrer Verabsolutierung der theoretischen Tätigkeit legte Marx den Akzent auf die sinnlich-gegenständliche Tätigkeit des Menschen. Alle vormarxschen Philosophen stimmten, ob sie Materialisten oder Idealisten waren, (mit geringen Modifikationen) darin überein, daß die Veränderung eines gesellschaftlichen Zustandes wesentlich das Resultat der Veränderung der Ideen über diesen Zustand sei. Es kam ihnen nur auf die richtige Interpretation der Wirklichkeit an. Erst Marx erkannte mit voller Klarheit, daß der hauptsächliche Inhalt des Prozesses der Veränderung der Wirklichkeit die menschliche *sinnliche* Tätigkeit ist. Das Moment der Sinnlichkeit war von den meisten Materialisten, darunter von Feuerbach, geltend gemacht worden. Aber es war nur als Prinzip der *Anschauung*, nur kontemplativ, entwickelt worden. Marx hingegen explizierte die Sinnlichkeit als menschliche *Tätigkeit* und kennzeichnete als ihren realen gesellschaftlichen Inhalt die materielle Arbeit sowie das revolutionäre, *praktisch*-kritische Handeln. Gegen den anschauenden Materialismus und den die theoretische Tätigkeit absolut setzenden Idealismus vertrat Marx den Gedanken, daß die *umwälzende* Praxis jene Form der menschlichen Tätigkeit ist, durch die eine alte Welt zertrümmert und eine neue aufgebaut wird. Theorie und Praxis waren damit als verschiedene Formen *gesellschaftlicher Aktion* bestimmt und ihr Platz in dem Prozeß der Umgestaltung der menschlichen Verhältnisse konturiert.

5*

Der Begriff „Praxis" wurde durch Marx als Signum der die Gesellschaft real umwälzenden menschlichen Tätigkeit fixiert. Dies brachte
es zugleich mit sich, daß dieser Begriff auf der Grundlage des historischen Materialismus präzisiert, erweitert und zugleich durch spezi-
fischere Begriffe ersetzt werden mußte. In der Tat reicht die Vorstellung
der „sinnlich-gegenständlichen Tätigkeit" nicht aus, um die materielle
Grundlage des gesellschaftlichen Lebensprozesses und die verschiedenen Formen realer Tätigkeiten zu bestimmen. Marx stellte der idealistischen Geschichtsauffassung zunächst den Begriff der revolutionär-
kritischen Tätigkeit, der Anwendung äußerer Gewalt zur Veränderung
der politischen Machtverhältnisse, entgegen. Gleichzeitig analysierte
er die materielle Grundlage der gesellschaftlichen Entwicklung und
damit die bestimmende materielle Tätigkeit des Menschen, als welche er
die Produktionstätigkeit erkannte. Die Hervorhebung der grundlegenden Rolle der Arbeit führte mit Notwendigkeit zu der Einsicht, daß
die gesellschaftliche Wirklichkeit eine widersprüchliche Struktur besitzt, die als die Einheit von materiellen und ideologischen Verhältnissen und Institutionen, als Einheit von Basis und Überbau auftritt.
Damit erhält der Begriff „materiell" einen nicht mehr lediglich erkenntnistheoretischen, sondern gesellschaftlichen Inhalt. Oder anders ausgedrückt: Die allgemeine Frage nach dem Verhältnis von Sein und
Bewußtsein wird als Fage nach der Struktur der Gesellschaft gestellt;
die ökonomischen Verhältnisse sind als die letztbestimmende Grundlage der ideologischen Verhältnisse erkannt.

Den materiellen und den ideologischen Verhältnissen der Menschen
entsprechen zwei unterschiedliche Grundformen der menschlichen Tätigkeit, die materielle und die ideologische; jene besitzt das Primat,
diese spielt eine sekundäre, abgeleitete, aber deswegen keineswegs
minder wichtige Rolle.

Damit wird deutlich, daß es nicht angängig ist, die Begriffe Theorie
und Praxis unspezifiziert als Kategorien des marxistischen Geschichtsverständnisses zu gebrauchen, wie das in der Literatur häufig geschieht.
Theorie und Praxis sind wesentlich Kategorien der Erkenntnistheorie,
sie reichen daher für eine präzise Kennzeichnung des materialistischen
Charakters der marxistischen Geschichtstheorie nicht aus, auch wenn
Marx zunächst diese überkommenen Begriffe zur Bestimmung geschichtlicher Aktionen der Menschen verwandte. Die Beziehung Theorie—

Praxis tritt im Grunde bei allen bewußten menschlichen Tätigkeiten auf (jeder realen Tätigkeit kann eine Theorie zugeordnet werden); damit definiert sie nicht das Wesen der gesellschaftlich-materiellen Tätigkeit und ihrer Beziehung zur ideologischen Tätigkeit.

Wird der Begriff Praxis näher entschlüsselt, so offenbart er unterschiedliche Aspekte. Im Sinne der grundsätzlichen geschichtsphilosophischen Bestimmung des Verhältnisses des Menschen zur Wirklichkeit ist er eine, freilich vage, unspezifische Kennzeichnung dessen, daß das die Wirklichkeit verändernde menschliche Handeln die äußere, reale (nicht bloß „innere", denkende) Tätigkeit ist. In diesem Sinne ist jede „wirkliche" zielgerichtete menschliche Tätigkeit, jede Tätigkeit, die nicht nur Bewußtseinsprozeß ist, Praxis. In dieser Verwendung des Begriffs gehen jedoch die bestimmenden Unterschiede zwischen materieller und ideologischer Tätigkeit unter; der Materialismus wird nur erkenntnistheoretisch, nicht gesellschaftstheoretisch zur Geltung gebracht.

Im erkenntnistheoretischen Sinne ist Praxis jede konkrete Tätigkeit, die Objekt, Grundlage, Ziel, Wahrheitskriterium einer ihr entsprechenden Theorie sein kann. Praxis in diesem Sinne kann damit auch eine beliebige „wirkliche" Tätigkeit innerhalb des ideologischen Bereichs der Gesellschaft sein. Eine solche Tätigkeit ist dann im Sinne des historischen Materialismus ideologische, im Sinne der Erkenntnistheorie praktische Tätigkeit.

Die Durchdringung der entgegengesetzten Momente tritt in mehrfacher Beziehung auf; sie wurzelt wesentlich in dem Umstand, daß Ideelles und Materielles im gesellschaftlichen Lebensprozeß überhaupt, in der menschlichen Tätigkeit insbesondere eine komplizierte Einheit bilden. Materielle Tätigkeit in der Produktion ist nicht etwa nur körperlich-gegenständliche Arbeit, sondern dazu gehört auch die Funktion der Lenkung und Leitung der ökonomischen Prozesse sowie die wissenschaftliche Forschungs- und Entwicklungstätigkeit. Letztere ist jedoch in anderer Beziehung theoretisch-kognitive Tätigkeit und bildet ein Element des ideologischen Überbaus.

Für das materialistische Verständnis der Wirklichkeit und die Widerlegung des Idealismus reicht eine bloß erkenntnistheoretische Diskussion der Problematik des Verhältnisses von Theorie und Praxis nicht nur nicht aus, sondern dafür muß auch die Wirklichkeit als objektives

System von Verhältnissen sowie der materielle Grundcharakter der tätigen Beziehung des Menschen zu ihr untersucht werden. Damit wird zugleich der materielle Charakter der Praxis konkret sichtbar gemacht. Im erkenntnistheoretischen Sinne ist die Praxis materiell als reale Tätigkeit, die außerhalb des Bewußtseins vonstatten geht. Im Sinne des gesellschaftlichen Materialismus tritt das Theorie-Praxis-Verhältnis in der spezifischen Form materieller und ideologischer Tätigkeit in Erscheinung; die ökonomische Tätigkeit ist materiell, die politische, staatliche usw. Tätigkeit ist ideologisch. Politische Tätigkeit ist – erkenntnistheoretisch gesehen – materieller Prozeß; sie nimmt ideelle Gestalt in der Theorie des politischen Kampfes an. Als reale Tätigkeit aber ist sie zugleich ideologische Tätigkeit als Reflex der materiellen Verhältnisse und der in ihnen sich vollziehenden Tätigkeit.

Die materielle Seite der gesellschaftlichen Lebenstätigkeit besteht in der Reproduktion der materiellen Verhältnisse, der ökonomischen Basis; die ideologische Seite besteht in der Reproduktion bzw. Umgestaltung der ideologischen Verhältnisse, des Überbaus. Diese Unterscheidung darf nicht mit dem Umstand zusammengeworfen werden, daß die materielle Tätigkeit stets auch eine idelle Seite hat, weil sie vom bewußt handelnden Menschen vollzogen wird. Der materielle und der ideologische Aspekt der gesellschaftlichen Tätigkeit müssen vielmehr analog der Kennzeichnung der gesellschaftlichen Wirklichkeit als Einheit von materieller Basis und ideologischem Überbau unterschieden werden. Die menschliche Tätigkeit in ihrer dialektischen Totalität verbürgt die Erhaltung bzw. Umgestaltung des gesellschaftlichen Lebens; nach ihrer materiellen Seite zielt sie auf den ökonomischen Unterbau der Gesellschaft, nach ihrer ideologischen Seite hingegen auf den Überbau. Beide Seiten der gesellschaftlichen Tätigkeit – deren Entgegensetzung sich in der Form enger wechselseitiger Durchdringung realisiert – haben eine gesellschaftlich reproduktive Bedeutung; die fundierende und daher letztlich determinierende Seite jedoch stellt die Produktionspraxis dar.

Wenn nach der Materialität der gesellschaftlichen Wirklichkeit des Menschen gefragt wird, muß folglich die Materialität der diese Wirklichkeit fundierenden Produktionstätigkeit aufgezeigt werden. Diese Frage stellt sich der historische Idealismus überhaupt nicht, da er davon ausgeht, daß die ideologische Seite der gesellschaftlichen Tätigkeit die zeugende Kraft der Geschichte darstellt. Marx konnte, da er die sozialen Interessen des Proletariats theoretisch reflektierte, diese idealistische Mystifikation zerstören und mit der Entdeckung der materiellen Grundlage der gesellschaftlichen Tätigkeit zugleich den gesamten menschlichen Lebensprozeß der wissenschaftlichen Erfassung zugänglich machen.

In allen Gesellschaftsepochen ist die „Umwelt" des Menschen sein Werk und nimmt damit die Form der „Wirklichkeit" an. Aber die Werk-Tätigkeit des Menschen ist, als Arbeit, nicht Tätigkeit schlechthin, sondern gegenständlich-verändernde Tätigkeit. Im gegenständlich vermittelnden Charakter dieser Tätigkeit liegt eine wesentliche Voraussetzung dessen, daß das gesellschaftliche Sein des Menschen eine materielle Grundlage besitzt. Zwar gilt der bereits entwickelte Gedanke, daß menschliche Tätigkeit in einem allgemeinen Sinne Formänderung vorgegebener Wirklichkeit ist. Aber diese Formänderung kann nur dann zu einer veränderten, einer neuen materiellen Wirklichkeit führen, wenn sie selbst materiell ist. Ihre Materialität gründet in der Gegenständlichkeit sowie darin, daß sie die ideologischen Beziehungen fundiert.

Der geschichtliche Mensch findet sich immer einer objektiven Wirklichkeit gegenüber, bevor seine Tätigkeit in diese eingreift. Menschliche Existenz hat eine objektive Naturwirklichkeit zur Voraussetzung und, in bezug auf die Gesellschaft, überkommene materielle Verhältnisse und produktive Kräfte. Aber diese können nur dann vom jeweiligen historischen Subjekt angeeignet werden, wenn es sich materiell mit ihnen auseinandersetzt. Dieser Prozeß bildet die Grundlage einmal des Weiterwirkens der materiellen Voraussetzungen, zum anderen Male des Schaffens neuer materieller Bedingungen, Gesetze und Verhältnisse.

Die Existenz des Menschen ist zu allen Zeiten und unter allen Bedingungen an objektive Gesetze und Zusammenhänge gebunden. Diese bilden eine Seite der „naturgeschichtlichen" Grundlage des gesellschaftlichen Lebens. Stellen wir uns einen Augenblick vor, die Menschheit oder ein Teil von ihr beschlösse, ihr Dasein auf irgendeinem anderen bewohnbaren Gestirn fortzusetzen! Auch unter diesen völlig neuen Bedingungen würde das menschliche Dasein an unaufhebbare Gesetze gebunden sein. Diese wirken einerseits in der Naturgrundlage menschlicher Existenz, in jenen Naturzusammenhängen, auf deren Erkenntnis und Ausnutzung das menschliche Leben fußt, andererseits in den objektiven gesetzmäßigen Beziehungen der gesellschaftlichen Entwicklung. Es kann nach dieser Seite überhaupt keine Rede davon sein, daß der Mensch seine gesellschaftliche Existenz nach seinem Willen, seinem „reinen" Bewußtsein gestaltet, sondern er kann immer nur objektive Notwendigkeiten und Erfordernisse erkennen und bewußt realisieren. Selbst in der Gestaltung des ideologischen Überbaus der materiellen Basis ist der Mensch keineswegs frei. Da der Überbau die Reflexion der Basis darstellt und darüber hinaus seine eigenen inneren Gesetze besitzt, erweist sich die von nichtmarxistischen Denkern behauptete absolute Priorität des Bewußtseins als reine Illusion.

Eine wesentliche Seite der Objektivität der gesellschaftlichen Wirklichkeit besteht daher in ihrem „naturgesetzlichen" Charakter, und unter diesem Gesichtspunkt findet zunächst keinerlei Unterschied zwischen Natur und Gesellschaft statt, weshalb Marx, Engels und Lenin gerade den Terminus „Naturgesetzlichkeit" zur Kenntlichmachung der Objektivität der gesellschaftlichen Entwicklung verwandten. Die gesellschaftliche Tätigkeit des Menschen hat zum Inhalt die Reproduktion dieser Naturgesetzlichkeit, d. h. die Entwicklung der Gesellschaft mit den ihr immanenten objektiven Gesetzen und materiellen Zusammenhängen.

Die Produktion, der materielle Kern der gesellschaftlichen Praxis, ist am unmittelbarsten mit der Gesetzlichkeit der Natur qua Natur verbunden. Sie entnimmt ihre materiellen Mittel der Natur, denen sie eine dem Menschen zweckdienliche Form und Funktion verleiht, zugleich aber schafft sie die materiellen Grundlagen der gesellschaftlichen Existenz, die in den dem jeweiligen Stand der Produktivkräfte angemessenen Verhältnissen bestehen, die die Menschen in der Produktion eingehen. Weder in der Entwicklung der Produktivkräfte noch in der Gestaltung der Produktionsverhältnisse sind die Menschen frei in einem Sinne, daß — wie das die Idealisten tun — von einem Primat des Bewußtseins gesprochen und die gesellschaftliche Wirklichkeit ihrer Substanz nach als ideell bestimmt werden könnte. Als mit Bewußtsein begabte Wesen vermögen sie bei der Schaffung von Produktivkräften die Natur gleichsam gegen sich selbst zu kehren, indem sie in den Produktivkräften materielle gesetzmäßige Zusammenhänge kristallisieren. Das Bewußtsein beweist seine Macht und Größe gerade dadurch, daß es die Formen und Gesetze der Natur erkennt und dadurch dem Menschen ihre Ausnutzung ermöglicht. Die Materialität der Produktion ist somit gleichsam in der Materialität der Natur fundiert; es ist dies eine Materialität, die vom tätigen Menschen realisiert und reproduziert wird, die aber ebensowenig durch menschliches Wollen aufgehoben werden kann wie die Gesetze und „Stoff"-Elemente der Natur.

In zwei Formen tritt uns die Objektivität der Natur entgegen: erstens in ihrem stofflichen, zweitens in ihrem relationalen Gegebensein. Der Mensch kann weder Stoff (Feld), noch deren Gesetze und Wirkungszusammenhänge willkürlich schaffen. Ähnliches gilt von der Objektivität der gesellschaftlichen Wirklichkeit. Ihr gehören einerseits „dinghafte" Substrate – die menschlichen und (zumindest zum wesentlichen Teil) sachlichen Produktivkräfte –, andererseits die notwendigen Verhältnisse an, in denen sie auftreten, bzw. die ihnen inhärieren. Sowohl die Entwicklung der Produktivkräfte wie die der Produktionsverhältnisse ist an objektive, an „Naturgesetze" gebunden.

Der materielle Charakter der Natur kontinuiert sich in der Materialität der Produktion, und diese, indem sie die gesellschaftlichen Beziehungen fundiert, verleiht ihnen damit einen materiellen Grundcharakter, begründet das Verhältnis von materiellen und ideologischen Beziehungen. Wenn die Materialität der Natur in der Realität (Objektivität) der Dinge und Prozesse besteht, so zeigt sich in der Produktion ein analoges Verhältnis. Die gegenständlichen Momente der Produktion sind die Vermittlungsglieder, die den Stoffwechselprozeß von Mensch und Natur bedingen und ermöglichen; gleichzeitig fungieren sie auf der Grundlage von Gesetzen, die ihnen selbst sowie dem Stoffwechselgeschehen inhärieren. Bei allem geschichtlichen Wandel der Produktionsinstrumente bleibt ihre Gegenständlichkeit erhalten: Sie sind Dinge und Prozesse, die der materiellen (objektiven) Natur entstammen. Es handelt sich bei ihnen nicht um Ideen und Begriffe, sondern um gegenständlich-reale Erscheinungen. Die Natur ist die Grundlage menschlicher Existenz, und ihre Materialität begründet einerseits die Objektivität der gesellschaftlichen Beziehungen überhaupt, andererseits den materiellen Charakter der Produktionsverhältnisse.

Die Entwicklung der Produktivkräfte ist jedoch ohne das erkennende Bewußtsein nicht möglich. Welche Gesellschaftsformation wir auch im

Auge haben, stets müssen wir die Schöpferkraft des menschlichen Bewußtseins bei der Entfaltung der Produktivkräfte voraussetzen. In der
sozialistischen Gesellschaft wird dieser Vorgang im gesamtgesellschaftlichen Rahmen gesteuert, geplant und damit wesentlich effektiver gestaltet als im Kapitalismus. Aber auch in dieser Gesellschaft können
Technik und Wissenschaft nur durch den bewußt handelnden Menschen entwickelt werden. Natürlich ist dies, insofern Spontaneität den
Vollzug der grundlegenden gesellschaftlichen Prozesse bestimmt, im
allgemeinen kein *gesamtgesellschaftlich* bewußter Vorgang. Die Quelle
der Spontaneität liegt in den ökonomischen Bedingungen und Beziehungen; insofern diese die materielle Basis der Gesellschaft bilden,
bestimmt in der Klassengesellschaft Spontaneität auch in einem be-
trächlichen Maße die Entwicklung von Wissenschaft und Technik. Der
Stellenwert des Bewußtseins im Prozeß der Entfaltung der Produktivkräfte ist also einerseits durch die Entwicklungstendenzen der Produktivkräfte selbst, andererseits durch die jeweiligen gesellschaftlichen
Bedingungen bestimmt. Der Anteil des „geistigen Elements" an den
sachlichen Produktivkräften wächst der historischen Tendenz nach
ständig; in immer höherem Grade stellen die Produktivkräfte die Vergegenständlichung theoretischer, wissenschaftlicher Erkenntnisse dar.
Aber damit wird die Materialität der Naturkräfte, die in den Produktivkräften eine den menschlichen Zwecken dienende Gestalt erhalten,
keineswegs aufgehoben. Die unerschütterliche Basis der Produktivkräfte und damit der Gesellschaft überhaupt bilden Naturprozesse und
Naturgesetze; der Mensch kann diese immer besser erkennen und ausnutzen, er kann sie schöpferisch neu erzeugen, aber er kann sie nicht
als Ganzes „abschaffen". Die Rolle des „geistigen Elements" in der
Entwicklung der Produktivkräfte ist daher, erkenntnistheoretisch gesehen, sekundär; sie besitzt Widerspiegelungscharakter.

Zweifellos wird durch den Umstand, daß die Gesellschaft Resultat
bewußt handelnder Menschen ist, der Begriff der „objektiven Realität"
gegenüber der Naturwirklichkeit modifiziert. Westliche Philosophen
und Marx-„Kritiker" suchen gerade diesen Umstand auszunutzen, um
den marxistischen Materialismus, den Materiebegriff, die Abbildungs-
lehre als „Dogmatismus" zu diffamieren. Dabei fangen sich indes diese

„Anti-Dogmatiker" in selbstgelegten dogmatischen Schlingen, die darin bestehen, daß sie mit einem vorgefaßten idealistischen Begriff menschlicher Tätigkeit den Idealismus „beweisen" wollen.

Der Materialismus des 18. Jahrhunderts hatte seine Vorstellung der objektiven Realität an der Naturwirklichkeit modelliert; hier ließ sich anscheinend mühelos zeigen, daß dem Menschen eine von seinem Bewußtsein unabhängige Realität gegenübersteht. Der deutsche Idealismus stellte die Probleme der Gesellschaft, des tätigen Menschen in den Mittelpunkt seiner philosophischen Bemühungen. Unter den bürgerlichen Lebensbedingungen, auf der Grundlage einer bürgerlichen Praxis konnte jedoch die gesellschaftliche Wirklichkeit nur als Resultat eines primär theoretischen Verhaltens zu ihr begriffen werden; der tätige, sich geschichtlich verwirklichende und neu erzeugende Mensch war Repräsentant jener Klasse, die die geistige Tätigkeit gegenüber den materiellen Produzenten monopolisiert hatte. Die vom deutschen Idealismus apostrophierte „Praxis" war primär theoretischer Wirklichkeitsbezug, sie blähte den Bewußtseinsanteil der gesellschaftlichen Lebensgestaltung zu einem Absolutum auf. Diese Auffassung der Wirklichkeitserzeugung durch den gesellschaftlichen Menschen war daher „Ideologie", falsches Bewußtsein, das die historischen Lebensbedingungen des Bürgertums theoretisch verabsolutierte. Von diesem Erkenntnisniveau aus gab es eine „bewußtseinsunabhängige Realität" nicht, da alles Seiende in letzter Instanz geistbestimmt, weil geisterzeugt war.

Karl Marx, der Theoretiker der Arbeiterklasse, entdeckte die wahre, die eigentliche Praxis in der real verändernden gesellschaftlichen Tätigkeit, als deren materieller Kern sich die Arbeit erwies. Man könnte die Frage aufwerfen, ob die Marxsche materialistische Entdeckung der Praxis nicht ebenso „Ideologie" sei wie die idealistische Bestimmung der Rolle der theoretischen Tätigkeit durch das aufsteigende Bürgertum, da in beiden Fällen die Praxis einer jeweiligen Klasse verabsolutiert würde. Es wurde bereits hervorgehoben, daß in der Tat sowohl die praktische als auch die theoretische Tätigkeit unabdingbare Elemente des sozialen Prozesses sind. Aber der entscheidende Unterschied beider besteht darin, daß die theoretische Tätigkeit, als solche, keinerlei gegenständliche Wirklichkeitsveränderung zustandebringt, daß dies nur die praktische Tätigkeit vermag. Dies ist eine „ewige" Wahrheit; sie wird auch nicht dadurch aufgehoben, daß mit dem Verschwinden der Klassengegensätze das feindliche Verhältnis von körperlicher und geistiger Arbeit fällt. Die Fassung der Praxis durch Marx ist – allerdings wissenschaftliche – Ideologie in dem Sinne, daß sie zunächst die historischen Bedingungen des *Gegensatzes* körperlicher und geistiger Arbeit reflektierte und, mit der Angabe der revolutionär-kritischen Tätigkeit, den Weg zur Überwindung dieses Gegensatzes bezeichnete. Mit dem Begriff der Praxis wurde von Marx zugleich die geschichtliche Rolle der Arbeit und der werktätigen Massen artikuliert. So sehr sich auch im Sozialismus praktische und theoretische Tätigkeit durchdringen, so gilt doch auch dann, daß die Produktion materieller Güter die grundlegende praktische Tätigkeit der Menschen ist.

Die Wirklichkeit, als jene Daseinsform objektiver Realität, die durch den tätigen Menschen geprägt ist, besitzt stets zugleich die Form der Realisation menschlichen Wollens und Bewußtseins. Damit ist in einem bestimmten Sinne Objektivität an Subjektivität, Sein an Bewußtsein gebunden. Die Absolutsetzung dieser Entsprechung kennzeichnet allen Idealismus. Denken und Sein bilden für ihn eine unauflösliche Einheit, wobei dem Denken der Primat zugesprochen wird.

Aber der Sachverhalt, daß der Mensch sich stets zu einer Welt verhält, die er sich sowohl praktisch als auch theoretisch erschlossen und damit selbst gestaltet hat, begründet weder die Notwendigkeit eines idealistischen Standpunktes noch der angeblichen Synthese von Materialismus und Idealismus, wie sie die westliche Marx-„Kritik" postuliert.

Der Marxismus hat die Frage nach der Beziehung von Materiellem und Ideellem in der Gesellschaft als ein primär nicht gnoseologisches, sondern als Problem der sozialen Gliederung der Gesellschaft und damit als Problem der sozialen Praxis erstmals richtig gestellt und gelöst. Es geht um die objektive Struktur der gesellschaftlichen Wirklichkeit, die sich in gesellschaftliches Sein und Bewußtsein, in Basis und Überbau, in materielle und ideologische Verhältnisse auseinanderlegt. Das anscheinend bloß erkenntnistheoretische Problem der Widerspiegelung des Seins im Bewußtsein erweist sich als ein Problem der Stellung des Menschen zur Wirklichkeit überhaupt, als ein Problem der gesellschaftlichen Praxis.

Die von den Begründern des Marxismus vorgenommene Unterscheidung materieller und ideologischer Verhältnisse besagt zunächst, daß jene das Primäre, Widergespiegelte, diese das Sekundäre, Widerspiegelnde sind. Da nun die Widerspiegelung, als Form gesellschaftlicher Aktion, das Bewußtsein der Menschen voraussetzt, sind die ideologischen Verhältnisse solche, in denen das gesellschaftliche Bewußtsein unmittelbar Gestalt gewinnt. Es sind jene Verhältnisse, die die Menschen bewußt nach Maßgabe der ideellen Erfassung der materiellen Bedingungen und Verhältnisse eingehen. Schon hier zeigt sich, daß die diskutierte Frage nicht lediglich die nach einer erkenntnistheoretischen Beziehung ist; denn im erkenntnistheoretischen Sinne sind die Verhältnisse der Menschen innerhalb des Staates, der Parteien usw. primär gegenüber ihrer theoretischen Widerspiegelung. Auch existieren sie außerhalb und unabhängig vom Bewußtsein, wenn man das Bewußtsein als Erkenntnissubjekt auffaßt. Dies zeigt, daß die Bestimmung der Materie als jener Wirklichkeit, die außerhalb und unabhängig vom Bewußtsein existiert, eine sehr allgemeine Bestimmung ist, die der näheren Kennzeichnung bedarf. Im Sinne der gesellschaftlichen Praxis stellt sich die Materie als die fundamentierende Realität der Gesellschaft, und das Ideelle als dessen ideologischer Reflex dar. Die Materie ist das Primäre, das Ideologische das Sekundäre.

Wenn die ideologischen Verhältnisse der Menschen das Gepräge des Bewußtseins tragen, so sind andererseits auch die materiellen Verhältnisse nicht ohne den bewußt handelnden Menschen denkbar. Aber die Bewußtheit der Verwirklichung der materiellen Verhältnisse ist im Sozialismus wesentlich verschieden von der Klassengesellschaft. Daraus ergibt sich zugleich, daß auch die bewußte Gestaltung der ideologischen Verhältnisse wesentliche Unterschiede aufweist. In der sozialistischen Gesellschaft „gehen" die ideologischen Verhältnisse so „durch den Kopf der Menschen hindurch", daß sie als im wesentlichen adäquate und bewußte gesellschaftliche Widerspiegelung der materiellen Verhältnisse realisiert werden. Das gesellschaftliche Eigentum an den Produktionsmitteln ermöglicht nicht nur, sondern verlangt eine bewußte Gestaltung des gesamtgesellschaftlichen Lebensprozesses der Menschen – sowohl der materiellen als auch der ideologischen Beziehungen. Das gesellschaftliche Bewußtsein ist im Sozialismus die dem Wesen nach richtige Widerspiegelung des gesellschaftlichen Seins.

In der Klassengesellschaft hingegen reflektieren die ideologischen Verhältnisse zwar auch die materiellen Beziehungen der Menschen.

Aber diese Widerspiegelung ist in hohem Maße eine verzerrte, täuschende Reflektion des gesellschaftlichen Seins. Die ideologischen Verhältnisse stellen als solche die *genaue* Widerspiegelung der materiellen Verhältnisse dar. Aber diese Genauigkeit schließt ein, daß die Widerspiegelung auf der Grundlage der Spontaneität der sozialen Prozesse ungenau, täuschend, daß sie Ideologie, falsches Bewußtsein ist. In der Klassengesellschaft werden die ideologischen Verhältnisse auf Grund eines wesentlich falschen Bewußtseins realisiert. Die Bewußtheit dieses Prozesses ist daher nicht wissenschaftliches, adäquates Bewußtsein realer Beziehungen, sondern gebrochenes Bewußtsein. Dies ist die Grundlage der Herrschaft idealistischer Gedankensysteme sowie der Tatsache, daß die imperialistische Politik vielfach abenteuerlich, oft im höchsten Maße unrealistisch ist, daß die Bourgeoisie immer weniger in der Lage ist, ihre *eigenen* Klassenziele zu definieren und mit erfolgversprechenden Mitteln ihre Realisierung zu betreiben.

Andererseits aber geht der Inhalt der ideologischen Verhältnisse in der Klassengesellschaft nicht in falschem Bewußtsein auf. Dies rührt daher, daß die herrschende Klasse, innerhalb der Spontaneität, zugleich relativ bewußt ihre wesentlichen Interessen verfolgen muß, um sich als Klasse behaupten zu können. Die ideologischen Verhältnisse sind inhaltlich durch die materiellen Verhältnisse bestimmt; sie stellen – als ideologische Beziehungen der herrschenden Klasse – eine aktive Kraft ihrer Erhaltung und Reproduktion dar. Dies können sie natürlich nur, wenn ihnen eine einigermaßen adäquate Erfassung der Erfordernisse der materiellen Verhältnisse zugrunde liegt. In der Politik des bürgerlichen Staates koinzidieren die Interessen der Angehörigen der herrschenden Klasse in einem bestimmten Umfang und werden daher als deren *gemeinsame* Interessen durchgesetzt. Die Gestaltung der ideologischen Verhältnisse setzt gerade aus dem Grunde ein bestimmtes Maß an gemeinschaftlichem Wollen voraus, weil die kapitalistischen Privateigentümer zwar einerseits durch die Bedingungen des materiellen Lebens voneinander getrennt, andererseits aber durch eben diese Bedingungen aufeinander bezogen sind: Sie stellen *eine* Klasse dar. Die Verwirklichung der Interessen dieser Klasse *als* Klasse setzt die Erfassung des Allgemeinen in der Tätigkeit der einzelnen Angehörigen der Klasse voraus. Allgemeines und Einzelnes sind zwar ontologisch relativ getrennt – der Privateigentümer ist seiner Existenz nach zunächst vereinzelter Einzelner – aber er ist zugleich gesellschaftliches Wesen. Die allgemeinen Momente seiner sozialen Lage werden in den ideologischen Verhältnissen zu einer wirkenden Kraft. Das Allgemeine wird bewußt in der Form ideologischer Beziehungen realisiert. Dies ist übrigens eine der Ursachen dafür, daß der Idealismus meinen konnte, das Allgemeine sei seiner Substanz nach ideell.

Wenn die ideologischen Verhältnisse solche Beziehungen der Menschen darstellen, die den Stempel des Bewußtseins tragen, so sind die materiellen gesellschaftlichen Verhältnisse der Klassengesellschaft, nach der Definition Lenins, nicht durch den Kopf der Menschen hindurchgegangen; sie entwickeln sich spontan. Dies gilt indessen nicht absolut. In der Periode des Übergangs vom Feudalismus zum Kapitalismus, als der Widerspruch zwischen Produktivkräften und Produktionsverhältnissen scharf hervortrat, wurde die Spontaneität der sozialen Entwicklung in einem gewissen Maße eingeschränkt. Die Bourgeoisie formulierte in den Anschauungen ihrer Ökonomen, Philosophen, Soziologen die historisch herangereiften Erfordernisse des gesellschaftlichen Fortschritts und bestimmte theoretisch die notwendig gewordenen Veränderungen im System der Produktionsweise. Der Übergang vom Feudalismus zum Kapitalismus vollzog sich nicht als ein gesellschaftlich bewußtloser, rein spontaner Vorgang. Aber die Bewußtheit erstreckte sich überwiegend auf die ideologisch-politische Sicherung der neu sich formierenden gesellschaftlichen Ordnung. Die Bourgeoisie definierte die erforderlichen politischen Veränderungen zur Gewährleistung der Entfaltung der kapitalistischen Produktionsverhältnisse. Letztere hatten sich bereits in einem bestimmten Maße innerhalb der alten gesellschaftlichen Ordnung herausgebildet. Es bedurfte noch einerseits der völligen Überwindung der leibeigenschaftlichen und anderen Bindungen der Produzenten, andererseits der Übernahme der politischen Macht durch die Bourgeoisie. Beides ließ sich ohne bewußte Aktionen des Dritten Standes nicht erreichen.

Indes: Das System der kapitalistischen Produktionsverhältnisse schloß, einmal entwickelt, seiner Natur nach eine gesellschaftlich bewußte Regulierung weitgehend aus. Die Gesetze des kapitalistischen Privateigentums unter den Verhältnissen der freien Konkurrenz bedingten, daß die Bewußtheit sich auf die wirtschaftliche Tätigkeit der isolierten Produzenten beschränkte und der gesellschaftliche Gesamtzusammenhang sich erst im nachhinein ergab. Aus den in ihrem Ansatz isolierten, wenn auch natürlich gesellschaftlich bestimmten Aktionen der Privatproduzenten bildete sich spontan ein wirtschaftliches Ganzes heraus. Die Forderung des laissez faire brachte unmittelbar die Bedingungen der ökonomischen Entwicklung der bürgerlichen Verhältnisse zum Ausdruck.

In den geschichtsphilosophischen Anschauungen der bürgerlichen Klasse fand dies darin seinen Ausdruck, daß die Geschichte als Resultat einerseits der partikularisierten Aktionen der Einzelnen erklärt wurde, und daß andererseits die innere Ordnung und Gerichtetheit des Gesamtprozesses einer höheren geistigen Macht zugeschrieben wurde.

Die materiellen Verhältnisse der bürgerlichen Gesellschaft stellten sich als durch bewußte Tätigkeit isolierter Produzenten konstituiert dar. Dies implizierte, daß die Bewußtheit limitiert war durch die Grenzen des Privateigentums, und daß in dem Maße der gesamtgesellschaftlichen Ökonomik Spontaneität die Herstellung und Entfaltung der menschlichen Beziehungen bestimmte. Spontaneität ist Abwesenheit gesellschaftlicher Bewußtheit. Unter den kapitalistischen Verhältnissen war sie Ausdrucksform entfremdeter Tätigkeit, die zu objektiver Entfremdung führte und durch sie bedingt war. Weil der gesellschaftliche Gesamtzusammenhang sich als Resultante isolierter Tätigkeiten entwickelte, nahm er die Form entfremdeter gesellschaftlicher Wirklichkeit an. Der Existenz einer den Menschen entfremdeten Wirklichkeit entsprach die nicht gesellschaftlich bewußte, sondern spontane Entfaltung dieser Wirklichkeit.

Diese Zusammenhänge traten rein hervor unter den geschichtlichen Bedingungen des Kapitalismus der freien Konkurrenz. Die Struktur dieser Gesellschaft ist zwar so beschaffen, daß in ihr gleichsam atomistisch voneinander geschiedene Privatproduzenten wirken, die aber innerhalb ihrer Scheidung und Differenzierung zugleich ein dialektisches Ganzes konstituieren. Denn die Selbständigkeit der Warenproduzenten, wie sie vor allem im Austausch an den Tag tritt, ist ja nur relativ; auf Grund des gesellschaftlichen Charakters der Produktion ist jeder einzelne Warenproduzent in tausendfältiger Weise mit allen anderen verbunden, und die Bewegung seines ökonomischen Tuns ist strengen Gesetzen subordiniert Diese Gesetze aber werden auf der Grundlage des Privateigentums nicht zur Norm des ökonomischen Handelns der Produzenten, sondern setzen sich blind, spontan durch.

Im Maße der Entwicklung der Produktivkräfte nimmt der gesellschaftliche Charakter der Produktion zu. Dies drückt sich in der Konzentration und Zentralisation der Kapitale aus. Dadurch wächst − innerhalb der Spontaneität − die Bewußtheit der Regulierung ökonomischer Prozesse. Hatte sich die Bewußtheit zunächst auf den Produktionsablauf innerhalb relativ kleiner einzelner Unternehmen beschränkt, so greift sie jetzt auf einen Komplex von Betrieben und auf ganze Industriezweige über. Auf dem Wege von Kartellabsprachen über die Aufteilung der Märkte kann nunmehr nicht allein die Produktion, sondern in einem gewissen Maße auch die Zirkulation einer bestimmten Einflußnahme und Vorausplanung unterworfen werden. Ihren Höhepunkt erreicht diese Entwicklung im staatsmonopolistischen Kapitalismus. Hier gewährleistet die Tätigkeit des Staates als einer ökonomischen Potenz die Möglichkeit einer Steuerung der Produktion und einer Einschränkung der blinden Wirksamkeit des Wertgesetzes.

Diese Möglichkeit ist materiell bedingt durch die gewaltige Entwicklung der Produktivkräfte und der Vergesellschaftung der Produktion. Es kündigt sich hierin unübersehbar die historische Notwendigkeit des Sozialismus an, dessen materielle Voraussetzung gerade die entwickelte Vergesellschaftung der Produktion ist. Zu dieser historischen Notwendigkeit befindet sich jedoch das Privateigentum im Widerspruch. Zwar macht auch das Privateigentum im Kapitalismus − und mit ihm die Produktionsverhältnisse − einen Wandel durch, der in einer gewissen Korrespondenz zu der fortschreitenden Vergesellschaftung der Produktion steht. Die kleinen Privateigentümer werden durch den großen verdrängt; die Zersplitterung der Kapitale wird durch ihre Konzentration ersetzt. Aber damit wird natürlich prinzipiell die Existenz des Privateigentums nicht aufgehoben. Die Produktion wird nach wie vor im Interesse des Profits, nicht aber zur Sicherung der Lebensinteressen des Volkes, betrieben. Dies ist der unüberbrückbare Widerspruch des Kapitalismus als Kapitalismus, ein Widerspruch, der im staatsmonopolistischen Kapitalismus nicht nur nicht aufgehoben, sondern noch vertieft wird. Denn jetzt bildet sich immer mehr die materielle Möglichkeit heraus, daß die Produktion Mittel der direkten

Bedürfnisbefriedigung der Gesellschaft, des Volkes wird; die stimulierende Kraft der freien Konkurrenz hat ihre geschichtliche Mission
bereits mehr oder weniger erfüllt. Aber nach wie vor steht die Produktion im Dienste des Profits, und damit bleiben die Produktionsverhältnisse historisch hinter den Produktivkräften zurück.

Die Materialität der kapitalistischen Produktionsverhältnisse darf,
wie sich aus dem Bisherigen ergibt, keineswegs als *absoluter* Gegensatz
des Ideellen und Ideologischen aufgefaßt werden. Lenin wies darauf hin,
daß die Entgegensetzung von Materiellem und Ideellem nur innerhalb
bestimmter Grenzen absolut gilt, daß sie im übrigen aber relativ ist.
Dies ergibt sich daraus, daß in der gesellschaftlichen Wirklichkeit Sein
und Bewußtsein sich eng durchdringen, daß einerseits das Materielle
den Gesamtprozeß determiniert und fundiert, andererseits aber auch
das Ideelle – auf der Basis der Widerspiegelung – prägende, determinierende, schöpferische Kraft besitzt. In die Formierung der kapitalistischen Produktionsverhältnisse geht Bewußtsein in einem doppelten Sinne ein. Einmal entfalten sich diese Produktionsverhältnisse
als Beziehung bewußtseinsbegabter Wesen, die immer eine bestimmte
Ideologie in ihrem Tun zur Geltung bringen, zum anderen Mal greift
die ideologische Sphäre der Gesellschaft auch institutionell formierend
in ihren Bewegungsprozeß ein. Daher ist die Materialität der kapitalistischen Produktionsverhältnisse ihrer konkreten Verwirklichung
nach nicht als absoluter Ausschluß des Ideellen und Ideologischen zu
verstehen.

Die Produktionsverhältnisse der bürgerlichen Gesellschaft sind in
einem zwiefachen Sinne materiell. Erstens stellen sie die *Basis* der
Gesellschaft dar, jenes materielle Fundament, auf dem sich der ideologische Überbau erhebt, der zunächst und unmittelbar die Widerspiegelung der Basis ist. Die Produktionsverhältnisse sind das Primäre,
die ideologischen Verhältnisse das Sekundäre, Abgeleitete. Zweitens
wirken auf die Entfaltung der Produktionsverhältnisse objektive Gesetze der Entwicklung der materiellen Produktivkräfte determinierend
ein, die die herrschende Klasse nur innerhalb bestimmter Grenzen zu
erkennen und auszunutzen vermag.

Der historisch spezifische Charakter der materiellen Verhältnisse
der bürgerlichen Gesellschaft besteht darin, daß sie die Form der
Entfremdung annehmen. Dies ergibt sich aus der Natur des kapita-

listischen Privateigentums, welches eine bewußte Gestaltung der menschlichen Verhältnisse im Ganzen ausschließt. Die materiellen Beziehungen der Menschen entwickeln sich in der bürgerlichen Gesellschaft in hohem Maße spontan und treten daher in der Form einer die Menschen mehr oder weniger beherrschenden Wirklichkeit auf. Sie gehen nicht durch das Bewußtsein des gesellschaftlichen Gesamtsubjekts hindurch, sondern ergeben sich als Resultante des Gegenwirkens der Individuen, Gruppen und Klassen. Den bürgerlichen Produktionsverhältnissen, der kapitalistischen Basis kommt jenes Merkmal entfremdeter Objektivität zu, das der vormarxsche Materialismus als Form des materiellen Seins überhaupt angesehen, und von dem der deutsche Idealismus gemeint hatte, daß es durch ideologische Prozesse zu überwinden sei.

Zwar wandelt sich die Entfremdung dadurch, daß der staatsmonopolistische Kapitalismus gesellschaftliche Zusammenhänge der ökonomischen Basis in einem gewissen Maße in den Griff bekommt. Entfremdung und Spontaneität besitzen unter den Bedingungen des Kapitalismus der freien Konkurrenz und des staatsmonopolistischen Kapitalismus eine verschiedene konkrete Erscheinungsform. Man kann von einem Zurückdrängen der Spontaneität bezüglich bestimmter ökonomischer Prozesse sprechen. Aber Entfremdung und Spontaneität werden nicht *prinzipiell* überwunden, da die Bewußtheit stets begrenzten Charakter besitzt und sich nicht auf das *System* der ökonomischen und der gesellschaftlichen Verhältnisse überhaupt bezieht und selbstverständlich eine so grundlegende Gesetzmäßigkeit, wie die des Übergangs vom Kapitalismus zum Sozialismus, nicht zu erfassen und zu verwirklichen vermag. Außerdem steht die Bewußtheit im Dienste des Strebens nach Profit, nicht aber im Dienste der optimalen Sicherung der materiellen und ideellen Lebensbedürfnisse des Volkes, womit sie sich als Realisierungsform der Entfremdung erweist.

In der sozialistischen Gesellschaft liegen die Dinge völlig anders. Die materiellen Verhältnisse des Sozialismus setzen zu ihrer Verwirklichung einen gesellschaftlichen Gesamtwillen, ein Gesamtbewußtsein voraus. Das gesellschaftliche Eigentum erfordert eine Planung und bewußte Gestaltung der sozialen Prozesse, die sich nicht nur mehr auf partikularisierte wirtschaftliche Systeme beschränkt und sich auch nicht nur auf das Ökonomische oder das Ideologische in ihrer Trennung

6*

bezieht, sondern die den gesamten gesellschaftlichen Lebensprozeß umfaßt. Jenes Ideal bewußter Lebensgestaltung der Gesellschaft, das den Vertretern des klassischen deutschen Idealismus mehr oder weniger klar vorschwebte, wird auf der Grundlage sozialistischer Produktionsverhältnisse objektiv möglich und notwendig.

Damit erfolgt eine bestimmte Stellenverschiebung im Verhältnis des Materiellen und des Ideellen, ohne daß der Primat des ersten aufgehoben würde. Der Prozeß der Bewegung und Entfaltung der materiellen Verhältnisse „geht" nunmehr „durch den Kopf" des gesellschaftlichen Gesamtsubjekts hindurch. Dies geschieht in zweifacher Weise. Einmal erfolgt eine mehr oder weniger adäquate theoretische Erfassung der materiellen wie auch der ideologischen Verhältnisse der Gesellschaft, ein Prozeß, bei dem die Partei der Arbeiterklasse eine entscheidende Rolle spielt. Die exakte theoretische Widerspiegelung war unter bürgerlichen Bedingungen für die herrschenden Klassen im großen und ganzen nicht nur nicht möglich, sondern auch nicht notwendig. Im Sozialismus aber wird sie zu einer unabweisbaren Notwendigkeit (womit sich übrigens auch die materialistische Philosophie als das adäquate theoretische Bewußtsein des Sozialismus erweist). Zum anderen Mal ist die bewußte Gestaltung des gesellschaftlichen Gesamtprozesses ohne die wissenschaftliche Erkenntnis seiner wesentlichen Gesetze und Zusammenhänge nicht möglich. Dies ist der zweite Aspekt, unter dem sich die materiellen Verhältnisse als „durch den Kopf hindurchgegangen" erweisen. Die konkreten Entwicklungslinien der materiellen wie auch der ideologischen Verhältnisse existieren, bevor sie Wirklichkeit werden, ideell „im Kopfe" des gesellschaftlichen Gesamtsubjekts (wobei sich natürlich Konzipierung und Realisierung durchdringen). Der soziale Lebensprozeß ist ein bewußter und weist daher Merkmale auf, wie sie für zielgerichtete menschliche Tätigkeit überhaupt kennzeichnend sind. Dazu aber gehört, daß das Resultat des Prozesses vor seiner faktischen Existenz (ideelle) Wirklichkeit im Bewußtsein besitzt.

Natürlich gilt diese bewußte Antizipation des Künftigen nur in bezug auf die allgemeinen und wesentlichen Bewegungs- und Entwicklungsrichtungen. Der Sozialismus ist keine „total durchrationalisierte" Gesellschaft in dem Sinne, daß jeder einzelne ökonomische oder ideologische Zusammenhang vorausgeplant würde. Eine solche Forderung könnte nur auf der Basis einer mechanischen Determinismusauffassung erhoben werden, nicht jedoch auf der Grundlage der Theorie des dialektischen Determinismus, die zwischen wesentlichen und unwesentlichen, notwendigen und zufälligen Zusammenhängen unterscheidet.

Im Sozialismus stehen die Resultate des gesellschaftlichen Tuns den Menschen nicht mehr als eine ihnen entfremdete Wirklichkeit gegenüber, sondern als ein in seiner Grundstruktur bewußt verwirklichtes Sein. Daher tritt im Vollzug des gesellschaftlichen Gesamtprozesses an die Stelle der Herrschaft der Spontaneität die sozialistische Bewußtheit. Das bewußte Element nimmt damit bei der Gestaltung der materiellen Verhältnisse einen bestimmenden Platz ein. Die formende, produktive Macht des menschlichen Geistes erhält im Sozialismus eine nie dagewesene Bedeutung. Die Verwirklichung des materiellen Lebens der Gesellschaft ist an das kollektive Bewußtsein geknüpft. Aber damit ist der vom Materialismus definierte Zusammenhang des Materiellen und des Ideologischen, des objektiv Realen und des Ideellen keineswegs aufgehoben. Was sich verändert, ist der durch die Praxis vermittelte Zusammenhang zwischen Mensch und materieller Wirklichkeit. Diese hat die Form der Entfremdung verloren und verkörpert die Identität von gewolltem Zweck und bewirktem Resultat. Standen im Kapitalismus die Ergebnisse des gesellschaftlichen Handelns den Menschen als sie beherrschende Macht gegenüber, so sind sie nunmehr, auf der Grundlage objektiver Gesetze bewußt verwirklicht. Der Mensch „erkennt sich" in den Resultaten seines Tuns „wieder", weil sie die Verwirklichung dessen sind, was er gewollt und worauf er hingearbeitet hat. Dabei fallen individuelle und gesamtgesellschaftliche Zwecksetzung ihren allgemeinsten Inhalten nach zusammen; das Handeln des einzelnen erstreckt sich sowohl auf die bewußte Verwirklichung seiner persönlichen wie der Zwecke der gesamten Gesellschaft. Es ist dies kein Nebeneinanderlaufen getrennter Handlungsreihen, sondern *ein* Tun, dessen Inhalt die Einheit von Persönlichem und Gesellschaftlichem verkörpert.

Die materielle Grundlage des menschlichen Handelns offenbart sich im Sozialismus in bezug auf die Aktionen des gesellschaftlichen Gesamtsubjekts. Wenn Marx hervorhob, daß der menschliche Arbeitsprozeß dadurch gekennzeichnet ist, daß bei ihm das Resultat ideell dem Tun des Menschen vorhergeht, so gilt dies auch in bezug auf die

Praxis der sozialistischen Gesellschaft. Es gilt aber auch, daß der Primat des Ideellen nur relativ ist, daß er nur in einem bestimmten Zusammenhang gegeben ist, und daß, betrachtet man den Prozeß als Ganzes, das Materielle dem Ideellen vorhergeht und es bestimmt. Denn das Ziel menschlichen Handelns kann nur dann erreicht werden, wenn es inhaltlich durch die objektiven Voraussetzungen, Bedingungen, Möglichkeiten und Notwendigkeiten bestimmt ist. Es ist nicht Resultat der Willkür der Handelnden, sondern in ihm kristallisieren sich materielle Zusammenhänge und Erfordernisse. Insofern ist es Widerspiegelung von objektiv Realem; nur ist diese Widerspiegelung keine einfache Abbildung von bereits Existierendem. In dem Ziel des Handelns werden objektive Gesetze und Bedingungen für die Schaffung einer dem Menschen nützlichen Wirklichkeit ausgenutzt und in Gang gesetzt. Da das Ziel noch nicht gegenständlich existiert, kann es *als solches* nicht widergespiegelt werden. Aber es wird widergespiegelt, insofern in ihm durch die Kraft menschlichen Denkens objektive Bedingungen und Gesetze in eine spezifische, zunächst ideelle, und hernach durch den praktischen Prozeß auch materielle Form übergeführt werden.

So ist es auch in bezug auf die Gestaltung des materiellen (und ideologischen) Lebens der sozialistischen Gesellschaft. Das Entwerfen von Sein in die Zukunft hinein ist kein willkürliches Konstruieren abstrakter Möglichkeiten, sondern setzt *objektive* Möglichkeiten, *reale* Erfordernisse gedanklich frei. Primär sind somit die objektiven Voraussetzungen des theoretischen Fortschreitens in die Zukunft, sekundär sind die gedanklichen Konzepte, die von diesen objektiven Voraussetzungen ausgehend entworfen werden. Aber unter der Voraussetzung exakter Widerspiegelung werden die theoretischen Antizipationen, jene Modelle der Zukunft, die in den Plänen und Prognosen der lenkenden und leitenden Organe der Gesellschaft formuliert werden, gleichzeitig (relativ) primär: Sie geben dem praktischen Prozeß Ziel und Richtung. Die Kraft des kollektiven Denkens zeigt sich darin, daß es nicht blinden Notwendigkeiten mechanisch unterworfen ist, sondern daß es unter einem Kreis realer Möglichkeiten die optimalste auszuwählen vermag. Der Mensch ist kein bloßes Vollzugsorgan objektiver Gesetze, sondern die Macht seines Denkens und Handelns vermag dem Wirken dieser Gesetze verschiedene Richtungen zu geben. Sowohl in der Entfaltung der Produktivkräfte wie in der Gestaltung der Pro-

duktionsverhältnisse, in der Organisierung des gesellschaftlichen
Lebensprozesses überhaupt, zeigt sich unter sozialistischen Bedingun-
gen die unendliche Größe des menschlichen Geistes, dank dessen die
materielle Praxis ein Sein hervorbringt, das immer mehr von der
Schöpferkraft des Menschen bestimmt wird, das den Menschen als
Herrn über sich selbst und seine äußere Wirklichkeit erweist.

Aber auch die höchste Entfaltung der Macht des menschlichen Bewußtseins hebt den Bedingungszusammenhang von Materiellem und
Ideellem nicht auf. Das Ideelle erhebt sich auf der Basis der konkret-
historischen materiellen Voraussetzung – der Produktionsweise – und
damit auf der Grundlage des Wirkens von Gesetzen und Zusammenhängen, die vom menschlichen Willen nicht aufgehoben werden können,
die der Mensch erkennen und ausnutzen, aber nicht willkürlich um-
schaffen kann. Das Primat des Materiellen gilt in bezug auf die Struktur des sozialen Lebensprozesses insgesamt, wie in bezug auf das theoretische Erkennen. In der ersten Beziehung bildet das Materielle die
Basis der Gesellschaft, die materiellen Verhältnisse, auf denen sich
der ideologische Überbau erhebt, der durch die materielle Basis geprägt ist und zugleich ihre Reproduktion und Weiterentwicklung gewährleistet. In der zweiten Beziehung ist das Materielle als Objektives
das dem Erkennen vorgegebene Sein, an dessen Enthüllung und immer
tieferem Verstehen der Mensch arbeitet. Selbst wenn wir voraussetzen,
daß der Mensch sich soweit aus den Naturbanden befreit hat, daß
Produktivkräfte und Produktionsverhältnisse in einem überragenden
Sinne die Spuren des menschlichen Geistes tragen, hat das erkennende
Bewußtsein es nur scheinbar mit sich selbst zu tun. Denn auch dann
unterliegt das gesellschaftliche Sein objektiven Gesetzen und Zusammenhängen, die nicht in das Belieben des Menschen gestellt sind,
sondern die dem Menschen sowohl praktisch als auch theoretisch vorgegeben sind und die in diesem Sinne unabhängig von seinem Bewußtsein existieren. Die Unabhängigkeit bezieht sich nicht auf den Ent-
stehungsprozeß dieser objektiven Bedingungen, die, als Element
gesellschaftlicher Wirklichkeit, den tätigen, bewußten Menschen zur
Voraussetzung haben. Wohl aber bezieht sie sich auf das ideologische
und theoretische Verhältnis des Menschen zu ihnen, das durch den
Primat des Materiellen und den sekundären Charakter des Ideellen
gekennzeichnet ist.

Die Objektivität der sozialistischen Produktionsverhältnisse als der
Basis der sozialistischen Gesellschaft besteht also in ihrer gesellschaft-
lichen „Materialität"; die Produktionsverhältnisse bilden – mit den
Produktivkräften – die materielle Grundlage der Gesellschaft. Ihre
Entdeckung ist das Verdienst von Karl Marx. Die Materie ist definiert
als das dem Bewußtsein gegenüber Primäre, als das in diesem Sinne
unabhängig vom Bewußtsein Existierende. Die Frage nach dem Verhältnis beider Seiten ist primär ein Problem der gesellschaftlichen
Wirklichkeit und erst hiervon abgeleitet ein erkenntnistheoretisches
Problem. Im Sinne der gesellschaftlichen Wirklichkeit sind die Produktionsverhältnisse materiell, objektiv, insofern sie der ideologischen
Sphäre und damit dem gesellschaftlichen Bewußtsein so vorgegeben
sind, daß diese jene widerspiegeln. Die Widerspiegelung selbst ist
ein dialektischer Prozeß; er ist nicht linear in dem Sinne, daß die eine
Seite *nur* das Widergespiegelte wäre. Auch das Sekundäre spiegelt
sich in das Primäre hinein. Dies nimmt im Sozialismus die Form an,
daß die materielle Basis sich auf dem Wege gesellschaftlicher Bewußtheit entfaltet. Das Sekundäre geht inhaltlich von dem Primären aus
und gewährleistet eben dadurch die Schaffung jeweils neuer, weiter-
entwickelter Existenzformen der gesellschaftlichen Materie, die ihrerseits weiterentwickelte Formen der ideologischen Sphäre bedingen.
Die ganze scheinbare Antinomie dieses Verhältnisses besteht nur für
ein nichtdialektisches Denken, das entweder auf die Position des Idealismus oder des Vulgärmaterialismus ausweicht. Das Verhältnis von
Materiellem und Ideellem ist ein dialektisches Verhältnis, und nur der
dialektische Materialismus vermag es adäquat zu erfassen.

Völlig klar ist, daß die Objektivität der sozialistischen Produktionsverhältnisse nicht von den bewußt handelnden Menschen getrennt,
ihnen als starres Sein gegenübergestellt werden darf. Dies würde auf
die dem Vulgärmaterialismus eigentümliche Fetischisierung des Seins
hinauslaufen. In den materiellen Verhältnissen der gesellschaftlichen
Wirklichkeit kristallisiert sich stets menschliche Aktion, gesellschaftliche Praxis. Im Sozialismus geschieht dies in gesellschaftlich bewußter
Weise, im Kapitalismus geschieht es überwiegend spontan, weshalb
das materielle Sein unter diesen Bedingungen die Form der Entfremdung annimmt. Die Objektivität im Sozialismus realisiert sich auf
dem Wege gesellschaftlich bewußter subjektiver Tätigkeit: darin liegt

ihre Dialektik. Die Materialität besteht darin, daß die subjektive Tätigkeit Gesetze und Zusammenhänge realisiert, durch die das Subjekt praktisch und theoretisch determiniert ist. Scheinbar liegt eine reine Vermittlung des Subjekts mit sich selbst vor; aber diese subjektive Selbstvermittlung ist objektiv fundiert in den unaufhebbaren Gesetzen und Zusammenhängen des gesellschaftlichen Lebens der Menschen und wird realisiert durch die materielle Praxis.

Die theoretische Tätigkeit stellt, als Element des Überbaus der Gesellschaft, eine Form der ideologischen Tätigkeit dar; sie bildet eine wesentliche Seite der gesellschaftlichen Lebenstätigkeit. Unter den Bedingungen der Klassengesellschaft wird diese Tatsache verdeckt und verhüllt; der gesellschaftlich-praktische Aspekt der Theorie wird idealistisch mystifiziert. Gleichzeitig exponiert sich die Theorie als Gegensatz zur Praxis, ein Gegensatz, der den klassenbedingten Antagonismus geistiger und körperlicher Arbeit widerspiegelt. Wenn Marx von der Unwirklichkeit der bloßen Theorie sprach, so hatte er jene sich sozial fixierende Abgrenzung des Theoretischen vom Praktischen im Auge, wie sie den bürgerlichen Lebensbedingungen entspricht. Bürgerliche Philosophen, die, wie Hegel, die Wirklichkeit des reinen Denkens geltend machten, befanden sich daher in einem Irrtum, der die sozialen Existenzverhältnisse des Bürgertums reflektierte. Die Frage nach der Wirklichkeit oder Unwirklichkeit der Theorie konnte überhaupt nur auf dem Boden der feindlichen sozialen Entgegensetzung von körperlicher und geistiger Arbeit aufgeworfen werden. Die theoretische Arbeit ist ein Wesensbestandteil der gesellschaftlichen Lebenstätigkeit; in der Klassengesellschaft sucht sie sich jedoch als unabhängig von der gesellschaftlichen Praxis zu etablieren, weshalb eine idealistische Auffassung der theoretischen Tätigkeit wie auch der Praxis unvermeidlich ist.

In einem bestimmten Sinne schafft die theoretische Arbeit, wenn sie erfolgreich vonstatten geht, neue gesellschaftliche „Wirklichkeit". Die Ausarbeitung umwälzender Theorie stellt eine wesentliche Veränderung innerhalb der Gesellschaft dar, eine Veränderung natürlich, die sich zunächst im Bereiche des ideologischen Überbaus vollzieht. Aber die Theorie wird zu einer materiellen Gewalt, wenn sie in die sachlichen und menschlichen Produktivkräfte eingreift und zu Veränderungen der gesellschaftlichen Verhältnisse führt. Es ist daher völlig verständlich, daß in den sozialistischen Ländern der Entwicklung von Wissenschaft und Bildung größte Aufmerksamkeit geschenkt wird. Unter sozialistischen Bedingungen, da der feindliche Gegensatz von geistiger und körperlicher Arbeit gefallen ist, vermag die theoretische Arbeit zu einer gewaltigen Potenz des gesellschaftlichen Fortschritts zu werden.

Die theoretische Tätigkeit, als Element des gesellschaftlichen Lebensprozesses, ist durch die ökonomische Basis der Gesellschaft materiell fundiert. Daher spiegelt der *Prozeß* dieser Tätigkeit die Strukturen der materiellen Praxis wider. Eben hierin besteht die Abhängigkeit der ideologischen von der materiellen Tätigkeit. Die theoretische Tätigkeit einer Gesellschaft ist ein Produkt der materiellen Praxis; zugleich greift sie wiederum bestimmend in diese ein. Dies geschieht in der Weise, daß die Resultate des theoretischen Erkennens nicht in sich selbst reflektiert bleiben, sondern zur Entwicklung der Produktivkräfte oder der Produktionsverhältnisse beitragen. Die ideologische Tätigkeit insgesamt, vor allen Dingen aber die theoretische Tätigkeit, ist eine conditio sine qua non, eine unerläßliche Voraussetzung der gesellschaftlichen Entwicklung. Die dialektisch-materialistische Auffassung von der Widerspiegelungsfunktion der Theorie bewährt ihren Erkenntniswert gerade hier: Theoretische Tätigkeit, als gesellschaftlich determinierter Vorgang, reflektiert die materielle soziale Praxis, zugleich aber ist sie an deren Gestaltung beteiligt, indem sie die ideellen Bedingungen ihrer progressiven Weiterentwicklung schafft.

Ein von der bisher dargestellten Beziehung abgeleitetes ist das Verhältnis von Theorie und Praxis im erkenntnistheoretischen Sinne. Die Theorie spiegelt bestimmte Seiten, Zusammenhänge der objektiven Wirklichkeit wider. Die Überprüfung der Wahrheit der Theorie geschieht in der Praxis; damit ist zunächst keineswegs die Totalität der materiellen und ideologischen Momente der gesellschaftlichen Tätigkeit gemeint, sondern eine solche Form der aktiven Wirksamkeit des erkennenden Subjekts, die es ermöglicht, die gewonnene Theorie durch ein System von Maßnahmen an der objektiven Wirklichkeit zu messen. Die praktische Tätigkeit bildet das Vermittlungsglied zwischen Theorie und Wirklichkeit und die Voraussetzung, um Widersprüche zwischen ihnen mittels Veränderung und Entwicklung der Theorie zu lösen. Es sind also zwei verschiedene Aspekte der Praxis in ihrem Verhältnis zur Theorie zu beachten. Der eine ist die Praxis als real-wirkliche Seite der Totalität der gesellschaftlichen Lebensäußerungen der Menschen; in diesem Prozeß spielt die theoretische Tätigkeit eine entscheidende Rolle, sie liefert die Richtschnur der menschlichen Tätigkeit. Die Praxis in diesem umgreifenden gesellschaftlichen Sinne ist die Quelle und das Ziel der theoretischen Aktivität. Der zweite Aspekt ist die Praxis als Kriterium der Wahrheit; eine von dem ersten Aspekt abgeleitete Beziehung. Das vormarxsche Denken hatte von der Praxis entweder nur ihre ideelle (ideologische) Komponente oder die gnoseologische Funktion singulärer Wahrheitsüberprüfung vermittels Experiment in den Blick bekommen; erst durch den Marxismus wurde sowohl die dialektisch-ganzheitliche Beschaffenheit der Praxis wie ihr materieller Grundcharakter erkannt.

Das Verhältnis von Theorie und Praxis ist dem Verhältnis von Ideellem und Materiellem vergleichbar. Die Theorie ist ideelle Widerspiegelung und zugleich Konzipierung von realem Sein; die Praxis ist reale Einwirkung auf die Menschen, Dinge und Verhältnisse. In dem gnoseologischen Bezug entspricht einerseits jeder Theorie „ihre" Praxis und umgekehrt; andererseits bildet jede Form der Praxis wie der Theorie das Glied eines übergreifenden Zusammenhangs und tritt als Moment dialektischer Totalität auf. Die Praxis „überprüft" die Theorie, indem sie diese mit gegenständlichen Mitteln in den von ihr intendierten Realitätsbereich überführt. Materiell ist die Praxis durch ihre konkret-reale Vermittlung mit der Wirklichkeit.

Die Begriffe „Praxis als Ziel der Erkenntnis" und „Praxis als Wahrheitskriterium" erhalten ihren vollen Sinn erst dann, wenn sie in einen umfassenden sozialen Bezug gestellt werden. Erkenntnis zielt nur scheinbar auf eine aparte Praxis; der Sache nach ist das Erkenntnisgeschehen in seiner Totalität auf die Gesamtheit der realen Lebenstätigkeit der Gesellschaft bezogen. Es läßt sich daher sagen, daß die Praxis als Wahrheitskriterium, nimmt man sie als gesellschaftliche Totalität von Prozessen, mit der gesamten materiellen Lebenstätigkeit der Gesellschaft zusammenfällt. Die Gesamtheit der praktischen Betätigungen der Menschen bildet damit eine Totalität von Wahrheitskriterien.

Das allgemeine Objekt der menschlichen Erkenntnistätigkeit ist die Wirklichkeit in all ihren Formen und Daseinsweisen. Indem der Mensch konkrete Erkenntnisakte vollzieht, sondert er aus der zunächst diffusen Mannigfaltigkeit von Wirklichkeit spezielle Bereiche, Zusammenhänge usw. aus. Diese bilden konkrete Erkenntnisobjekte und stellen insofern eine Einheit von „An-sich-sein" und „Für-uns-sein" dar. Die Kantsche Erkenntniskritik hatte in einem gewissen Sinne recht, wenn sie behauptete, der Mensch könne nicht die Dinge „an sich", sondern nur die Dinge „für uns" erkennen. Sieht man von den idealistischen und agnostizistischen Fehlern dieses Standpunktes ab, so enthüllt er als sein rationelles Element den Gedanken, daß der praktisch tätige Mensch Realität „schafft", und daß er als erkennend Tätiger die Wirklichkeit so präpariert, daß er einen theoretischen Zugang zu ihr findet. Im Erkennen wird die Wirklichkeit nicht so wie sie „geht und steht" erfahren, sondern so, wie dies vom Standpunkt des jeweiligen Subjekts aus möglich ist. Dies besagt einerseits, daß die spezifische Natur des Erkenntnissubjekts einen spezifischen Objektbezug ermöglicht, und andererseits, was engstens damit zusammenhängt, daß auch das Erkenntnisobjekt vom bloßen Gegebensein, vom „An-sich-sein" differiert. Letzteres gilt nun wieder in zweifachem Sinne. Einmal ist ein wesentliches Erkenntnisobjekt das vom gesellschaftlichen Menschen gestaltete Sein, zum anderen Mal ist das Erkenntnissubjekt ein jeweils spezifisches, das daher auch ein spezifisches Objekt konstituiert. *In diesem Sinne* gilt, daß kein Objekt ohne Subjekt existiert, daß das Objekt durch das Subjekt geprägt und bestimmt ist und umgekehrt.

Diese determinierende Rolle des Subjekts entzifferte das vormarxsche Denken in einer Weise, daß dabei der historische und soziale Charakter des Erkenntnissubjekts verfehlt wurde. Man führte diese Rolle auf individuell-subjektive Bestimmungen, wie die Gemütslage, das Temperament o. ä. zurück, oder ging von der Annahme vorprägender psychischer und anderer Bewußtseinselemente aus. Die französischen Materialisten äußerten gelegentlich den Gedanken, daß das Erkenntnissubjekt verschieden beschaffen sei je nach der Standeszugehörigkeit des betreffenden Individuums, daß also die Angehörigen des Dritten Standes die Welt anders sähen als die Adligen usw. Karl Marx brachte diese Fragestellungen auf eine wissenschaftliche, historisch-materialistische Grundlage, indem er die historisch-gesellschaftliche Natur des

Erkenntnissubjekts nachwies. Das Erkenntnissubjekt ist ein jeweils konkret-historisches. Dies besagt, daß der erkennende Mensch kein Abstraktum ist, das zu allen Zeiten und unter allen Bedingungen mit jeweils den gleichen allgemeinen Voraussetzungen theoretisch tätig wäre. Sondern die Erkenntnis ist stets historisch bestimmt, dies besagt, daß vor allem die Entwicklungshöhe der Produktivkräfte und die Natur der Produktionsverhältnisse – die ihrerseits natürlich wiederum den praktisch und theoretisch tätigen Menschen zur Voraussetzung haben – das jeweilige Erkenntnissubjekt konstituieren. Der Mensch erzeugt sich auch als Erkennender in der Geschichte selbst; er schafft die Voraussetzungen, unter denen er die Erkenntnisgewinnung betreibt, und realisiert damit die jeweils historisch sich entfaltende Subjekt-Objekt-Dialektik der Erkenntnis.

Mit der historisch-konkreten Natur des Erkenntnissubjekts ist naturgemäß zugleich die des Erkenntnisobjekts gegeben. Dies gilt in dem allgemeinen Sinne, daß die historischen Erkenntnisbedingungen jene Bereiche der Wirklichkeit definieren, die für das Erkenntnissubjekt als Ziel des Erkennens möglich sind. Hinzu kommt der Klassen-(Ideologie-)Charakter der Erkenntnis in der vorsozialistischen Menschheitsentwicklung. Für verschiedene Klassensubjekte der Erkenntnis stellt sich die Wirklichkeit notwendig verschieden dar. Die bürgerlichen Ideologen haben ein anderes Bild der Gesellschaftsentwicklung als die Theoretiker der sozialistischen Arbeiterbewegung. Die Wirkung dieser Erkenntnisbedingungen erstreckt sich auch auf die philosophisch-weltanschaulichen Implikate naturwissenschaftlicher Wirklichkeitserfahrung. Es scheint daher, als habe Kant recht mit der Meniung, der Mensch könne die Dinge niemals erkennen, wie sie „an sich", sondern nur so, wie sie jeweils „für ihn", als Gegenstände seiner Erfahrung, existieren.

Indessen ist der damit scheinbar unvermeidliche Erkenntnisrelativismus eine Täuschung. Die Ideologen ausbeutender Klassen vermögen zwar die Wirklichkeit im Ganzen nicht in ihrem „An-sich-sein" (in ihrem Wesen unabhängig von einschränkenden sozialen Erkenntnisbedingungen) zu erfassen. Aber der Prozeßcharakter der Erkenntnis als fortschreitende Annäherung an die absolute Wahrheit gilt, in bestimmten Grenzen, auch hier. In bezug auf die Erkenntnis der Natur setzt er sich auf dem Wege ständiger praktischer Überprüfung der

Erkenntnisresultate sowie mittels dessen durch, daß die objektive Dialektik des Erkenntnisgeschehens den klassenbedingten weltanschaulichen Deutungen ständig widerstreitet, womit eine konfliktreiche Annäherung an den dialektischen Materialismus erfolgt. Bezüglich der Erkenntnis der Gesellschaft sind zwar prinzipielle Schranken gezogen, doch können diese unter bestimmten historischen Bedingungen weiter hinausgesetzt werden, als dies unter anderen Bedingungen der Fall ist. Solche Bedingungen waren z. B. in der vorrevolutionären Epoche der Bourgeoisie gegeben, als diese Klasse ein objektiv bedingtes Interesse an der Aufdeckung bestimmter wesentlicher Zusammenhänge des gesellschaftlichen Lebens besaß und daher bedeutsame Erkenntnisleistungen vollbrachte.

Die Ideologie des Marxismus unterscheidet sich von allen bisherigen Formen ideologischer Wirklichkeitserfahrung dadurch, daß sie nicht mehr „falsches", sondern „richtiges", wissenschaftliches Bewußtsein ist. Natürlich ist auch das sozialistische Erkenntnissubjekt ein historisch sich entwickelndes. Seine Erkenntnisgrenzen aber sind relativ, nicht absolut. Sie sind nicht absolut, weil die sozialistische Arbeiterbewegung die historische Mission hat, alle Klassenantagonismen aufzuheben und damit jegliche Klassenschranken der Erkenntnis zu überwinden. Die Arbeiterbewegung benötigt aber auch deshalb eine wissenschaftliche Ideologie, weil die Überwindung des Kapitalismus die Schaffung einer bewußt gestalteten, auf dem gesellschaftlichen Eigentum basierenden Gesellschaft einschließt. Der gesamtgesellschaftliche Lebensprozeß läßt sich natürlich nicht mit einem „falschen Bewußtsein" planmäßig verwirklichen; er hat eine Weltanschauung zur Voraussetzung, die die objektiven Gesetze der Entwicklung des gesellschaftlichen Lebens erkennt und anerkennt. Der dialektische und historische Materialismus ist daher die objektiv notwendige wissenschaftliche Weltanschauung der Arbeiterklasse und ihrer Partei.

Damit sind die prinzipiellen Schranken zwischen dem „An-sich-sein" und dem „Für-uns-sein" der Wirklichkeit gefallen. Diese Schranken erweisen sich als historisch bewegliche Grenzen, die durch den Erkenntnisfortschritt immer weiter hinausgesetzt werden. Das Erkenntnisobjekt ist „Sein-für-uns", insofern seine Fixierung als Gegenstand wissenschaftlichen Erkennens den gesellschaftlichen Menschen überhaupt sowie in seiner Spezifik den in konkreten Wirklichkeitsbereichen mit konkreten Erkenntnismitteln tätigen Menschen zur Voraussetzung hat. Der Erkenntnisgegenstand ist jeweils ein bestimmter Bereich der Wirklichkeit, den das Erkenntnissubjekt aus der unendlichen Mannigfaltigkeit des Seins heraussondert und zum Objekt des Erkennens macht. Dieses Objekt existiert „an sich", unabhängig vom Erkenntnissubjekt seiner materiellen Existenz nach. Es existiert zugleich „für uns", indem seine Präparierung als Erkenntnisgegenstand das tätige Subjekt zur Voraussetzung hat. Damit etwas Erkenntnisgegenstand werden kann, ist eine gesellschaftlich-historisch bestimmte Entwicklungshöhe des Subjekts vorausgesetzt. Durch die historische Entwicklung der Erkenntnisgegenstände wird das „An-sich" der Dinge in immer wachsendem Maße zum Sein für den theoretisch und praktisch tätigen Menschen, wird aus dem Ding „an sich" ein Ding „für uns".

Diese Beziehung gilt in der Natur wie in der Gesellschaft in der gleichen Weise. Im praktisch-gesellschaftlichen Handeln tritt allerdings eine Modifikation ein. Der Erkenntnisgegenstand ist in zweifacher Weise Objekt des Erkennens. Setzen wir voraus, daß die bewußt geschaffenen Erscheinungen des gesellschaftlichen Lebens in einem bestimmten Sinne ins Objektive umgesetztes Ideelles sind (auf jener materiellen Grundlage, die bereits dargestellt wurde), so ist z. B. ein neu konzipiertes System der Planung und Leitung im Sozialismus zunächst Erkenntnisgegenstand insofern, daß es − als dialektische Negation des gegebenen realen Seins − das ideelle Objekt des Erkennens bildet, bevor es reale Gestalt angenommen hat. Um das Sein mit Bewußtsein zu gestalten, müssen die Menschen das geplante, durch die soziale Entwicklung objektiv geforderte künftige Sein bereits als Entwurf, als Konzept theoretisch erkannt haben, bevor sie an seine Verwirklichung gehen. Dies schließt natürlich ein, daß das bestehende, dialektisch zu negierende Sein adäquat erfaßt wurde. Der Erkenntnisgegenstand, der das Gegebene repräsentiert, geht auf diesem Wege in einen zweiten Erkenntnisgegenstand über, der das zu Verwirklichende antizipiert. Die praktische Realisierung ist mit theoretischer Überprüfung verbunden und hat das Resultat, daß das neue Sein in seiner materiellen Existenz zum Objekt des Erkennens wird. Natürlich kann man diesen ganzen Prozeß nur *gedanklich* in Stufen und damit in unterschiedliche Erkenntnisgegenstände zerlegen. Mit dieser Einschränkung lassen sich jedoch folgende Formen hinreichend klar unterscheiden.

Erkenntnisgegenstand ist zunächst eine gegebene gesellschaftliche Erscheinung in ihrer widerspruchsvollen Dynamik. Der Bewegungsprozeß der Widersprüche bedingt, daß durch die Aktivität des gesellschaftlichen Menschen sich ein Spannungsverhältnis zwischen den neuen Anforderungen, Tendenzen, Notwendigkeiten und den bestehenden Zustandsformen ergibt. Die Erkenntnis richtet sich darauf, gedanklich die neue, künftige, den entwickelteren Notwendigkeiten entsprechende Wirklichkeit zu fixieren. Aus der Erkenntnis des Bestehenden wächst die Erkenntnis des Künftigen, des Sein-Sollenden. Im theoretischen Bewußtsein gehen somit zwei Erkenntnisgegenstände ineinander über und durchdringen sich. Der erste Erkenntnisgegenstand repräsentiert die Wirklichkeit in ihrem realen Gegebensein, der zweite repräsentiert sie in ihren Möglichkeiten, die auf Künftiges deuten. Indem nun durch die menschlich-subjektive, praktische Tätigkeit neue gesellschaftliche Bedingungen an die Stelle der alten gesetzt werden, wird eine zunächst nur ideell, gedanklich entworfene Wirklichkeit zu einer real existierenden. Dieser Prozeß setzt materielle Tendenzen und Erfordernisse, die zunächst in der Form möglicher Wirklichkeit existierten, in reale, entfaltete Wirklichkeit um. Hierbei nimmt zugleich der Erkenntnisgegenstand stets neue Züge, Seiten und Momente an, weil die praktische Verwirklichung das theoretische Modell abschleift, zurechtbiegt, korrigiert. Auf diesem Wege wird ein neues reales gesellschaftliches Sein und damit ein neuer Gegenstand des wissenschaftlichen Erkennens herausgearbeitet. Ist der Entwurf des Künftigen allseitig verwirklicht, so ist eine neue gesellschaftliche Erscheinung entstanden, die nun der gleichen Dialektik des Alten und des Neuen unterworfen ist und damit auf höherer Stufenleiter die gleiche Subjekt-Objekt-Dialektik der Erkenntnis in Gang setzt.

In der Erkenntnis des gesellschaftlichen Lebens — und zwar insbesondere im Sozialismus — tritt somit die bestimmende Rolle der menschlichen Subjektivität in komplizierterer Weise als in der Erkenntnis der Natur zutage. In beiden Fällen jedoch ist die Erkenntnis an objektive Bedingungen und Gesetze gebunden, und der Erkenntnisgegenstand repräsentiert eine objektive, vom erkennenden Bewußtsein unabhängig existierende Erscheinung der Wirklichkeit. Die idealistische Subjekt-Objekt-Lehre, wie sie vom deutschen Idealismus ausgearbeitet wurde, verfehlte notwendig diesen entscheidenden Zusammenhang und deutete daher die Subjekt-Objekt-Dialektik fälschlich als eine rein ideelle Vermittlung des Bewußtseins mit sich selbst. Aber die aktive Rolle des Subjekts im Erkennen hervorzuheben, bedeutet keineswegs notwendig, die materielle Grundlage des Prozesses preiszugeben. Nur der Materialismus kann die wahre Dialektik dieses Prozesses enthüllen, während eine idealistische Deutung die intendierte Dialektik notwendig wieder in Nicht-Dialektik umbiegt, weil die postulierte Vermittlung der reinen Subjektivität mit sich selbst gerade die Erfordernisse der objektiv realen Dialektik verfehlt.

Die westliche Marxismus-„Kritik" sucht bekanntlich mittels des Zugrundelegens der Kategorie „Praxis" eine angeblich ideelle Grundbeschaffenheit des Wirklichen nachzuweisen. Wenn etwa Landgrebe davon ausgeht, daß die Welt eine Struktur menschlichen Daseins sei, so ist ihm das ein hinreichender Ansatz, die angebliche „Falschheit" des materialistischen Standpunktes darzutun. Denn die Welt kann natürlich nur dann vom Menschen geprägt sein, wenn dieser in einer bewußten Weise auf sie einwirkt. Da der praktischen Tätigkeit das Ziel jeweils ideell vorangeht, scheint die Wirklichkeit Vergegenständlichung von Bewußtsein zu sein. Nach Meinung Landgrebes und anderer westlicher Autoren besitzt die Gesellschaft keine objektiv-materielle Grundlage, sondern es findet eine materiell-ideelle Selbstreproduktion der Menschengattung statt.

Diese Gedankengänge, die sich als „Widerlegung" der materialistischen Dialektik aufspreizen, lassen eine höchst oberflächliche Bekanntschaft mit Marx erkennen. Natürlich ging Marx einerseits davon aus, daß der Mensch sich in der Geschichte selbst reproduziert, aber er bewies andererseits, daß er dies stets mit materiellen Mitteln auf einer materiellen Grundlage tut, bei der es sich zum einen Mal um Naturvoraussetzungen (die Produktivkräfte als umgewandelte Naturkräfte), zum anderen Mal um materielle Bedingungen des gesellschaftlichen Lebens (die Gesamtheit der ökonomischen Verhältnisse) handelt.

Das Bewußtsein ist im doppelten Sinne sekundär: in bezug auf die Struktur der Gesellschaft und in bezug auf die Erkenntnis. Im ersten Sinne ist das Bewußtsein sekundär als Element des ideologischen Überbaus der Gesellschaft, im zweiten Sinne ist es sekundär, insofern alles Voranschreiten der Wissenschaft und damit der Naturbeherrschung die getreue Erfassung objektiv wirkender Gesetze und Zusammenhänge erfordert. Aber diese sekundäre Rolle des Bewußtseins darf nicht im Sinne des mechanischen Materialismus mißverstanden werden; denn das Bewußtsein tritt produktiv, wirklichkeitsverändernd auf, indem es zum Element der materiellen gesellschaftlich-verändernden Praxis wird. Den Gegnern des Marxismus sind beide Aspekte der abgeleiteten Rolle des Bewußtseins gegenüber der Materie unzugänglich. Von einem primitiv dogmatischen Standpunkt aus – einem Standpunkt, der nicht bereit ist, alle Implikationen und Konsequenzen der Marxschen Lehre zu durchdenken – verwerfen sie die Abbildtheorie und die Lehre von Basis und Überbau. Besonders die letztere ist Gegenstand ihres immer erneuten, wenn auch kenntnislosen Zornes. Für van der Meulen etwa ist sie Ausdruck eines „mystischen Materialismus"; Plessner meint, die Unterscheidung von Basis und Überbau sei sinnlos, da dieser an der Hervorbringung von jener beteiligt sei.

Man kann hierzu soviel bemerken, daß Marx mit der Unterscheidung von Basis und Überbau dem Materialismus erstmalig eine konsequente Gestalt gab, und daß er damit die Grundfrage der Philosophie in umfassender Weise richtig stellte und beantwortete. Kein Philosoph vor Marx vermochte es, die materielle Grundlage der gesellschaftlichen Entwicklung zu entdecken. Wo das Wirken materieller Faktoren anerkannt wurde, kam man über die Konstatierung von Naturgegebenheiten oder die allgemeine Hervorhebung der Bedeutung der Produktionsinstrumente nicht hinaus. Als die letztlich entscheidende Macht der Geschichte wurden stets ideelle Faktoren angesehen. Marx war es, der die reale, materielle Basis der Gesellschaft in dem System der Produktionsverhältnisse entdeckte, die die Menschen in der gesellschaftlichen Produktion ihres Lebens eingehen und die einer bestimmten Entwicklungsstufe der materiellen Produktivkräfte entsprechen. Der Marxsche Satz, daß die Produktionsweise des materiellen Lebens den sozialen, politischen und geistigen Lebensprozeß überhaupt bedingt, stellte eine echte Revolution in der Geschichte der Philosophie, einen entscheidenden, grundlegenden Erkenntnisfortschritt dar. Hatten bis zu Marx die Philosophen, Historiker, Juristen usw. die geschichtliche Bewegung aus dem Bewußtsein der Menschen erklärt, so zeigte Marx, daß man vielmehr dieses Bewußtsein aus den Zusammenhängen und Widersprüchen des materiellen Lebens erklären muß. Erst mit dieser Erkenntnis von Marx war der Materialismus „vollendet"; er trat nicht mehr nur als Materialismus der Naturbetrachtung, sondern zugleich und vor allem als Materialismus der Gesellschaftsanalyse auf. Der Marxsche historische Materialismus hat seine Wahrheit und seine unendliche Fruchtbarkeit tausendfach bewiesen und beweist sie täglich neu. Die westlichen Marx-„Kritiker", die diesen Materialismus wegen seiner politischen Voraussetzungen und Konsequenzen nicht anerkennen, finden daher aus dem Zirkel einer idealistischen Wirklichkeitsauffassung ebensowenig heraus, wie sie den materiellen Inhalt der gesellschaftlichen Praxis zu begreifen vermögen. Ihre Einwände gegen den historischen Materialismus von Marx beruhen auf einer gewollten Unkenntnis, namentlich darauf, daß sie Marx einen mechanischen Materialismus unterschieben. Marx hat aber nirgendwo gesagt, daß der Überbau nur ein passiver Reflex der Basis sei, sondern er hat stets die aktive, umgestaltende Rolle des Überbaus hervorgehoben. Der Überbau ist „passiv" und „aktiv" zugleich, ein Widerspruch, den nur die Metaphysiker nicht zu begreifen vermögen. Der von der Dialektik entwickelte Gesichtspunkt der Durchdringung der Gegensätze gilt in besonderem Maße gerade für das Verhältnis von Basis und Überbau. Aber das bloße Konstatieren einer Wechselwirkung der Seiten würde für die wissenschaftliche Erkenntnis so gut wie nichts leisten. Es kommt gerade darauf an, die letztlich bestimmende Seite innerhalb der Wechselwirkung aufzudecken. Dies leistet der historische Materialismus mit der Erkenntnis des materiellen Charakters der Basis und der Widerspiegelungsfunktion des Überbaus. Diese Erkenntnis tangiert nicht die Tatsache, daß unter bestimmten Bedingungen und in bestimmten Zusammenhängen das Primat an die ideologischen Verhältnisse übergehen kann, sondern sie definiert den *allgemeinen* Zusammenhang, der nur materialistisch und dialektisch richtig begriffen werden kann.

Das simplifizierende Zusammenwerfen von materieller und ideeller Tätigkeit, das die bürgerlichen Angriffe auf den dialektischen und historischen Materialismus kennzeichnet, erweist sich daher als jenes schon skizzierte dogmatische Verharren in der Fixierung von Teilaspekten. Natürlich: Eine praktische Wirklichkeitsveränderung ist an Bewußtsein geknüpft, hat den bewußt handelnden Menschen zur Voraussetzung. Aber das Bewußtsein des Menschen ist immer zugleich rezeptiv, wenn es produktiv ist. Das Bewußtsein verhilft dem Menschen dazu, die objektiven Gesetze und Zusammenhänge der Wirk-

7*

lichkeit zu erfassen und sie seinem Tun zugrundezulegen. Insofern ist es Widerspiegelung eines von ihm unabhängig Existierenden. Zugleich aber vermag das Bewußtsein, und zwar dann, wenn es die Realität in ihrem Wesen erfaßt, das Künftige vorauszubestimmen, das Handeln des Menschen auf die Verwirklichung des Künftigen zu richten. Dies ist keine „Spontaneität" des Bewußtseins, in dem Sinne, wie Kant diesen Ausdruck verstand. Sondern es ist das gedankliche Erfassen eines Prozesses, der in den Strukturen und Tendenzen des Wirklichen materiell vorbereitet und angelegt ist. Insofern liegt keineswegs eine „absolute Produktivität" des Bewußtseins und damit auch nicht eine ideelle Fundierung des Wirklichen vor. Sondern es handelt sich um eine Produktivität auf der Grundlage der Widerspiegelung; es handelt sich darum, daß der praktische Prozeß materieller Wirklichkeitsveränderung dann optimal verläuft, wenn er von einem „richtigen" Bewußtsein über die Erfordernisse und Notwendigkeiten dieses Prozesses gesteuert wird.

Die aus dem Lager der westdeutschen Philosophen vorgetragenen Angriffe gegen die materialistische Widerspiegelungslehre entbehren also jeglicher Substanz. Gewiß: Verstünde der dialektische und historische Materialismus die objektive Realität im Sinne der Denkweise des alten Materialismus, dann hätten diese Einwände eine gewisse Berechtigung. Aber der Marxismus hat keineswegs die fruchtbaren Elemente, wie sie der vom deutschen Idealismus entwickelten „tätigen Seite" inhärierten, einer abstrakten Negation geopfert. Dies besagt jedoch nicht, daß nach marxistischer Auffassung der Mensch es im Erkennen mit gegenständlich gewordenem Geist zu tun hätte, weil die Wirklichkeit den *bewußt* handelnden Menschen zu ihrem Schöpfer hat. So wie der Wirklichkeitsbezug des Menschen der eines materiell fundierten Prozesses ist, entfaltet auch die menschlicher Existenz jeweils vorgegebene materielle Wirklichkeit sich als objektiver Prozeß, den der Mensch nur insofern bewußt gestalten kann, als er die materiellen Gesetze dieses Prozesses ausnutzt und bewußt realisiert. Erkenntnistheoretisch gesehen, ist das Bewußtsein Widerspiegelung objektiver Erscheinungen und Zusammenhänge. Von ihnen ausgehend, vermag es den künftigen Prozeß gedanklich zu antizipieren. Der Prozeß der praktischen Verwirklichung jener antizipierten Entwicklung ist jedoch kein ideeller Vorgang mehr, sondern hat den Charakter einer materiellen Hervorbringung. Er ist deshalb auch gar nicht mit den Kategorien der Erkenntnistheorie allein zu fassen, sondern wird mit der Begriffsapparatur des dialektischen und historischen Materialismus insgesamt bestimmt. Eine erkenntnistheoretische Betrachtung, die geflissentlich absieht von der materiellen Natur des praktischen Prozesses, mag zu der Annahme gelangen, das Bewußtsein sei im gleichen Sinne widerspiegelnd wie hervorbringend. Hiergegen muß darauf hingewiesen werden, daß die gedankliche Bestimmung des Künftigen sich auf der Grundlage der Erfassung der Wesenszusammenhänge des Wirklichen und Wirkenden entfaltet, und daß die Verwirklichung dieser Antizipation ein materieller und kein nur ideeller Prozeß ist. Aus dem Umstand, daß der praktisch tätige Mensch mit *Bewußtsein* handelt, folgt also keineswegs, daß das Bewußtsein zum Produzenten des Wirklichen würde. Jene westlichen Ideologen, die sich so gern zu Verteidigern des vom Materialismus angeblich herabgesetzten Geistes aufwerfen, machen das Bewußtsein wurzellos, indem sie es vorgefaßten idealistischen Schablonen unterwerfen. Nur der Marxismus ist der wahre Interpret der Macht und Größe des menschlichen Geistes, da er den Boden bestimmt, von dem aus sich jene Macht zu entfalten vermag.

Dialektik und Tätigkeit. Eine philosophiehistorische Typologie

Die materialistische Dialektik stellt die theoretische Fassung der komplizierten, widerspruchsvollen allgemeinsten Zusammenhänge sich bewegender und entwickelnder Systeme der Wirklichkeit dar. Dialektische Beziehungen walten in der Natur, in der Gesellschaft und im Denken. Sie sind objektiv, insofern sie ihrem Wesen und ihrer Existenz nach nicht vom Belieben des Menschen abhängen. Die Dialektik verkörpert daher primär ein System von Wesenszusammenhängen der Materie selbst; sie ist kein Produkt menschlicher Spekulation und auch nicht lediglich Strukturbeziehung der Tätigkeit des Menschen oder ihres Verhältnisses zur Wirklichkeit.

Die bürgerliche Marx-„Kritik" möchte, im Gegensatz zu den Erkenntnissen des dialektischen Materialismus, als den eigentlichen Ort der Dialektik die subjektive menschliche Tätigkeit, die noch dazu nicht einmal materialistisch als gegenständliche Praxis gefaßt wird, hinstellen und sie damit im Subjekt-Objekt-Bezug aufgehen lassen. Die historische Grundlegung einer solchen Auffassung finden wir in der Philosophie Fichtes; aber was bei Fichte eine wirkliche Entdeckung war und einen echten Fortschritt in der philosophischen Erkenntnis bezeichnete, ist unter den Bedingungen, da die Marxsche materialistische Dialektik existiert und sich immer mehr durchsetzt, zu einem theoretischen Rückschritt geworden und besitzt einen reaktionären sozialen Inhalt. Man kann der materialistischen Dialektik nicht eine überwundene, eine längst verlassene Durchgangsphase der philosophischen Erkenntnisentwicklung als tragfähige Alternative entgegensetzen. Damit wird nicht nur der wahre Sinn der wissenschaftlichen Dialektik verfehlt, sondern es wird auch die tatsächliche Leistung der großen bürgerlichen Dialektiker in ein völlig falsches Licht gestellt.

Die Ausarbeitung der „tätigen Seite" durch die klassische deutsche Philosophie stellte ohne Zweifel ein entscheidendes Ferment der

Schaffung einer Theorie der Dialektik dar, die weit über die zumeist unsystematisch entwickelten bisherigen Ansätze einer dialektischen Wirklichkeitsauffassung hinausging. Es wäre aber völlig falsch, den vom deutschen Idealismus entwickelten Ansatz einer Dialektikauffassung zu verabsolutieren und nicht zu sehen, daß die materialistische Dialektik zwar die soziale Tätigkeit gedanklich in sich aufnimmt, sie aber, im Unterschied zum deutschen Idealismus, als ihrer Grundlage nach materiell bestimmt und die objektive Existenz der Dialektik anerkennt. Der wahrhaft dialektische Charakter dieser Theorie zeigt sich gerade in der Synthese der Erkenntnis von der Rolle und Bedeutung der subjektiv-menschlichen Tätigkeit und der Anerkennung der Priorität des materiellen Seins. Gerade damit wird die Widersprüchlichkeit der gesellschaftlichen Wirklichkeit erfaßt, in der sich objektives Sein und menschliche Tätigkeit durchdringen, die sowohl Geschöpf wie Schöpfer des Menschen ist. Eine Theorie, die diesen komplizierten Zusammenhang nicht materialistisch erfaßt, bleibt daher notwendig im Vorfeld einer wissenschaftlichen Dialektik stehen und begeht Vereinfachungen, die undialektische Positionen konservieren. Die von der Marx-„Kritik" entwickelte Dialektikauffassung, die nicht den Materialismus mit der Dialektik zusammenzuschließen vermag, wird daher, von allem übrigen abgesehen, der Kompliziertheit ihres Gegenstandes in keiner Weise gerecht.

1. Der mechanische Materialismus: Akzentuierung der Objektivität

Wenn man sehr weitgehend verallgemeinert, kann man sagen, daß das Thema, der eigentliche Gegenstand jeder Philosophie, der Mensch ist. Die Philosophie soll — sofern es sich um eine dem Erkenntnisrationalismus verpflichtete Lehre handelt — dem Menschen helfen, seinen Platz in der Welt zu bestimmen, die Bedingungen und Möglichkeiten seines Einwirkens auf die Wirklichkeit zu fixieren und ihm damit ein gedankliches Rüstzeug zum Vollzug geschichtlichen Fortschreitens darbieten. In diesem Problemkreis ist die Erfassung allgemeinster objektiver Zusammenhänge der Realität eingeschlossen, da eine tätige, bewußte Veränderung der Realität ohne die Kenntnis ihrer Gesetze nicht möglich ist. Bei den großen bürgerlichen philosophischen Systemen, die den Aufstieg des Bürgertums aus den Banden der Feudalverhältnisse reflektierten, ging es um das philosophische Selbstverständnis dieser Klasse zu dem Zwecke, die Möglichkeit einer progressiven Weltveränderung theoretisch zu bestimmen.

Wenn das christlich-theologische Denken den Menschen als Geschöpf Gottes definierte und sein Handeln einer göttlichen Führung und Gnade subordinierte, so wurde diese Bestimmung des Platzes des Menschen in der Welt bürgerlichen Ideologen als gedanklicher Ausdruck der Repression des Dritten Standes unter die Macht der Fürsten und Aristokraten bewußt. Sie suchten daher die Wirklichkeit, um sie rational faßbar und damit beherrschbar zu machen, nicht aus Gott, sondern aus sich selbst zu erklären. Ein solches philosophisches Bemühen war, in der Form der Ideologie, Klassenkampf gegen die das Bürgertum knechtenden Verhältnisse der Feudalzeit.

Wenn es darum ging, den Menschen und seine Welt nicht theologisch, sondern natürlich zu verstehen, so bedeutete dies, an die Stelle göttlicher Willkür eine unaufhebbare objektive Notwendigkeit zu setzen. Die Welt war nicht so, wie sie war, weil Gott sie so wollte, sondern weil es ihre eigenen Gesetze bedingten. Das Wirken objektiver Gesetze war aber von der Wissenschaft unwiderleglich für die Natur nachgewiesen worden. Die Naturwissenschaft hatte gezeigt, daß den gesetzmäßigen Zusammenhängen eine Notwendigkeit innewohnt, die auch ein Gott nicht außer Kraft setzen könnte. Die Erkenntnis und Ausnutzung der Gesetze der Natur waren für die Bourgeoisie eine objektive Notwendigkeit im Interesse der Entwicklung der Produktivkräfte. Außerdem bot die Naturwissenschaft wichtige theoretische Ansatzpunkte im Kampf gegen die feudal-christliche Ideologie.

So ist es nur zu begreiflich, daß sich die bürgerlichen Philosophen des 17./18. Jahrhunderts mit Entschiedenheit der Natur und den Naturwissenschaften zuwandten, wenn es galt, das theologische Weltbild zu bekämpfen. Am prononciertesten kam dieses Bestreben begreiflicherweise in den großen materialistischen Philosophien von Francis Bacon bis Holbach und Feuerbach zum Tragen.

Die gedankliche Rückwendung auf die Natur hatte aber zugleich einen unmittelbar politischen Sinn. Die bürgerlichen Philosophen besaßen ein mehr oder weniger klares Bewußtsein dessen, daß die feudalen Lebensverhältnisse sowie die auf ihrer Grundlage erwachsene

Politik und Moral gegen herangereifte objektive gesellschaftliche Erfordernisse verstießen. Da nun die bürgerlichen Ideologen aus objektiven Gründen nicht in der Lage waren, diesen gesellschaftlichen Konflikt auf seine ökonomische Wurzel zurückzuführen, und da sie die bürgerlichen Lebensverhältnisse als ewige Norm menschlichen Seins interpretierten, faßten sie die Existenz des Feudalismus als einen Verstoß gegen die „Natur" des Menschen, der Gesellschaft auf.

Der Naturbegriff – so vieldeutig und materialistisch-idealistisch schillernd er war – bildete somit eine wichtige theoretische Waffe der um die Überwindung der Feudalverhältnisse kämpfenden bürgerlichen Klasse. Ihm lag die – wenn auch unklare – Vorstellung zugrunde, daß in der Geschichte unaufhebbare Gesetze walten, und daß das menschliche Handeln in allen seinen Erscheinungsformen auf diese Gesetze zurückgeführt werden muß. Ferner wurde in ihm die Tatsache reflektiert, daß die Existenz des Menschen stets an diejenige der Natur geknüpft ist. Was die Stellung des Menschen in der Welt anlangt, so stellte er sich von diesem Gesichtspunkt aus als Produkt der außermenschlichen wie vor allem der „gesellschaftlichen" Natur dar, als vollständig durch sie bestimmt. Der Sinn der geschichtlichen Aktionen des Bürgertums bestand gerade darin, diese Naturbestimmung des Menschen allseitig zu realisieren und alle störenden, verfälschenden Einflüsse zu beseitigen.

Das Pathos eines materialistisch bemühten Denkens ist in dem auf diese Weise exponierten Naturbegriff nicht zu übersehen. Bei genauem Zusehen zeigt sich freilich, daß die Naturauffassung des bürgerlichen Philosophierens nicht so eindeutig materialistisch war, wie sie sich gab. Die Natur, um die es dem bürgerlichen Denken vor allem ging, war nicht die außerhalb und unabhängig vom Menschen bestehende Natur, sondern die Natur „des" Menschen, „der" Gesellschaft. Zwar enthielt der Naturbegriff bestimmende Elemente einer naturwissenschaftlich orientierten Wirklichkeitsauffassung, aber im Zentrum der Betrachtung stand die „gesellschaftliche" Natur. Man forschte nach einer vom menschlichen Wollen unabhängigen Grundlage des Geschichtsprozesses. Diese wurde als „Natur" bestimmt, gemäß ihrer Übereinstimmung mit der Unaufhebbarkeit der „natürlichen" Natur. Aber diese gesellschaftliche „Natur" wurde in die Geschichte hineingelegt, nicht wissenschaftlich aus ihr herausdestilliert. Denn als das „natürliche" menschliche Sein sahen die Philosophen der Bourgeoisie die bürgerlichen Verhältnisse an. Wenn sie eine „natürliche" Politik, eine „natürliche" Moral forderten, so meinten sie eine bürgerliche Politik und Moral. Die Philosophen waren daher in einer grundsätzlichen Täuschung befangen. Unkritisch nahmen sie die bürgerlichen für die allgemein-menschlichen, für die „ewigen" Verhältnisse der Menschen. Der „natürliche" Mensch, die „natürliche" Politik, die „natürliche" Moral usw. – das waren die Negationen der feudalen Lebensformen; den bestehenden Verhältnissen der empirischen Realität wurden Modelle entgegengestellt, die deren gedankliche Überwindung repräsentierten. Dabei wurde „der" Mensch als Abstraktum gefaßt und unabhängig vom Bezug auf seine konkret-historischen Existenzformen philosophisch analysiert.

Dieses Herangehen führte dazu, daß die „Natur" – bezogen auf die Gesellschaft – einen ideellen Charakter annahm, daß „natürlich" identisch wurde mit „vernünftig". Die Bourgeoisie formulierte die Notwendigkeit der Ersetzung der feudalen durch die bürgerlichen Produktionsverhältnisse. Dieser Notwendigkeit gab sie den Ausdruck eines natürlichen Prozesses: Die Feudalverhältnisse waren widernatürlich geworden, der Übergang zur bürgerlichen Ordnung war damit eine Forderung der Natur. Waren die Feudalverhältnisse widernatürlich, dann war es unvernünftig, auf ihnen zu beharren. Vernünftig waren allein die Ziele des ökonomisch-politischen Kampfes des Bürgertums. Die Triebkräfte der Geschichte wurden somit nicht materialistisch in ihr selbst, als vielmehr in der Vernunft – dem idealistisch mystifizierten Klasseninteresse der Bourgeoisie – gesucht. Es wurde nach der Alternative zu den bestehenden Feudalverhältnissen gefragt. Da diese in der Wirklichkeit noch nicht allseitig präsent war, wurde die Vernunft in Anspruch genommen, die gedanklich die „Natur" wiederherstellen und sie als eigentliche Grundlage der Gesellschaft erweisen sollte.

Diese Betrachtungsweise war von einer statischen Geschichtsauffassung bestimmt. Die „Natur" war das ewig sich gleichbleibende Wesen, das es wiederzufinden und in seiner Reinheit herzustellen galt, wenn glückliche Verhältnisse auf Erden herrschen sollten. Das Ausgehen von der Natur als dem alles konkrete Sein erzeugenden Grundverhältnis versperrte den Blick auf Entwicklungszusammenhänge, weil die Natur bereits unter Ausschluß der Entwicklung gefaßt wurde. Sollte die Natur von der Vernunft in der Entgegensetzung zu den bestehenden

Feudalverhältnissen bestimmt werden, so war in dieser Frage bereits die Natur in der abstrakten Identität mit sich gedacht: Sie war als das Seiende, nicht als das tätig sich Verändernde, Entwickelnde gefaßt. Dies aber war nur der ideologische Ausdruck dessen, daß das Bürgertum seine eigenen Lebensbedingungen unkritisch als die absolute Form menschlichen Daseins auffaßte. Insbesondere handelte es sich darum, daß die Eigenschaft der Gebrauchsgüter, Ware zu sein, als natürliches und nicht als gesellschaftliches Verhältnis angesehen wurde. In der Trennung von der menschlichen Tätigkeit betrachtet, sind die Waren „natürliche" Dinge wie die Gegenstände der Natur auch. Was den Menschen umgibt, scheint lediglich „Natur" zu sein, natürliche und menschlich-tätige Erzeugung fließen ineinander über, und die Warenproduktion nimmt gleichsam die Gestalt eines Naturprozesses an. Dies ist einerseits Ausdruck der Absolutsetzung der gesellschaftlichen Bedingungen der bürgerlichen Warenproduktion, andererseits einer veräußerlichenden Betrachtungsweise, die die konkreten gesellschaftlichen Vermittlungen unberücksichtigt läßt. In der bürgerlichen Gesellschaft nehmen die gesellschaftlichen Verhältnisse die Form von Sachen, von Dingen an; damit erhalten sie die täuschende Form einer „natürlichen" und insofern „ewigen" Daseinsweise. Die Vorstellung von der Herrschaft einer blinden Notwendigkeit über die menschlichen Verhältnisse, wie sie der mechanische Materialismus exponierte, reflektierte die Erfahrungstatsachen der starren Zwangsgesetze der Warenproduktion, die als Naturmächte den Charakter eines unaufhebbaren Daseins erhielten. Der Naturmaterialismus stellt sich, von dieser Seite aus betrachtet, als Ideologie, als falsches Bewußtsein dar; er verkehrte historische zu natürlichen und damit ewigen Zusammenhängen. Gleichzeitig entwickelte er aber, innerhalb der Entfremdung, den richtigen Gedanken, daß in der Gesellschaft wie in der Natur objektive, vom menschlichen Willen unaufhebbare Zusammenhänge und Gesetze wirken.

So gelangte das materialistische Denken des 18. Jahrhunderts fast einmütig zu der Überzeugung, daß die Grundlage alles Seienden die Natur sei und sie daher den wesentlichen Gegenstand philosophischen Forschens bilde. Hierbei wurde jedoch der Widerspruch in dem Naturbegriff niemals wirklich ins Bewußtsein gehoben, der darin bestand, daß als Natur einerseits jenes von den Naturwissenschaften erforschte objektive Sein; andererseits verdinglichte soziale Beziehungen erschienen. Unbefangen ging man von der Natur aus und gelangte schließlich zu einer „gesellschaftlichen" Natur, die die Grundlage der Politik und Moral sein sollte. Das vereinigende Band dieser differierenden Aspekte des Naturbegriffs bestand in der vorausgesetzten objektiven Realität und Unaufhebbarkeit des Naturseins, in dessen Existenz unabhängig von menschlichen Wollen und Belieben, in der postulierten Materialität. Dies war der große produktive Ansatz des bürgerlichen Materialismus; es war ein, seinen Zielsetzungen nach, antitheologisches und antiidealistisches Denken, das hier am Werke war. Daß der Materialismus schließlich in Idealismus umschlug, war nicht einem Denkfehler dieser großen Materialisten geschuldet, sondern hing mit den ihnen objektiv gezogenen Erkenntnisschranken zusammen.

Die Natur erschien damit als jenes Wesen, das, sich immer gleichbleibend, dem menschlichen Tun und Treiben zugrunde lag und ihm Richtung und Inhalt gab. Verhältnisse, die, wie im Feudalismus, nicht mit den Erfordernissen dieses Wesens übereinstimmten, wurden als „Störungen" einer vorgegebenen Ordnung, als zeitweilige „Entartungen" der Natur interpretiert. Die Ursachen dieser Störungen konnten nicht in der Natur selbst liegen, da diese sich sonst widersprochen hätte, sondern mußten jenseits ihrer, in „übernatürlichen" Bereichen gesucht werden. Der bürgerliche Denkansatz, von der Ewigkeit der bürgerlichen Verhältnisse auszugehen, diese als Norm und alle anderen Verhältnisse als Abweichungen von der Norm zu deuten, mußte dazu führen, daß die Natur als ewig sich selbst gleich, sich im eigentlichen Sinne nicht entwickelnd, gedacht wurde. Die sozialen Verhältnisse, die ganze Wirklichkeit menschlichen Seins erschien nicht als Resultat fortschreitender menschlicher Tätigkeit, nicht als sich entwickelnder Prozeß der Selbstvergegenständlichung des Menschen, sondern als einfaches Attribut einer sich gleichbleibenden Naturmaterie.

Der Materialismus des 17. und 18. Jahrhunderts vermochte dem dialektischen Denken u. a. deshalb nur geringe Impulse zu erteilen, weil es ihm nicht gelang, das Prinzip des Materialismus zugleich als Prinzip des sozialen Handelns zu entwickeln und die Gesetze der sozialen Praxis materialistisch zu fassen. Der Versuch, die gesellschaftliche Wirklichkeit vom tätigen Menschen aus zu denken, hätte, unter den bürgerlichen Erkenntnisbedingungen, notwendig zum Idealismus geführt, da die Bourgeoisie keine materialistische Geschichtsauffassung zu entwickeln in der Lage ist. Das antitheologische Denken des 18. Jahrhunderts, das sich unter den Bedingungen einer Zuspitzung der Klassengegensätze entfaltete, stellte sich die Aufgabe, nach einer materiellen Grundlage der Wirklichkeit zu forschen, die jenseits aller idealistischen Voraussetzungen gedacht werden konnte. Dies aber war die Natur. Weil nun die damalige Naturwissenschaft wesentlich nur in der Mechanik einigermaßen entwickelte Gestalt erlangt hatte, mußte die Absolutsetzung der Natur zugleich die Absolutsetzung der mechanistisch-äußerlichen Art der Betrachtung objektiver Zusammenhänge bedeuten. Damit war der Standpunkt einer methodischen Einseitigkeit, des weitgehenden Verzichts auf das Prinzip der widerspruchsvollen dialektischen Vermittlung des Wirklichen mit sich selbst bezogen. Das Prinzip des Materialismus wurde nicht dialektisch angewandt, weil die Objektivität nur einseitig akzentuiert und die Geschichte nicht zugleich aus dem menschlichen Handeln erklärt wurde. Der Materialismus wurde seiner Form und seinem Gehalt nach wesentlich als mechanischer Naturmaterialismus entwickelt.

Weil der alte Materialismus von seinem Denkansatz aus die subjektive menschliche Tätigkeit nicht in sein Wirklichkeitsbild zu integrieren vermochte, insistierte er zwar auf dem Primat des Materiellen, entwickelte das materialistische Prinzip jedoch einseitig: Er vermochte nicht zu erkennen, daß das Materielle sowohl primär als auch sekundär ist, daß das Ideelle sich in Materielles verwandelt. Diese Erkenntnis war nur zu gewinnen, wenn der Gesichtspunkt der Objektivität mit dem Prinzip der menschlichen Praxis sinnvoll vereinigt wurde.

Der Materialismus des 17. und 18. Jahrhunderts erlangte entscheidendes Verdienst dadurch, daß er gegen Theologie und Idealismus den Gedanken der primären Bedeutung des Materiellen verfocht und so umfassend entwickelte, wie dies bürgerlichem Denken überhaupt möglich ist. In dieser Beziehung besteht eine enge und tiefe Verwandtschaft zwischen dem vormarxschen und dem Materialismus von Marx. Andererseits wäre es ein ernster Fehler, den wesentlichen Unterschied zu übersehen, der darin besteht, daß der alte Materialismus — in seiner mechanischen Gestalt — als *Materialismus* undialektisch war, während der Marxsche Materialismus *als Materialismus* historisch und dialektisch ist. Die Denkweise des mechanischen Materialismus des 17. und

18. Jahrhunderts schloß keineswegs dialektische Einsichten auf diesem oder jenem Gebiet aus, aber sie war ihrem Grundcharakter nach undialektisch, weil sie den Materialismus selbst einseitig auffaßte. Die theoretische Ursache dafür muß vor allem in der nicht genügenden Berücksichtigung der subjektiven menschlichen Tätigkeit bei der Erklärung der gesellschaftlichen Entwicklung gesehen werden.

Der bürgerliche Materialismus vermochte nur unter der Voraussetzung dialektische Gedankengänge stärker zur Geltung zu bringen, daß er, allerdings in idealistischer Form, das tätige Prinzip in sich aufnahm. Dies geschah vor allem in den pantheistisch-materialistischen Philosophien, wie sie Herder, Johann Wolfgang von Goethe u. a. entwickelten. Hier rückte ins Zentrum philosophischer Naturdeutung die organische Natur; deren tätige Selbstvermittlung und zweckmäßige Systemordnung aber konnte die bürgerliche Weltanschauung bereits nicht mehr konsequent materialistisch fassen. Die Zusammenhänge der lebenden Natur wiesen strukturelle Übereinstimmungen mit dem Systemcharakter der Gesellschaft auf und wurden meist per analogiam der Gesellschaft erklärt. Der in der Gesellschaft zwecksetzend tätige Mensch erschien in der organischen Natur als tätiges geistiges Prinzip. Hierin zeigt sich, daß eine wesentliche Grundlage für die Entwicklung des dialektischen Denkens das Reflektieren der tätigen menschlichen Subjektivität im Systemganzen der Gesellschaft war. Der mechanische Materialismus war zwar als Naturmaterialismus weitgehend konsequent, aber die mangelnde Berücksichtigung der menschlichen Praxis führte zu einem nur begrenzten Erschließen dialektischer Zusammenhänge.

Freilich gilt dieser Verzicht auf die Konturierung der menschlichen Aktivität nicht absolut. Auf dem Gebiet der Religionskritik machten die alten Materialisten häufig geltend, daß die Religion die Menschen passiv macht und sie an den Tod, nicht aber an das tätige Leben denken läßt. Die materialistischen Philosophen sahen den Menschen keineswegs schlechthin als untätiges, nur auf seinen Genuß bedachtes Wesen an. Sie machten – wie vor allem Denis Diderot – die Rolle der Arbeit für den kulturellen Fortschritt kenntlich, hoben die Bedeutung der Werkzeuge, der technischen Erfindungen, der Handwerke und Manufakturen hervor. Sie zeigten, daß der Mensch Beglückung durch sein Handeln erfährt, wenn es ihm gelingt, sich nicht den Dingen zu unterwerfen, sondern ihnen zu gebieten.

Aber alle diese Gedanken und Erkenntnisse wurden nicht, wie das
später im deutschen Idealismus geschah, als Grundprinzip der philosophischen Wirklichkeitsanalyse entwickelt. Es waren Ideen, die mit
den tragenden materialistischen Grundthesen nur äußerlich verbunden
waren. Offensichtlich war es dem bürgerlichen Materialismus als Materialismus versagt, zu einer gültigen Synthese beider Momente zu gelangen. Denn die echte Verwirklichung der Einheit von Materialismus
und „tätiger Seite" kann nur auf dem Fundament des historischen Materialismus erfolgen, oder vielmehr: Sie ist mit ihm identisch. Das vormarxsche bürgerliche philosophische Denken polarisierte sich zu den
Extremen von mechanischem Materialismus und dialektischem Idealismus. Beide Standpunkte besaßen ihre historische Berechtigung und
Notwendigkeit und zugleich ihre von der bürgerlichen Philosophie
nicht zu überwindenden Schranken.

Der Materialismus des 18. Jahrhunderts dachte sich den Menschen
als in vielfältiger Weise der Natur unterworfen, von ihr bestimmt, von
ihr abhängig. Die produktive Grundlage jeglichen Seins bildete für
ihn die Natur; Bewußtsein, Moral, Politik usw. waren ihre Attribute
und Produkte. Schon Spinoza ging davon aus, daß der Mensch gemäß
der Notwendigkeit der Natur handelt: In diesem Gedanken kam das
Bestreben zum Ausdruck, das menschliche Handeln der Willkür zu
entreißen und es auf eine objektive Grundlage zu stellen. Aber insofern hierbei stehen geblieben wurde und das philosophische Denken
sich darauf beschränkte, nach der objektiven Grundlage des menschlichen Daseins und Handelns zu forschen, mußte die Dialektik verfehlt
werden. Menschliche Existenz geht nicht in der objektiven Determination auf, sondern entfaltet sich zu einer dialektischen Selbstbewegung,
die ihre Impulse aus der widerspruchsvollen Vermittlung des Subjektiven und des Objektiven empfängt. Der mechanische Materialismus
konnte den Bannkreis einer Fetischisierung der Objektivität nicht
sprengen und verschloß sich damit einen wesentlichen Zugang zur
Dialektik.

Nach Holbachs Meinung kann der Mensch nicht frei, nicht unabhängig sein, weil er dazu stärker als die Natur sein oder außerhalb
ihrer stehen müßte. Menschliches Sein erscheint in dieser Vorstellung
als absolutes Gebundensein an eine materielle Naturgrundlage (bzw.,
was der eigentliche soziale Inhalt dieser Konzeption ist, an die Zwangs-

gesetze der Warenproduktion); der Mensch tritt nicht als gestaltende Macht, sondern als Derivat der Natur auf. Man sieht an den Worten Holbachs, wie das materialistische Prinzip einseitig, starr, undialektisch entwickelt und verfochten wird – so entstand ein Weltbild, das Goethe mit einem gewissen Recht grau und totenhaft nannte.

Das menschliche Verhalten führte der mechanische Materialismus auf Gewohnheit zurück und erklärte diese rein mechanisch: Die Seele wird wie der Körper durch äußere Einflüsse geformt. Menschliche Handlungen werden durch Leidenschaften in Gang gesetzt, diese aber sind primär eine Folge des Körperbaus der Menschen. Auch in diesem Sinne also ist der Mensch nicht von sich selbst, sondern von etwas außerhalb seiner, von der Natur, abhängig, die in Gestalt des organischen Leibes an ihm auftritt. Wovon hängt die Tugend ab? fragte Holbach und antwortete (mit älteren Materialisten, wie dem Deutschen Friedrich Wilhelm Stosch): vom Gleichgewicht der Säfte, also wiederum von der Natur und nicht vom Menschen selbst.

Das einseitig geltend gemachte, an sich richtige Bemühen, die objektive Bedingtheit des menschlichen Verhaltens zu erforschen, führte, auf der Grundlage des Nichtverstehens der tatsächlichen materiellen Basis der menschlichen Existenz, zu einem weitgehend undialektischen Bild der Wirklichkeit. Der Mensch ist für den metaphysischen Materialismus nicht Subjekt, sondern Objekt; er ist, wie Holbach immer wieder bekräftigte, ein rein physisches, aber nicht ein sich gesellschaftlich selbst erzeugendes Wesen. Er ist damit auch nicht den Gesetzen seines gesellschaftlichen Tuns, sondern den unwandelbaren Gesetzen der Natur unterworfen. So konnte Holbach jenen Standpunkt eines Naturobjektivismus, der zur Naturmetaphysik wurde, in folgenden Worten konzentriert zum Ausdruck bringen: „Unser Leben ist eine Linie, die wir von Natur aus auf der Oberfläche beschreiben müssen, ohne einen Augenblick davon abweichen zu können. Wir kommen ohne unsere Einwilligung zur Welt; unser Körperbau hängt nicht von uns ab; unsere Ideen kommen uns ohne unser Zutun; unsere Gewohnheiten stehen in der Macht derer, die sie uns beigebracht haben; wir werden unaufhörlich sowohl durch sichtbare wie durch verborgene Ursachen modifiziert, die notwendig unsere Seins- und Denkweise und unsere Wirkungsart bestimmen. Wir sind gut oder schlecht, glücklich oder unglücklich, klug oder unklug, vernünftig oder unvernünftig, ohne daß unser Wille mit diesen verschiedenen Zuständen etwas zu tun hätte."[1]

Diesen Standpunkt eines undialektischen Naturmaterialismus konnte indessen der bürgerliche Materialismus bei dem Bemühen um ein angemessenes Verständnis der komplizierten Zusammenhänge der gesellschaftlichen Entwicklung nicht durchhalten. Denn es war ja nicht zu übersehen, daß unter verschiedenen lokalen und historischen Bedingungen das Sein, Denken und Tun der Menschen sich recht verschieden gestalteten. Also mußten neben der sich stets gleichbleibenden Natur noch Faktoren wirken, die die Einflüsse der Natur modifizierten. Diese Faktoren konnten nur in der Gesellschaft selbst gesucht werden. Die bürgerlichen Materialisten postulierten daher neben den Naturfaktoren soziale Determinanten, als die sie die Erziehung, die Sitten, die herrschenden Ideen usw. d. h. ideologische Bedingungen, ansahen. Damit war der ursprünglich beschrittene Weg des Bemühens um materialistische Erklärung des menschlichen Seins verlassen; die bürgerliche Philosophie sah sich vor Probleme gestellt, die sie nicht mehr materialistisch formulieren und lösen konnte. Da aber der Standpunkt eines quasi-materialistischen Objektivismus soweit wie möglich beibehalten werden sollte, trat jetzt dem Naturmechanismus ein Gesellschaftsmechanismus an die Seite. Das Verhältnis beider zueinander wurde indes nicht zu einer dialektischen Einheit geführt, sondern stellte sich eher als unvermitteltes wechselseitiges Ausschließen dar, was die Schranken des bürgerlichen Materialismus *als* Materialismus sichtbar machte.

Einerseits sollte der psychische Habitus eines Menschen durch seine physische Beschaffenheit bestimmt sein, andererseits sollte er Wirkung der Erziehung, des häuslichen und sozialen Milieus usw. sein. Damit ergab sich die Frage nach der objektiven Grundlage des Sozialen. Aber diese Frage vermochte der vormarxsche Materialismus nicht einmal richtig zu stellen, geschweige denn zu lösen. Er nahm den Menschen, wie das bürgerlichem Denken gemäß ist, als seinem Wesen nach einzelnen und suchte die objektiven Determinanten des solcherart individualisierten Menschen aufzudecken. Die Unzulänglichkeit dieses Standpunktes wurde in der theoretischen Antinomie deutlich, wonach

---

[1] Vgl. Paul Heinrich Dietrich Baron von Holbach, „System der Natur", Berlin 1960, S. 140 ff.

der Mensch das Produkt der Natur und zugleich nicht ihr Produkt, das Produkt der Erziehung, ist, oder in jenem Widerspruch der mechanisch-materialistischen Geschichtsbetrachtung, wonach eine schlechte Gesellschaftsordnung das Resultat einer falschen gesellschaftlichen Meinung, eine falsche gesellschaftliche Meinung das Resultat einer schlechten Gesellschaftsordnung ist.

Diese Antinomie verbirgt einen echten dialektischen Widerspruch, den der mechanische Materialismus aber nicht als solchen zu begreifen vermochte, weil ihm sein *materielles* Wesen verborgen blieb. Er ging vielmehr in der Gesellschaftsbetrachtung unvermittelt vom Materialismus zum Idealismus über: Das soziale Milieu war ein Produkt der Ideen, der Meinungen. Unwandelbar und unverbrüchlich wirkten die Gesetze der Natur im Menschen – nichtsdestoweniger aber wurde das Erfordernis der Natur in den despotisch regierten Ländern entstellt, und die Menschen tauschten die natürliche Freiheit gegen unnatürliche Unfreiheit ein. Dies konnte offenbar die Natur nicht bewirkt haben, da sie sich damit selbst aufgehoben hätte. Also hatte etwas „Übernatürliches" in die Natur eingegriffen: Das Ideelle, das Geistige hatte in der Form falscher Meinungen, unrichtiger Urteile der Menschen das Bild der Natur verfälscht und damit die Gesellschaft deformiert. Weil der Mensch die Natur verkannt hatte, geriet er in die Sklaverei. Auf einmal wurde deutlich, daß die als allmächtig vorgestellte Natur gar nicht so allmächtig war. Denn es hing ja vom Menschen ab, ob sie sich entfalten und verwirklichen konnte. Damit tauchte in verschlüsselter Form die menschliche Subjektivität und Freiheit als Faktor der Wirklichkeit auf; der Mensch war jedoch nicht als praktisch-tätiges, sondern wesentlich als theoretisch-tätiges, als erkennendes und urteilendes Wesen bestimmt.

Hier wurde – in seinem Übergang zum Idealismus – die unüberwindbare Schranke des bürgerlichen Materialismus sichtbar: Dieser Materialismus mußte sich selbst preisgeben, wenn es die eigentlichen tiefen Probleme der menschlichen Existenz zu bewältigen galt. Er hatte sich in der Natur eine starke materialistische Basis geschaffen, versagte aber, wenn es galt, mit dem Prinzip des Naturmaterialismus die menschliche Geschichte zu erklären.

Der Umschlag in den Idealismus war Symptom dessen, daß der mechanische Materialismus den dialektischen Zusammenhang zwischen objektiven gesellschaftlichen Bedingungen und subjektiver menschlicher Tätigkeit nicht gefaßt, ja nicht einmal als richtig gestelltes Problem in das philosophische Bewußtsein gehoben hatte. Hinter Begriffen wie „Erziehung", „Idee", „Sitten" usw. verbarg sich die wie auch immer limitierte menschliche Subjektivität, der praktisch und theoretisch tätige, sich in der Geschichte verwirklichende und erzeugende Mensch. Aber weil die menschliche Subjektivität im konsequenten mechanischen Materialismus gleichsam nur aus theoretischer Verlegenheit in die philosophischen Begriffsbildungen aufgenommen worden war, weil die Natur als der letztlich erzeugende und bestimmende Grund der Wirklichkeit angesehen wurde, konnte auch nicht der Blick für die inneren dialektischen Spannungen des Seins gewonnen werden. Denn jener Subjektivität fehlte wahre, gegenständliche Produktivität: In dem Verhältnis von Objekt und Subjekt war das Schwergewicht auf das erstere gelegt, und darum konnte sich die Beziehung beider Seiten nicht zum Widerspruch, zu einem energischen, zu seiner Auflösung drängendem Verhältnis entfalten.

Allerdings hätte – wie schon bemerkt – das Ausgehen von der Natur stärker einem dialektischen Denken Raum geben können, wenn die Natur in ihrer lebendigen Vielfalt, als sich entwickelnde, tätig-schaffende Natur, als Daseinswirklichkeit der Organismen in das Zentrum der Betrachtung gerückt worden wäre. Es zeigte sich später und hatte sich auch schon früher in der Geschichte der Philosophie gezeigt, daß die Analyse der bewegten Vielfalt der lebenden Natur, der komplizierten Wechselbeziehungen in und zwischen den Organismen starke Impulse für ein dialektisches Denken erteilte. Aber der Materialismus des 18. Jahrhunderts war überwiegend auf die Naturwissenschaft in ihrer damals entwickeltsten Gestalt, die Mechanik, orientiert und übertrug damit deren Denkmodelle auf die Betrachtung der Natur und der Wirklichkeit überhaupt. So fördernd dies im Blick auf das enge Bündnis von Philosophie und Naturwissenschaft im Kampf gegen die feudal-christliche Ideologie war, so hemmend erwies es sich in seinen Folgen für den allgemeinen philosophischen Denkstil. Denn die Natur, als Einheit mechanischer Zusammenhänge gefaßt, konnte schwerlich als dynamisch sich entwickelndes, tätig sich selbst erzeugendes System interpretiert werden. Engels hat die Begrenztheit der damaligen Kenntnisse der Natur in seiner „Dialektik der Natur" im

8*

einzelnen sichtbar, gemacht und festgestellt, daß die gemeinsame Grundanschauung der Naturforscher die *„von der absoluten Unveränderlichkeit der Natur"* war.[2] Die Natur erschien als das konservative Wesen par excellence, sie war wohl der Ausbreitung im Raum, nicht aber der Entwicklung in der Zeit fähig. Dieser Standpunkt war nicht nur Ausdruck naturwissenschaftlicher Erkenntnispositionen, sondern spiegelte vor allem auch die Überzeugung von der ewig sich gleichbleibenden Natur „des" Menschen wider.

Die Betrachtung der Natur als wesentlich mechanische Verknüpfung von Dingen und Ereignissen hatte, im Zusammenhang mit den allgemeinen philosophischen Voraussetzungen, zur Folge, daß alles real Existierende als eine Art Maschine sich darstellte. Der Ausdruck Maschine wurde nicht nur auf den menschlichen Körper, sondern auch auf den Staat und die bürgerliche Gesellschaft angewandt. In dem Bilde eines maschinenmäßigen Zusammenhangs der Erscheinungen der Wirklichkeit kam deutlich jener Standpunkt einer Metaphysik der Objektivität, der Vernachlässigung der Subjektivität bei der Wirklichkeitsbetrachtung zum Ausdruck. Zugleich machte der Mechanismus deutlich, daß von diesem Standpunkt aus nur in begrenzter Weise ein Zugang zu der objektiven Dialektik gefunden werden konnte. Mechanische Aggregate können schwerlich unter dem Gesichtspunkt der Entwicklung, gar der dialektischen Selbstentfaltung, betrachtet werden. Die Form ihrer Veränderung ist die mechanische Bewegung; diese erschien, von dem mechanistischen Standpunkt aus, als die wesentliche Form der Veränderung überhaupt. Die dialektische Struktur der Veränderung reduzierte sich auf das Zusammenwirken entgegengesetzter Bewegkräfte. Attraktion und Repulsion erschienen als Grundform des dialektischen Wechselwirkungszusammenhangs und kehrten daher in der Moral genauso wie in der Politik wieder. Vom Standpunkt des mechanistischen Denkens aus geschah alles im Universum — handelte es sich um die Natur oder die Gesellschaft — auf Grund von mechanischen Gesetzen, und der Mensch war nur ein Rädchen in jenem großen Welt-Uhrwerk. So gering wurde die Kraft der menschlichen Subjektivität veranschlagt von einem Denken, das, in hervor-

---

[2] Friedrich Engels, „Dialektik der Natur", in Karl Marx/Friedrich Engels, Werke, Bd. 20, Berlin 1962, S. 314.

ragendem Maße sozial progressiv, sich dem Kampf um die geschichtliche Erhebung des Menschen geweiht hatte.

Unberücksichtigt hatten damit die Vertreter des mechanischen Materialismus die Warnungen gelassen, die der große englische Materialist
Bacon vor der schrankenlosen Ausdehnung des mechanischen Gesichtspunktes geltend gemacht hatte. Bacon hatte den Glauben an die Universalität des Mechanizismus unter die Idole eingereiht und damit
seinen ideologischen Charakter vorgeahnt. Als Erdichtung bezeichnete
er die Vorstellung, daß die Welt ein einziges großes Uhrwerk sei und
daß die Maschine das Paradigma alles Seins darstelle.

Hier wird deutlich, daß der bürgerliche Materialismus keineswegs
mit unausweichlicher Notwendigkeit jenen Weg einer mechanistischen
Welterklärung beschreiten mußte, der die Analyse der objektiven
Grundlage der Wirklichkeit mit einer Vernachlässigung der Rolle der
subjektiven menschlichen Tätigkeit verband. Aber die ungeheuren
theoretischen und praktischen Erfolge der mechanischen Wissenschaft
übten eine so faszinierende Wirkung aus, daß die meisten Philosophen
den Denkstil der Mechanik, der sich in der Naturwissenschaft so bewährt hatte, auch als Schlüssel zum Verständnis der Verhältnisse der
Menschenwelt ansahen.

Bestimmend für das philosophische Weltbild wurden damit theo-
retisch-methodische Postulate wie sie in Isaac Newtons „Mathema-
tischen Prinzipien der Naturlehre" angegeben und vor allem in den drei
Axiomen formuliert waren.[3] Diese gingen davon aus, daß die mechanische Kraft die einzige Form der Ursache materiellen Geschehens
sei. Eine Änderung des Bewegungszustandes konnte nur durch das
Wirken äußerer Kräfte erfolgen; jeder Körper verharrte im Zustande
der Ruhe oder der gleichförmigen Bewegung, wenn er nicht durch
äußere Kräfte gezwungen wurde, seinen Zustand zu ändern.

Es ist klar, daß von diesen Positionen aus das Verständnis der dialektischen Selbstbewegung der Erscheinungen schwerfallen, ja daß
schon der Gedanke daran befremdlich erscheinen mußte. Bei Thomas
Hobbes, John Locke, Spinoza und Holbach finden wir daher eindeutige
Erklärungen darüber, daß Bewegung Ortsveränderung sei, daß sie sich

---

[3] Vgl. Helmut Korch, „Das Problem der Kausalität", Berlin 1965, S. 60 ff.

durch äußere Kraftübertragung vollziehe und daß ein materieller Körper zur Selbstbewegung nicht fähig sei.

Andererseits gab es nicht unwesentliche Differenzierungen innerhalb des materialistischen Lagers: John Toland und Diderot sprachen sich deutlich dahin aus, daß die materiellen Erscheinungen eine eigene Aktivität besitzen und dadurch zur Selbstbewegung fähig sind. Diese Erkenntnis war eine wichtige Errungenschaft; sie bereitete eine inhaltliche Erweiterung des Materiebegriffs vor. Allerdings wurde der Gedanke der Selbstbewegung noch nicht mit der menschlichen Tätigkeit in Verbindung gebracht; er verblieb in den Schranken eines „Naturmaterialismus", d. h. er wurde auf die in der Trennung vom Menschen gedachte Natur bezogen. Aber dieser Gedanke besaß nichtsdestoweniger große Bedeutung, da ja die Selbstbewegung nicht auf die Subjekt-Objekt-Beziehung beschränkt werden kann, sondern von der materiellen Wirklichkeit *insgesamt* gilt. Erst diese Auffassung vermochte dem Theismus innerhalb der Voraussetzungen des alten Materialismus wirkungsvoll zu begegnen; wenn jeder Körper voller eigener innerer Kraft war, dann bedurfte es keiner außernatürlichen Macht, um die materiellen Erscheinungen in Bewegung zu setzen. (Allerdings haben Toland und Diderot ausdrücklich atheistische Schlußfolgerungen aus diesen Erkenntnissen nicht gezogen, sondern sie waren der Meinung, daß zwar die Bewegung, nicht aber die zweckmäßige Ordnung der Materie aus ihr selbst erklärt werden könne. Hier wird deutlich, daß ein wirklich konsequenter Materialismus ebenso wie eine konsequente Dialektik vor der Entstehung des Marxismus nicht möglich waren.)

Der an der Mechanik orientierte Materialismus sah Bewegung zwar als im allgemeinen mit der Materie unlöslich verbunden an, konnte aber nicht sichtbar machen, wie die Materie sich selbst zu bewegen fähig sei. Als Materie wurde das Dinghafte, Körperlich-Gegenständliche betrachtet. Es fiel schwer, sich vorzustellen, daß ein materieller Körper sich selbst in Bewegung setzen sollte. Gerade um dieser Schwierigkeit zu entgehen (und natürlich auch im Kampf gegen den Theismus), wurde die Ewigkeit der Bewegung postuliert. Die Unterschiedlichkeit im Bewegungsablauf einzelner Körper und Systeme konnte gemäß den Axiomen der klassischen Mechanik nur als von außen verursacht gedacht werden. Ein Körper wirkte auf andere Körper ein: Damit waren

Kausalität und Bewegung als Formen äußeren Zusammenhangs bestimmt. Im Begriff der Selbstbewegung hingegen liegt das Moment der Beziehung auf sich selbst; Kausalität und Bewegungsimpuls sind als innere Beziehungen gedacht. Damit ist Bewegung als widerspruchsvoller Prozeß bestimmt.

Man sieht hieran, von welch ausschlaggebender Bedeutung für die Ausarbeitung der Dialektik es war, daß von der äußerlichen Vorstellung der Kausalität und Bewegung abgegangen wurde. Dazu aber mußte eine Sphäre der Wirklichkeit zur theoretischen Grundlage genommen werden, die sich durch eigene, innere Energie selbst entfaltet, die nicht nur Objekt, sondern zugleich Subjekt ist: Dies aber ist vor allem die menschliche Gesellschaft.

Das Wirklichkeitsbild des mechanischen Materialismus, das als die wesentlichen Beziehungen die äußeren Verhältnisse zwischen den Dingen definierte – eine Auffassung, die nicht nur naturwissenschaftliche, sondern vor allem die gesellschaftlichen Erfahrungen der einfachen Warenwirtschaft reflektierte –, konnte keine ontischen Unterschiede zwischen diesen Beziehungen angeben. Die bestimmende Form des Zusammenhangs war die Ursache-Wirkungs-Verknüpfung. Alle Ereignisse hatten eine Ursache, zwischen Ursache und Wirkung bestand eine notwendige Verknüpfung: Damit besaßen alle Ereignisse den gleichen Rang, sie waren notwendig. In diesem Weltbild gab es keine geringfügigen Ursachen; jede Ursache, so unbedeutend sie scheinen mochte, spielte dieselbe Rolle im Universum wie alle anderen Ursachen: Sie waren Glied einer Kausalkette und insofern von entscheidender Wichtigkeit für den Verknüpfungszusammenhang, dem sie inhärierten. Aus kleinsten Ursachen konnten die größten Wirkungen entstehen; es kam lediglich auf die Abfolge der Ursache-Wirkungs-Punkte und das Zusammentreffen ihrer Verknüpfungen mit anderen an.

Dieses einförmige, starre Weltbild war Ergebnis jener ungeheuren Vereinfachung, wonach Beziehungen wesentlich äußere Verhältnisse und, als Ausdruck der Kausalität, stets in der gleichen Weise notwendig sind. Der ontologische Wert eines Ereignisses war nicht ihm selbst, seinem inneren Wesen, sondern einer äußeren Beziehung geschuldet: Der Tatsache, daß es notwendige Wirkung einer einzelnen Ursache war. Die

Erscheinungen waren Objekte, von außen determiniert; sie waren nicht
Subjekte, vermochten nicht sich selbst zu determinieren und hervorzubringen.

Dieses mechanische Weltbild wurde nun auf die Betrachtung des
Menschen, seines gesellschaftlichen Seins und seiner Geschichte übertragen. Die Fixierung der Wirklichkeit als Ausdruck von Naturbestimmtheiten ließ den Menschen als Resultat der Wirkung einer seinem
aktiven Eingreifen dem Wesen nach entzogenen Naturrealität (der
blinden Notwendigkeit der Gesetze der Warenproduktion) erscheinen.
Um das Sein des Menschen zu verstehen, suchten die bürgerlichen Ge-
sellschaftstheoretiker seine objektiven Determinanten auszumitteln. Der
Mensch erschien, wie alle Dinge und Erscheinungen, als Glied in der
Abfolge von Ursache-Wirkungs-Verknüpfungen, seine Tätigkeit, sein
Handeln vollzog sich ähnlich wie die Bewegung mechanischer Partikel.
In dieser Vorstellung wurde die Erfahrungstatsache des äußeren Zusammenhangs der Warenproduzenten zu einem Modell der Wirklichkeit
überhaupt erweitert. Das Interesse der Geschichtsphilosophen wandte
sich vorzugsweise *äußeren* Bedingungen des menschlichen Handelns
zu; diese wurden anfangs (Jean Bodin, Charles Montesquieu) in den
geographischen und klimatischen, später in den sozialen Bedingungen
gesehen, unter denen das staatlich-politische Leben, die herrschenden
philosophischen und moralischen Ideen, die häuslichen Lebensverhältnisse der Menschen die entscheidende Rolle spielten.

Man glaubte die psychische Wesensbeschaffenheit und das gesamte
Handeln eines Menschen eindeutig aus seinen „objektiven" Voraussetzungen erklären zu können. Diese stellten sich einerseits als die
allgemeine und besondere „Natur" des Menschen – organisch bedingte,
ererbte Anlagen –, andererseits als die sich in der Erziehung usw.
manifestierende gesellschaftliche „Natur" dar. Der Widerspruch beider
Standpunkte, wie er etwa in der Polemik Diderots gegen Claude-
Adrien Helvetius sichtbar wurde, reflektierte die Einseitigkeit der vorausgesetzten materialistischen Theorie, die die menschliche Subjektivität in ihrer zum „Milieu" erstarrten Form unvermittelt, undialektisch sich adaptierte. Damit enthielt diese Betrachtungsweise nur
geringe Impulse eines bewußt dialektischen Denkens. Aus dem komplizierten, widerspruchsvollen System objektiver Bedingungen und subjektiver menschlicher Tätigkeit – einem System, das seinem Wesen

nach eine dialektische Beschaffenheit besitzt – wurde eine, natürlich außerordentlich wichtige, Seite herausgelöst und in der Entgegensetzung gegen die menschliche Subjektivität fixiert. Der Mensch war für den konsequent mechanischen Materialismus nicht produktives Subjekt und Herr seiner selbst; sondern allenfalls im Sinne äußerlicher Regulierung von Naturimpulsen bewußter Gestalter seiner Lebensverhältnisse. Die objektiven Voraussetzungen seiner Existenz – die natürlich nur in einer bürgerlich-beschränkten Optik gesehen wurden – prägten völlig sein Denken, Wollen, Tun. Auch ein Denker wie Toland, der sich um eine dynamische Auffassung der Materie bemühte, sie in ihrer Selbstbewegung zu verstehen suchte, vermochte den Menschen nicht als Subjekt, sondern nur als Objekt zu begreifen. Er betrachtete wie alle bürgerlichen Denker den Menschen wesentlich als Einzelnen und ging davon aus, daß die Umgebung, die Umwelt sein gesamtes geistig-seelisches Wesen präge, und er sich nie über die äußeren determinierenden Faktoren aktiv und bewußt zu erheben vermöge.

Fremdartig und geheimnisvoll mußte sich von einem solchen Standpunkt aus der gesellschaftliche Zusammenhang ihres Agierens den Individuen darstellen. Die Erfahrungen der warenproduzierenden Individuen wurden zu einem Bild der Gesellschaft überhaupt erweitert. Die Unterjochung der Individuen unter die gesellschaftlichen Zusammenhänge der Warenproduktion und -zirkulation nahm die ideologische Gestalt ihrer Subsumtion unter Naturmächte an. Damit erweist sich der mechanische Materialismus in seinem tiefsten Wesen – als Idealismus, als entfremdetes Bewußtsein. So wie dem einzelnen Privatproduzenten sich der gesellschaftliche Zusammenhang als eine rätselhafte, weitgehende unberechenbare Größe darstellte, so waren die gesellschaftlichen Lebensbedingungen der Einzelnen überhaupt ein schwer entzifferbares, mystisches, fremdes Sein. Die gesellschaftliche Umwelt konnte, da der Mensch nicht als Ensemble gesellschaftlicher Verhältnisse begriffen wurde, nicht Resultat des Tuns der Einzelnen als gesellschaftlicher Kraft, sondern mußte Resultat vor allem des Wirkens hervorragender Einzelpersönlichkeiten sein, für die die Theorie die gedankliche Erhebung über die Umwelt postulieren mußte, um aus dem Teufelskreis einer metaphysischen Milieukonzeption herauszufinden. Als bestimmende Macht der Geschichte ergaben sich daher schließlich die „großen Männer" mit den von ihnen selbst entwickelten oder von

den „Ideologen" übernommenen Ideen: Der materialistische Ansatz
einer Geschichtsbetrachtung war in Idealismus umgeschlagen. Die
Grundlage dafür bestand darin, daß die bürgerlichen Philosophen den
materiellen Zusammenhang des Wirkens des gesellschaftlichen Menschen nicht zu enthüllen vermochten. Der Mensch erschien ihnen als
dem Wesen nach bürgerlicher Einzelner, und die objektiven gesellschaftlichen Bedingungen seiner Existenz wurden als seinem Tun weitgehend entzogener „Naturzusammenhang" gedeutet; es wurde nicht
begriffen, daß sie Form und Resultat seiner materiellen Selbstverwirklichung sind.

Den Materialismus des 18. Jahrhunderts, der überwiegend als mechanischer Materialismus auftrat, kennzeichnete das Bestreben, die objektiven Bedingungen und Grundlagen der Wirklichkeit zu ermitteln
und alle transzendenten, spirituellen Erklärungsversuche zurückzu-
weisen. Der bürgerliche Materialismus nahm damit eine richtige Position ein; sein grundlegender Mangel bestand darin, daß er diese
Position einseitig auffaßte und sie in ihrer Einseitigkeit verabsolutierte.
Dem Ausgehen von dem objektiven Moment entsprach bei den meisten
Materialisten nicht die gleichzeitige Berücksichtigung der subjektiven
menschlichen Seite; so wurde die Dialektik verfehlt und ein – im
ganzen gesehen – verzerrtes Bild der Wirklichkeit entworfen. Der
Materialismus mußte, da diese Anschauungsweise nur bei der Naturbetrachtung ihre Berechtigung hat, sich als bloßer Naturmaterialismus etablieren; wo es ihm um den Menschen ging – und letzten Endes
ging es ihm natürlich stets um den Menschen –, verließ er den Boden
des Materialismus und ging zum Idealismus über. Dies lag daran, daß
der alte Materialismus als bürgerliche Ideologie noch nicht die objektiven Bedingungen des *gesellschaftlichen* Lebens zu erkennen vermochte, daß er den *materiell* tätigen Menschen nicht in den Blick
bekam.

Der Ansatz einer Verabsolutierung des objektiven Moments prägte
auch die materialistische Erkenntnisauffassung und bewirkte es, daß
diese den erkennenden Menschen überwiegend passiv, nicht jedoch
aktiv auffaßte. In dem Objekt-Subjekt-Verhältnis des Erkennens wurde
die bestimmende Seite in das Objekt gelegt und das Subjekt als bloß
aufnehmender Spiegel gedeutet. Eine solche Betrachtungsweise ließ die
Widersprüche, die zwischen beiden Seiten durch die Tätigkeit des

Subjekts notwendig entstehen, ebenso unberücksichtigt, wie sie keinen richtigen Zugang zum Verständnis des Entwicklungscharakters der Erkenntnis finden konnte. Von der materialistischen Erkenntnisposition aus kam es einfach darauf an, daß der Mensch sich den Objekten hingab, daß er sie auf sich einwirken ließ. Damit wurde nicht gesehen, daß die Objekte als Gegenstände des Erkennens stets das Produkt des materiell und ideell tätigen Subjekts sind, und der äußerst komplizierte dialektische Zusammenhang von objektiven und. subjektiven Momenten in der Erkenntnis blieb außer Betracht. Der Materialismus war daher zumeist anschauender Materialismus; jener Zug der Erkenntnistheorie Feuerbachs, der in ihrer Verabsolutierung der Anschauung bestand, kennzeichnete in hohem Maße auch die erkenntnistheoretischen Positionen der meisten anderen bürgerlichen Materialisten.

Auch in der Gnoseologie hatte der alte Materialismus eine wichtige Wahrheit entdeckt: Gegen das bloße Spekulieren hob er mit großer Entschiedenheit die inhaltliche, vom Menschen unabhängige Seite der Erkenntnis hervor. Aber da diese Wahrheit nicht in ihrem Zusammenhang mit der anderen Wahrheit entwickelt wurde, welche besagt, daß Erkenntnis vom tätigen Menschen vollzogen wird, trat der alte Materialismus auch in der Erkenntnistheorie überwiegend als ein undialektischer Materialismus auf. Selbstverständlich gilt dies nur als *allgemeine Tendenz*; bei den einzelnen Materialisten sind bald stärker, bald schwächer Bemühungen feststellbar, die tätige Seite im menschlichen Erkenntnisgeschehen sichtbar zu machen.

Die Materialisten fragten nach den objektiven Voraussetzungen des Psychischen und fanden sie in solchen Bedingungen wie der körperlichen Verfassung, dem Klima, der Nahrung usw. Das Geistige wurde damit in seiner Eigenschaft, Produkt des Materiellen zu sein, fixiert. Aber die wesentliche Erscheinungsform des Materiellen — die materielle Basis der Gesellschaft — blieb deswegen ausgespart, weil diese Philosophen, wenn sie vom Menschen sprachen, den Einzelnen vor Augen hatten, die Gesellschaft als Agglomerat für sich fixierter Individuen interpretierten und ihre bestimmenden Verhältnisse als *ideologische* Beziehungen deuteten.

Wenn das Geistige *nur* in seiner Eigenschaft, Produkt des Materiellen zu sein, gefaßt wird, dann bleibt jene Dialektik außer Betracht, die darin besteht, daß das Ideelle, vor allem in der Form des gesellschaft-

lichen Bewußtseins, eine aktive Kraft bei der Veränderung und Neuerzeugung von Materiellem wird. Der Ausgangspunkt der Überlegungen der alten Materialisten war – in bestimmten Grenzen –
durchaus produktiv, aber auf Grund seines Mangels an Dialektik gab
er zugleich fehlerhaften Thesen Raum. Natürlich hing dieser Mangel
an Dialektik entscheidend mit einem Mangel an Materialismus zusammen. Zum materiellen Sein des gesellschaftlichen Menschen gelangte der bürgerliche Materialismus nicht, er blieb zumeist bei einem
Naturmaterialismus stehen und fragte nur ansatzweise nach den materiellen Wurzeln des Gesellschaftlich-Geistigen. Holbach meinte mit
anderen Materialisten, wie Julien Offray de Lamettrie und Stosch, daß
die Ideen eines Menschen sich mit den verschiedenen Zuständen seines
Körpers ändern, daß ein Mensch verschieden denkt und urteilt gemäß
den verschiedenen Gemütslagen, in denen er sich befindet, die wiederum von körperlichen Beschaffenheiten abhängen. In diesem Gedanken
war das Bestreben lebendig, das Geistige auf objektive Gegebenheiten
zu fundieren und es dadurch einer mystischen Deutung zu entziehen.
Aber die Einseitigkeit, mit der das Objektive gefaßt wurde, ließ den
Menschen in seinem Denken, Fühlen, Wollen als bloßes Objekt und
Produkt, niemals wahrhaft als tätiges Subjekt erscheinen. Für Holbach
war der Mensch in seinem Denken genauso unfrei wie in seinem Handeln: Er wirkte niemals vermöge eigener selbstbewußter Aktivität,
sondern immer bloß im Ergebnis einer Determination, die ihn einem
äußeren Zwang unterwarf.

Die Konsequenz dieses Standpunktes war, daß der bürgerliche Materialismus die subjektive tätige Seite des Erkennens vernachlässigte,
die nicht bloß in der Formung des objektiven Erkenntnismaterials
besteht, sondern die eine inhaltliche Bedeutung besitzt, insofern es
die Aktivität des gesellschaftlichen Menschen ist, die seinem Erkennen
überhaupt erst die Gegenstände liefert. Wenn aber z. B. Locke meinte,
das menschliche Wissen reiche nicht über die Sinneswahrnehmungen
hinaus, so war bei allem Richtigen, Progressiven, das dieser Gedanke
enthielt, der Mensch in seinem Erkennen als mehr oder weniger passives, von äußeren Einwirkungen abhängiges Wesen bestimmt und
die schöpferische Kraft des menschlichen Geistes, der menschlichen
Subjektivität nicht herausgearbeitet.

So ist das Bild, das der mechanische Materialismus des 17./18. Jahrhunderts vom Menschen und seiner äußeren Wirklichkeit entwarf, gekennzeichnet durch das Akzentuieren der „Objektivität", durch das stete Fragen nach den vom menschlichen Wollen unaufhebbaren Grundlagen alles Seins. Dies macht – innerhalb der Entfremdung – den großen, produktiven Zug dieses Denkens aus, dasjenige, was es mit dem dialektischen und historischen Materialismus von Marx verbindet. Die Welt sollte nicht als mehr oder weniger zufälliges Werk eines willkürlich handelnden Gottes, noch als bloßer Vorstellungshorizont spekulativer Philosophen, sondern sie sollte wissenschaftlich erklärt werden. Wissenschaftlich – das hieß aber gemäß den damaligen objektiven Erkenntnisbedingungen: Nach den allgemeinen Prinzipien der Naturwissenschaft, da es eine Wissenschaft von der Gesellschaft noch nicht gab und geben konnte. Die außermenschliche Natur ließ sich unschwer als Bereich reiner Objektivität denken: Sie war aus und durch sich selbst, weder von Gott noch von den Menschen gemacht. Von dieser methodischen Prämisse aus suchten die Materialisten auch das Problem des Menschen zu lösen, seines geschichtlichen Seins und seines intellektuellen Habitus. Auch der Mensch schien nur wissenschaftlich faßbar zu sein, wenn man die von seinem Tun und Wollen unabhängigen Voraussetzungen seiner Existenz analysierte. Diese aber präsentierten sich als menschliche, wenn auch nicht vermenschlichte „Natur". Da die bürgerlichen Materialisten die materielle Basis des gesellschaftlichen Menschen nicht kannten, mußten sie die Natur gleichsam in die Geschichte hinein verlängern, wenn sie ihrem materialistischen Programm treu bleiben wollten. So bemerkenswerte Ansatzpunkte diese Betrachtungsweise enthielt, so bildete die Unbekanntschaft mit den Bedingungen des materiellen Lebens der Gesellschaft, unter den Erkenntnisvoraussetzungen des Materialismus, zugleich die Grundlage für das Außerachtlassen der determinierenden Rolle der subjektiv menschlichen Tätigkeit und damit für das Verfehlen einer wesentlichen Wirkungsphäre der objektiven Dialektik. Denn wenn auch die Natur-Materie innerhalb bestimmter Grenzen ohne den Menschen, unabhängig von ihm, gedacht werden konnte, so war das in bezug auf die gesellschaftliche Materie bereits nicht mehr möglich. Diese ist unabhängig vom Menschen und zugleich abhängig von ihm; der Mensch ist Objekt seiner materiellen Verhältnisse und zugleich ihr Subjekt. Damit liegt im Prinzip des gesellschaftlichen Materialismus notwendig das Prinzip der Dialektik. Die Tatsache, daß die Schaffung des historischen Materialismus erst von der Position der Arbeiterklasse aus möglich war, bedingte das Fehlen einer entwickelten Dialektik im vormarxschen Materialismus, und sie bedingte den idealistischen Charakter jener Dialektik, wie sie vor Marx in der klassischen deutschen Philosophie auftrat.

Auf dem Standpunkt einer Auffassung der gesellschaftlichen Objektivität, die die Subjektivität nicht materialistisch zu integrieren vermochte, fehlte der Impetus eines bewußt dialektischen Denkens. Alle Wirklichkeit wurde einseitig, linear nur nach der Seite ihrer objektiven Fundierung und Determinierung genommen; damit blieb jener dialektische Gegenpol ausgespart, den in einer vom Menschen erfahrenen und gestalteten Welt die subjektive menschliche Tätigkeit ausmacht. Erst die Berücksichtigung der Einheit dieser Gegensätze schuf die Voraussetzung, um die Widersprüchlichkeit des Seins als eine allgemeine, wesentliche Eigenschaft zu erkennen. Im mechanischen Materialismus aber wurde der Widerspruch lediglich auf die polare Struktur von Bewegungsformen gegründet, erschien ansonsten aber zumeist als bloße Abnormität. Auch ließ sich von diesem Standpunkt aus der Gedanke der Entwicklung nur schwer fassen. Denn die Natur, nach ihrer mechanischen Erscheinungsform genommen, zeigte nur den Bewegungsprozeß des Gegebenen, aber keinen Fortschritt, keine Höherentwicklung. Wo man um ein geschichtliches Denken bemüht war, wurden daher nicht selten Analogien zur lebenden Natur hergestellt, die aber den Rahmen einer Auffassung der Entwicklung als Kreislauf, als Prozeß von Wachstum, Blüte und Verfall, nur selten verließen. Erst dort, wo – wie bei Diderot – der tätige, die Erde umgestaltende Mensch mehr und mehr ins Blickfeld rückte, wurde auch innerhalb des bürgerlichen Materialismus der Boden für ein tieferes Verständnis von Entwicklungszusammenhängen, von dialektischen Beziehungen in der Wirklichkeit, geschaffen.

2. Der deutsche Idealismus: idealistische Subjekt-Objekt-Dialektik

Die Zurückführung der Wirklichkeit auf eine Naturmaterie, die als mehr oder weniger bestimmender Zug das mechanisch-materialistische Denken kennzeichnete, hatte sich als nur teilweise tragfähiger philosophischer Ausgangspunkt einer Begründung des Anspruchs des Bürgertums auf progressive Umwandlung der gesellschaftlichen Verhältnisse erwiesen. Das theologische Schema einer Fremdbestimmung des Menschen war in säkularisierter Form wiedergekehrt, und der Mensch erschien als im tiefsten Sinne ohnmächtig seiner eigenen Wirklichkeit gegenüber. Damit reflektierte der bürgerliche Materialismus in der Form einer Naturfetischisierung Entfremdungsverhältnisse; er definierte den Menschen als Objekt, nicht aber als Subjekt der realen Wirklichkeit.

Aber die geschichtlich im Aufstieg befindliche, mit dem Anspruch auf „vernünftige" Gestaltung aller irdischen Verhältnisse auftretende bürgerliche Klasse konnte den Menschen auf die Dauer nicht als bloßen passiven Reflex von Milieubestimmtheiten hinstellen, ohne die Formulierung ihrer eigenen geschichtlichen Aufgabe zu verfehlen. Der mechanische Materialismus mußte daher immer wieder versuchen, aus dem starr konzipierten Objektivitätsschema auszubrechen, was so geschah, daß er die Rolle der Erziehung, der Meinungen, der „aufgeklärten" Monarchen als „subjektiven Faktor" geltend machte. Aber damit wurde nur der innere Widerspruch dieses Materialismus sichtbar, der durch seinen Mangel an Materialismus wie an Dialektik oft auf idealistische Positionen überzugehen gezwungen war. Es kann daher keineswegs überraschen, daß das bürgerliche philosophische Denken es unternahm, das Problem der Schaffung eines fortschrittlichen Weltbildes von anderen Positionen aus, als sie der mechanische Materialismus eingenommen hatte, zu lösen. Der neue Ausgangspunkt aber konnte nur die menschliche Subjektivität, der schöpferisch tätige, sich in der Geschichte verwirklichende und erzeugende Mensch sein. Die theologische Weltanschauung hatte die Wirklichkeit auf Gott zurückgeführt, im materialistischen Weltbild des 17./18. Jahrhunderts wurde sie aus unaufhebbaren objektiven Voraussetzungen erklärt. Der deutsche Idealismus nun, die Philosophie von Kant bis Hegel, brachte jene Tendenz zur allseitigen Entfaltung, die im bürgerlichen philosophischen Denken des 17./18. Jahrhunderts bald stärker, bald schwächer aufgetreten war und die darin bestand, das soziale Sein aus dem Handeln der Menschen zu erklären. Damit erfolgte eine bedeutsame Veränderung des Blickwinkels gegenüber jener Betrachtungsweise, die am konsequentesten von Holbach entwickelt worden war. Der mechanische Materialismus hatte als reales, wahres Sein die Natur bestimmt, der deutsche Idealismus sah als die bestimmende Realität die Gesellschaft, das vom Menschen gestaltete und hervorgebrachte Sein, an. Der Materialismus betrachtete den Menschen als Produkt der Natur, der Idealismus (am konsequentesten in der Philosophie Fichtes) die Natur als Produkt des Menschen.

In dieser Verkehrung der Betrachtungsweise reflektierten sich die neuen gesellschaftlichen Erfahrungen, die der dritte Stand in seinem Kampf gegen die Feudalverhältnisse gesammelt hatte. Die Zuspitzung der Widersprüche zwischen Bürgertum und Feudaladel, der glänzende Sieg, den das Bürgertum in der französischen Revolution errungen hatte, zeigten sichtbar die gewachsenen Kräfte des gesellschaftlichen Menschen über seine äußeren Verhältnisse, bewiesen die Fähigkeit des Menschen durch sein Handeln die Wirklichkeit zu verändern. Genau in diesem Sinne wurde von den Vertretern der klassischen deutschen Philosophie das epochale Ereignis der Revolution verstanden und gewertet. Fichte erklärte, daß in der Revolution sich der Mensch kraftvoll von den Banden überkommener Verhältnisse losgerissen und daß seine, Fichtes, Philosophie diesen Vorgang theoretisch nachvollzogen habe. Für Hegel war die französische Revolution jenes geschichtliche Ereignis, in dem der Mensch es unternahm, die Welt nach seinem Willen einzurichten, das Sein nach der Norm des Begriffs zu gestalten.

Hatte der mechanische Materialismus sein Bild der Wirklichkeit unter dem Einfluß der Erfahrungstatsache der Zwangsgesetze der einfachen Warenproduktion und -zirkulation entworfen, so drückte sich im deutschen dialektischen Idealismus eine neue Sicht der gesellschaftlichen Wirklichkeit aus. Mit der Durchsetzung der kapitalistischen Verhältnisse im Ergebnis der französischen Revolution sah sich die Bourgeoisie immer mehr der Aufgabe gegenüber, diese Verhältnisse selbstbewußt als gesellschaftliche Kraft zu gestalten. Die Bourgeoisie mußte theoretisch ihre Aufgaben als herrschende Klasse formulieren. Die philosophische Lösung dieses Problems wurde in der klassischen deutschen Philosophie in Angriff genommen und erhielt ihre entwickeltste Gestalt in der Philosophie Hegels. Dies konnte nicht nur auf der Grundlage der sozialen Erfahrungen der *deutschen* Bourgeoisie erfolgen, sondern hatte auch die Zusammenfassung der Erfahrungen der westeuropäischen Bourgeoisie überhaupt zur Voraussetzung. In Frankreich verflachte der mechanische Materialismus nach der Revolution bald zu einem bloßen Positivismus. Die klassische deutsche Philosophie stellte die ideologische Ausdrucksform der bürgerlichen Umgestaltung der Verhältnisse Deutschlands unter Bedingungen dar, da im Nachbarland Frankreich diese Umgestaltung in klassisch-revolutionärer Form bereits vollzogen war. Selbstverständlich war es nicht möglich, unter den veränderten – einerseits weiterentwickelten, andererseits zurückgebliebenen – deutschen Verhältnissen die bürgerliche Umgestaltung mit den gleichen ideologischen Mitteln wie in Frankreich in Angriff zu nehmen. Dies war wesentlich auch durch die Tatsache bedingt, daß die Blütenträume der Ideologen der Bourgeoisie durch die französische Revolution keineswegs zum Reifen gebracht worden waren. Angesichts dessen war ein ideologisches Zurückprellen möglich – dies vollzog sich in der deutschen Romantik –, wie auch ein ideologisch-theoretisches Fortschreiten, welches die philosophische Klassik leistete. Dies war ein Fortschreiten *zugleich* über die feudale wie über die französische bürgerliche Ideologie (die Aufklärung) hinaus. Es hatte sich gezeigt, daß die bürgerliche Klasse dem Wirken der äußeren, der Naturnotwendigkeit, keineswegs blind vertrauen durfte, wenn sie die bürgerlichen Verhältnisse im Sinne ihrer „heroischen Illusionen" verwirklichen wollte, sondern daß sie ihr Schicksal selbstbewußt in die eigenen Hände nehmen und dies auch philosophisch artikulieren mußte.

Der mechanische Materialismus hatte die Zwangsgesetze der einfachen Warenproduktion als Naturnotwendigkeiten formuliert. Unter weiterentwickelten gesellschaftlichen Bedingungen trat das *Systemganze* der bürgerlichen Gesellschaft einschließlich der ideologischen Sphäre deutlicher vor das theoretische Bewußtsein. Die deutsche Bourgeoisie leitete die bürgerliche Umgestaltung der Verhältnisse vor allem mittels ideologisch-politischer Reformen ein. Den Ideologen erschien dies als die sicherste Gewähr, die „Schreckenszeit" der französischen Revolution zu vermeiden. Der gesellschaftliche Zusammenhang wurde

daher weniger aus dem Wirken unverbrüchlicher äußerer Notwendigkeiten, als vielmehr aus dem freien Handeln der menschlichen Subjektivität erklärt. Die blinde Notwendigkeit wurde dem „System der
Bedürfnisse", der Ökonomik vindiziert, während sich die Freiheit wesentlich als regulierende, systemordnende Tätigkeit vermittels ideologischer Institutionen zu vollziehen schien. Darum trat als Schlüssel-
kategorie an die Stelle der Notwendigkeit der Objektivität, die Freiheit der Subjektivität, und dies war zugleich der theoretische Versuch,
den Weg der Aufhebung der Entfremdung und „Blindheit" des Geschichtsprozesses anzugeben. Aber dies war eine Aufhebung der Entfremdung in selbst entfremdeter Form. Die ökonomischen Bedingungen
der bürgerlichen Warenproduktion, die im mechanischen Materialismus zur Vorstellung der Herrschaft einer blinden Notwendigkeit geführt hatten, wurden vom deutschen Idealismus nicht kritisch in Frage
gestellt, sondern vielmehr der Botmäßigkeit der assoziierten Individuen in der Form ihrer ideologischen Regulierung gedanklich subordiniert. Damit mußte aber vorausgesetzt werden, daß sie — weil wesentlich durch ideologische Tätigkeit bestimmt — ihrer Substanz nach
selbst ideell waren. Darum konnten Subjektivität, Freiheit und mit
ihnen die Dialektik in der klassischen deutschen Philosophie nur idealistisch entwickelt werden. Die Dialektik der Subjektivität erschien als
Struktur des *ideologischen Handelns* der bürgerlichen Klasse.

Konnte der Gesichtspunkt der Natur-Objektivität in bestimmten
Grenzen auf materialistischem Fundament entwickelt werden, so war
dies den bürgerlichen Philosophen bezüglich ihrer Auffassung vom
tätigen Menschen im großen und ganzen nicht möglich. Es fehlten alle
Voraussetzungen, um die gesellschaftliche Praxis in umfassender und
bewußter Weise materialistisch zu begreifen. Die bürgerliche Klasse,
die als eine ausbeutende Klasse den werktätigen Massen gegenüber die
geistige Arbeit monopolisierte, konnte naturgemäß die materielle Tätigkeit der unmittelbaren Produzenten nicht als die Grundlage des
Geschichtsprozesses erkennen. Einen solchen Standpunkt einzunehmen,
hätte, ganz abgesehen von seiner geschichtlichen Unmöglichkeit, unter
den damaligen Bedingungen bereits den Übergang von der bürgerlichen zur proletarischen Interpretation der Geschichte bedeutet. Die
bürgerlichen Ideologen sahen die konkrete gesellschaftliche Tätigkeit
ihrer Klasse unter den konkreten geschichtlichen Verhältnissen ihrer

Zeit als die allgemein-menschliche Tätigkeit an. Diese Tätigkeit aber war, als gesellschaftlich bewußte Tätigkeit, wesentlich auf die *ideologisch-politische* Umgestaltung der Gesellschaft gerichtet, um gerade mittels dieser die *materiellen* Bedingungen der neuen Gesellschaft umfassend freizusetzen. Damit erschien das Ideelle als Demiurg des Materiellen. Es war die ideologische Seite des gesellschaftlichen Lebensprozesses, auf die sich die bewußte Tätigkeit der Bourgeoisie als Klasse konzentrierte. Als die bestimmende Form menschlicher Tätigkeit erschien nicht die materielle Praxis, sondern das theoretische Erkennen, die ideologische Tätigkeit insgesamt. Nicht durch die materiellen Prozesse, sondern durch die ideologische Umstrukturierung der Gesellschaft und damit wesentlich durch die Verwirklichung der einer Zeit gemäßen Ideen sollte sich der Fortschritt der Geschichte vollziehen. Diese ideologische Verkehrung der tatsächlichen geschichtlichen Zusammenhänge stellte eine „wahre" Widerspiegelung der realen Situation der bürgerlichen Klasse in Deutschland dar.

Die Tätigkeit des Menschen erschien als ihrem Wesen nach durch ideelle Faktoren bestimmt. Das bewußte Element im menschlichen Handeln wurde ideologisch verabsolutiert und in ihm die Grundlage der menschlichen Tätigkeit gesehen. Kant definierte die Praxis ausdrücklich – im Unterschied zu jedem anderen Handeln – als eine solche Bewirkung eines Zweckes, die als Befolgung gewisser allgemeiner Prinzipien gedacht werde. Das Wesen der menschlichen Praxis erblickte er somit nicht in ihrer gegenständlichen Veränderung der Wirklichkeit, sondern in einer solchen Bewußtheit, die die einzelne Handlung als Vollzug allgemeiner Erkenntnisse zu definieren erlaubte. Natürlich war damit eine Teilwahrheit ausgesprochen. Denn die praktische Tätigkeit des Menschen unterscheidet sich von den Lebensäußerungen der Tiere gerade durch das bewußte Element. Auch die Tiere verändern die Realität; aber sie tun dies nicht bewußt, nicht nach vorgefaßten Zwecken. Innerhalb der Erkenntnisbedingungen einer Ideologie, die das Wesen des Menschen in das Bewußtsein setzte, mußte seine praktische Tätigkeit primär als ein durch das Bewußtsein bestimmter Vorgang erscheinen. Sie wurde nicht nach dem Moment ihrer gegenständlichen Wirklichkeitsveränderung genommen, sondern erschien als bloße „Umsetzung", „Anwendung" des theoretisch Erkannten.

9*

Es ist offensichtlich, daß eine solche Auffassung des Verhältnisses von Praxis und Theorie einem angemessenen Verständnis der objektiven Dialektik sowie der Dialektik von Subjektivem und Objektivem nicht förderlich sein konnte. Denn wenn die Umwelt des Menschen primär als Produkt des Ideellen und damit dem Wesen nach selbst als ideell bestimmt wurde, waren die undialektischen Positionen des mechanischen Materialismus einfach umgekehrt und der Dialektik ihr gegenständlich-materieller Gehalt genommen. Wir finden diesen Standpunkt am deutlichsten bei Fichte vertreten, während Hegel gerade deswegen die Dialektik bedeutend zu fördern vermochte, weil er – innerhalb der Schranken des Idealismus – um Objektivität und Konkretheit bemüht war. Für Fichte ist Tätigkeit als Kausalität des Begriffs bestimmt; der Begriff hat es in der Praxis nur mit sich selbst zu tun, er bleibt bei sich und kommt gar nicht zu wirklicher Entäußerung. Fichte erachtete es daher als selbstverständlich, daß in der Rangstufe der menschlichen Tätigkeiten die Erkenntnis den höchsten Platz einnimmt, daß durch die Wissenschaft, die Erkenntnis die Welt verändert wird. Diese Überzeugung enthielt ein rationelles Moment, aber zur Wahrheit konnte sie erst auf der Grundlage eines materialistischen und zugleich dialektischen Verständnisses der Einheit von Theorie und Praxis sowie von Materiellem und Ideellem werden. Für Fichte hingegen war die Realität gerade deswegen eine Setzung des absoluten Ich, weil die Wirklichkeit – die vom Menschen geformte Welt – sich als Verkörperung menschlicher Zwecke und damit des menschlichen Geistes präsentierte. Auch Fichte definierte, wie Kant, die Praxis als ideologische Tätigkeit, als Verbreitung der Grundsätze der wahren (d. h. der bürgerlichen) Ideologie.

Hegel ging, wie der gesamte deutsche Idealismus, von der Überzeugung aus, daß das „wahrhafte" Sein – im Unterschied zur bloßen Natur – die vom Menschen gestaltete Wirklichkeit darstelle. Auch er war überzeugt vom Vorrang der Theorie gegenüber der Praxis; die Theorie, so betonte er, sei mehr zu leisten imstande als alle Praxis. Sei erst das Reich der Ideen revolutioniert, so halte die Wirklichkeit nicht länger stand. Mit diesen Worten verkehrte und verabsolutierte Hegel, wie Kant und Fichte, jenes partikulare Moment der geschichtlichen Stellung der Bourgeoisie zur Wirklichkeit und der aus ihr notwendig erwachsenen geschichtlichen Aufgabe dieser Klasse. Natürlich hat die theoretische Kritik einer alten Welt gewaltige Bedeutung, natürlich kann eine progressive gesellschaftliche Bewegung nicht ohne eine Theorie, die ihr den Weg weist, Erfolge erzielen. Aber es war ein undialektisches Auseinanderreißen des Zusammengehörigen, wenn die bürgerlichen Philosophen glaubten, die Praxis sei bloße Umsetzung der Theorie in die Wirklichkeit und ihr komme keine eigenständige Bedeutung zu.

Während jedoch Kant und der junge Fichte die Gestaltung der bürgerlichen Verhältnisse noch wesentlich als vom Subjekt zu leistende Aufgabe ansahen und daher die Wirklichkeit der Kategorie des Sollens unterwarfen, verarbeitete Hegel theoretisch die nach der französischen Revolution relativ entfaltet an den Tag getretene bürgerliche Gesellschaft und ging von der *Einheit* von Sein und Sollen aus (wobei er allerdings zugleich um eine Synthese bürgerlicher und feudaler Interessen bemüht war). Er konnte auf einem höheren Niveau als Kant und Fichte die dialektische Einheit des Subjektiven und Objektiven zur Geltung bringen und war bemüht, die Dialektik als *objektiven* Prozeß zu fassen. Indem Hegel aus den Handlungen der Menschen eine Wirklichkeit mit ihren eigenen Gesetzen hervorgehen ließ, erneuerte er den Standpunkt einer Anerkennung der Objektivität, der seine große Fruchtbarkeit im alten Materialismus gezeigt hatte und in der Hegelschen Philosophie bestätigte. Aber der wesentliche Unterschied zum alten Materialismus bestand darin, daß Hegel die Entfaltung der Objektivität als Prozeß ihrer bewußten Realisierung durch die Menschen konzipierte, was in seiner Philosophie den Ausdruck erhielt, daß er den objektiven Zusammenhängen des Wirklichen Bewußtheit zuordnete, sie sich selbst realisieren und vorgegebenen Zielen nachstreben ließ. Dies war gleichsam die idealistische Ontologisierung jenes Gedankens, daß die entscheidende Kraft der Veränderung der Wirklichkeit die Theorie sei.

Gleichzeitig enthielt aber die Philosophie Hegels starke Tendenzen, die gesellschaftliche Praxis nicht *nur* auf Erkenntnisverbreitung zu reduzieren, sondern ihre gegenständlich-materiellen Aspekte zu erschließen. Auch dies hing mit der Hinwendung Hegels zu der konkreten Dialektik der bürgerlichen Gesellschaft zusammen; es bewirkte, daß Hegel tiefere Einblicke als die anderen Vertreter des deutschen Idealismus in die materielle Dialektik der gesellschaftlichen Praxis tat. Das Herankommen Hegels nicht nur an den *historischen* Materialismus, sondern auch den *dialektischen* Materialismus erwuchs auf der Grundlage seiner Analyse der materiellen Arbeit. Hegel hatte die gesellschaftliche Produktionstätigkeit natürlich nur in sehr wenig entwickelter Gestalt vor Augen; die Tätigkeit des Handwerkers und des Manufakturarbeiters bildeten für ihn das Thema vielfältiger philosophischer Erörterungen. Damit blieben notwendigerweise wesentliche Zusammenhänge der materiellen gesellschaftlichen Dialektik unberücksichtigt. Aber die konkrete Analyse bestimmter Seiten der zweckmäßigen Tätigkeit überhaupt, der produktiven Arbeit insbesondere, führte Hegel tiefer als seine Vorgänger an die Erfassung der dialektischen Beziehungen zwischen Subjektivem und Objektivem heran. Und wenn Hegel in der „Wissenschaft der Logik" das praktische Handeln auch der Idee des „Guten" subsumierte und damit der Kant-Fichteschen Diktion folgte, so arbeitete er doch gleichzeitig den Gedanken heraus, daß die Idee des Guten, als Richtschnur praktischen Handelns, höher steht als die Idee des Erkennens, weil ihr neben der Würde des Allgemeinen die des schlechthin Wirklichen zukommt. Dies war, innerhalb des Idealismus, eine tiefe Kritik am Idealismus und ein Herankommen an die Erfassung der realen Dialektik von Theorie und Praxis, von Subjektivem und Objektivem.

Das Ausgehen der Vertreter der klassischen deutschen Philosophie von der Subjektivität, vom tätigen Menschen, führte zu einer bewußt dialektischen Auffassung der Wirklichkeit. Hatte der alte Materialismus die Wirklichkeit als objektives Sein zu bestimmen gesucht, so entwickelte der deutsche Idealismus den Gedanken, daß in der Wirklichkeit sich Sein und Tun, Objektives und Subjektives, durchdringen. Damit war ein neuer Ansatz der Wirklichkeitsbetrachtung gewonnen. Als Wirklichkeit war das vom Menschen bewirkte Sein, und nicht mehr ein totes Natur-Sein bestimmt; die Realität wurde als widerspruchsvolle Einheit dialektisch entgegengesetzter Momente gefaßt. Die Fundierung der Wirklichkeitsbetrachtung auf die subjektiv menschliche Tätigkeit setzte notwendig ein Denken in Gang, das das Sein nicht mehr als starre Identität, sondern als bewegliche und bewegte Einheit von Gegensätzen und Widersprüchen in den Blick nahm. Wenn damit als das „wahrhafte" Sein die Menschenwelt, das gesellschaftliche Leben, bestimmt wurde, so besagte dies zugleich, daß dieses

Denken sich den Widersprüchen und Gegensätzen seiner Zeit – der Zeit der Entbindung der an Widersprüchen reichen bürgerlichen Gesellschaft aus den feudalen Lebensverhältnissen – zu stellen und sie philosophisch zu bewältigen suchte. Die neugewonnene Optik der Wirklichkeitsanalyse verband sich auf diese Weise mit der Verarbeitung der drängenden gesellschaftlichen Erfahrungen jener Zeit. Es ist sicher kein Zufall, daß Fichte den Gedanken der tätigen Subjektivität gerade in den „Reden an die deutsche Nation" gegen ein in der Fetischisierung der toten Objektivität befangenes Denken exponierte. Wenn es Fichte darin wesentlich darauf ankam zu zeigen, daß die Geschicke der Menschen ihr eigenes Werk, und damit weder das Werk Gottes noch der Natur sind, so mußte er sich zugleich gedrängt fühlen, dem Glauben an irgendein Letztes, Festes, unveränderlich Stehendes entgegenzutreten, jener Überzeugung des älteren Materialismus, daß den Erscheinungen ein festes Sein zugrunde liegt, „das da ist, was es eben ist, und nichts weiter". Bis in die Bestimmung der Substanz der menschlichen Geschichte hinein war demgegenüber der Gedanke zu verfolgen, daß die Wirklichkeit kein totes, starres Sein zu ihrer Grundlage hat, sondern ein Sein, das geronnene menschliche Tätigkeit ist, das der Mensch durch sein Handeln gestaltet und umgestaltet. Natürlich: Keiner der Vertreter des deutschen Idealismus hat diese grundlegende Erkenntnis materialistisch und daher wahrhaft dialektisch zu entwikkeln vermocht. Die tätige Substanz der Geschichte war ihnen im letzten Grunde immer ein anderes als die gesellschaftlich handelnden Menschen; sie war ihnen das zu einer aparten Substanz verdinglichte „Bewußtsein überhaupt".

Für Fichte stellte der Glaube an ein totes Sein „Entfremdung" dar (wie er wörtlich in der siebenten der „Reden an die deutsche Nation" erklärte). In der Konzeption einer starren Objektivität hat die Ursprünglichkeit der menschlichen Subjektivität sich selbst entfremdet: So vermochte diese Denkweise nicht zu begreifen, daß das vergötzte tote Sein Kristallisation der eigenen Aktivität ist. Der deutsche Idealismus hat, wo er ideologiekritisch den Entfremdungsbegriff mobilisierte, stets den Materialismus als „entfremdetes Bewußtsein" qualifiziert, während er sich selbst als Aktion zur Überwindung der Entfremdung verstand. Jenes Verharren in dogmatischen Fixierungen war nur so auflösbar, daß das Feststehende in den Prozeß der Bewegung überführt wurde. Und der Glaube an ein totes Sein, das dem Menschen, ihn bedrückend, feindlich gegenüberstand, konnte nur auf dem Wege überwunden werden, daß der tätige Mensch als der Schöpfer jenes Seins nachgewiesen wurde. Damit verlor dieses Sein die feindliche Starrheit und wurde, indem es gedanklich mit der menschlichen Tätigkeit verknüpft wurde, als durch Tätigkeit veränderbar begriffen.

Hier enthüllt sich der tiefe sozialpolitische Sinn dessen, daß der deutsche Idealismus das Sein der menschlichen Tätigkeit revindizierte. Nur indem sie das Sein als Resultat und Form des menschlichen Handelns bestimmten, konnten die bürgerlichen Ideologen die Überzeugung begründen, daß die gesellschaftliche Welt des Menschen eine veränderbare sei, veränderbar im Interesse jener Klasse, deren politische Machtergreifung historisch an der Zeit war. Wurde hingegen die Objektivität undialektisch von der menschlichen Tätigkeit getrennt, dann war dies häufig die Grundlage dessen, daß sich die Hoffnung der aufstrebenden Klasse auf irgendeine glückliche Fügung richtete, die meist unter der Gestalt eines „aufgeklärten Monarchen" vorgestellt wurde.

Die Erkenntnis, daß die menschliche Tätigkeit das Wesen der Wirklichkeit konstituiert, stellte daher eine Waffe des ideologischen Kampfes der Bourgeoisie dar. Zugleich zeichnete sie eine dialektische Grundstruktur des Wirklichen vor, die das philosophische Denken nachhaltig bestimmte. Das Sein wurde nicht mehr als starres und statisches Gegebensein, sondern als lebendiger dialektischer Prozeß gefaßt. Nicht Statik, sondern Dynamik prägte die neue Wirklichkeitsauffassung, und an die Stelle des Gedankens der ewigen Wiederkehr des Gleichen trat, wenigstens im Ansatz, die Überzeugung fortschreitender Entwicklung. Ihren Inhalt bildete die tätige Auseinandersetzung des Menschen mit den immer neu erzeugten Produkten seines Tuns, ein Prozeß, der den Bewegungszusammenhang eines dialektischen Widerspruchs realisierte. Die aufsteigende Tendenz dieser Bewegung war durch Negation und Negation der Negation geprägt. So erschloß sich der deutsche Idealismus mit der durch die gesellschaftlichen Erfahrungen unabweisbar gewordenen neuen Optik in der Analyse der Subjekt-Objekt-Relation einen ganzen Komplex dialektischer Grundbeziehungen.

Hegel brachte die neue Denkweise auf eine Kurzformel mit den Worten: Die Substanz ist Subjekt. Spinoza hatte einen im Grunde materialistisch orientierten Substanzbegriff ausgearbeitet, doch fehlte diesem, was schon Toland kritisch vermerkt hatte, das tätige Element. Die spinozistische Substanz war der gestaltlose Abgrund, der die lebendige Vielfalt der Erscheinungen in sich aufgesogen hatte. Hegel stellte fest, daß die Substanz nur als ein solches Sein begriffen werden könne, das die absolute Vermittlung seiner mit sich selbst verkörpert. War Spinozas Substanzbegriff an der Natur orientiert, so derjenige Hegels an der Gesellschaft. (Natürlich war letztlich auch Spinozas Substanzbegriff Konzentrat von Erfahrungen des gesellschaftlichen Lebens und damit „Ideologie".) Das sich dialektisch mit sich selbst vermittelnde Sein war die gesellschaftliche Wirklichkeit: Für Hegel ging die Substanz des Wirklichen aus der gesellschaftlichen Tätigkeit der Menschen hervor.

Aber diese äußerst fruchtbare Fragestellung trat in Hegels Philosophie in entfremdeter, idealistisch mystifizierter Form auf. Denn als die tatsächliche Widerlegung des Spinozismus sah Hegel den gedanklichen Übergang von der Substanz zum Begriff an; die Substanz war für ihn das reale geistige Wesen, der sich bewegende objektive Begriff. Das besagt, daß Hegel nicht den materiellen Prozeß gesellschaftlicher Tätigkeit im Auge hatte, sondern das menschliche Handeln nur von seiner ideologisch-theoretischen Bestimmtheit aus faßte und dieser Seite die Form eines selbständig das Sein gestaltenden Wesens gab. Hegel definierte als das Reich der Subjektivität die Freiheit, die er mit dem Begriff identisch setzte. Hierin kam jene ideologische Verkürzung der lebendigen menschlichen Tätigkeit zum Ausdruck, die ein wesentliches Moment des Hegelschen objektiven Idealismus bildet.

Innerhalb der idealistischen Schranken enthielt der Hegelsche Standpunkt jedoch bedeutsame Ansatzpunkte eines bewußt dialektischen Denkens. Hegel definierte die Tätigkeit als Substanz der Wirklichkeit, was seinem materialistischen Inhalt nach besagt, daß die Welt des Menschen als dessen lebendiger Selbstverwirklichungsprozeß aufzufassen sei. Allerdings wurde der eigentliche materielle Kern dieses Prozesses von Hegel nicht wirklich erfaßt, womit die Dialektik eine vereinseitigte und idealistisch vereinfachte Form annahm. Hegel ging richtig von der Aktivität des Menschen seinem „Milieu" gegenüber aus, aber er vermochte das von den Materialisten entwickelte Prinzip der Objektivität nicht mit diesem Gedanken zu vereinigen. Er konnte das objektive Sein nicht materialistisch fassen, weil er die Praxis nicht

materialistisch zu bestimmen vermochte. Nur wenn die menschliche
Praxis in ihrem materiellen Kern enthüllt wurde – was objektiv erst
den Theoretikern der Arbeiterklasse, Marx und Engels – möglich war,
konnte die gesellschaftliche Wirklichkeit zugleich in ihrem materiellen
und in ihrem dialektischen Wesen begriffen werden. Auch für Fichte
war das Ich sowohl seine eigene Tat wie sein Produkt – ein tief dialektischer Gedanke, der aber nur in idealistischer Form das Subjektive
und das Objektive zusammenschloß. Die Überzeugung, daß alles Sein
aus einem Tun abzuleiten sei, setzte sich bewußt einem materialistischen Denken entgegen, das die Objektivität verabsolutiert hatte. Aber
sie vermochte nicht zugleich den richtigen Kern dieses Denkens zu
bewahren, das auf seine Art recht hatte, wenn es das menschliche Handeln aus dem Sein erklärte.

Auf dem Standpunkt des mechanischen Materialismus war die Wirklichkeit in ihrem letzten Grunde ein Erzeugnis der Natur, die sich in
die Natur „des" Menschen, „der" Gesellschaft, „der" Politik usw. diffe-
renzierte. Auf dem Standpunkt des dialektischen Idealismus war die
Wirklichkeit ein Erzeugnis des tätigen Menschen, der, indem er *seine
Welt* schuf, zugleich *sich selbst* hervorbrachte. Die Wirklichkeit war
jetzt als Prozeß bestimmt, dessen Pole das Subjekt und das Objekt
bildeten und dessen Vermittlungsglied die menschliche Tätigkeit ver-
körperte. Der Mensch hatte es in seinen Objekten mit sich selbst zu
tun, in ihnen verdoppelte er sich, und durch sie vermittelte er sich
mit sich selbst. Das „Milieu" wurde seiner absoluten Bedeutung entkleidet; Fichte radikalisierte seine Entgegensetzung gegen den mechanischen Materialismus zu der These, daß nicht das Milieu den Menschen, sondern der Mensch das Milieu bestimmt.

Hegel suchte sich von einer solchen im Grunde undialektischen
Auffassung des Prinzips frei zu halten, indem er erklärte, daß zwar
einerseits das Individuum aus dem allgemeinen Weltzustand zu begreifen sei, daß andererseits aber der Mensch immer sein Eigentüm-
liches habe, das er seiner „Umwelt" aufpräge. In seiner Auffassung
von der Rolle und dem Wesen der Kunst gab Hegel nicht selten materialistische Erklärungen, wenn er den Inhalt der Kunst aus den konkreten ökonomischen und politischen Lebensverhältnissen herleitete.
Zugleich blieb er hierbei nicht stehen, sondern zeigte, daß die Kunst
ihrerseits ein wesentliches Element der Formierung eben jener „äuße-

ren" Verhältnisse ist. So brachte eine dialektische Konzeption der menschlichen Subjektivität Leben und Bewegung in die statischen Gedankengebilde, in denen sich eine entfremdete Wirklichkeit als totes Sein gespiegelt hatte.

Fichte verkannte den tatsächlichen Wirkungsgrad der Subjektivität, wenn er erklärte, auf der Grundlage des rohen Stoffes könne man alles produzieren, und deshalb sei der Mensch, und nicht die Natur die eigentliche Grundlage alles realen Seins. In Fichtes Lehre hatte die menschliche Subjektivität gleichsam sich selbst entdeckt und, trunken über diese Entdeckung, sich maßlos überschätzt. Der richtige und beflügelnde Gedanke Fichtes, daß der Mensch nicht der Knecht, sondern der Herr der Natur sein müsse, daß sein Schicksal ihm in seine eigenen Hände gegeben sei, wurde entstellt durch seine völlige Entleerung von Materialismus. Denn natürlich ist der Stoff nicht bloßes „Material", sondern er hat seine eigenen Gesetze, seine innere Logik, von der der Mensch auszugehen hat, will er den Stoff nach seinem Willen formen. Darum stimmte die Fichtesche Antinomie: menschliche Kraft–Naturkraft, nicht; ihr Mangel an Materialismus bedingte ihren Mangel an Dialektik.

Andererseits hatte Fichte aber einen bemerkenswerten dialektischen Gedanken formuliert, wenn er als das Ziel der Geschichte die Herrschaft des Menschen über die Natur und über sein eigenes Sein bestimmte. Die Dialektik sozialer Beziehungen trat in der Form eines politischen Programms auf. Herrschaft des Menschen über die Gesellschaft, das hieß Herrschaft über sich selbst: Der Mensch war sein eigenes Subjekt und Objekt, er trat mit sich selbst in ein aktives Verhältnis. In solchen Gedankengängen und Formulierungen wurde daher der Rahmen jener veräußerlichenden mechanistischen Betrachtungsweise gesprengt und ein neuer Denkstil etabliert, dem ein linear-statisches Denken nur schwer zu folgen vermochte. Arbeit, Tätigkeit war die Grundlage, auf der das neue flüssige, bewegliche, dialektisch-widerspruchsvolle Denken erwuchs. Herrschaft des Menschen über die Natur und die Gesellschaft war nicht auf dem Wege bloßer Betrachtung, sondern nur durch Mobilisierung aller Gattungskräfte des Menschen zu erreichen. Darum wurde im deutschen Idealismus die Erkenntnis formuliert, daß das erhabene Ziel wahrer menschlicher Freiheit nur durch harte Arbeit, durch opfervolle Anstrengungen des

gesellschaftlichen Menschen zu erreichen sei. Die konkreten Wege zu
diesem Ziel freilich blieben weitgehend im Dunkeln, wie auch das
Ziel selbst nur abstrakt formuliert werden konnte. Denn da die bürgerlichen Philosophen am Prinzip des Privateigentums und damit an der
Spontaneität der Warenproduktion festhielten, vermochten sie nur
schwer anzugeben, wie die Herrschaft des Menschen über seinen eigenen gesellschaftlichen Lebensprozeß tatsächlich zu verwirklichen sei.

Durch das Ausgehen der philosophischen Theorie von der menschlichen Tätigkeit ergab sich eine folgenreiche Veränderung in der Auffassung des Verhältnisses Mensch–Natur. Hatte das materialistische
Denken das menschliche Sein aus „Natur"-Bedingungen zu erklären
gesucht, so war für den deutschen Idealismus das Bestreben kennzeichnend, die Natur als jenes Sein aufzufassen, das der Mensch „vernünftig", menschlich zu gestalten habe. Die Natur trat damit als Aufgabe und Forderung dem Menschen gegenüber; sie erhielt ihren eigentlichen Wert erst als eine vom Menschen gestaltete, vermenschlichte
Natur. Da der Mensch aber die Natur gleichzeitig „an sich selbst"
hatte, enthielt die Forderung nach Vermenschlichung der Natur zugleich das Programm einer Humanisierung des Menschen selbst. Wenn
die Ethik des französischen Materialismus das menschliche Handeln
aus den „natürlichen" Trieben und Leidenschaften erklärt hatte, gingen
die Vertreter des deutschen Idealismus davon aus, daß die „Natur"
das Gegenbild vernunftbestimmter Sittlichkeit sei und der Mensch sie
sich zu unterwerfen und sich ganz der Führung der Vernunft anzu-
vertrauen habe. So erschien auch in diesem Sinne der Mensch als Subjekt und als seine Bestimmung die Humanisierung des Naturgegebenen.

Ein notwendig dialektisch widerspruchsvolles Spannungsverhältnis
tat sich zwischen Subjekt und Objekt auf, das durch die Aktivität des
Menschen sowohl gelöst als auch neu gesetzt wurde. Ging die Ethik
des Materialismus mit der Voraussetzung an ihre Untersuchungen
heran, daß die „Natur" (in diesem Fall die „Natur des Menschen")
die Grundlage des Moralischen sei, so definierte der deutsche Idealismus den tätig sich verwirklichenden Geist als diese Grundlage. In
dieser Vorstellung schwang der Gedanke mit, daß die Moral nicht
eine natur-, sondern sozialbestimmte Erscheinung sei, in der sich das
menschliche Bewußtsein Gestalt gebe. Fichte stellte fest, daß es für
den konsequenten (natürlich: vormarxschen) Materialismus keine Mo-

ral, sondern nur Naturgesetze gebe. Was er übersah, war dies, daß der natur-materialistische Ansatz immer wieder durchbrochen wurde durch eine Auffassung von der Natur, die diese als reines Vernunftwesen erscheinen ließ. Eine materialistische Auffassung der Ethik ist erst auf der Grundlage des historischen Materialismus möglich; die idealistische Auffassung war daher auch im vormarxschen Materialismus unvermeidlich enthalten, und der deutsche Idealismus zog eigentlich nur die Konsequenzen aus dieser Tatsache. Wenn Kant Kultur als den höchsten Zweck menschlichen Strebens bestimmte, so besagte dies nichts anderes, als daß der Mensch sich von der ihn unterjochenden Naturbestimmtheit immer mehr frei machen und seine Verhältnisse nach der Vernunft einrichten solle. Die „vernünftigen" menschlichen Verhältnisse schienen sich durch reines Nachdenken angeben zu lassen; ihre Grundlage konnte somit nichts anderes als eben jene unhistorisch gedachte „Natur" des Menschen sein – womit sich der Kreis vom bürgerlichen Materialismus zum bürgerlichen Idealismus wieder schloß.

Kennzeichnend für den deutschen Idealismus blieb jedoch, im Unterschied zum mechanischen Materialismus, die Herausarbeitung der „tätigen Seite" des Menschen, die Auffassung des Menschen als Subjekt und potentieller Herr über alles, was Natur, was „Nicht-Vernunft" ist und damit der Zusammenschluß von Objektivität und Subjektivität. Die Bedeutung der Natur für den Geschichtsverlauf wurde demgemäß (unterschiedlich allerdings bei Fichte und Hegel) nur gering veranschlagt. Man wies darauf hin, daß die kulturellen Leistungen der Völker nur zum geringsten Teil auf klimatische u. ä. Bedingungen zurückgeführt werden können. Diese Erkenntnis hatte sich allerdings auch schon im Materialismus des 18. Jahrhunderts in einem bestimmten Maße Bahn gebrochen. Das wesentlich Neue in der klassischen deutschen Philosophie bestand darin, daß bei der Erklärung des Gesellschaftlichen weniger von unaufhebbaren objektiven Voraussetzungen, als vielmehr von der schöpferischen Aktivität des Menschen ausgegangen wurde. Über der Natur (einschließlich der Gesetze und Prozesse des Warenaustauschs) – der niederen Existenzweise des Wirklichen – sollte sich ein Reich der Freiheit erheben, das sich in der geschichtlichen Entwicklung immer mehr durch die Kraft des menschlichen Gedankens bestimmte und von der Macht und Fülle der Tätigkeit des Menschen zeugte. Befreit aus der drückenden Abhängigkeit von der Natur schuf

sich – gemäß der Vorstellung des deutschen Idealismus – der Mensch
in seiner gesellschaftlichen Wirklichkeit eine Daseinsform, die von
Humanität und Kultur geprägt war. Handelte für den mechanischen
Determinismus eigentlich nicht der Mensch, sondern die Natur in ihm,
so wurde nunmehr die freie, vernünftige Selbstbestimmung des Menschen proklamiert.

Natürlich setzten auch die Vertreter des deutschen Idealismus –
ausgesprochen oder nicht – eine objektive Determination der menschlichen Geschichte voraus. Diese differierte keineswegs einschneidend
zu der Auffassung der Materialisten, was zeigt, daß der vormarxsche
Materialismus und der Idealismus als Ausdruck der bürgerlichen Ideologie wesentliche Gemeinsamkeiten aufweisen. Das objektive Fundament
der Geschichte waren für Kant, Fichte und Hegel die als abstrakte
Naturvoraussetzungen formulierten Bedingungen der warenproduzierenden Gesellschaft; die Geschichte wurde definiert als der Prozeß der
immer bewußteren allseitigen Herausbildung der bürgerlichen Verhältnisse und damit als Entwicklung von der „Natur" zur „Freiheit".

Wenn der deutsche Idealismus die Geschichte als das Feld menschlicher Selbstbestimmung auffaßte, so war damit eine Vorstellung von
der Bewegung und Entwicklung exponiert, die die Schranken einer
mechanistischen Deutung teilweise überwand. Der Materialismus hatte
die Bewegung als Naturprozeß aufgefaßt, sie war ihm in den Leit-
sätzen der klassischen Mechanik theoretisch bestimmt. Demgegenüber
faßte der deutsche Idealismus die Bewegung wesentlich vom tätigen
Menschen aus. Der Mensch wurde nicht als ein von äußeren Impulsen
determiniertes Objekt, sondern als ein sich selbst bestimmendes Wesen
begriffen. Fichte formulierte in seiner „Sittenlehre" den Gedanken, daß
das tätige Individuum nicht aus äußeren Bewegungsantrieben, sondern
auf Grund vernünftiger Selbstbestimmung handele. Es unterziehe sich
somit einem Prozeß der *Selbst*veränderung, während die Naturobjekte
durch von außen wirkende Kräfte verändert würden. Auch Herder
vertrat die Überzeugung, daß der Mensch nicht bloß von der Natur
bestimmt werde, sondern zur Selbstbewegung fähig sei. Somit wurde
der Begriff der Selbstbewegung, der den mechanischen Bewegungs-
begriff ablöste, auf die menschliche Subjektivität fundiert.

Am umfassendsten entwickelte Hegel die Idee der Selbstbewegung.
Er ging davon aus, daß die dialektische Bewegung durch drei Momente

gekennzeichnet ist: Sie erzeugt sich aus sich selbst, aus ihren inneren Triebkräften; sie leitet, sich entfaltend, sich selbst fort und sie kehrt wieder in sich zurück. Mit diesem Gedanken wurde die Erfahrung, die der tätige Mensch in der Auseinandersetzung mit der Wirklichkeit macht, zu einer Grundbestimmung des dialektischen Prozesses sublimiert. Der tätige Mensch handelt nach seinen eigenen, menschlichen Zwecksetzungen und Zielvorstellungen und wird nicht mechanisch durch äußere Ursachen vorwärtsgestoßen. Er entfaltet seine Wesenskräfte, indem er sich in eine objektive Wirklichkeit entäußert, sich in ihr verdinglicht, und kehrt wieder zu sich zurück, insofern die von ihm geschaffene Wirklichkeit Ausgangspunkt neu sich entfaltender tätiger Bewegung wird. Nur das Lebendige hat, wie Friedrich Wilhelm Joseph Schelling und Hegel hervorhoben, das Prinzip der Bewegung an sich selbst; das Unorganische, Tote ist sich nicht selbst Objekt und damit auch nicht Subjekt, sondern der Impuls seiner Bewegung fällt außerhalb seiner.

Der Gedanke der Selbstbewegung ließ sich nicht fassen, ohne daß zugleich das Prinzip des Widerspruchs mitgedacht wurde. Die Selbstbewegung enthüllte eine innere Negativität des tätigen Subjekts, das sich über seine Objekte mit sich selbst in ein Spannungsverhältnis setzte, das Gegebene fortlaufend negierte und es auf höherer Stufe in neuer Gestalt erzeugte. Hegel sprach die Überzeugung aus, daß der Widerspruch, das Negative in seiner wesenhaften Bestimmung das Prinzip aller Selbstbewegung sei.

Aber dieser tiefe, äußerst fruchtbare Gedanke trat in der Form einer idealistischen Mystifikation auf. Wenn der tätige, handelnde Mensch das Paradigma echter Selbstbewegung war, so ergab sich hieraus für die bürgerlichen Philosophen, daß Selbstbewegung wesentlich ein vom Begriff bestimmter Vorgang sei. Die bürgerlichen Ideologen mußten auf Grund ihrer Absolutsetzung der ideologisch-theoretischen Tätigkeit in der gesellschaftlichen Entwicklung natürlich auch die menschliche Selbsterzeugung als einen seiner Grundlage nach ideologischen Vorgang deuten. Da es ihnen nicht möglich war, die materiellen Voraussetzungen menschlicher Tätigkeit zu enthüllen, ließen sie das menschliche Bewußtsein in der Form des objektiven Begriffs als Demiurg aller Selbstbewegung wirken. Das Programm, das die großen bürgerlichen Materialisten formuliert hatten, wurde preisgegeben, nachdem bereits

die Materialisten selbst es bei der Erklärung der Geschichte immer
wieder verlassen hatten. Die idealistische Auffassung von der dialektischen Selbstbewegung war offensichtlich die einzig mögliche Form,
in der die bürgerliche Ideologie diese bedeutende Erkenntnis umfassend und bewußt zu entwickeln vermochte. Eine materialistische Auffassung der Selbstbewegung hätte den historischen Materialismus zu
ihrem Fundament erfordert, sie war daher — wenn wir von der reinen
Naturbetrachtung absehen — unter den gegebenen gesellschaftlichen
Bedingungen objektiv nicht möglich.

In dem Prinzip der Selbstbewegung wurden gesellschaftliche Erfahrungen und Zielvorstellungen der aufstrebenden Bourgeoisie sichtbar. Wenn in der Feudalzeit das Bewußtsein der Menschen durch die
Lehrmeinungen kirchlicher und staatlicher Institutionen geprägt war
und der Dogmen- und Autoritätenkult das Denken beherrschte, so
forderten die bürgerlichen Ideologen die Menschen zum Selbstdenken
und zu einem Handeln aus selbstgesetzten Vernunftzwecken auf. Der
Mensch sollte nicht mehr beliebig manipulierbares Objekt in den Hän-
den kirchlicher und weltlicher Obrigkeiten sein, sondern sein Schicksal nach selbst gewählten Maximen gestalten. Die begeisternde Vorstellung einer durch die bürgerliche Ordnung herbeizuführenden allgemeinen Gleichheit und Freiheit schwang in der philosophischen Kategorie der Selbstbewegung mit. Der Mensch wurde als ein selbst-
verantwortliches, freies Wesen bestimmt und hierauf der Gedanke der
Selbstbewegung — der menschlichen Selbstverwirklichung und Selbsterzeugung — fundiert. Die Geschichte der Menschheit erschien weder
als Ausdruck unveränderlicher Naturbestimmtheiten, noch als Wirkungsfeld eines Gottes, sondern als die Sphäre der Selbsthervorbringung des Menschen. Damit wurde die Geschichte nicht mehr nach dem
Modell einer linear-mechanischen Kausalität, sondern als widerspruchsvolles Wechselgeschehen zwischen subjektiven und objektiven Bedingungen sowie zwischen den entgegengesetzten sozialen Momenten
der subjektiven Seite erklärt (selbstverständlich im Rahmen der bürgerlichen Erkenntnismöglichkeiten). Der Mensch hatte in dem Auf-
stiegsprozeß des dritten Standes sich selbst, seine Macht zu geschichts-
bildender Aktion entdeckt und diese Entdeckung in der bürgerlichen
Ideologie theoretisch formuliert. Nicht als Objekt, sondern als Subjekt begriff sich jener Stand, der durch seine Arbeit die ganze Gesell-

schaft erhielt und die Möglichkeit geschichtlichen Progresses schuf. Staatsmacht und Reichtum, die beiden geschichtsbewegenden Mächte, wurden in Hegels „Phänomenologie des Geistes" als Resultat des Tuns aller definiert. Damit war die Entfremdung des Individuums jenen „höheren" Mächten gegenüber bereits theoretisch in Frage gestellt und die Lösung der Widersprüche gedanklich vorgebildet.

Der Begriff der Selbstverwirklichung des Menschen im Wirkungsfeld der Geschichte brachte neue, bewegliche, flüssige Kategorien in das philosophische Denken. Hegel ging soweit zu erklären, die Kausalität – die er als mechanischen Naturzusammenhang verstand – habe überhaupt keine Anwendung auf die Geschichte. Die komplizierten Beziehungen zwischen individueller Aktion und gesellschaftlichem Resultat, zwischen subjektiven und objektiven Bedingungen, zwischen den einander bekämpfenden Parteien und Fraktionen, zwischen Mensch und entfremdeter Wirklichkeit usw. waren mit den dem 18. Jahrhundert geläufigen Kategorien nur noch schwer faßbar. Die Ausarbeitung der dialektischen Logik wurde durch die drängenden gesellschaftlichen Erfahrungen selbst zu einer unabweisbaren Notwendigkeit. Insbesondere war es die tiefe theoretische Fassung der Subjekt-Objekt-Dialektik, die als Aufgabe vor den bürgerlichen Philosophen stand. Die geschichtliche Objektivität wurde als das je erreichte Resultat der Anstrengungen des Subjekts definiert. Was der Mensch erreichen, was er werden sollte – alles wurde in seine Hand gegeben, alles hatte er nur von sich selbst zu erhoffen. Arbeit, Tätigkeit als Vermittlung des Subjektiven und des Objektiven wurden zum Gegenstand von Überlegungen, die die Dialektik nachhaltig befruchteten.

Die Analyse der menschlichen Tätigkeit erschloß – im Rahmen der bürgerlichen Erkenntnismöglichkeiten – eine spezifische Dialektik, an der der mechanische Materialismus mehr oder weniger vorbeigegangen war. Die Vertreter dieser Philosophie hatten zwar nach den Triebkräften des Handelns gefragt und sie in den Interessen, den Leidenschaften usw. entdeckt. Die Repräsentanten des deutschen Idealismus, die die menschliche Tätigkeit als Grundlage der Wirklichkeit ansahen, wobei sie ihr freilich eine idealistische Deutung gaben, wandten sich der Struktur, den inneren Zusammenhängen der Tätigkeit selbst zu und erschlossen grundlegende Seiten ihres dialektischen Wesens. Das menschliche Handeln stellte seiner Form nach die Vermittlung des Subjektiven und des Objektiven dar; das Subjektive entäußert sich in ein Sein, das die Gestalt des Objekts der menschlichen Tätigkeit erlangte. In dem Begriff des Entäußerns war die Vorstellung enthalten, daß der Mensch seine Wesenskräfte in einem „Werk" verdinglicht: Damit trat das innere Sein des Menschen aus seiner Latenz in die Aktualität einer allgemeinen Sache über. Das Einzelne ging in das Allgemeine, das Individuelle in das Gesellschaftliche über, wo es nunmehr neuen, spezifischen Bewegungsgesetzen unterlag. Hegel explizierte den Begriff der Verdinglichung dahin, daß das Tun zur Sache werde. Die Sache als gegenständliche Daseinsform des Wirklichen wurde auf die Tätigkeit, als ihre Quelle, zurückgeführt und der Umschlag der Gegensätze, der dem Prozeß zugrunde lag, enthüllt. Hegel erkannte bereits, daß Sprache und Arbeit die Mittel sind, durch die der Mensch sich entäußert und seinem Wesen reale Gestalt gibt. Was Hegel freilich nicht zu leisten vermochte, war, den materiellen Bewegungsprozeß der verdinglichten Resultate menschlicher Tätigkeit zu enthüllen. Hegel fand in diesem Sinne nicht aus dem Bannkreis des Subjektiven heraus: die Bewegung der Sache gehorchte, seiner Vorstellung gemäß, dem Impuls des objektiven Begriffs. Hegel definierte das Objekt allgemein als den Begriff an sich selbst; damit war eine materialistische Analyse der Wirklichkeit grundsätzlich zurückgewiesen. Da er andererseits den Begriff als das eigentliche Subjekt bestimmte, war zwar die von ihm geforderte Auflösung des Gegensatzes von Subjektivem und Objektivem vollzogen, aber um den Preis des Verzichtes auf die Analyse jener konkret-materiellen Dialektik, die dem Übergang des Subjektiven in das Objektive und umgekehrt zugrunde liegt.

Nichtsdestoweniger bot der Begriff der Verdinglichung wichtige Ansatzpunkte für die Enthüllung der objektiven Dialektik. Dieser Begriff wies in die Richtung eines materialistischen Verständnisses der Gesellschaft, das Hegel zwar in mancherlei Beziehung genial vorwegnahm, das ihm als Ganzes aber versagt bleiben mußte. Hegel fundierte den Begriff der Verdinglichung wesentlich auf das Individuum; die kleine Warenproduktion vor Augen, meinte er, die Individuen vergegenständlichten sich in ihrem jeweiligen Werk und konstituierten so einen gesellschaftlichen Zusammenhang. Er vermochte nicht zu sehen, daß das Individuum sich nur in der Gesellschaft vereinzeln kann, daß diese daher das Übergreifende ist und es gerade darauf ankommt, die materielle Dialektik des *gesellschaftlichen* Lebensprozesses zu erforschen. Auch Fichte war der Auffassung, daß die individuelle Tätigkeit sich in die gesellschaftlichen Verhältnisse entäußert, daß die Gesellschaft das Resultat der Aktionen der vereinzelten Einzelnen ist. Damit war der Ansatzpunkt zu einer – notwendigerweise bürgerlichbegrenzten – Auffassung der Entfremdung wie auch des Weges zu ihrer Überwindung gegeben.

Hegel, der innerhalb des deutschen Idealismus diese Zusammenhänge am umfassendsten entwickelte, stellte fest, daß das Individuum die durch sein Tun realisierten Verhältnisse nicht mehr als die seinen erkennt. Es geht mit bestimmten Vorstellungen in ein Handeln und findet im Resultat des Handelns etwas anderes wieder, als es bezweckt hatte. Dies ist die Erfahrung der kapitalistischen Warenproduktion, bei der das Tun des Privatproduzenten erst auf dem Markt seinen gesellschaftlichen Stellenwert offenbart. Hegel verallgemeinerte diese Erfahrung auf die Geschichte überhaupt, insofern er jegliches partikulare Tun als in ein Gewebe gesellschaftlicher Zusammenhänge verflochten ansah, die, als nicht bewußt verwirklicht, eine blinde Notwendigkeit realisierten. Die Entfremdung, als Widerspruch zwischen individuellem Tun und gesellschaftlichem Resultat, als Divergenz von Beweggründen und Wirkung, machte die widersprüchliche Beschaffenheit der auf dem Privateigentum basierenden Ordnung dem philosophischen Bewußtsein deutlich. Damit fielen das subjektive und das objektive Moment feindlich auseinander und das philosophische Erkennen war darauf gerichtet, Mittel und Wege für eine Synthese zu finden.

Hegel machte nicht nur die innere Widersprüchlichkeit der von den Individuen geschaffenen Wirklichkeit sichtbar, sondern zeigte auch, daß das *Bewußtsein* dieser Wirklichkeit selbst ein in sich gebrochenes war. Der entfremdete Geist bildete eine doppelte Welt aus: eine diesseitige und eine jenseitige. In dieser Verdoppelung reflektierte sich der Gegensatz zwischen individuellem Tun und gesellschaftlicher Wirkung, die Entfremdung zwischen den Einzelnen und dem gesellschaftlichen Zusammenhang.

Die Wirklichkeit, die der deutsche Idealismus zum Gegenstand seines philosophischen Denkens machte, war somit nicht mehr mit den

Voraussetzungen einer mechanistischen Betrachtungsweise erklärbar, sondern verlangte die Anerkennung dessen, daß der Widerspruch Konstitutionselement des aus der lebendigen Tätigkeit der Menschen hervorgegangenen Seins ist. Schon Herder hatte den Widerspruch in der inneren Verkehrung der gesellschaftlichen Verhältnisse sichtbar gemacht; er bemerkte treffend, daß seit der Entstehung des Privateigentums der Boden nicht mehr dem Menschen, sondern der Mensch dem Boden gehörte. Diese Bemerkung enthielt die Erkenntnis, daß eine Entfremdung und Verkehrung im Verhältnis zwischen Subjekt und Objekt eingetreten war: Das Subjekt war nicht mehr das tätige, beherrschende Element, sondern verwandelte sich in ein Akzidens des Objekts, das seine bezwingende Macht feindlich offenbarte. Das Bewußtsein, das diese verkehrte Welt denkend zu begreifen suchte, wurde sich selbst ein Rätsel: Was es als Subjekt bestimmt hatte, erwies sich als Objekt, der Zweck des Tuns entsprach nicht dem Resultat – die Selbstzerrissenheit des Wirklichen setzte sich in der des Bewußtseins fort.

Die Dialektik des Wirklichen erhielt unter diesem Gesichtswinkel ein geheimnisvolles, mystisches Ansehen. Es war eine Dialektik, die scheinbar nur als Ausdruck des Waltens transzendenter Mächte begriffen werden konnte. Damit erneuerte der deutsche Idealismus den Standpunkt des mechanischen Materialismus, der die Wirklichkeit als von Naturmächten beherrscht gedacht hatte. Diese theoretische Übereinstimmung war Ausdruck der gleichen sozial-ökonomischen Grundlagen des bürgerlichen Materialismus und des bürgerlichen Idealismus. Aber insofern der deutsche Idealismus die transzendenten Mächte als geistige Gewalten definierte, näherte er sich zwar einerseits der theologischen Weltanschauung an, ging andererseits aber gleichzeitig von der Möglichkeit ihrer Beherrschung durch den Menschen aus. Denn da der Mensch wesentlich als geistig-erkennendes Wesen bestimmt war, konnte er sich mit jenen Mächten auf dem Wege der Erkenntnis identifizieren. Erkenntnis führte zur Übereinstimmung zwischen subjektivem und objektivem Geist und die Freiheit des Subjekts erschien als der bewußte Vollzug der Erfordernisse des „Weltgeistes". Das kritische Verhältnis des Menschen zur Wirklichkeit beschränkte sich damit freilich auf das bloße Erkennen der Vernünftigkeit des Wirklichen und erwies sich als „falscher Positivismus". (Marx).

Der deutsche Idealismus konnte von seinen klassenmäßigen Erkenntnisbedingungen aus gar nicht die objektive Dialektik der sich entwickelnden gesellschaftlichen Wirklichkeit erschließen, deshalb deutete er sie als Strukturzusammenhang geistiger Mächte. Im Zusammenhang damit aber wurde fehlende wissenschaftliche Einsicht oft durch idealistische Spekulation ersetzt: Die Erfahrung von der Divergenz des individuell Gewollten und des gesellschaftlich Erreichten fand in der idealistisch-spekulativen Dialektik ihren unmittelbaren Ausdruck.

Der idealistischen Dialektik kam in diesem Sinne „Wahrheit" zu: Sie reflektierte den sozialen Standort der deutschen Bourgeoisie und die Optik, mit der sie ihre eigene Wirklichkeit erfuhr und erfahren mußte. Der dialektische Widerspruch, wie er hier erlebt und zum Gegenstand des philosophischen Nachdenkens gemacht wurde, besaß eine mystische Grundlage: die Selbstverwirklichung eines geistigen Prinzips in der Geschichte der Menschheit. Der Idealismus, der der Dialektik zum Fundament diente, zeigte einen Januskopf: In ihm drückte sich einerseits die bürgerlich-optimistische Überzeugung von der Möglichkeit einer vernünftigen Gestaltung der menschlichen Verhältnisse aus, andererseits das Erlebnis, daß der Einzelne sich gesellschaftlichen Zusammenhängen gegenüber sah, die ihm in der Form der Fremdheit gegenüber traten.

Der Idealismus war keineswegs mit einer Verzichterklärung auf die Erkenntnis der Wesensstruktur geschichtlicher Zusammenhänge verbunden. Die Herrschaft der verdinglichten Resultate menschlichen Tuns über ihre Schöpfer wurde nicht als unaufhebbare Eigenschaft der Subjekt-Objekt-Beziehung verstanden. Vielmehr lebte der deutsche Idealismus gerade von der Überzeugung, daß die Entfremdung zu überwinden und der Mensch in der Lage sei, mit vollem Bewußtsein seine Verhältnisse zu gestalten. Als den geschichtlichen Ort wahrer menschlicher Freiheit sahen die Vertreter des deutschen Idealismus eine bewußt gestaltete bürgerliche Ordnung an. Hier wird die zweite Komponente des idealistischen Denkens sichtbar, die Überzeugung, daß die Wirklichkeit auf Erkenntnis, auf Bewußtsein zu gründen ist, daß einer richtigen Erkenntnis kein Sein zu widerstehen vermag. Die endlich errungene Einsicht in den Sinn des geschichtlichen Werdens sollte dazu führen, daß nun die Menschen die Möglichkeit erhielten, diesen objektiven Sinn in kollektivem Bemühen zu realisieren. Die Herrschaft der

Vernunft würde die Herrschaft der Unvernunft, der Entfremdung und
Spontaneität ablösen. Fichte war der festen Gewißheit, daß dieses Zeit-
alter – die zweite Hauptetappe der Menschheitsgeschichte – anbrechen
werde; Hegel war nicht ohne Zweifel und Vorbehalte, da er Blicke in
die Zusammenhänge der kapitalistischen Ökonomik getan hatte, die ihn
an den wahren Boden der Entfremdung herangeführt hatten. Aber alle
Vertreter des deutschen Idealismus waren sich im Grunde doch in der
Überzeugung einig, daß die Blindheit des Geschichtsprozesses über-
windbar sei, und die Menschen die Fähigkeit zu wahrer Freiheit und
Bewußtheit besitzen. Da sie jedoch nicht im Privateigentum die Wurzel
der Entfremdung sahen und es folglich nicht in Frage stellten, konnten
sie die Voraussetzung für die tatsächliche Freiheit des Menschen nur
im Ideologischen sehen, in der „richtigen" Interpretation der Wirklichkeit und in einem dieser Interpretation entsprechenden Verhalten.

Die Vorstellungen über die Entfremdung des Menschen, die im deutschen Idealismus entwickelt wurden, enthielten trotz ihrer idealistischen Grundlage bedeutsame Ansatzpunkte eines dialektischen Denkens. Das Phänomen der Verdinglichung und Selbstentgegensetzung
des Menschen in seinem Werk stellte einen dialektisch-widerspruchs-
vollen Sachverhalt dar. Der Stellenwechsel in der Determinierung des
Subjekt-Objekt-Verhältnisses auf der Grundlage der Wechselwirkung
der Seiten bildete einen Sachverhalt, der sich einem linear-kausalen
Denken mehr oder weniger entzog. Ebenso führte die Konzeption der
Entfremdung unter dem Gesichtspunkt ihres Totalitätsaspekts über den
Rahmen eines mechanistischen Denkens hinaus. Die Entfremdung war
ja ihrer Struktur nach nicht eine bloße Konfiguration von Kausalreihen, sondern ein Verhältnis, das der gesellschaftlichen Wirklichkeit
überhaupt zugrunde lag und ihr in allen wesentlichen Seiten das Gepräge gab. Entfremdet waren Individuum und Gesellschaft und damit
die Individuen untereinander; entfremdet waren Staatsmacht und
Reichtum gegenüber ihrer Grundlage, der menschlichen Tätigkeit; in
sich selbst zerrissen wie die Wirklichkeit war ihr ideologischer Wider-
schein, das religiöse Bewußtsein. Der Begriff des Systems, der dialektischen Totalität, der gerade im Denken Hegels wichtig wird, reflektierte – neben naturwissenschaftlichen Tatbeständen (Organismus) –
die Erfahrung von der übergreifenden Einheit der Gesellschaft in ihren
fundamentalen Lebensäußerungen.

Die Entfremdung wurde nicht als statisch fixierter Zustand, sondern als im Prozeß dialektischer Entwicklung befindlich betrachtet. Wenn den Philosophen auch die materiellen Grundlagen dieses Prozesses unbekannt blieben, so war die Konstatierung des Faktums selbst bemerkenswert. Die Entfremdung sollte sich, den Vorstellungen Fichtes und Hegels gemäß, dialektisch gegen sich selbst kehren, sich selbst entfremden und damit selbst aufheben. Die Grundlage dieses Umschlagens schien in der Polarisierung der Gegensätze Mensch – entfremdete Wirklichkeit zu bestehen; im höchsten Punkt der Entfremdung bzw. der tiefsten Depravierung des Menschen sollte die unmittelbare Voraussetzung der Aufhebung der Entfremdung liegen. An dieser Vorstellung mag christliches Erlösungsdenken mitgewirkt haben (was bürgerliche Autoren gern in den Mittelpunkt stellen); viel stärker aber hat zweifellos die gesellschaftliche Erfahrung jener Zeit diese Vorstellung geprägt, die Erfahrung nämlich, daß die scharfe Polarisierung der sozialen Interessen eine mächtige Triebkraft des Übergangs von der feudalen zur bürgerlichen Ordnung war. Wenn der entfremdete Geist, so lehrte Hegel, auf die Spitze des Gegensatzes getrieben wird, findet er sich selbst und hebt die Entfremdung auf. Diese Aufhebung aber war keineswegs Rückkehr zum Ausgangsstadium, sondern sie war Negation der Negation und damit Fortschritt. Nicht durch eine Rückkehr zur Natur, die gleichsam den qualvollen Prozeß des zivilisatorischen Aufstiegs ungeschehen machen sollte, sondern nur durch ein Fortschreiten, das die positiven Resultate der Epoche der menschlichen Selbstentfremdung bewahrte, konnte die geschichtliche Bewegung sich vollziehen. So lag in der Erfahrung der Entfremdung für die Ideologen der progressiven bürgerlichen Klasse zugleich das Bewußtsein eines Fortschrittes der Menschheit zu neuen Ufern, zu „Freiheit" und „Gerechtigkeit".

Aus der Sicht des tätigen Menschen erschloß sich den Philosophen der Fortschritt der Geschichte tiefer, umfassender, als das vom Standpunkt des alten Materialismus aus geschehen war. Das naturwissenschaftliche Erkenntnismaterial des 18. Jahrhunderts bot noch zu geringe Ansatzpunkte für dialektische Entwicklungskonzeptionen, obwohl es an Versuchen dazu keineswegs fehlte. Wurde jedoch die vom tätigen Menschen hervorgebrachte gesellschaftliche Wirklichkeit zum Ausgangspunkt genommen, so drängte sich die Idee universeller Entwick-

lung dem philosophischen Bewußtsein unabweisbar auf. Hegel ging so
weit, zu erklären, die Natur bringe nichts eigentlich Neues hervor,
Neues entstehe wesentlich erst in der menschlichen Gesellschaft (was
freilich ein Rückfall hinter Positionen war, die etwa Herder bereits
erreicht hatte). Das Sein des Menschen wurde von den Vertretern der
klassischen deutschen Philosophie als unausgesetzter Prozeß bestimmt;
dies ergab sich mit Notwendigkeit aus der Auffassung der Subjekt-
Objekt-Dialektik. Diese besagte, daß sich der Mensch in seinen Produkten vergegenständlicht, an diesen Produkten seine Erfahrungen
sammelt, die zur Bereicherung des Subjekts führen und ihm damit den
Zwang erteilen, sich in neuen Formen der Objektivität zu vergegen-
ständlichen. Es war der Prozeß der ständigen Setzung und Auflösung
des Widerspruchs zwischen Subjekt und Objekt, der in dieser Konzeption, freilich im allgemeinen mehr spekulativ als exakt-wissenschaftlich,
Ausdruck fand und sich zu der Idee eines dialektischen Entwicklungs-
fortschritts der Menschheit erweiterte. Die Vorstellung der menschlichen Aktivität verband sich mit dem Bewußtsein des geschichtlichen
Progresses; Arbeit, Kampf, Zwietracht erschienen als der eigentliche
Boden, auf dem sich die Entwicklung begab. Die Erfahrung von der
Konkurrenz der Privateigentümer bildete ebenso wie das Erlebnis
des Gegeneinanderwirkens der unterschiedlichen sozialen Schichten
und Klassen den Rahmen, in dem diese Vorstellungen Gestalt annahmen. Das lebendige Fortschrittsbewußtsein der Bourgeoisie, ihr Opti-
mismus, ihre Siegesgewißheit ließen den sozialen Progreß als innere
Notwendigkeit der Gesellschaft überhaupt erscheinen. Unaufhaltsam,
so verkündeten die Philosophen, sei der Fortschritt in der Geschichte;
sie brachten die Überzeugung zum Ausdruck, daß die Epoche der
Feudalzeit mit ihren Privilegien, Ungerechtigkeiten, Unfreiheiten sich
ihrem Ende zuneige und einer neuen Ordnung Platz mache, die als
das Reich endlich verwirklichter menschlicher Freiheit und Würde
gepriesen wurde. Der enorme historische Sinn, den Marx und Engels
an Hegel rühmten, hatte hier seine reale geschichtliche Grundlage.
Fichte explizierte diese sozial-politische Basis der Entwicklungslehre
mit der Bemerkung, das Bewußtsein der grenzenlosen Perfektibilität
des Menschen sei der größte Feind des Despotismus und der Pfaffen-
tyrannei.

Die allgemeine dialektische Struktur der Entwicklung, soweit sie bürgerlich-idealistischem Denken zugänglich war, arbeitete am klarsten Hegel heraus. Er definierte die Entwicklung als das Fortschreiten vom Einfachen zum Komplizierten, von der Realpotenz zur entfalteten Wirklichkeit vermöge der treibenden Kraft dialektischer Widersprüche. Die Vorstellung der Selbstbewegung erweiterte sich zu der Idee aufsteigenden Progresses; Schelling formulierte die Überzeugung von einem Entwicklungszusammenhang von der anorganischen Natur bis zum Menschen. Als der eigentliche Inhalt dieses Progresses erschien die Tätigkeit, die Hegel dem Menschen wie dem Lebendigen überhaupt zuordnete. Durch ständige Negation gegebener Zustandsformen gelangte das tätige Substrat der Entwicklung zu stets höheren, reicheren, entfalteteren Etappen. Die widersprüchliche Struktur dieser Bewegung führte Hegel auf die „Elementarzelle" des Übergangs vom Sein zum Nichts in das Werden zurück. In jedem Fortschritt konstatierte er die Einheit von Sein und Nichts, womit er die positive Kraft des dialektischen Negativen sichtbar machte.

Wenn Hegel die menschliche Tätigkeit als Grundlage und treibende Kraft sozialer Entwicklung betrachtete, so verkehrte er diese Erkenntnis jedoch idealistisch, indem er die Tätigkeit des Menschen zu der Selbstentfaltung des objektiven Gedankens sublimierte. Dies war einerseits der Versuch, die Entwicklungsvorstellung gleichsam zu objektivieren und den Bannkreis der Fichteschen subjektiv-idealistischen Auffassung der Tätigkeit zu verlassen. Andererseits wurde damit die menschliche Tätigkeit wiederum depraviert, indem die Menschen als bloße Ausführungsorgane jener geheimnisvollen Substanz erschienen, die für Hegel das wahrhafte Subjekt war. Hegel vermochte die Tätigkeit des gesellschaftlichen Menschen von seinen Erkenntnisvoraussetzungen aus nicht in ihrem konkret-historischen Wesen zu erfassen, darum führte er als wahrhaft bewußt tätiges Element in die Geschichte jene „absolute Idee" ein, die sich ihre Ziele selbst setzte und die Mittel mobilisierte, die zu ihrer Erreichung tauglich waren.

So lagen in der Entwicklungskonzeption Hegels wie in der des deutschen Idealismus überhaupt zwei Tendenzen miteinander im Streit. Die eine interpretierte die Entwicklung wesentlich als den tätigen, konfliktreichen Prozeß der menschlichen Selbsterzeugung, die andere ließ in ihm sich die unaufhaltsame Selbstentfaltung eines geistigen Prinzips vollziehen. Beide Tendenzen durchdrangen sich in der Philosophie jedes der großen Vertreter des deutschen Idealismus, wobei bald die eine, bald die andere Tendenz stärkeres Gewicht erlangte. Fichte wandte sich – worin ihm Schelling und Hegel folgten – ausdrücklich gegen eine Geschichtsbetrachtung, die diese als bloßes stilles Wachstum deutete und machte auf die Bedeutung der opfervollen Anstrengung des Menschen aufmerksam. Auch Hegel kennzeichnete als den wahren Ort der Entwicklung die menschliche Geschichte mit ihren Kämpfen, Konflikten, Siegen und Niederlagen des Menschen. Zugleich übertrug er die Dialektik dieses Prozesses auf die Selbstbewegung des „objektiven Geistens", als deren Inhalt er die harte, opfervolle Arbeit des Geistes an sich selbst bestimmte. So zeigt sich auch in Hegels Bemühung um Herausarbeitung der objektiven Grundlage der Entwicklung, ihrer vom menschlichen Wollen unaufhebbaren Basis, daß Hegel alle Zusammenhänge sub specie der menschlichen Tätigkeit betrachtete, was freilich in der idealistischen Form nicht ausreichte, um die Entwicklung wirklich objektiv zu verstehen.

Auf der Basis der Analyse der Subjekt-Objekt-Dialektik und der dialektischen Struktur der bürgerlichen Gesellschaft erlangte die Kategorie des dialektischen Widerspruchs zentrale Bedeutung. Während die mechanistische Denkweise die Veränderung des Wirklichen aus jeweils von außen wirkenden Faktoren erklärte und die Kategorie Kausalität methodisch als Leitfaden benutzte, fragten die Vertreter der klassischen deutschen Philosophie nach den Bedingungen der Selbstbewegung des Wirklichen und fanden diese in dem Wirken der Gegensätze und Widersprüche. Der dialektische Widerspruch wurde in engem Zusammenhang mit der gesellschaftlichen Tätigkeit, insbesondere der Arbeit, gesehen. Die Tätigkeit der Angehörigen des dritten Standes erschien nicht als stille organische Entfaltung, sondern vielmehr als ein heftiges Ringen der Individuen miteinander. Es war die Tätigkeit der auf der Grundlage des Privateigentums wirkenden Menschen, ihr Gegeneinanderstreben als Einzelne, ihr Zusammenwirken als Glieder der Gesellschaft, das der Überzeugung von der Universalität des Widerspruchs die empirische Basis bot. Zugleich offenbarte die Struktur der Tätigkeit selbst das Phänomen des dialektischen Widerspruchs; die Tätigkeit ließ sich gar nicht denken, ohne sie zugleich als Spannungsverhältnis dialektischer Gegensätze zu begreifen. Das Handeln des tätigen Subjekts entfaltete sich auf der Grundlage dessen, daß dem Subjekt ein Objekt gegenübertrat, an dessen Bezwingung sich jenes zu bewähren hatte. Fichte betonte, daß sich das Ich ein Begrenztes entgegensetze, um überhaupt handeln zu können. In dieser Vorstellung erschien das Objekt als Produkt des Subjekts, was die ideologische Verabsolutierung eines realen Sachverhaltes darstellte, freilich auch, als idealistische Problemlösung, die materielle Basis der Subjekt-Objekt-Dialektik verfehlte. Dennoch war auch jenes idealistische Denken der objektiven Dialektik auf der Spur, gab ihr aber eine mystifizierende Deutung. Fichte stellte fest, daß Ich sei zugleich seine Tat und sein Produkt; dieser Gedanke bot Ansatzpunkte, um aus einer mechanischen Determinismuskonzeption herauszugelangen. In der Tat läßt sich der gesellschaftliche Mensch nur so begreifen, daß er als Produkt von Bedingungen erkannt wird, an deren Gestaltung er tätig mitwirkt. Damit ist das Sein des Menschen als seiner Grundlage nach widerspruchsvoller Bewegungszusammenhang bestimmt.

Hegel gelangte, von solchen Betrachtungen ausgehend, zum Bewußtsein der Durchdringung der Gegensätze in allen Erscheinungen. Wenn Kant in seiner „Kritik der reinen Vernunft" lediglich vier antinomische Beziehungen statuiert hatte, so ging Hegel von deren Universalität aus: Alle Gegenstände und Begriffe sind, seiner Lehre zufolge, in sich widersprüchlich, sind eine Einheit von Gegensätzen. Hegel gab damit dem Widerspruch eine objektive Bedeutung; hatte Fichte ihn als Verhältnis menschlicher Tätigkeiten zueinander bestimmt, so stellte er für Hegel eine objektive Erscheinung dar. Zugleich war diese Erscheinung kein Verhältnis starrer Pole, sondern lebendige Wirkung der Faktoren gegeneinander. Insofern ließ sich der Widerspruch nicht ohne tätige Wechselwirkung denken; es war jedoch nicht mehr lediglich menschliche Tätigkeit, die sich in ihm entfaltete, sondern die Energie der Wirklichkeit selbst. Diese Betrachtungsweise Hegels näherte sich dem Grundprinzip des alten Materialismus an, aber bereichert um die Erkenntnis von der dynamisch-widerspruchsvollen Beschaffenheit der Wirklichkeit.

Diese Erkenntnis war letzten Endes aus der Analyse der gesellschaftlichen Verhältnisse erwachsen. Schon für Herder war die menschliche Geschichte ihrem Wesen nach Kampf entgegengesetzter Interessen und Bestrebungen, und insbesondere die kapitalistische Gesellschaft bot sich der philosophischen Betrachtung als ein Gewirr sich durchkreuzender entgegengesetzter Tendenzen, als der lebendige Widerspruch dar. Antagonismus, Zwietracht, Kampf erschienen als die belebenden, vorwärtstreibenden Faktoren der bürgerlichen Gesellschaft wie der menschlichen Geschichte überhaupt.

Insofern alle Wirklichkeit vom Gesichtspunkt eines tätigen Prinzips aus betrachtet wurde, erschien sie als ihrem Wesen nach vom dialektischen Widerspruch geprägt. Nur dort konnte Entwicklung, Selbstbewegung stattfinden, wo die Erscheinungen mit sich selbst in Widerstreit gerieten, ein Gedanke, der bei Fichte auf das absolute Ich bezogen war, bei Hegel jedoch als Aussage über die Wirklichkeit schlechthin formuliert wurde. Damit war die *unmittelbare* Beziehung des Widerspruchs zur menschlichen Tätigkeit getilgt und dieser als vom menschlichen Bewußtsein unabhängige Seinsstruktur erkannt. Aber diese objektive Deutung erfolgte auf der Grundlage des Idealismus: Der Widerspruch war Entwicklungsform einer ideellen Tätigkeit, und zwar der Tätigkeit der „absoluten Idee", des „Weltgeistes", – was nichts anderes als die Hypostasierung der Tätigkeit des menschlichen Geistes in der Form einer transzendenten Bewußtheit war.

Festgehalten muß hierbei jedoch werden, daß Hegel Widersprüche und sogar Konflikte nicht bloß im gesellschaftlichen Leben, sondern auch in der Natur im allgemeinen, in der anorganischen Natur im besonderen nachwies. Wenn daher die moderne bürgerliche bzw. revisionistische Dialektikauffassung durch die These bestimmt ist, die Dialektik realisiere sich dem Wesen nach lediglich in der Subjekt-Objekt-Beziehung, so läßt sich eine solche Auffassung weder auf Marx, noch auf Hegel stützen. Sie ist philosophiegeschichtlich vielmehr in der Philosophie Fichtes beheimatet, einer Philosophie von großer geschichtlicher Bedeutung, deren Schranken aber bereits Hegel teilweise überwand.

Vom geschichtlich sich tätig selbst hervorbringenden Menschen ausgehend, fand Hegel Zugang zu einem tiefen Verständnis der Dialektik. Dabei war er bemüht, die Dialektik nicht lediglich subjektiv, sondern zugleich auch objektiv aufzufassen, als geistigen Bewegungs- und Entwicklungszusammenhang der Realität überhaupt. Allerdings wird gerade im Idealismus die Hypertrophierung der menschlichen Tätigkeit, der Subjektivität sichtbar. Man kann daher die Kategorien der idealistischen Dialektik wesentlich als idealistische Komprimation menschlicher Tätigkeit beschreiben.

Was sich vom dialektischen Widerspruch sagen läßt, kann auch an den anderen grundlegenden Kategorien gezeigt werden, mit denen der deutsche Idealismus den dialektischen Bewegungsprozeß zu erfassen suchte. So enthält der Begriff der dialektischen Negation das Moment der menschlichen Tätigkeit. Negieren ist für die Vertreter der klassischen deutschen Philosophie ein vom tätigen Subjekt vollzogener Prozeß. Die geschichtliche Entwicklung ist dadurch bestimmt, daß der gesellschaftliche Mensch das Gegebene durch Kampf und Arbeit überwindet, es in den Prozeß des Fortschreitens hineinnimmt und den jeweils höheren Stufen der Entwicklung integriert. In der gleichen Weise ist die Erkenntnisbewegung dadurch charakterisiert, daß eine gegebene Erkenntnisstufe sich zu einer höheren, reicheren Entwicklungsetappe entfaltet. Hegel definierte die dialektische Negation als ein solches Aufheben, welches das Aufgehobene bewahrt und erhält. Der Begriff des Negierens war an dem Modell der Entwicklung der menschlichen Gesellschaft gebildet; ihm lag die Vorstellung zugrunde, daß der tätige Mensch das jeweilige gesellschaftliche Sein so aufhebe, daß eine Bewegung hin zur bürgerlichen Gesellschaft erfolge. Da der Inhalt der Geschichte sich als sukzessive Entfaltung der Bedingungen der bürgerlichen Warenproduktion darstellte, konnte das Negieren zugleich als Bewahren und Herausarbeiten der eigentlichen „Natur" der menschlichen Verhältnisse erscheinen. Und da der geschichtliche Prozeß als durch die Bewegung des objektiven Geistes bestimmt erschien, war das tätige Negieren zugleich ein objektiver, dem Bewegungsprozeß der Wirklichkeit selbst angehöriger Vorgang. Diese Schlußfolgerung zog am entschiedensten Hegel. Für ihn war das Negieren ein Moment der objektiven Entwicklung überhaupt, die tätige Umgestaltung und progressive Bewahrung des Wirklichen durch den Menschen erschien als Abglanz der Bewegung des objektiven Geistes.

Auch der Begriff der Negation der Negation empfing wesentliche Impulse aus der gedanklichen Durchdringung der menschlichen Tätigkeit. Das Subjekt setzt sich ein Objekt, ein Werk gegenüber, womit das Negative, der reale Widerspruch ins Leben tritt. Der Widerspruch wird aufgelöst, indem der Prozeß in das Subjekt zurückkehrt, das, bereichert, entwickelt durch Rückwirkung des Objekts, auf höherer

Stufe sich in ein neues Objekt entläßt. Die Dialektik dieses Prozesses wurde von den Vertretern des deutschen Idealismus sowohl an der Bewegung des geschichtlichen Fortschritts wie der Erkenntnisentwicklung aufgezeigt. Außerdem ergab sich die Negation der Negation für sie an der geschichtlichen Erfahrung, daß sowohl in der Erkenntnis wie in der Geschichte überhaupt einer Meinung, einer Tendenz, einer Bestrebung eine entgegengesetzte gegenübertrat, sie dialektisch negierte und dadurch zur Synthese hinleitete, die beide Tendenzen als Momente in sich enthielt. Es ist klar, daß diese Anschauung die Vorstellung zur Grundlage hatte, daß das geschichtliche Werden ein Substrat ins Dasein überführte, das der im Grunde sich gleichbleibende Inhalt geschichtlichen Fortschritts bildete. Die fehlende Einsicht in die Gesetzmäßigkeit des Klassenkampfes und in die konkret-historischen Bestimmtheiten der Gesellschaftsformationen hatte diese Vorstellung mitgeprägt.

Fichte entwickelte den Gedanken, daß das Handeln des absoluten Ich thetisch, antithetisch und synthetisch sei. Sein Inhalt sei das Entgegensetzen und Aufheben desselben, das Hervorbringen einer Wirklichkeit durch das Ich und das Erfahren der Suprematie des Ich über Subjekt und Objekt. Bei Hegel nahmen diese Zusammenhänge ein konkreteres, objektiveres Aussehen an, indem Hegel sie in der menschlichen Selbsterzeugung real aufzeigte. Hegel faßte den Prozeß der Negation der Negation als allgemeinen Bewegungszusammenhang widersprüchlicher Entwicklung überhaupt; die Negation stellte sich als Setzung, die Negation der Negation als Aufhebung des Widerspruchs dar. Da Hegel jedoch als die Grundlage dieses Prozesses die Tätigkeit des absoluten Geistes ansah, vollzog sich für ihn die eigentliche Negation der Negation im Bewußtsein. Die ideologische Verkehrung des materiellen Geschichtsprozesses führte dazu, daß Hegel, wie Marx notierte, den entfremdeten Gegenstand lediglich als Bewußtsein faßte, dessen abstrakter Ausdruck die Negation war. Die Negation der Negation blieb daher von realem Inhalt im Grunde entblößt; sie stellte ein abstraktes Aufheben der Entäußerung dar. Die idealistische Deutung der Negation der Negation ergab sich daraus, daß Hegel den Menschen nicht als praktisch-tätigen, sondern als theoretisch-tätigen, als Selbstbewußtsein faßte.

Der mechanische Materialismus hatte sich mit dem Begriff der Naturnotwendigkeit einen Zugang zum Verständnis der objektiven Determiniertheit alles Geschehens zu erschließen gesucht. Streng nach Gesetzen geregelt, unaufhebbar vollzogen sich für ihn die Prozesse in der „Natur"-Basis des Seins. Der Zusammenhang der Erscheinungen war durch die Kausalität vermittelt, die die Elementarzelle der objektiven Notwendigkeit bildete. Die Wirklichkeit stellte sich, ihrer objektiven Grundlage nach, als Konfiguration von Kausalketten dar, diese realisierten eine strenge Determiniertheit des Geschehens, aus der es für den Menschen kein Ausbrechen gab, die keinen Raum für den Zufall wie für die menschliche Freiheit ließ.

Der deutsche Idealismus suchte die Zusammenhänge der Wirklichkeit von anderen Voraussetzungen her theoretisch zu erschließen. Sein Leitmodell der Betrachtung der Realität war nicht der Mechanismus (Aggregat), sondern der Dynamismus (Organismus). Diese Betrachtungsweise ergab sich einerseits daraus, daß die philosophische Analyse der lebenden Natur die bisherige vorwiegende Orientierung auf das anorganische Sein ablöste. Vor allem wurde sie jedoch dadurch stimuliert, daß der gesellschaftliche Zusammenhang der menschlichen Tätigkeiten, das System gesellschaftlicher Beziehungen, wie es, auf der Grundlage der Arbeitsteilung und des Warenaustauschs, die bürgerliche Gesellschaft repräsentierte, immer mehr als dialektische Ganzheit in den Blick genommen wurde. Der Begriff der mechanischen Naturnotwendigkeit, der wesentlich den Gesichtspunkt der *äußeren* Verknüpfung der Warenproduzenten pointiert hatte erwies sich als ungeeignet zum philosophischen Verständnis des Systemcharakters der Gesellschaft. Die Herausbildung und Konsolidierung der kapitalistischen Verhältnisse in Westeuropa – im Ergebnis der französischen Revolution – machte die Ausarbeitung und Handhabung philosophischer Begriffe notwendig, die ein Verständnis des komplizierten inneren Wechselgeschehens der Gesellschaft ermöglichten. Wurde im 18. Jahrhundert noch überwiegend die Kausalität als grundlegende philosophische Kategorie benutzt, so traten im Denken des deutschen Idealismus Begriffe wie Gegensatz, Widerspruch, Wechselwirkung in den Vordergrund, und die Vorstellung eines mechanisch-aggregativen Aufbaus der Wirklichkeit wurde durch die Idee der dialektischen Totalität, des in sich beruhenden, sich durch sich selbst erzeugenden Systems abgelöst. Der gesellschaftliche Zusammenhang und die Wirklichkeit überhaupt stellten sich als komplizierter Prozeß des Austauschs von Tätigkeiten dar; die Tätigkeiten und ihre Träger wurden nicht als Bestandteile eines starren Aggregats, sondern als in sich selbst reflektierte Teilsysteme eines größeren, komplexeren Systems begriffen.

Von Herder über Kant, Fichte und Schelling bis zu Hegel führt eine Linie der Kritik an der Idee der mechanischen Aggregation und der Ausarbeitung des Begriffs des dialektischen Systems. Die Analyse der Zusammenhänge in der lebenden Natur durchdrang sich mit dem immer stärkeren Bemühen, die Wechselbeziehungen in der arbeitsteiligen Produktion auf den Begriff zu bringen. Wenn Kant die wechselseitige Abhängigkeit der Teile im Organismus voneinander feststellte und hervorhob, daß die Teile dem Dasein und der Form nach nur durch die Beziehung auf das Ganze möglich sind, so spürte Hegel das Vorhandensein einer dialektischen Totalität in der arbeitsteiligen, warenproduzierenden Gesellschaft auf. Die Existenz des einzelnen Warenproduzenten war inhaltlich bestimmt durch seine Beziehungen auf das Ganze der bürgerlichen Gesellschaft, wie diese nur begriffen werden konnte als die aufeinander abgestimmte Wechselwirkung der Warenproduzenten. Der Begriff des Gleichgewichts als eines beweglichen, sich durch die Tätigkeit seiner Glieder stets reproduzierenden Zusammenhangs wurde wichtig; Fichte entwickelte ihn am System der Ökonomik, worin ihm Hegel folgte.

Fichte definierte das dialektische System als eine solche Form der Beziehung von Erscheinungen, bei der die Glieder des Ganzen nicht durch lineare Aufeinanderfolge – wie im Ursache-Wirkungs-Geschehen –, sondern durch Wechselbestimmung zusammenhängen. Es war also nicht schlechthin die Wechselwirkung auf der Grundlage der Kausalität – die hatte in einem bestimmten Maße schon das mechanistische Denken festgestellt –, sondern die Wechsel*bestimmung*, die tiefe wechselseitige inhaltliche Abhängigkeit der Erscheinungen voneinander, die am dialektischen System hervortrat. Hegel zeigte, daß das Aggregat nur eine äußerliche Ordnung der Teile herstellt, während das System eine Totalität verkörpert, die sich in sich entfaltet und sich zur Einheit zusammenfaßt. Die Teile sind hier nicht nur vereinzelte Momente, sondern stellen jeweils selbst Totalitäten dar. Insofern ist der Begriff „Teil" bereits nicht mehr ganz angemessen, ein Organismus ist, wie

Hegel hervorhob, ein Vielfaches nicht von Teilen, sondern von Gliedern.

Jene Einheit, die sich im dialektischen System verwirklicht, erschien den Vertretern des deutschen Idealismus indes nicht als ein materieller, sondern als ideeller Zusammenhang. Die Beziehung des Ganzen auf sich vermittels der Wechselbestimmung der Glieder stellte sich als innerer Zweck dar, dieser selbst aber war Begriff. Auch hierin zeigt sich wieder das sozial bedingte Unvermögen der deutschen Idealisten, die materielle Grundlage des gesellschaftlichen Prozesses aufzudecken. Ihre Unkenntnis der Praxis ließ den Vollzug dialektischer Totalitätszusammenhänge in der Wirklichkeit als einen seinem Wesen nach ideologischen Vorgang erscheinen; die Systemordnung der Gesellschaft schien in ihrer ideologischen Konstitution zu wurzeln. Für Hegel repräsentierte sich in jedem Kausalgeschehen eine blinde Notwendigkeit – dies war gleichsam die Naturbasis des Seins –, während der Zweck als das sich selbst Bestimmende und Erhaltende erschien. Der Zweck war per definitionem ideelle Antizipation des wirklichen Seins. Somit waren dialektische Ganzheiten, die sich ja zum Zweck ihrer eigenen Bewegung machten, nur ideell faßbar. Während die Kausalität als Grundlage des Naturmechanismus gedeutet wurde, stellte sich die Zweckbeziehung als Wesenselement von Totalitätszusammenhängen dar; nicht die causa efficiens, sondern die causa finalis schien bewegendes Prinzip dialektischer Systeme zu sein. Die objektive Zielstrebigkeit von Systemen wurde in der klassischen deutschen Philosophie idealistisch erklärt, was seinen tiefsten Grund in der Unkenntnis der materiellen Triebkräfte der Entwicklung gesellschaftlicher Systeme hatte. Hegel definierte die Zweckbeziehung als die „Wahrheit" des Mechanismus, dieser stellte die bloß äußere Form von Zusammenhängen dar, während der Zweck das eigentliche Wesen von Systemen repräsentierte. Diese Vorstellung wurde am Modell der sich tätig auf sich selbst beziehenden menschlichen Gesellschaft entwickelt; auch dort, wo, wie in Kants und Schellings naturphilosophischen Schriften, die innere Zweckmäßigkeit der organischen Natur expliziert wurde, lag eine Übertragung von gesellschaftlichen Erfahrungen vor, die durch das Prisma einer Verabsolutierung der ideologischen Tätigkeit hindurchgegangen war.

Von der neu gewonnenen Optik aus konnte der mechanische Determinismus durchbrochen und das Programm einer dialektisch-deterministischen, zugleich allerdings idealistischen Wirklichkeitsbetrachtung entwickelt werden. Das Verlassen des Standpunktes der Absolutsetzung der Naturkausalität erlaubte die Unterscheidung wesentlicher und unwesentlicher, innerer und äußerer, notwendiger und zufälliger Zusammenhänge. Wenn für den mechanischen Determinismus ein Ereignis als erklärt galt, wenn die es bewirkende Ursachenkette hinreichend weit zurückverfolgt worden war, machte Hegel darauf aufmerksam, daß die äußere Ursache geschichtlicher Erscheinungen zweitrangig ist gegenüber ihren inneren wesentlichen Voraussetzungen, gegenüber dem „Geist" eines geschichtlichen Zusammenhangs. Das Zufällige war damit als objektiv existierend anerkannt und zugleich in seiner Beziehung zum „Grund" bestimmt. Ebenso ließ sich erst unter dieser Voraussetzung die menschliche Freiheit philosophisch fassen; auf der Basis der Naturkausalität war die Freiheit dem starren Zwangsgesetz des Determinismus zum Opfer gebracht worden, auf der Grundlage des Ausgehens von der menschlichen Tätigkeit ließ sich eine Selbstbestimmung des Menschen denken, die sich die Naturzusammenhänge unterordnete, nicht aber von ihnen beherrscht wurde.

Gleichzeitig stellte freilich die Annahme einer ideellen Grundstruktur des Wirklichen – hervorgegangen aus der Verabsolutierung der sozialen Praxis der Bourgeoisie – eine wesentliche Beschränkung des dialektischen Denkens dar. Denn dieser Standpunkt hatte die stillschweigende Annahme zur Voraussetzung, daß der sich entfaltende „Geist" der Geschichte die bürgerliche Ordnung präsent mache. Damit wurde die Frage nach der realen Wesensnatur der gesellschaftlichen Wirklichkeit zweitrangig; worauf es ankam, war, daß der subjektive Geist den sich verwirklichenden objektiven Geist in sich aufnahm, sich ihm gemäß machte. Die Wirklichkeit war ihrer Grundstruktur nach bereits so, wie sie sein sollte, die Möglichkeit der Freiheit, der bewußten Gestaltung der menschlichen Verhältnisse war objektiv gegeben. Nicht die Wirklichkeit galt es zu revolutionieren, sondern das Bewußtsein. Das philosophische Denken hatte es in der Wirklichkeit primär mit einem entfremdeten Bewußtsein, nicht mit einem reellen entfremdeten Sein zu tun. Freiheit war daher wesentlich als die Gewinnung von Einsicht, von Erkenntnis bestimmt und die menschliche Praxis wurde auf ihr ideologisches Moment reduziert. Der alte Materialismus hatte zwar nach der objektiven Beschaffenheit der Wirklichkeit gefragt, aber die-

ser Denkansatz hatte sich ihm unter der Hand in eine ideologische
Bestimmung verkehrt. Erst Marx konnte die Frage nach der Dialektik
wirklich materialistisch stellen und lösen; wenn es um die Freiheit
ging, war nach der konkret-historischen materiellen Bestimmtheit der
Wirklichkeit und ihrer hieraus sich ergebenden praktischen Revolu-
tionierbarkeit zu fragen. Die Formel, die die Freiheit als Einsicht in
die Notwendigkeit bestimmt, ist, streng genommen, im Sinne von Hegel, nicht von Marx gedacht; sie faßt den Subjekt-Objekt-Aspekt der
Freiheit von der Seite des erkennenden Subjekts, nicht jedoch materialistisch von der Seite der konkreten gesellschaftlichen Wirklichkeit
und ihrer praktischen Umgestaltung durch den Menschen.

Die fruchtbaren Ansatzpunkte des auf die menschliche Subjektivität
bezogenen dialektischen Denkens im deutschen Idealismus wurden auch
auf dem Gebiet der Erkenntnistheorie sichtbar. Der mechanische Materialismus hatte das objektive, vom Menschen unabhängige Moment
der Erkenntnis betont. Durch das Ausklammern der „tätigen Seite"
hatte er das Erkenntnissubjekt als im wesentlichen passiven Spiegel
der äußeren Gegenstände aufgefaßt. Diese Denkweise versperrte den
Zugang zum Verständnis der widerspruchsvollen Entwicklung des Erkenntnisgeschehens; der Erkenntnisfortschritt stellte sich als bloß quan-
titative Erweiterung des Wissenshorizonts durch Akkumulieren von
Sinneserfahrungen dar, nicht jedoch als konfliktreicher Übergang von
niederen zu höheren Etappen der Entwicklung der Erkenntnis.

Diese statische Denkweise stellte der deutsche Idealismus durch die
Entdeckung der tätigen Subjektivität in Frage. Der Ausgangspunkt seiner Überlegungen bestand in der Erkenntnis, daß der Umkreis des
menschlichen Wissens nicht nur eine äußere Wirklichkeit abbildet, sondern daß er zugleich menschliche Tätigkeit zum Inhalt hat. Dies erstens
insofern, als die Entdeckung der Gegenstände des Erkennens eine
Leistung des tätigen Menschen ist, daß die Objekte, um Gegenstände
des Erkennens zu werden, von der menschlichen Tätigkeit durchdrungen sein müssen. Zweitens insofern, als die denkende *Erzeugung* des
Objekts Voraussetzung seiner Erkenntnis ist, und drittens insofern,
als die Erkenntnisobjekte der Gesellschaft ihrer gegenständlichen
Existenz nach Produkt des tätigen Menschen sind. Der deutsche Idealismus konnte, von solchen Einsichten ausgehend, die Fragen der Erkenntnistheorie auf einem höheren theoretischen Niveau als der me-

11*

chanische Materialismus stellen und sich mit einem höheren Maß von
Bewußtheit der Erforschung der inneren Dialektik des Erkenntnisgeschehens zuwenden. Zugleich aber beging er Vereinfachungen, die
seinem idealistischen Ausgangspunkt geschuldet waren. Da die menschliche Tätigkeit nicht in der Einheit materieller und ideeller Faktoren
begriffen, sondern als der Sache nach ideologischer Prozeß bestimmt
wurde, erschien die praktische Formung der Erkenntnisobjekte als in
sich selbst beruhender ideeller Vorgang und diese selbst stellten sich
als bloße Konzentrate ideologischer Tätigkeit dar. Der deutsche Idealismus erschloß damit nicht die ganze Kompliziertheit der Subjekt-
Objekt-Dialektik der Erkenntnis und vor allem nicht ihre widerspruchsvollen Beziehungen zur gesellschaftlichen Praxis der Menschen. Dadurch gelangte er nur in begrenzter Weise zu neuen theoretischen An-
sätzen, und sein Fortschritt über die Gnoseologie des alten Materialismus war zugleich mit retrograden Tendenzen gepaart.

Der bürgerliche Materialismus des 17. und 18. Jahrhunderts hatte
die subjektive Seite der Erkenntnis vernachlässigt; Erkenntnis war
ihm wesentlich ein Sammeln von Erfahrungen, von Eindrücken der
Außenwelt, wobei das Subjekt gleichsam nur als Behälter fungierte.
Der deutsche Idealismus fragte demgegenüber nach der subjektiv-täti-
gen Seite der Erkenntnis; er fragte nach der Rolle und dem bestimmenden Anteil der menschlichen Subjektivität an der Erkenntnisgewinnung. Die Entdeckung der Subjektivität ging auf Kant zurück; die von
ihm herbeigeführte „kopernikanische Wende" bestand darin, die Erkenntnis ihrer Form und ihrem wesentlichen Inhalt nach aus der tätigen Subjektivität zu erklären. Schon hierin wird freilich das Proble-
matische des neugewonnenen Ausgangspunktes sichtbar. Denn dieser
wurde als Alternative zu dem materialistischen Grundprinzip entwik-
kelt; die idealistischen Philosophen vermochten aber nicht, jenes Prinzip in sich aufzunehmen und es auf neuer Grundlage fortzuführen.
Offenbar hing dies auch mit dem undialektischen Charakter des mechanischen Materialismus zusammen, die den Idealismus als sinnvolle
und tragfähige Alternative erscheinen ließ.

Die aktive Rolle des Subjekts im Erkenntnisgeschehen wurde somit
in idealistischer Form entwickelt. Für Fichte war das unendliche Streben des Ich Bedingung alles Objekts. Dies war sowohl im Sinne der
praktischen Erzeugung der Objekte durch gegenständliche menschliche

Tätigkeit gemeint, wie im Sinne dessen, daß die Erkenntnisapparatur die Struktur des Gegenstandes bestimmt. Dabei verabsolutierte Fichte die aktive Seite idealistisch-metaphysisch, was ihn zu einem extremen subjektiven Idealismus gelangen ließ. Die Realität und ihre Gesetze verflüchtigten sich in der Philosophie Fichtes zu einem bloßen „Anstoß", alle eigentlich hervorbringende Kraft wurde dem Ich vindiziert. Fichte definierte das Ich als Subjekt-Objekt gemäß der Kantschen Entdeckung der transzendentalen Einheit der Apperzeption. Die Einheit des Bewußtseins und damit das Subjekt-Objekt faßte er idealistisch als Absolutheit des Bewußtseins auf. Hierin kam der überspannte Illusionismus des radikal-demokratischen deutschen Kleinbürgertums zum Ausdruck, das sich im Besitze des Vermögens wähnte, die Welt nach seinem Willen zu modeln. Andererseits machte die idealistisch-irrationale Grundlage dieser Vorstellungswelt zugleich die praktische Ohnmacht dieser Klasse den geschichtlichen Erfordernissen gegenüber deutlich.

Für die Vertreter des deutschen Idealismus stand es fest, daß die Erkenntnis der Realität Selbsterkenntnis des Geistes sei. Damit war das aktive Moment der erkennenden Subjektivität als theoretische und praktische Bestimmtheit vorausgesetzt. Das Subjekt hatte es im Erkenntnisgeschehen mit Objekten zu tun, die es praktisch erzeugt hatte (wobei die Praxis von den idealistischen Philosophen ideologisch verkürzt wurde) und die es theoretisch sich so aneignete, wie es von seiner Standortgebundenheit aus möglich war. Damit tauchte in verschlüsselter, nur bei Hegel einigermaßen bewußter Form das Ideologieproblem auf. Die soziale Bedingtheit des Erkennens war bereits im alten Materialismus da und dort vorgeahnt worden; im deutschen Idealismus wurde die subjektive Prägung des Objekts durch die vorgegebenen Erkenntnisstrukturen schärfer herausgearbeitet, freilich ohne daß die idealistischen Philosophen zu der gesellschaftlich-materiellen Grundlage dieser Erscheinung vorgestoßen wären. In Hegels Gedanken, daß einer zerrissenen Welt ein zerrissenes Bewußtsein entspricht, daß die religiöse Entfremdung mit realer Entfremdung zusammenhängt, war die höchste Stufe des Herankommens an dieses Problem erreicht, die vor Marx möglich war. Demgegenüber blieb Kants These, daß der Verstand der Natur die Gesetze vorschreibe, ohne bewußten Bezug auf die soziale Bedingtheit der subjektiven Erkenntnisapparatur.

Fichte wies das Grundprinzip der materialistischen Widerspiegelungslehre mit der Erklärung zurück, die Wahrheit beruhe nicht im
Erkennen dessen, was ist, sondern dessen, was werden soll. Die undialektische Fassung des Gedankens der Widerspiegelung sah sich mit der
Tatsache konfrontiert, daß ein gedankliches Hinausschreiten über das
je Gegebene schwer erklärbar blieb. Das Bewußtsein schien zu einem
ewigen „Hinterherhinken" hinter dem Sein verurteilt zu sein; es war
ein passiver Spiegel, aber kein Element aktiver gesellschaftlicher Veränderung. Dieser Mangel an Dialektik hatte es mit bedingt, daß für
das mechanisch-materialistische Denken nur die Ausflucht der „großen
Männer" blieb, die auf geniale Weise das Richtige erkannten und es
der öffentlichen Meinung induzierten.

Fichte suchte demgegenüber die schöpferische Macht des Geistes
im Entwerfen des Künftigen, im Vorbilden dessen, was der Mensch
praktisch zu realisieren habe, zu bezeichnen. Es war gleichsam ein
salto mortale aus dem mechanischen Determinismus in den subjektiven Idealismus. Preisgegeben war damit der richtige materialistische
Grundgedanke der Erkenntnis als Widerspiegelung, gewonnen war die
bedeutsame Erkenntnis, daß das Bewußtsein eine unendlich schöpferische Potenz darstellt, daß es künftiges Sein antizipiert und damit
schaffen hilft.

Der mechanische Materialismus und der subjektive Idealismus hatten Teilaspekte des menschlichen Arbeitsprozesses zu Grundbestim-
mungen des Erkennens umgeformt. Arbeitstätigkeit hat das gedankliche Erfassen und Durchdringen des Gegebenen, des Materials und
seiner Gesetze sowie der Bedingungen der Tätigkeit zur Voraussetzung.
Gleichzeitig geht sie so vonstatten, daß das Resultat des Prozesses
ideell antizipiert wird und in dieser Form demselben die Richtung
gibt, ihn determiniert. Der Arbeitsprozeß weist die Einheit des Realen
und des Ideellen auf; er läßt erkennen, wie dieses in jenes und jenes
in dieses dialektisch übergeht.

Fichte, in seiner radikalen Entgegensetzung gegen den materialistischen Mechanismus, war der Meinung, ein Wissen als bloßes Abbild
des Seienden habe keinen Wert; vielmehr erlange es erst dann Bedeutung, wenn es zu einem Vorbild des Seins werde, dadurch, daß es
ein Handeln vorzeichne. Diese völlige Entleerung der Gnoseologie vom
Materialismus stieß auf den berechtigten Unwillen Hegels. Er war stets

ein Gegner des subjektiven Idealismus und erklärte es demgegenüber für den fruchtbaren Gedanken des Empirismus, daß das Wahre auch in der Wirklichkeit vorhanden und für die Wahrnehmung da sein müsse. Hegel erkannte, daß die Philosophie ohne breites empirisches Fundament, wie es die verschiedenen Einzelwissenschaften liefern, inhaltlos und abstrakt bleibt. Andererseits sah er als das Wesentliche der Philosophie und der Wissenschaft überhaupt das Erkennen von Gesetzen an. Diese aber können nicht gefunden werden, wenn das Bewußtsein auf der Stufe eines einseitigen Empirismus verharrt. Das theoretische Erkennen ist wesentlich an das Denken gebunden; durch das Denken erschließt sich der Mensch die objektive Notwendigkeit und Gesetzmäßigkeit des Wirklichen.

Allerdings gelang es Hegel wie der gesamten vormarxschen Philosophie nicht, den Zusammenhang von Wahrnehmung und Denken materialistisch und damit zugleich dialektisch aufzuhellen. Die Unkenntnis der materiellen Praxis führte ebenso wie die gesellschaftliche Trennung körperlicher und geistiger Arbeit dazu, daß dem theoretischen Erkennen eine Selbständigkeit in dem Sinne zugesprochen wurde, daß das Denken, wie Hegel sich ausdrückte, seinen Gegenstand aus sich selbst erzeuge und das sinnlich-empirische Material als bloßen Rohstoff des Erkennens behandele. Der Stellenwechsel in der Interpretation des Verhältnisses Natur–Mensch, wie er vom deutschen Idealismus gegenüber dem mechanischen Materialismus vorgenommen wurde, zeigte sich auch in der Erkenntnistheorie: Die Natur war das sinnlich-unmittelbare Dasein, das der Mensch, dessen wesentliche Aktion die Tätigkeit der Vernunft war, sich durch den Begriff zu unterwerfen hatte. Das theoretische Erkennen trat dem empirisch Vorhandenen formgebend gegenüber. Hegel teilte allerdings nicht den Kantschen Standpunkt der völligen Leere und Unbestimmtheit des „An-sich-seins" der empirischen Realität, sondern sah in dem gegenständlichen Dasein die Wirkung des Begriffs, der im philosophischen Bewußtsein zum „Für-sich-sein" gelangte. Dies war im wesentlichen die Erneuerung der Leibnizschen Erkenntnislehre, allerdings bedeutend weiterentwickelt durch die allseitige Analyse der Subjekt-Objekt-Dialektik des Erkennens.

In dieser Beziehung läßt sich ein Einfluß Fichtes auf Hegel feststellen, und der Unterschied von subjektivem und objektivem Idealismus erscheint als minder bedeutsam. Für Fichte ist das absolute Ich das

Subjekt-Objekt; denkt man das Ich als Objekt, so hat man die Dinge, denkt man es als Subjekt, so hat man den Begriff vor sich. Das Objekt erscheint damit als ein Produkt des Subjekts; es ist ein tätiges Sein, insofern es durch die Tätigkeit des Subjekts hervorgebracht wurde und diese in sich aufgesogen hat. Die Quelle der Wirklichkeit ist der tätige Mensch, seine wesentliche Tätigkeit besteht im theoretischen Erkennen und das Objekt des Erkennens ist das Produkt dieser Tätigkeit.

Für Hegel stellt sich das Erkenntnisgeschehen als fortschreitender, widerspruchsvoller Entwicklungsprozeß dar. Der Widerspruch entfaltet sich zwischen Wissen und Gegenstand, zwischen Subjekt und Objekt. Indem das erscheinende Wissen – das Bewußtsein – einen Gegenstand erfährt, tut sich ein Widerspruch zwischen beiden Seiten auf, der zugleich ein Widerspruch auf den Polen selbst ist. Die Lösung des Widerspruchs verändert sowohl Wissen wie Gegenstand, indem sie beide dialektisch negiert und höheren Entwicklungsstufen integriert. Hegel bestimmte den Gegenstand als Produkt des Bewußtseins; diese These enthält die Abweisung des materialistischen Gedankens der Widerspiegelung und faßt das Erkenntnisgeschehen idealistisch von der Seite der tätigen Subjektivität. Gleichzeitig weist diese These den Kantschen Agnostizismus zurück, der in komplizierter Weise mit Kants materialistischem „schlechtem Gewissen" verbunden war, und postuliert die grundsätzliche Erkennbarkeit des Dings „an sich". Aber diese Erkennbarkeit vermochte Hegel nicht materialistisch zu beweisen, sondern er setzte sie einfach voraus, indem er das Objekt als seinem Wesen nach durch den Begriff bestimmt ansah. Das Wissen vom *ersten* Gegenstand wird zum *zweiten* Gegenstand: Damit ist das Objekt grundsätzlich als Produkt des Bewußtseins bestimmt. Der Unterschied zum Fichteschen subjektiven Idealismus besteht darin, daß Hegel die Phänomenologie des Geistes, den Erfahrungsweg des Bewußtseins, als die wachsende Einsicht in die *objektive* Gesetzmäßigkeit des Wirklichen auffaßt. Aber Hegels Objektivismus besitzt keinen materialistischen Charakter; daher ist Hegels Philosophie spekulativ, nicht im Sinne der grundsätzlichen Vernachlässigung der Empirie, sondern im Sinne eines idealistischen Ausgehens von der Dominanz des begrifflichen über das sinnliche Erkennen.

Die Dialektik des Bewußtseins ist für Hegel der Erfahrungsweg, der die objektive Dialektik des Geistes aufschließt, wie sie die „Wissenschaft der Logik" enthüllt. Das Wesen der Wirklichkeit ist ein dialektisch-logischer Bewegungszusammenhang von Kategorien; in ihm ist die Trennung von Bewußtsein und Gegenstand getilgt und die reine Selbstentfaltung des Geistes proponiert. Hegel sieht das objektive Denken als den Inhalt der Wissenschaft an; es ist dies eine idealistische Vereinfachung, die den Zugang zu einem wirklich umfassenden Verständnis der Dialektik des Erkenntnisgeschehens versperrt. Für Hegel steht es fest, daß die Realität aus dem Begriff abgeleitet werden muß; der Begriff ist nicht im Sinne des mechanischen Materialismus durch die Realität bedingt, sondern geht aus dem sinnlichen Material als dessen Grund hervor. In diesem Gedanken kommt die idealistische Auffassung der Praxis zum Ausdruck, die Tatsache, daß die bürgerlichen Philosophen als das entscheidende Werkzeug der Veränderung der Wirklichkeit die ideologische Tätigkeit ansahen.

Hegel lehnte sowohl den Standpunkt der alten Metaphysik, die die Wahrheit durch bloßes Nachdenken ermitteln zu können glaubte, wie auch die Auffassung des Empirismus ab, der das Erkenntnisgeschehen als bloße Entfaltung sinnlicher Bewußtseinsinhalte interpretierte. Nach Hegels Worten ist die Tätigkeit des Geistes mittels der Begriffe das Entscheidende bei der Erkenntnisgewinnung; diese Tätigkeit ist negativ gegen das empirisch-sinnliche Material gerichtet und hebt es mittels Vergeistigung auf. Das formgebende begriffliche Strukturgerüst ist dem Inhalt der Erkenntnis nicht äußerlich, wie der Kritizismus gemeint hatte, sondern ist dessen innerer Grund. So sind Subjekt und Objekt miteinander vermittelt und der Widerspruch beider Seiten erscheint als jeweils lösbar, was die grundsätzliche Erkennbarkeit des Wirklichen verbürgt.

Diese Problemlösung, so viele rationelle Gesichtspunkte sie enthält, beruht auf der idealistischen Voraussetzung der prinzipiellen Suprematie des begrifflichen Erkennens über die sinnliche Erfassung der objektiven Realität. Die Identität des subjektiven Erkennens und der objektiven Welt wird bei Hegel idealistisch begründet; er weist den Gedanken zurück, daß die Intelligenz von außen Eindrücke aufnehme, durch sie sich einen ihr fremden Inhalt aneigne. Galt diese Zurückweisung auch unmittelbar dem *mechanischen* Materialismus, so galt sie doch auch dem mechanischen *Materialismus* und damit dem von diesem verfochtenen großen, fruchtbaren Prinzip.

Andererseits bot jedoch das Ausgehen von dem tätigen Erkenntnissubjekt die theoretische Möglichkeit, die Erkenntnis tiefer und bewußter als Entwicklungsgeschehen zu begreifen, als das vom Standpunkt des alten Materialismus aus möglich gewesen war. Es gilt hier, was bereits bei der Analyse des Zusammenhangs von Selbsttätigkeit und geschichtlicher Selbsterzeugung gesagt wurde, daß nämlich bestimmte Grundvoraussetzungen des mechanischen Materialismus einem Verständnis des Entwicklungsgeschehens keineswegs förderlich waren, und daß hier der dialektische Idealismus weiterführende Ansatzpunkte entwickelte. Diese waren vor allem durch den Gedanken begründet, daß das erkennende Subjekt nicht als ein passiv empfangendes, leidendes Substrat zu denken sei, sondern vielmehr als eine aktive, tätige Kraft, die sich eine eigene Welt schafft, indem sie ihre Gestaltungen auf dem Wege dialektischer Negationen in ein sich perpetuierendes Entwicklungsgeschehen überführt. Die Auffassung der Erkenntnis als Entwicklungsprozeß fußte auf der Einsicht, die Kant, Fichte und Hegel mehrfach äußerten und die besagt, daß der Mensch nur das gründlich versteht, was er selbst machen kann. Indem die Objekte als von der tätigen Subjektivität durchdrungen erschienen, wurden sie als theoretisch beherrscht und fortschreitender Entwicklung fähig gedacht. Der Fortschritt der Erkenntnis ist ohne die Tätigkeit des Erkenntnissubjekts nicht möglich; ist aber das Subjekt als ein produktives, tätiges begriffen, so wird die Annahme dieses Fortschrittes zu einer theoretischen Notwendigkeit. Hegel wandte sich daher mit Entschiedenheit gegen jenen Dogmatismus, der das Wahre als eine Münze betrachtet, die nur eingestrichen zu werden braucht. So wie die gegenständliche Welt des Menschen als prozessierend vermöge fortschreitender menschlicher Selbstverwirklichung erschien, so stellte sich für Hegel auch die geistige Welt als Entwicklungszusammenhang dar, der sich aus der negativen Tätigkeit des Geistes ergab, aus der ständigen Umformung und Neuerzeugung der Gegenstände des Erkennens. Hegel ließ die Gedanken und Begriffe nicht als etwas Statisches gelten, sondern erkannte sie als ihrem Wesen nach flüssig, beweglich. Diese Ansicht ergab sich mit Notwendigkeit aus der Voraussetzung, daß das erkennende Subjekt selbst als ein sich dialektisch fortentwickelndes aufzufassen sei. Hegel wandte sich gegen die Vorstellung, daß das Objekt etwas für sich Vollendetes, Fertiges darstelle, dem das Denken nur äußerlich gegenübertrete. Gerade indem das Objekt als vom Denken durchdrungen, von ihm fortlaufend neuerzeugt gedacht wurde, konnte das Erkenntnisgeschehen als Entwicklungsprozeß bestimmt und die Flüssigkeit der Kategorien begründet werden.

So zeigt sich auch auf dem Gebiet der Gnoseologie die Fruchtbarkeit der Denkvoraussetzungen des dialektischen Idealismus, insofern diese auf die Enthüllung der widerspruchsvollen Beziehungen zwischen menschlicher Tätigkeit und äußerer Wirklichkeit gerichtet waren. Engels hat als das größte Verdienst der klassischen deutschen Philosophie die Wiederaufnahme der Dialektik bezeichnet. Es war dies nicht schlechthin das Weiterführen von Erkenntnissen, wie sie in früheren Etappen der Philosophiegeschichte erzielt worden waren, sondern es handelte sich um eine neue Grundlegung der Dialektik, die ihren Reichtum an Erkenntnissen aus der neugewonnenen theoretischen Ausgangsposition, der tätigen Seite, der menschlichen Subjektivität, bezog. Die grundsätzliche Schranke der Dialektik des deutschen Idealismus bestand darin, daß die menschliche Tätigkeit primär von ihrer ideologischen Komponente her bestimmt und noch nicht ihre konkrete gesellschaftlich-materielle Basis erkannt wurde. Dadurch erhielt die Dialektik notwendig einen idealistischen Charakter und wurde nicht in ihrem tatsächlichen inneren Reichtum entwickelt. Erst die Entdeckung der materiellen gesellschaftlichen Tätigkeit durch Marx schuf die tragfähige Basis für eine wahrhaft wissenschaftliche Auffassung der Dialektik.

Es darf natürlich nicht übersehen werden, daß die Vertreter des deutschen Idealismus, insbesondere Hegel, um eine objektive Auffassung und Deutung der Dialektik bemüht waren. Wenn Kant die Dialektik als den Widerstreit des Scheins bestimmt und erklärt hatte, sie trete wesentlich in der Entgegensetzung allgemeingültiger Urteile auf, so hob bereits Fichte die Objektivität der „synthetischen Methode" hervor und stellte von ihr fest, sie entspreche dem Gang der Sache selbst. Aber diese „objektive" Sache war letzten Endes die Bewegung des erkennenden Subjekts, und Fichte stimmte insofern mit Kant überein, der die Notwendigkeit der Dialektik auf die Vernunft gegründet hatte. Erst Hegel gab dem Gedanken der Objektivität der Dialektik innerhalb der Voraussetzungen des Idealismus konkrete Gestalt. Er ging davon aus, daß die Tätigkeit (der Menschen bzw. des

„Weltgeistes") ein Sein konstituiert, das seinem inneren Wesen nach dialektisch ist. Die dialektische Gestalt des Wirklichen ergab sich aus der Dialektik ihrer Grundlegung, zugleich war sie relativ unabhängig von ihr, insofern sie der Wirklichkeit objektiv angehörte. Der objektive Prozeß der Dialektik war jedoch selbst wieder als Tätigkeit zu fassen, insofern die „Idee" sich lebendig in allem Sein betätigte.

Es ist keine Frage, daß damit das eigentliche Problem mystifiziert wurde. Entkleidet man es jedoch seiner mystischen Umhüllungen, so war es in einem gewissen Sinne richtig gestellt. Die Frage, die es zu beantworten galt, bestand darin, wie der Zusammenhang der objektiven Bewegungsgesetze der Dialektik der Gesellschaft mit der bewußten menschlichen Tätigkeit zu denken sei. Die dialektische Auffassung der Wirklichkeit ist mit einer fatalistisch-mechanischen Determinismuskonzeption nicht vereinbar; inwiefern nun die Objektivität der Dialektik keinen Fatalismus begründet, sondern als Wirkungsfeld freier und bewußter menschlicher Tätigkeit angesehen werden muß, diese Frage harrte der Lösung. Aber Hegel fetischisierte in einer gewissen Weise die Objektivität der Dialektik, insofern er die tätige Übereinstimmung des Menschen mit ihr in der „Einsicht in die Notwendigkeit" aufgehen ließ. Damit war, bei aller Hervorhebung der Subjektivität, der Mensch letzten Endes als Produkt übermächtiger Seinszusammenhänge bestimmt und die Spannweite seiner Aktionen nicht wirklich ausgemessen. Dies ergab sich daraus, daß für Hegel die objektive Struktur des Wirklichen als ihre „ewige Vernunft" im Grunde ein für allemal festgelegt war, und der Mensch dies nur zu begreifen und sein Handeln damit in Übereinstimmung zu bringen hatte. Selbstverständlich stellt sich vom Standpunkt der revolutionären Arbeiterklasse und von einer materialistischen Praxisauffassung aus das Problem wesentlich komplizierter.

Hegel betrachtete die Dialektik einerseits als objektiven Bewegungszusammenhang der Wirklichkeit, andererseits als Methode des Erkennens und der wissenschaftlichen Darstellung. Im ersten Sinne definierte er das Dialektische als die negative Bewegung des Seienden und damit als die Selbstnegation des objektiven Begriffs. Von der dialektischen Methode bemerkte Marx, daß Hegel sie entdeckt, zugleich aber mystifiziert habe. Die Mystifikation bestand darin, daß Hegel die Objektivität der Dialektik auf die Selbstbewegung des Begriffs gründete. Gleichzeitig enthielt allerdings Hegels Auffassung von der Objektivität der dialektischen Methode rationelle Gesichtspunkte. Immer wieder betonte Hegel, daß die Dialektik als Methode das immanente Leben der Dinge aufschließen müsse, daß sie sich den objektiven Bewegungszusammenhängen des Wirklichen zuzuwenden habe. Die dialektische Methode war für Hegel kein äußerlicher Regelmechanismus, sondern empfing ihre Bestimmtheit aus dem Gegenstand selbst, dessen immanentes Prinzip und Seele sie war.

Natürlich läßt sich nicht übersehen, daß Hegels Auffassung von der Objektivität der Dialektik nicht die eines erkenntnistheoretischen Materialismus war. Die Dialektik hatte die Bewegung des Begriffs nachzuvollziehen, und Hegel betonte oft genug, daß die Frage nach der äußeren Wirklichkeit des Ideellen sekundär sei gegenüber dem Aufzeigen seines inneren Bewegungszusammenhangs. Andererseits ist Hegel aber in seiner tatsächlichen, praktischen Ausarbeitung der Dialektik überwiegend wissenschaftlichen Gesichtspunkten gefolgt. Er untersuchte das Wesen der Erscheinungen und Begriffe und gelangte von hier aus zu verallgemeinernden Feststellungen über die Natur des Dialektischen. Wenn Hegel das dialektische Moment in der Selbstbewegung des Wirklichen, in der Auflösung der festen Unterschiede, in dem Übergehen der Gegensätze ineinander erblickte, so traf er damit allgemeingültige Aussagen über die Wirklichkeit, und er konnte dies deshalb tun, weil er die objektive Realität gründlich und umfassend analysiert hatte, trotz seines Idealismus und trotz seiner Kritik der materialistischen Erkenntnistheorie. Hegel sah in der Dialektik etwas Objektives, diese Objektivität aber sollte nicht Ausdruck starrer Gegebenheiten sein, sondern war als beweglich und flüssig aufzufassen. Hegel drückte dies mit den Worten aus, die Dialektik gründe in der Tätigkeit des Lebendigen. Diese Erklärung machte Hegels Bestreben sichtbar, das Objektive mit dem Subjektiven, mit der lebendigen Tätigkeit, gedanklich zusammenzuschließen. Gleichzeitig zeigte sie in ihrer Unkonkretheit, daß Hegel an eine objektive Grenze seiner Erkenntnismöglichkeiten gelangt war, und daß das Problem des Verhältnisses von Dialektik und Tätigkeit von einer völlig neuen sozialen und philosophischen Ausgangsposition aus aufgeworfen werden mußte, um der prinzipiellen Klärung zugeführt werden zu können.

3. Der historische Materialismus als materialistische Dialektik

Die bisherigen Untersuchungen ließen erkennen, daß ein zentrales Problem der philosophischen Wirklichkeitsbewältigung die Frage nach der Beziehung des Menschen zu seinen Verhältnissen ist. Diese Frage ist, wie alle großen philosophischen Fragen, ihrer Natur nach dialektisch, d. h. es geht bei ihr darum, die widerspruchsvolle Einheit entgegengesetzter Momente gedanklich zu erfassen. Ein auffallendes Kennzeichen des vormarxschen philosophischen Denkens besteht darin, daß es nie zu wirklich tragfähigen Synthesen gelangte. Nehmen wir das Verhältnis von Materiellem und Ideellem, von Einzelnem und Allgemeinem, von Notwendigem und Zufälligem, von sinnlicher und begrifflicher Erkenntnis – bei diesen und anderen ihrem Charakter nach dialektischen Problemen finden wir in der vormarxschen Geschichte der Philosophie das gegeneinander Geltendmachen je eines der Momente, nicht aber eine solche Betrachtungsweise, die die bewegliche Einheit der entgegengesetzten Seiten auf materialistischer Grundlage zu entwickeln fähig gewesen wäre. Ebenso verhält es sich mit dem philosophischen Problem Mensch–Wirklichkeit. Sind die objektiven Verhältnisse des Menschen, oder ist seine Fähigkeit aktiver Selbstbestimmung das Entscheidende? Kann der Mensch den Bewegungszusammenhang seiner Existenzbedingungen so ändern, daß er ein Optimum an Möglichkeiten realisiert, oder ist in den objektiven Verhältnissen jeweils *eine* Richtung der Entwicklung unaufhebbar vorgezeichnet? Sind Inhalt und Tendenz des menschlichen Handelns durch die Verhältnisse absolut determiniert, oder kann der Mensch die Verhältnisse nach seinem Willen ändern?

Vor diese Probleme sah sich das philosophische Denken gestellt, wenn es den aufsteigenden Entwicklungsgang des Menschengeschlechtes analysierte. Insbesondere drängten sich diese Fragen auf, wenn es galt, den Übergang von einer gesellschaftlichen Entwicklungsstufe zu einer höheren philosophisch zu erfassen. Aber hier wie bei den anderen genannten Problemen gelangten die vormarxschen Philosophen nicht zu schlüssigen Lösungen, sondern verabsolutierten im allgemeinen jeweils eine Seite des dialektischen Ganzen. Auch Hegels großartiges Bemühen um die Herbeiführung einer dialektischen Synthese brachte noch nicht die entscheidende Lösung, weil es nicht von der Erkenntnis des wahren Wesens des Menschen und seiner Beziehung zur Wirklichkeit ausging und ausgehen konnte.

Der entscheidende Durchbruch wurde erst mit dem Marxismus erzielt; die Entdeckung der materiellen Grundlage des Geschichtsprozesses fiel zusammen mit der prinzipiellen Klärung der Frage nach der Beziehung des Menschen zu seinen Verhältnissen und mit der allseitigen Erkenntnis der Dialektik der Gesellschaft. Die Ideologen vor Marx hatten stets Klassen repräsentiert, die entweder alte Ausbeutungsverhältnisse konservieren oder neue geschichtlich durchsetzen wollten. Die philosophische Erkenntnisentwicklung erfolgte auf der Grundlage der Trennung körperlicher und geistiger Arbeit; sie reflektierte in den großen philosophischen Systemen diesen Gegensatz und brachte die Interessen von Klassen zum Ausdruck, die die geistige Tätigkeit monopolisierten. Unter diesen Voraussetzungen war es objektiv unmöglich, die Tätigkeit der materiellen Produzenten als die bestimmende Basis des geschichtlichen Fortschritts umfassend zu erkennen. Auch die Theoretiker der Volksopposition, die ideologischen Vertreter vorproletarischer Schichten, vermochten zu dieser Entdeckung nicht zu gelangen, weil die historischen Bedingungen für die Überwindung der Klassenspaltung der Gesellschaft noch nicht herangereift waren und die materiellen Produzenten noch nicht aktiv, selbstbewußt und organisiert als bestimmende Kraft der Geschichte auftraten. Dies geschah erst mit der Entfaltung des Kapitalismus, mit dem durch die Partei organisierten Klassenkampf des Proletariats zur Überwindung des Kapitalismus. Damit wurde die revolutionierende Erkenntnis möglich, daß die Geschichte nicht durch wie immer beschaffene ideologische Tätigkeit, sondern primär durch materielle Tätigkeit vorangebracht wird. Allerdings konnte es sich nicht darum handeln, der bisherigen Verabsolutierung der *einen* Seite des Geschichtsfortschritts die Verabsolutierung der *anderen* Seite gegenüberzustellen, sondern es ging darum, die Totalität des Prozesses auf der Basis der Erkenntnis seiner materiellen Triebkräfte sichtbar zu machen. Die objektive Voraussetzung dafür bestand darin, daß der Kampf des Proletariats nicht die Ablösung einer Klassenherrschaft durch eine andere, sondern die Überwindung der Klassenspaltung der Gesellschaft überhaupt, die Herstellung einer wirklichen Gemeinschaft tätiger Menschen zum Ziel hat.

Indem das Proletariat seine besonderen Klassenziele verwirklicht, realisiert es die Interessen der Menschheit als Ganzes, und dies nicht nur für einen vorübergehenden Bedingungszusammenhang, sondern für den Fortschritt der Gesellschaft überhaupt. Dies aber machte es möglich, daß die Theorie der Arbeiterklasse, der Marxismus, die Gesellschaft als materiell fundierte, sich historisch entwickelnde Totalität begreifen konnte und nicht mehr von vereinseitigenden Voraussetzungen aus an ihre Analyse heranzugehen brauchte. Dadurch konnte und mußte zugleich die marxistische Theorie ihrem Wesen nach dialektisch sein; sie ging von der Analyse der materiellen Grundlagen der geschichtlichen Entwicklung aus und gelangte so zu einem Gesamtbild der Gesellschaft in ihrer konkret-historischen Entfaltung und in ihrer dialektischen Totalität. Erstmalig erschien damit der *ganze* Mensch als Akteur der Geschichte; der Prozeß der menschlichen Selbsterzeugung konnte als seiner Grundlage nach materieller Vorgang erkannt werden, der zugleich eine Gesamtheit wesentlicher Lebensäußerungen des Menschen darstellt. Diese Erkenntnis entwickelten Marx und Engels im Zusammenhang mit der umfassenden Kritik der bürgerlichen Gesellschaft. Die praktische Überwindung des Kapitalismus hatte die theoretische Überwindung des „falschen Bewußtseins" zur Voraussetzung, die Ersetzung des historischen Idealismus durch den historischen Materialismus. Marx hat im „Vorwort zur Kritik der politischen Ökonomie" in prägnanter Form diese neue, alles bisherige Denken revolutionierende Theorie dargestellt. Sie hat zu ihrem wesentlichen Inhalt die materialistische Erkenntnis der Gesellschaft und des sozialen Handelns sowie der objektiven Dialektik der gesellschaftlichen Entwicklung.

Der bürgerliche Materialismus hatte, der allgemeinen Tendenz nach, den Menschen als Objekt von Naturzusammenhängen, als Produkt jeweils vorgegebener Verhältnisse bestimmt. Der deutsche Idealismus sah die objektiven Bedingungen des menschlichen Seins als Resultat menschlicher Selbstverwirklichung an; diese bestimmte er als in ihrem Kern ideologische Tätigkeit. Vom Standpunkt des Marxismus aus ist der Mensch ein Produkt materieller gesellschaftlicher Verhältnisse, diese hinwiederum sind ein Erzeugnis seiner materiell-praktischen und ideologischen Tätigkeit. Die menschliche Selbstverwirklichung und Selbsterzeugung hat zu ihrer Grundlage sinnlich-gegenständliche und kritisch-revolutionäre Tätigkeit. Die menschliche Existenz ist einerseits an Naturzusammenhänge geknüpft, die in den Produktivkräften in einer den menschlichen Zwecken gemäßen Weise zur Wirkung gelangen. Sie hat andererseits materielle Verhältnisse zu ihrer Voraussetzung, die sich aus dem gesellschaftlichen Wirken der Menschen in der Produktionstätigkeit ergeben. Dies ist eine „zweite Natur"; ihre Entwicklung unterliegt einem objektiven Bewegungszusammenhang, der materiellen Gesetzen folgt und damit den Charakter eines „naturgeschichtlichen Prozesses" besitzt. Im Unterschied zum alten Materialismus begreift der Marxismus diesen Prozeß nicht als unabhängig vom menschlichen Handeln, sondern als dessen konkretes Resultat. Damit ist die starre Linearität durchbrochen, die die Wirklichkeitsauffassung des mechanischen Materialismus bestimmte, und die objektive Realität als von zugleich materiellem und objektiv dialektischem Wesen erkannt.

Marx, Engels und Lenin hoben in zahlreichen Äußerungen hervor, daß die Geschichte in der Art eines naturgesetzlichen Prozesses abläuft. Diese These war gegen die idealistische Geschichtsbetrachtung gerichtet, die die gesellschaftliche Entwicklung als ideellen Prozeß, als Resultat des Kampfes zwischen „Wahrheit" und „Irrtum" usw. erklärte. Mit dem Ausdruck „Naturgesetzlichkeit" sollte die Tatsache ausgedrückt werden, daß in der geschichtlichen Entwicklung objektive Gesetze wirken, die unabhängig vom Willen und Bewußtsein des Menschen sind.

Der Terminus „Naturgesetzlichkeit" gilt allerdings nur cum grano salis. Er pointiert zunächst Übereinstimmung mit dem alten Materialismus und könnte dessen Mängel teilen, würde er nicht durch den Gesichtspunkt menschlicher Subjektivität und durch konkret-historische Betrachtung ergänzt und berichtigt. Denn die Geschichte läuft wesentlich zugleich auch *nicht* in der Weise eines Naturprozesses ab, da in der Natur die Gesetze blind wirken, während sie in der Gesellschaft an das bewußte Handeln der Menschen geknüpft sind und ihnen daher, unter bestimmten Voraussetzungen, eine jeweils verschiedene Wirkungsrichtung gegeben werden kann. Engels schränkte daher in seinem Brief an Joseph Bloch ein, die *bisherige* Geschichte sei „nach Art eines Naturprozesses" verlaufen „und ist auch wesentlich denselben Bewegungsgesetzen unterworfen."[4] Und Marx stellte in einem Brief an

---

[4] Karl Marx/Friedrich Engels, Ausgewählte Briefe, Berlin 1953, S. 503.

Ludwig Kugelmann fest, daß die Naturgesetze der gesellschaftlichen
Entwicklung „überhaupt nicht aufgehoben werden" können: „Was sich
in historisch verschiednen Zuständen ändern kann, ist nur die *Form,*
worin jene Gesetze sich durchsetzen."[5]

Die Betrachtung der Gesellschaft sub specie naturae im Marxismus
unterscheidet sich von derjenigen des bürgerlichen Materialismus dadurch, daß der Naturbegriff nicht mehr Ausdruck eines falschen Bewußtseins ist, das die Entfremdung zwischen Subjekt und Objekt als
Herrschaft von Naturmächten deutet. Vielmehr wird gerade dieses
falsche Bewußtsein entlarvt, indem die „Naturmächte" als gegenständlicher Zusammenhang materiellen gesellschaftlichen Wirkens der Menschen erkannt werden. Aber die theoretische Kritik ist zunächst noch
nicht praktische Veränderung. Daher kann der objektive Wirkungsmechanismus der Gesetze und Zusammenhänge der warenproduzierenden Gesellschaft mit der Kategorie „Naturgesetzlichkeit" beschrieben
werden, weil er in einem bestimmten Sinne (nämlich als entfremdete
Wirklichkeit) blind wie die Prozesse in der Natur abläuft. Der Naturbegriff, bezogen auf die Gesetzmäßigkeit gesellschaftlicher Entwicklung, drückt im Marxismus das *Durchschauen* dieser Gesetzmäßigkeit
aus, während er im vormarxschen Materialismus die praktische und
theoretische Subsumtion der Individuen unter den historischen Prozeß
sichtbar machte.

Naturgesetzlich verläuft der Geschichtsprozeß unter allen gesellschaftlichen Bedingungen in dem Sinne, daß seine materielle Grundlage
an objektive Gesetze gebunden ist, und daß auch der Zusammenhang
des Materiellen und des Ideologischen eine gesetzmäßige Relation darstellt. Aber diese Naturgesetzlichkeit stellt sich in der Klassengesellschaft anders als im Sozialismus dar. In der Klassengesellschaft setzen
sich die objektiven Bewegungsgesetze der Geschichte weitgehend
spontan durch und wirken daher „blind" wie in der Natur. (Dies gilt
als allgemeine Tendenz, stellt sich aber in den verschiedenen geschichtlichen Zusammenhängen und bezogen auf die verschiedenen gesellschaftlichen Subjekte verschieden dar.) Im Sozialismus ist die Blindheit
der Wirkungsweise der gesellschaftlichen Entwicklungsgesetze überwunden, sie werden bewußt verwirklicht und wirken *in diesem Sinne*

[5] Karl Marx/Friedrich Engels, Werke, Bd. 32, Berlin 1965, S. 553.

nicht mehr in der Form von Naturgesetzen. Hieran wird sichtbar, daß der Bewegungszusammenhang der Geschichte nicht begriffen werden kann, wenn nicht die konkrete Natur der geschichtlich handelnden Subjekte mit berücksichtigt wird, die durch die objektiven Verhältnisse ebenso bestimmt werden wie sie diese bestimmen.

Die Geschichte ist für den Marxismus ein seiner Grundlage nach materieller Prozeß. Aber sie ist *in dem Sinne* nicht Naturprozeß, daß der Marxismus nicht wie der bürgerliche Materialismus sich die Natur qua Natur einfach in die Geschichte hinein verlängern läßt, sondern daß er in der Form eines „richtigen Bewußtseins" die spezifische „Natur", d. h. die Materie der Gesellschaft entdeckte und sie zur Grundlage der Erklärung der Geschichte machte. Diese „gesellschaftliche Materie" sind die ökonomischen Verhältnisse. Engels stellte von ihnen in der Arbeit „Zur Wohnungsfrage" fest, daß sie sich objektiv entwickeln und damit die materiellen Voraussetzungen des geschichtlichen Fortschritts schaffen.[6]

Diese Erkenntnis stellte die Synthese des materialistischen Prinzips und der „tätigen Seite" dar. Nach der Feststellung von Marx ist die Gesellschaft stets „das Produkt der wechselseitigen Aktion der Menschen."[7] Sie besteht nicht aus Individuen in dem Sinne, wie sich der alte Materialismus Systemzusammenhänge als Aggregate von Partikeln darstellte, sondern sie ist die Summe der Verhältnisse der tätig miteinander verkehrenden Menschen.

Es galt nun, den Gedanken der tätigen Beziehung der Menschen in der Gesellschaft, dem sich bereits der deutsche Idealismus genähert hatte, materialistisch zu begründen. Dies geschah durch die Erkenntnis, daß die letztlich bestimmenden Verhältnisse der Menschen nicht ihre ideologischen, sondern ihre ökonomischen Beziehungen sind. Dadurch wurde das vom bürgerlichen Materialismus aufgestellte Programm einer objektiven Gesellschaftsanalyse wissenschaftlich gültig erfüllt. Die materielle Grundlage der Gesellschaft ist nicht eine abstrakte „Natur" des Menschen, der Gesellschaft, sondern sind die Beziehungen, die die Menschen tätig in der Produktion und Reproduktion ihres Lebens ein-

[6] Vgl. Karl Marx/Friedrich Engels, Werke, Bd. 18, Berlin 1962, S. 273 ff.
[7] Marx an Pawel Wassiljewitsch Annenkow am 28. Dezember 1846, in: Marx/Engels, Werke, Bd. 27, Berlin 1963, S. 452.

gehen. Nicht die Erzeugung von Ideen, nicht die Interpretation des Wirklichen, sondern die Produktion der materiellen Lebensbedingungen ist die bestimmende Form menschlicher Tätigkeit.

Die Produktion des materiellen Lebens ist, wie es in der „Deutschen Ideologie" heißt, die erste, die grundlegende Tat der Menschen. „Ganz im Gegensatz zur deutschen. Philosophie, welche vom Himmel auf die Erde herabsteigt, wird hier von der Erde zum Himmel gestiegen. D. h., es wird nicht ausgegangen von dem, was die Menschen sagen, sich einbilden, sich vorstellen, ...; es wird von den wirklich tätigen Menschen ausgegangen und aus ihrem wirklichen Lebensprozeß auch die Entwicklung der ideologischen Reflexe und Echos dieses Lebensprozesses dargestellt."[8] Die Akteure der geschichtlichen Entwicklung sind die „wirklich tätigen", die sinnlich-gegenständlich, praktisch handelnden Menschen. Nicht ein apartes Bewußtsein, eine „absolute Idee", nicht der lediglich erkennend tätige Mensch und auch nicht eine mechanischen Gesetzen folgende Natur, sondern die menschliche Praxis und damit vor allem die Produktionstätigkeit bildet die treibende Kraft der Geschichte. Die Produktionsweise des materiellen (des sinnlich-gegenständlichen) Lebens bedingt, wie Marx erklärte, den sozialen, politischen und geistigen Lebensprozeß überhaupt. Engels stellte in seiner Arbeit „Die Entwicklung des Sozialismus von der Utopie zur Wissenschaft" fest, die materialistische Geschichtsauffassung gehe davon aus, „daß die Produktion, und nächst der Produktion der Austausch ihrer Produkte, die Grundlage aller Gesellschaftsordnung ist".[9] Die Geschichte erscheint damit als Vollzugsfeld menschlichen Handelns, und dieses selbst ist auf seine materielle Grundlage zurückgeführt. Die letzten Ursachen aller gesellschaftlichen Veränderungen und politischen Umwälzungen sind nicht, wie die bisherige idealistische Auffassung gemeint hatte, in den Köpfen der Menschen, in deren zunehmender Einsicht in die ewige Wahrheit und Gerechtigkeit zu suchen, sondern beruhen vielmehr in Veränderungen der Produktions- und Austauschweise.

Diese Auffassung, die den praktisch tätigen Menschen zum theoretischen Ausgangspunkt der Geschichtserklärung nimmt, ist ihrem Wesen

---

[8] Karl Marx/Friedrich Engels, Werke, Bd. 3, a. a. O., S. 26.
[9] Karl Marx/Friedrich Engels, Werke, Bd. 19, Berlin 1962, S. 210.

nach sowohl materialistisch als auch dialektisch. Die Tätigkeit des Menschen erscheint als praktische Selbsterzeugung; vermöge ihrer setzt sich der Mensch in Widerspruch zu den vorgefundenen, aus der bisherigen Tätigkeit hervorgegangenen Verhältnissen. Die eherne Notwendigkeit der in der Produktion sich vollziehenden ständigen Auseinandersetzung des Menschen mit der Natur bewirkt allmähliche Veränderungen in der materiellen Basis der Gesellschaft. Ihnen entspricht auf einem gewissen Punkt die überlieferte gesellschaftliche Ordnung nicht mehr, es entsteht ein Widerspruch zwischen ökonomischen und politischen Verhältnissen. Die Mittel zur Beseitigung des Widerspruchs reifen in der materiellen Basis mit deren Veränderungen heran, die Lösung des Widerspruchs erfolgt daher auf der Grundlage der innern Voraussetzungen des Systems selbst und entfaltet sich als Prozeß dialektischer Selbstbewegung.

Die entscheidende Quelle der geschichtlichen Entwicklung liegt somit in den Widersprüchen, die sich aus der materiellen Produktionstätigkeit der Menschen ergeben. „Alle Kollisionen der Geschichte", heißt es in der „Deutschen Ideologie", haben „ihren Ursprung in dem Widerspruch zwischen den Produktivkräften und der Verkehrsform", den Produktionsverhältnissen. Dieser Widerspruch erzeugt eine „Totalität von Kollisionen, als Kollisionen verschiedener Klassen, als Widerspruch des Bewußtseins, Gedankenkampf etc., politischer Kampf etc." [10]

Die materielle Produktionstätigkeit kristallisiert sich in den Produktivkräften und den ihnen entsprechenden Produktionsverhältnissen und erzeugt die ökonomische Basis der Gesellschaft, auf der sich der ideologische Überbau erhebt. Die Produktionsverhältnisse wirken zunächst als Entwicklungsformen der Produktivkräfte, sie ermöglichen eine den historischen Bedingungen entsprechende optimale Lösung der Widersprüche zwischen Mensch und Natur. Das Verhältnis von Produktivkräften und Produktionsverhältnissen realisiert damit einen dialektischen Widerspruch, dessen Substanz die materielle Produktionstätigkeit bildet. Auf einer gewissen Stufe der Entwicklung gerät die in den Produktivkräften kristallisierte menschliche Tätigkeit in Widerspruch zu den gesellschaftlichen Formen, in denen sie sich vollzieht. Der Widerspruch zwischen Produktivkräften und Produktionsverhältnissen

[10] Karl Marx/Friedrich Engels, Werke, Bd. 3, a. a. O., S. 73/74.

entfaltet sich damit als Selbst-Entgegensetzung der materiellen Produktionstätigkeit. Die Produktionsverhältnisse vermitteln den Zusammenhang zwischen den ökonomischen Produktionsbedingungen und den ideologischen Verhältnissen und werden damit zum Substrat der Entfaltung der Widersprüche zwischen ihnen. Auf diese Weise treten die ökonomische Tätigkeit und ihre versachlichten Resultate zugleich in Widerspruch zu der ideologischen Tätigkeit und den durch sie hervorgebrachten Institutionen. Man darf daher, wie Marx im „Vorwort zur Kritik der politischen Ökonomie" feststellte, eine gesellschaftliche Umwälzungsepoche nicht „aus ihrem Bewußtsein beurteilen, sondern muß vielmehr dies Bewußtsein aus den Widersprüchen des materiellen Lebens", aus den Widersprüchen der gesellschaftlichen Produktionstätigkeit erklären.[11] Indem der Marxismus in der materiellen Tätigkeit, in der Praxis die Grundlage der geschichtlichen Entwicklung entdeckte, bestimmte er zugleich diese Entwicklung als einen dialektischen, durch Widersprüche vorangetriebenen Prozeß. Der historische Materialismus bedingt auf diese Weise eine materialistische Dialektik; der dialektische und der historische Materialismus bilden eine Einheit, die durch die Kategorie Praxis vermittelt ist.

Die materielle Produktionstätigkeit ist jener Prozeß, in dem sich die Gesellschaft mit der Natur vermittelt. Durch die Arbeit eignet sich der Mensch die Natur in einer der Erhaltung seiner Existenz dienlichen Weise an. Die Naturkräfte und Naturprodukte werden durch die Arbeit zu menschlichen, zu gesellschaftlichen Erscheinungen, so daß sich der Mensch in der Konsumtion niemals schlechthin zur Natur, sondern zugleich zu Produkten seines eigenen Tuns und damit zu sich selbst verhält. Andererseits ist aber, wie es in der „Kritik des Gothaer Programms" heißt, die Arbeit selbst nur die Äußerung einer Naturkraft, der menschlichen Arbeitskraft, so daß in der Produktionstätigkeit die Natur, vermittelt durch den Menschen, zu sich ins Verhältnis tritt. „Die Arbeit ist *nicht die Quelle* alles Reichtums. Die *Natur* ist ebensosehr die Quelle der Gebrauchswerte", aus denen der sachliche Reichtum besteht.[12] (Dies gilt, mutatis mutandis, auch unter der Voraus-

---

[11] Karl Marx/Friedrich Engels, Werke, Bd. 13, Berlin 1961, S. 9.
[12] Karl Marx, „Kritik des Gothaer Programms", in Karl Marx/Friedrich Engels, Werke, Bd. 19, a. a. O., S. 15.

setzung, daß der Mensch Stoffe schafft, die die Natur selbst nicht
hervorbringt.) Die Natur ist erste Quelle aller Arbeitsmittel und Arbeits-
gegenstände, sie liefert den Rohstoff, einschließlich der in ihm wirkenden objektiven Naturgesetze, den der Mensch sich durch seine Arbeit
aneignet. Die Produktivkraft der Arbeit hängt daher, wie Marx in
„Lohn, Preis und Profit" zeigte, erstens von „Naturbedingungen der
Arbeit, wie Fruchtbarkeit des Bodens, Ergiebigkeit der Minen usw."
ab, zweitens „von der fortschreitenden Vervollkommnung der *gesellschaftlichen Kräfte der Arbeit.*" [13]

So treten in der materiellen Produktionstätigkeit zwei dialektisch
entgegengesetzte Erscheinungen – Natur und Gesellschaft – in ein
widersprüchliches Verhältnis, und die Arbeit spielt die Rolle des vermittelnden Gliedes, sie ist das Mittel der fortlaufenden Überwindung
und Neuerzeugung von Nichtübereinstimmungen beider Seiten, durch
die die Produktivkräfte sich entfalten und den ökonomischen Mobili-
sationsmechanismus des geschichtlichen Fortschritts in Gang halten.
Zugleich beruht in diesem Verhältnis eine wesentliche Seite der Materialität des gesellschaftlichen Lebens; die Produktionstätigkeit ist eine
unverbrüchliche Notwendigkeit der menschlichen Existenz, die im
doppelten Sinne auf Naturbedingungen fußt. Erstens auf der Tatsache,
daß der Mensch als biologisches Wesen der ständigen Erzeugung von
Existenzmitteln bedarf, zweitens darauf, daß er diese Existenzmittel
durch seine Arbeit der Natur entnimmt. Diese objektive, vom Menschen unaufhebbare Naturbasis der Gesellschaft spezifiziert sich zu
der Materialität des gesellschaftlichen Lebensprozesses, die in dem
Verhältnis von Produktivkräften und Produktionsverhältnissen gründet.
Die Produktionsverhältnisse sind das grundlegende Verhältnis aller gesellschaftlichen Beziehungen, ihnen kommt die Eigenschaft der Materialität in dem Sinne zu, daß sie durch den Stand der Naturbeherrschung des Menschen geprägt sind und die materielle Basis der
ideologischen Verhältnisse darstellen. Darüber hinaus teilen die Produktionsverhältnisse, wie Lenin hervorhob, mit den gesetzmäßigen
Naturzusammenhängen die Eigenschaft der Wiederholbarkeit; das all-
gemein-wissenschaftliche Kriterium der Wiederholbarkeit widerlegt
jeden Idealismus und Subjektivismus bei der Betrachtung des gesell-

[13] Karl Marx/Friedrich Engels, Werke, Bd. 16, Berlin 1962, S. 126/127.

schaftlichen Lebens. Die Materialität der Produktionsverhältnisse besteht in ihrer Unabhängigkeit vom menschlichen Bewußtsein; ihre Entwicklung gehorcht objektiven Gesetzen, die der Mensch ausnutzen und bewußt verwirklichen kann, die aber nicht in menschliches Belieben gestellt sind.

Auf diese Weise schließt sich die Gesellschaft wiederum mit der Natur zusammen: Die Einheit der Welt besteht in ihrer Materialität. Erst der Marxismus konnte diese Einheit beweisen, da er erstmalig die materielle Grundlage der Geschichte aufdeckte. Die Erkenntnis von der Materialität des Wirklichen besitzt einen dialektischen Charakter; sie überwindet jenen Dualismus, der Körper und Geist, Natur und Mensch, Notwendigkeit und Freiheit starr gegenüberstellte. Von der Beziehung des Menschen sowohl zur Natur wie zur ökonomischen Struktur der Gesellschaft gilt, daß der Mensch sich in ihr zu Materie, zu objektiver Realität verhält. Das heißt, er kann eine konkrete Veränderung dieser beiden Sphären der Wirklichkeit nur mit gegenständlichen, materiellen Mitteln erreichen, und dies wiederum setzt jene theoretische Widerspiegelung des realen Seins voraus, die der erkenntnistheoretische Materialismus definiert.

Somit geht der Marxismus von der Erkenntnis aus, daß die Geschichte durch das Handeln der wirklichen Menschen konstituiert wird, daß dieses Handeln – als Praxis – einen materiellen Charakter besitzt, und daß in ihm die Grundlage der Dialektik des gesellschaftlichen Fortschritts zu suchen ist. Man kommt nur zu den wirklichen Menschen, heißt es in Engels' „Ludwig Feuerbach und der Ausgang der klassischen deutschen Philosophie", „wenn man sie in der Geschichte handelnd betrachtet".[14] Wirklichkeit ist Wirken, und es gibt nur eine gesellschaftliche Wirklichkeit, insofern die Menschen sie tätig erzeugen. Mit dieser Erkenntnis überwand der Marxismus jene undialektische Betrachtungsweise, die mehr oder weniger allem vormarxschen Denken eigen war und in der abstrakten Fassung des Menschen bestand. Die vormarxschen Ideologen machten niemals in wirklich gültiger Weise das konkrete geschichtliche Handeln der Menschen zum Ausgangspunkt ihrer geschichtsphilosophischen Überlegungen, sondern betrachteten die Geschichte unter dem Gesichtspunkt der Absolutsetzung

[14] Karl Marx/Friedrich Engels, Werke, Bd. 21, Berlin 1962, S. 290.

von Modellen des Menschen, die den eigenen begrenzten Klassenhorizont reflektierten. Indem der Marxismus zu den wirklichen, geschichtlich handelnden Menschen gelangte, löste er den Nebel undialektischer Abstraktionen auf und begriff die Geschichte als sich unter konkreten Formen vollziehende menschliche Selbsterzeugung. Marx handelte daher, im Unterschied zu den bürgerlichen Ideologen, nicht von „der" – abstrakt gedachten – Gesellschaft schlechthin, sondern von konkreten Typen des geschichtlichen Prozesses, von sozialökonomischen Gesellschaftsformationen, wie sie durch ein konkret-historisch bestimmtes Verhältnis von Produktivkräften und Produktionsverhältnissen und damit durch den Entwicklungsstand der gesellschaftlichen Praxis geprägt sind.

Das Ausgehen von der Produktion als grundlegender Form gesellschaftlicher Tätigkeit machte es möglich, jene bürgerliche Betrachtungsweise zu überwinden, die den vereinzelten Einzelnen der Warenproduktion als Prototyp des Menschen auffaßte und nicht zu der Erkenntnis gelangte, daß der Mensch sich nur in der Gesellschaft vereinzeln kann, daß die Gesellschaft das Übergreifende ist. Von der bürgerlichen Sicht des Menschen ausgehend, konnte die Dialektik des Individuellen und des Gesellschaftlichen nicht enthüllt werden; die Gesellschaft stellte sich entweder als Aggregat der bürgerlichen Einzelnen oder als ideelles Zusammenwirken der Individuen dar. Der idealistische Gesichtspunkt der Totalität des Menschen war daher die notwendige Kehrseite der mechanistisch-aggregativen Auffassung der Gesellschaft.

Der Marxismus stellte demgegenüber fest, daß die grundlegende menschliche Lebensäußerung, die Produktionstätigkeit, nur gesellschaftlich vollzogen und der Einzelne nur aus dem Kontext dieses materiellen gesellschaftlichen Prozesses begriffen werden kann. In der Produktion wirken die Menschen, wie Marx in „Lohnarbeit und Kapital" feststellte, „nicht allein auf die Natur", sondern zugleich auch aufeinander. „Sie produzieren nur, indem sie auf bestimmte Weise zusammenwirken und ihre Tätigkeiten gegeneinander austauschen. Um zu produzieren, treten sie in bestimmte Beziehungen und Verhältnisse zueinander".[15] Die Produktionsverhältnisse in ihrer Gesamtheit konstituieren die Gesellschaft, und zwar eine Gesellschaft auf einer bestimmten geschicht-

[15] Karl Marx/Friedrich Engels, Werke, Bd. 6, Berlin 1959, S. 407.

lichen Entwicklungsstufe. Das Zusammenwirken der Menschen in der
Produktion begründet auf diese Weise einen gesellschaftlichen Zusammenhang, aus dem heraus der Einzelne zu erklären ist. Das Individuum – in bestimmten geschichtlichen Verhältnissen tätig – ist der
Akteur jenes Zusammenhangs, der es selbst determiniert. Die in Gesellschaft produzierenden Individuen sind der Ausgangspunkt der theoretischen Betrachtung; ihm aber tritt die Erkenntnis an die Seite, daß
die Entwicklung des Individuums bestimmt ist durch seine materiellen
Lebensverhältnisse. Das Individuum ist auf diese Weise Subjekt seiner
selbst; seine materielle Tätigkeit konstituiert die Verhältnisse, die die
Grundlage dieser Tätigkeit und damit der Entwicklung des Individuums
bilden. Die vereinzelte Arbeit kann wohl Gebrauchswerte, nicht aber
eine menschliche Kultur schaffen. Diese ist vielmehr das Produkt der
gesellschaftlichen Arbeit, des Zusammenwirkens der Produzenten; die
gesellschaftlichen Verhältnisse sind das Ergebnis der gesellschaftlichen
Tätigkeit und bilden zugleich die Grundlage, auf der diese sich vollzieht. Was die Individuen sind, hängt ab von den materiellen Bedingungen der Produktion; die Produktion aber ist die Form, in der
sich ihr gesellschaftliches Zusammenwirken vollzieht. Individuum und
Gesellschaft bilden auf diese Weise eine dialektische Einheit, die durch
materielle Tätigkeit vermittelt ist; man kann weder das Individuum
noch die Gesellschaft allein aus sich erklären. Eine Betrachtungsweise,
die das eine auf Kosten des anderen verabsolutiert, ist daher undialektisch und unmarxistisch.

So zeigt sich, daß die Praxis des gesellschaftlichen Menschen die
Grundlage eines ganzen Systems widerspruchsvoller, dialektischer Beziehungen in der Gesellschaft bildet. Die materielle Produktionstätigkeit
verkörpert gleichsam das Substrat der Dialektik der menschlichen Gesellschaft. Die widerspruchsvolle Beziehung Mensch–Natur hat ebenso
wie das Verhältnis von Produktivkräften und Produktionsverhältnissen
und die Beziehung Individuum–Gesellschaft die Selbsterzeugung des
Menschen durch die Arbeit zu ihrem Inhalt. Zugleich bildet die Produktionstätigkeit die Wurzel der Klassengegensätze in der vorsozialistischen Gesellschaft und schafft die Voraussetzung für die Entfaltung
des politischen Kampfes als einer wesentlichen Form der gesellschaftlichen Praxis. Wenn der Marxismus den Klassenkampf als treibende
Kraft der Klassengesellschaft bestimmte, so fixierte er damit jene

spezifische Natur tätiger menschlicher Beziehungen, wie sie einem bestimmten Stand der Entwicklung der Produktivkräfte und der hieraus sich ergebenden Verhältnisse der Menschen in der Produktion entspricht. Die Erkenntnis des Proletariats als Klasse der Zukunft reflektierte die Stellung, die diese Klasse in der gesellschaftlichen Produktionstätigkeit des Kapitalismus einnimmt und zeigt, daß ihre produktive Tätigkeit die materiellen Voraussetzungen für die Überwindung der Klassengesellschaft überhaupt schafft.

Die Totalität dialektischer Beziehungen, die sich aus der Selbsterzeugung des Menschen durch die Arbeit ergibt, findet schließlich darin ihre Verkörperung, daß sich auf der Grundlage der materiellen Verhältnisse der Menschen ihre ideologischen Beziehungen ergeben. Diese sind deren Widerspiegelung und zugleich ein aktives Element einerseits ihrer Konservierung, andererseits ihrer Revolutionierung. Das Verhältnis der beiden Beziehungen zueinander ist das eines dialektischen Widerspruchs, jede Seite selbst stellt ihrerseits eine Einheit widerspruchsvoller Momente und Tendenzen dar. Auch hieran zeigt sich wieder, daß die gesellschaftliche Produktionstätigkeit das Fundament der dialektischen Beziehungen in der Gesellschaft bildet und daß Praxis und Dialektik sich in der Gesellschaft bedingen. Das System dialektischer Beziehungen in der menschlichen Gesellschaft erwächst auf der Grundlage komplizierter Vermittlungen, deren entscheidendes Glied die Arbeit ist. Die durch die Arbeit vermittelten Bereiche des gesellschaftlichen Lebens sind zugleich mit sich selbst vermittelt, sie erzeugen aus sich heraus konkrete Gestaltungen des jeweiligen Bereichs menschlicher Tätigkeit. Auf dieser Grundlage ergibt sich die relative Selbständigkeit des Ideologischen wie auch die Tatsache, daß der Staat, als ideologische Macht, Produzent von Ideologien ist.

Die produktive Arbeit wird von Wesen geleistet, die mit Bewußtsein begabt sind. Die Arbeit beginnt dort, wo Werkzeuge hergestellt werden. Dies schließt zugleich eine bewußte Gestaltung des materiellen Prozesses ein. Denn Arbeit setzt immer voraus, daß der Zweck der Tätigkeit vor deren Beginn geistig fixiert ist und den Verlauf des Prozesses wie die aufzuwendenden Mittel bestimmt. Auf diese Weise ist materielle Tätigkeit ohne das geistige Element gar nicht möglich; die Dialektik des Materiellen und des Ideellen, die vor allem Lenin systematisch herausgearbeitet hat, besitzt ihre konkrete, reale Wurzel

in der menschlichen Arbeit. Auf die Rolle des geistigen Elements wies
bereits Engels in seinen „Umrissen zu einer Kritik der Nationalöko-
nomie" hin. In der Arbeit tritt neben die rein körperliche Betätigung
das „geistige Element der Erfindung, des Gedankens".[16] Engels zeigte,
daß der Fortschritt der Wissenschaft eine gewaltige produktive Potenz
darstellt, daß er eine wesentliche Seite der materiellen Produktion ist.
Dies liest sich heute fast wie eine Vorwegnahme von Erkenntnissen
und praktischen Maßnahmen des „Neuen ökonomischen Systems der
Planung und Leitung", das die Rolle der Wissenschaft als Element der
Produktivkräfte nachdrücklich herausarbeitete. Für Engels gibt es zwei
wesentliche Elemente der Produktion: die Natur und den Menschen.
Letzterer ist wieder in einem zweifachen Sinne zu betrachten: als
physisches und als geistiges Wesen. Der physischen Seite entspricht
der materiell-gegenständliche, der geistigen Seite der ideell-antizipa-
torische Aspekt der Produktion. Materielles und Ideelles durchdringen
sich in der Arbeit und bestimmen einander wechselseitig, wobei die
Grundlage die materielle Wirklichkeit mit ihren objektiven Gesetzen
und die sie *gegenständlich* verändernde Tätigkeit ist. Es war daher
falsch, wenn der alte Materialismus in seiner Kritik an der Theologie
und am Idealismus vielfach soweit ging, das Geistige als eine spezifische Qualität zu leugnen, wie es falsch war, wenn der Idealismus
alles Materielle vergeistigte. Dialektisch ist die Denkweise des Marxismus, weil sie konsequent materialistisch ist. Das Ausgehen von der
menschlichen Praxis, insbesondere von der Produktionstätigkeit als
der Grundlage der gesellschaftlichen Wirklichkeit, führte zu der Erkenntnis der konstitutiven Bedeutung des Geistigen, der theoretischen
Erkenntnis, der Wissenschaft; denn gerade die *bewußte* Tätigkeit kennzeichnet die Arbeit des Menschen im Unterschied zu dem Geschehen
in der anorganischen und organischen Natur. Das Verhältnis von
Materiellem und Ideellem darf daher nicht nur unter erkenntnistheoretischem Aspekt gesehen werden; es kennzeichnet die menschliche
Praxis in umfassender Weise und bestimmt eine wesentliche Seite der
gesellschaftlichen Beziehungen der Menschen. In der Arbeit durchdringt sich die gegenständliche Wirklichkeitsveränderung immer mit
geistiger, mit bewußter Tätigkeit, und dieses Verhältnis verschiebt sich

---

[16] Karl Marx/Friedrich Engels, Werke, Bd. 1, Berlin 1956, S. 508

historisch – der allgemeinen Tendenz nach – zugunsten der geistigen Tätigkeit, so daß der sozialistische Produzent unter den Bedingungen der technischen Revolution in seiner Arbeitstätigkeit immer stärker dem schöpferisch-geistigen Element Raum gibt.

Niemand hat die Rolle des theoretischen Erkennens höher bewertet als Marx, der bereits in den „Grundrissen der Kritik der politischen Ökonomie" die Entwicklung der Wissenschaft als eine Seite der Entwicklung der menschlichen Produktivkräfte kennzeichnete. Das Wissen und Geschick des produktiv Tätigen stellten sich für Marx als „allgemeine Produktivkräfte des gesellschaftlichen Hirns" dar, als entscheidende Faktoren der materiellen Tätigkeit. Genau hierin wird jene Durchdringung des Materiellen und des Ideellen sichtbar, die das nichtmarxistische Denken niemals zu enthüllen vermochte. Wissen, Geschick, Erkenntnis sind ideelle Fixierungen wirklicher Zusammenhänge; indem sie in die produktive Tätigkeit des gesellschaftlichen Menschen eingehen, werden sie zu Produktivkräften und kehren damit zu jenem Boden zurück, auf dem sie erwachsen sind, der ihre Grundlage darstellt.

Es wäre daher falsch, die Produktivkräfte nur auf die sinnlich-materiellen Faktoren zu reduzieren; dies wäre ein „grober", „vulgärer" Materialismus, der die dialektische Einheit des Materiellen und des Ideellen, die in der menschlichen Praxis ihre Wurzel hat, nicht zu entschlüsseln vermag. Die Maschinen, Werkzeuge, Arbeitsmittel sind kein Produkt der Materie im Sinne natürlicher Entwicklung. Sie sind, wie es bei Marx heißt, natürliches Material, das der Mensch in Organe seiner Betätigung in der Natur und gegen sie verwandelt hat. „Sie sind *von der menschlichen Hand geschaffene Organe des menschlichen Hirns; vergegenständlichte Wissenskraft."* [17] Das menschliche Bewußtsein und Erkenntnisvermögen, die Wissenschaft, hat sich in die Produktivkräfte entäußert, sich in ihnen gegenständliche Gestalt gegeben. Es ist dies kein Schöpfungsakt eines absoluten Geistes, sondern Ausdruck der tätigen Auseinandersetzung des Menschen mit der Wirklichkeit, die deren theoretische Erfassung voraussetzt, damit der Mensch sie praktisch beherrschen kann.

[17] Karl Marx, „Grundrisse der Kritik der politischen Ökonomie", a. a. O., S. 594.

Die dialektische Beziehung von Materiellem und Ideellem, die die menschliche Arbeitstätigkeit offenbart, gilt auch für den gesellschaftlichen Lebensprozeß insgesamt. Die Ideen einer Klasse bzw. einer Gesellschaft sind durch die materiellen Verhältnisse bedingt und spiegeln sie wider. Sie finden ihren letzten Erklärungsgrund in den objektiven Zusammenhängen der gesellschaftlichen Produktionstätigkeit. Gleichzeitig aber sind die Ideen kein bloßer passiver Reflex des jeweils Gegebenen, sondern stellen eine entscheidende Potenz der progressiven Veränderung gesellschaftlicher Zustände dar. Auf diese Weise erweitert sich der in der Arbeitstätigkeit vorliegende Zusammenhang zu einer gesamtgesellschaftlichen Beziehung. Das Wesen dieses dialektischen Verhältnisses wurde besonders von Lenin herausgearbeitet. Während im Prozeß der Grundlegung der materialistischen Geschichtsauffassung, im Kampf gegen den historischen Idealismus, das Schwergewicht auf dem Nachweis der materiellen Voraussetzungen gesellschaftlicher Ideen lag, wurde im Werk Lenins besonders der zweite Aspekt betont, die Tatsache, daß die Bewußtheit entscheidende Voraussetzung der Umgestaltung der materiellen Verhältnisse ist und daß das Ideelle sich in Materielles „verwandelt". Lenin zeigte, unter den Bedingungen der Zuspitzung der sozialen Gegensätze, des Klassenkampfes, von welch umwälzender Bedeutung die revolutionäre Theorie für die revolutionäre Bewegung ist und wies im Kampfe gegen den Ökonomismus und die Spontaneitätstheorie mit größtem Nachdruck auf die Rolle der Bewußtheit hin. Wenn Marx hervorhob, daß der wissenschaftliche Sozialismus durch materielle Verhältnisse bedingt ist, so betonte Lenin, ohne diese richtige Feststellung auch nur im geringsten in Frage zu stellen, daß er gleichzeitig im Ergebnis der Ideenentwicklung entstanden ist. Diese These war politisch gegen die Auffassung gerichtet, daß der wirtschaftliche Kampf des Proletariats ausschlaggebend für die Niederringung des Kapitals sei. Demgegenüber hob Lenin hervor, daß nur der politische Kampf der Arbeiterklasse, der wiederum ein entwickeltes sozialistisches Bewußtsein voraussetzt, diese Aufgabe zu lösen fähig ist. Das politische Bewußtsein konnte nur von außen in die Arbeiterbewegung hineingetragen werden, es entwickelte sich nicht von selbst aus dem ökonomischen Kampf, wenn dieser auch oft spontan einen politischen Charakter annahm.

Für ein nicht dialektisches Denken könnte es so scheinen, als be-
stünde ein Widerspruch zwischen Marx und Lenin, bzw. im Marxismus
selbst. Indessen handelt es sich darum, daß der Marxismus aus der
Analyse des lebendigen Kampfes der Klassen und aus der Untersuchung
der materiellen Produktionstätigkeit die Erkenntnis der Dialektik von
Materiellem und Ideellem gewann. Der Marxismus ist kein vulgärer,
undialektischer Materialismus, der das Ideelle in das Materielle auf-
löst, oder es als dessen bloßen Reflex deutet, sondern er geht von der
relativen Selbständigkeit beider Seiten wie auch davon aus, daß das
Ideelle nicht bloß durch das Materielle bestimmt wird, sondern es auch
selbst bestimmt. Im Rahmen der allgemeinen Abhängigkeit des Ideologischen vom Materiellen kann jenes zeitweilig zum entscheidenden
Faktor des sozialen Progresses und damit relativ dominant werden.
Das Bewußtsein der Menschen, heißt es bei Lenin, widerspiegelt nicht
nur die objektive Welt, sondern schafft sie auch. Natürlich schafft das
Bewußtsein „an sich" keinerlei materielle Realität, aber es schafft sie
in vermittelter Form, in der Weise, daß es der praktischen Tätigkeit
Richtung und Impuls gibt. Der „Gegensatz zwischen Materie und Bewußtsein" ist, wie Lenin in „Materialismus und Empiriokritizismus"
betonte, relativ und „nur innerhalb sehr beschränkter Grenzen von
absoluter Bedeutung." [18]
Somit offenbart die gesellschaftliche Wirklichkeit, bedingt durch
die menschliche Praxis, eine Dialektik der gesellschaftlichen Beziehungen und Verhaltensweisen, deren adäquater theoretischer Ausdruck der
dialektische und historische Materialismus ist. Diese Dialektik kennzeichnet auch das Verhältnis der menschlichen Subjektivität zu den
objektiven Bedingungen ihres Wirkens. Es wurde bereits angedeutet,
daß es sich bei dieser Problematik um eine philosophische Grundfrage
handelt; ihre zugleich materialistische und dialektische Lösung konnte
nur auf der Grundlage des Ausgehens von der materiellen Praxis erfolgen, d. h., sie war erst dem Marxismus möglich.
Die Dialektik des Subjektiven und des Objektiven wurzelt in der
materiellen Produktionstätigkeit. Das Gemeinsame aller Produktion
ist, wie Marx hervorhob, daß die Menschheit als Subjekt, die Natur
als Objekt auftritt. In der Arbeit schließen sich Subjektives und Ob-

[18] W. I. Lenin, Werke, Bd. 14, Berlin 1962, S. 142.

jektives zusammen. Einerseits dadurch, daß den arbeitenden Menschen eine objektive Naturwirklichkeit mit unaufhebbaren materiellen Gesetzen gegenübertritt, andererseits in der Form, daß die Vermittlung der Individuen durch den Produktions- und Austauschprozeß als objektives Verhältnis erscheint.

Die menschliche Subjektivität produziert auf diese Weise Objektivität: einen materiellen Zusammenhang, der Bewegungsgesetzen folgt, die der Mensch nicht beliebig verändern kann. Diese Dialektik wurzelt in der Natur der Produktivkräfte selbst, die eine objektive und eine subjektive Seite haben. Jene wird verkörpert von den natürlichen Rohstoffen und Naturgesetzen, diese von der menschlichen Arbeitsfertigkeit, dem Geschick, der Erfindungsgabe, der Wissenschaft. Die menschliche Arbeit ist an objektive, materielle Bedingungen gebunden. Diese sind sowohl im Stand der Naturbeherrschung wie in dem Charakter der objektiven Beziehungen der Menschen in der Produktion gegeben. Die menschliche Arbeit hat daher stets objektive Bedingungen zu ihrer Voraussetzung; diese stellen jedoch keine abstrakte „Naturmaterie" dar, sondern sind durch menschliche Arbeit geformt und in diesem Sinne abhängig vom Menschen. Dies gilt, mit entsprechenden Modifikationen, auch von den die Produktionstätigkeit fundierenden Naturzusammenhängen, die ja nicht „an sich", sondern in einer durch menschliche Tätigkeit zubereiteten Form in den Umkreis menschlicher „Wirklichkeit" eintreten.

Die Dialektik des Subjektiven und des Objektiven in der gesellschaftlichen Wirklichkeit ergibt sich daraus, daß die Produktionstätigkeit Entäußerung, Vergegenständlichung ist. Durch die subjektive menschliche Arbeit werden objektive, gegenständliche Erscheinungen und Zusammenhänge produziert. Gleichzeitig stellt die Arbeit die Überführung objektiver Voraussetzungen in den Bewegungsprozeß subjektiver menschlicher Tätigkeit dar. Die Arbeit führt auf dem Wege der Entäußerung der menschlichen Wesenskräfte gegenständliche Bedingungen und Zusammenhänge in neue Zustandsformen über. Sie ist keine „Neuschöpfung" von Gegenständlichkeit aus einem „absoluten Ich" heraus; aber sie bewirkt den Formwandel der materiellen Erscheinung und ist auf diese Weise der Entstehungsakt einer konkreten Realität. Die gegenständliche Welt, die die Arbeit schafft, ist das Produkt des tätigen gesellschaftlichen Menschen; und insofern die Gegenständlichkeit eine wesentliche Seite der Materialität ausmacht, ist die materielle Wirklichkeit zugleich unabhängig und nicht unabhängig vom Menschen.

Den Begriff des vom Menschen unabhängigen Seins hatte der alte Materialismus an den Naturdingen entwickelt; für die gegenständlichen Erscheinungen der gesellschaftlichen Wirklichkeit gilt er nicht mehr in diesem einfachen Sinne, sondern nimmt eine dialektische Form an. Gegenstände – als Produkt menschlicher Tätigkeit – existieren wohl außerhalb des Menschen und seines Bewußtseins, aber nicht unabhängig von ihm. Diese Beziehung gilt im Hinblick auf den vergegenständlichenden, den praktischen Erzeugungsprozeß der Gegenstände. In einem anderen Sinne freilich, in dem Sinne der erkenntnistheoretischen Grundfrage, läßt sich sagen, daß die Gegenstände außerhalb und unabhängig vom menschlichen Bewußtsein existieren, das sie nur auf dem Wege der Widerspiegelung – freilich auf der Grundlage konkret-praktischer Vermittlung – theoretisch in sich aufzunehmen vermag.

Wie Marx hervorhob, ist jede Produktion Vergegenständlichung des Individuums. Die Produkte sind damit objektivierte, gegenständlich, dinghaft gewordene Arbeit. Als Objekte, übergegangen aus dem Prozeß menschlicher Tätigkeit in den „ruhigen" Zustand des Seins, sind sie eigenen, spezifischen Gesetzen unterworfen, die sich aus den Beziehungen ergeben, die sie in ihrer gegenständlichen Existenzweise realisieren. Es ist damit eine besondere Sphäre der Wirklichkeit in das Dasein getreten (konkret wird sie durch die Arbeit immer wieder reproduziert), deren Zusammenhang durch unaufhebbare Gesetze geregelt wird. Die Beziehungen und gegenständlichen Erscheinungsformen dieser Wirklichkeit können dem Menschen als fremde und entfremdete Macht gegenüberstehen, sie können aber auch vom Menschen bewußt gestaltet und verwirklicht werden. Der Ansatzpunkt dessen, daß der Mensch sich von der Herrschaft der Dinge befreien kann, indem er sie gesellschaftlich bewußt produziert, liegt darin, daß sie aus der menschlichen Praxis hervorgegangen sind. Die menschliche Praxis – in der Einheit ihrer materiellen und ideellen Komponenten – bietet den Schlüssel dafür, daß das gesellschaftliche Sein niemals den Charakter eines absoluten Fatums annimmt, daß es auf der subjektiven Seite immer Möglichkeiten gibt, den Bewegungsprozeß der realen

Wirklichkeit zu beeinflussen und ihn mit menschlichen Interessen tätig in Übereinstimmung zu setzen. Diese Möglichkeiten des Subjekts sind natürlich ihrerseits objektiv determiniert; aber sie sind dies nicht so, daß der Mensch stets bloßes Produkt vorgegebener Bedingungen wäre. Die revolutionäre Klasse befreite sich von der niederdrückenden Gewalt der Dinge, insofern sie den Zusammenhang ihrer Bewegung mehr oder weniger durchschaut und ihr Handeln auf die Verwirklichung der in den Entwicklungsbedingungen enthaltenen progressiven Möglichkeiten richtet.

Die Produktion als Vergegenständlichung bringt sinnlich gegenständliche Erscheinungen hervor, eine Welt der „Dinge", deren Substanz sowohl durch natürliche wie durch gesellschaftliche Gesetze bestimmt ist. Gesellschaftliche Zusammenhänge wie Naturgesetze und -prozesse erhalten durch die Arbeit eine gegenständliche Existenz. Die sachlichen Produktivkräfte und die Konsumgüter in ihrer unendlichen Vielfalt verkörpern gegenständlich gewordene menschliche Schöpferkraft. Gleichzeitig reproduziert, entwickelt, verändert der Mensch die Beziehungen, die das Zusammenwirken der Produzenten in der materiellen Arbeit bestimmen. Alles dies ist „objektive Wirklichkeit", die den Prozeß der menschlichen Selbstvergegenständlichung ebenso determiniert, wie dieser sie hervorgebracht hat. Die objektive Wirklichkeit ist an Gesetze gebunden, die vom menschlichen Belieben unabhängig sind. Sie wirken als allgemeinste Zusammenhänge der Bewegungs- und Entwicklungsprozesse sowohl in der Gesellschaft wie in der Natur. Durch die Produktionstätigkeit werden diese beiden Reiche von Gesetzen unmittelbar zusammengeschlossen: Die sinnlich-konkreten Resultate menschlicher Arbeit verkörpern auf diese Weise die Einheit der Dialektik der Natur und der Dialektik der Gesellschaft. Es sind Struktur- und Entwicklungszusammenhänge, die die materialistische Theorie der Dialektik auf ihren allgemeinsten Ausdruck bringt; sie wirken in der Natur wie in der Gesellschaft und weisen in beiden sowohl Gemeinsamkeiten wie wesentliche Unterschiede auf.

Der Mensch hat in seiner Tätigkeit jeweils eine objektive Wirklichkeit vor sich; er geht von ihr aus und die Dimension seines Handelns ist durch die realen Bedingungen und Gesetze vorgezeichnet. Wie Lenin hervorhob, sind die Gesetze der Außenwelt die Grundlage der zweckmäßigen Tätigkeit des Menschen. Gleichzeitig determinieren die objektiven gesellschaftlichen Bedingungen den Prozeß der materiellen Tätigkeit, indem sie seine geschichtliche Struktur prägen. Diese wird verkörpert durch den Entwicklungsstand der Produktivkräfte und die Natur der Produktionsverhältnisse. Aber diese objektiven Bedingungen sind auch Ausdruck der Natur der materiellen Tätigkeit selbst. Der Klassenteilung der Gesellschaft liegt das Gesetz der Arbeitsteilung und damit eine bestimmte Entwicklungshöhe der Arbeitsproduktivität zugrunde. So produzieren die Menschen durch die Arbeit ihr materielles Leben und damit die objektiven Bedingungen der Arbeit selbst. Auf diese Weise schließen sich das Objektive und das Subjektive, die materielle Wirklichkeit und die subjektive menschliche Tätigkeit zusammen und es ergibt sich die Möglichkeit, daß der Mensch der gesellschaftlichen Wirklichkeit eine Form gibt, die den herangereiften neuen materiellen Bedingungen und Möglichkeiten entspricht.

Um dies zu vollziehen, dazu genügt freilich die unmittelbare Produktionstätigkeit nicht mehr, sondern der Mensch muß die Totalität seines gesellschaftlichen Handelns aufbieten, um der Totalität seiner Verhältnisse eine optimale Gestalt geben zu können. Ausschlaggebende Bedeutung erlangen das politische Handeln und die ideologische Tätigkeit (im engeren Sinne). Der Marxismus hat niemals jene Anschauung des bürgerlichen Materialismus sich zueigen gemacht, wonach der Mensch ein passives Produkt seiner Verhältnisse, des „Milieus" sei. Vielmehr ist der Mensch sowohl Produkt der materiellen und ideologischen gesellschaftlichen Verhältnisse als auch deren aktiver Schöpfer. Dies gilt insbesondere im Hinblick auf die geschichtliche Rolle der Arbeiterklasse. Die objektiven Bedingungen der Existenz dieser Klasse zeichnen ihr Möglichkeiten und Notwendigkeiten ihres geschichtlichen Handelns vor; wie weit sie diese realisiert, dies hängt von einer Vielzahl subjektiver Momente ab, darunter von dem Grad der Organisiertheit und Bewußtheit der Arbeiterklasse eines gegebenen Landes wie von der Rolle und den Fähigkeiten ihrer Führerpersönlichkeiten.

Die Dialektik des Objektiven und des Subjektiven im Klassenkampf des Proletariats und in der gesellschaftlichen Entwicklung überhaupt wurde vor allem von Lenin ausgearbeitet. Dies steht natürlich mit der Tatsache im Zusammenhang, daß in Rußland die Klassengegensätze sich äußerst zugespitzt hatten und die Partei der Arbeiterklasse sich äußerst komplizierten Anforderungen des praktischen Handelns gegenübersah. Lenin zeigte, daß gerade die objektive Bedingtheit der gesellschaftlichen Entwicklung ein aktives menschliches Handeln fordert; je breiter die objektiven Grundlagen des Kampfes der Arbeiterklasse sind, um so energischer und bewußter muß die Partei den Kampf organisieren. Es handelt sich also keineswegs darum, daß die Macht der objektiven Verhältnisse den Menschen in die Rolle eines bloßen Ausführungsorgans äußerer Impulse versetzt; vielmehr gelangen diese Verhältnisse erst dann zu einer progressiven gesellschaftlichen Wirkung, wenn der Mensch sie bewußt gestaltet, sie revolutioniert.

Vom Standpunkt der objektiven Bedingungen aus sind stets mehrere Möglichkeiten der Entwicklung gegeben; welche davon realisiert wird, hängt von den Menschen, von den Klassen, von den Parteien ab. In der Schrift „Zwei Taktiken der Sozialdemokratie in der demokratischen Revolution" bewies Lenin, daß die objektiven Verhältnisse Rußlands eine doppelte Möglichkeit der sozialen Entwicklung eröffneten. Es konnte sowohl zu einem entscheidenden Sieg der Revolution über den Zarismus kommen, wie es auch möglich war, daß die Kräfte für einen entscheidenden Sieg noch nicht ausreichten.[19] Es sind also nicht die objektiven Bedingungen allein, die über den Ausgang des politischen Kampfes entscheiden, sondern auch die subjektiven Bedingungen wirken hierbei mit. Die objektiven Bedingungen zeichnen den *allgemeinen* Rahmen der gesellschaftlichen Entwicklung vor, aber diese kann, ihrer konkreten Gestalt nach, in unterschiedlicher Weise verwirklicht werden.

Man könnte einwenden, daß auch der Charakter des „subjektiven Faktors" objektiv bedingt sei und damit letzten Endes die objektiven Verhältnisse die gesellschaftliche Entwicklung total bestimmten. Aber dies gilt eben nur dem allgemeinen Rahmen, der allgemeinen Tendenz nach. Der Arbeiterklasse ist ihre historische Mission objektiv vorgezeichnet, aber wie sie diese in den einzelnen Ländern verwirklicht, hängt auch entscheidend von ihr selbst ab. Würden die objektiven Bedingungen die gesellschaftliche Entwicklung absolut determinieren, dann brauchte die Arbeiterklasse keine Partei, keine Bewußtheit, keine Organisiertheit, dann hätte z. B. der Kampf der Kommunisten und anderer Antifaschisten gegen die Errichtung der faschistischen Gewalt-

---

[19] Vgl. W. I. Lenin, Werke, Bd. 9, Berlin 1957, S. 42/43.

herrschaft in Deutschland ebensowenig Sinn gehabt wie in der Gegenwart das Bemühen um die Verhinderung eines dritten Weltkrieges. Die Praxis des sozialen Lebens selbst widerlegt die mechanisch-materialistische Meinung, der Mensch sei ein bloßes Produkt seiner Verhältnisse; sie lehrt anschaulich, daß die Beziehung des Menschen zu den objektiven Verhältnissen dialektisch ist, daß der Mensch nicht nur durch die Verhältnisse bestimmt wird, sondern daß er sie auch selbst gestaltet.

Man muß also sowohl das objektive wie das subjektive Moment in der Dialektik der geschichtlichen Entwicklung berücksichtigen. Einerseits schaffen die objektiven Verhältnisse die Grundlage und die Voraussetzungen für das praktische Handeln der Menschen. Eine konkrete objektive Situation übt einen gewaltigen Ansporn zur Freisetzung menschlicher Aktivitäten aus; Lenin bemerkte, daß die revolutionäre Krise bedeutende Potenzen der Arbeiterklasse freisetzt. Allgemein machen die Bedingungen, unter denen die Arbeiter leben, sie fähig zum aktiven Kampf, treiben sie zu ihm hin.

Andererseits sind die subjektiven Voraussetzungen von höchster Wichtigkeit für den realen Vollzug der geschichtlichen Entwicklung, dafür, welche konkrete Form die Bewegung der objektiven Verhältnisse annimmt. Wenn der Klassenkampf des Proletariats durch die objektiven Verhältnisse selbst bedingt ist, so kann zugleich, wie Lenin hervorhob, ohne Klassenbewußtsein und Organisiertheit der Massen, ohne ihre Schulung und Erziehung durch den offenen Klassenkampf von der sozialistischen Revolution keine Rede sein. Die objektiven Verhältnisse „an sich" bewirken überhaupt nichts; nur durch das konkrete, bewußte, zielstrebige menschliche Handeln werden sie in den Prozeß der Entfaltung und Entwicklung überführt. Hieraus ergibt sich die entscheidende Rolle, die die Partei im Klassenkampf des Proletariats spielt. Lenin stellte fest, daß derjenige die materialistische Geschichtsauffassung verfälscht, der die „wirksame, führende und leitende Rolle" ignoriert, die „in der Geschichte die Parteien spielen können und müssen, die die materiellen Bedingungen der Umwälzung erkannt und sich an die Spitze der fortgeschrittenen Klassen gestellt haben."[20]

[20] W. I. Lenin, „Zwei Taktiken der Sozialdemokratie in der demokratischen Revolution", in Werke, Bd. 9, a. a. O., S. 30.

Solche Prozesse, wie der Kampf des Proletariats gegen die Bourgeoisie, wie die sozialistische Revolution, bewegen sich nicht „von
selbst", sondern müssen *vorwärtsgetrieben* werden, und dies wiederum
hängt davon ab, wie die Partei der Arbeiterklasse diesen Prozeß führt,
wie geschickt, zielstrebig und erfolgreich sie die Massen zum Kampf
um die Durchsetzung ihrer Interessen organisiert. Die objektiven Bedingungen stellen ein Feld von Möglichkeiten dar; aber es liegt in
ihnen selbst nicht die Gewähr, daß eine bestimmte progressive Entwicklung sich in optimaler Weise vollzieht. Vielmehr ist es objektiv
auch möglich, daß das Alte triumphiert, daß es seine Positionen festigt
und die progressiven Kräfte unterdrückt. Die konkrete Gestalt der
Entwicklung wird daher von dem „subjektiven Faktor" bestimmt; sie
ist ein Ergebnis des Kampfes der entgegengesetzten Momente auf der
subjektiven Seite des gesellschaftlichen Prozesses. Die Widersprüche,
die die Entwicklung der materiellen Basis der Gesellschaft voranbrin-
gen, setzen sich in Widersprüchen innerhalb des „subjektiven Faktors"
fort. Dies ist eine Gesetzmäßigkeit, die für die Klassengesellschaft, in
veränderter Form aber auch für die sozialistische Ordnung gilt. Lenin
hat diese Zusammenhänge in bezug auf den Kampf des russischen
Proletariats gegen Zarismus und Bourgeoisie artikuliert, indem er alles
ängstliche Pochen auf die Macht der objektiven Verhältnisse mit der
Feststellung zurückwies, man hätte im gegebenen Fall „entschlossener,
energischer und offensiver zu den Waffen greifen müssen". („Die Lehren des Moskauer Aufstandes")[21] Die Hauptregel der Kunst des Aufstandes, bemerkte Lenin, ist die Offensive, nicht aber das passive
Warten darauf, wie die Dinge sich entwickeln. Natürlich darf dies nicht
im Sinne des Subjektivismus mißverstanden werden, so als ob die
progressive Veränderung der Gesellschaft *nur* den vollen Einsatz des
„subjektiven Faktors" erfordere. Ohne bestimmte objektive Voraussetzungen könnte auch die größte Kunst der Führung nichts erreichen;
diese Kunst besteht gerade darin, die objektiven Möglichkeiten und
Notwendigkeiten richtig einzuschätzen und die Massen auf den Kampf
um die Erreichung objektiv möglicher Ziele zu orientieren. Aber so,
wie die objektiven Bedingungen ein Feld von Möglichkeiten verkörpern, so ist auch auf der subjektiven Seite eine breite Skala von Alter-

---

[21] W. I. Lenin, Werke, Bd. 11, Berlin 1958, S. 159.

nativen gegeben. Wie diese Möglichkeiten zur Entfaltung gelangen, das hängt von dem Kampf der gesellschaftlichen Kräfte selbst, insbesondere von der Führungskunst der Partei und von dem Grad der Bewußtheit und Organisiertheit der werktätigen Massen ab.

Die ganze Geschichte der Arbeiterbewegung hat auf diese Weise jene Erkenntnis bestätigt, die schon in den Frühwerken von Marx und Engels enthalten ist und die besagt, daß die Umstände den Menschen machen, daß aber auch der Mensch die Umstände gestaltet und hervorbringt. Jede Generation und jedes Individuum finden ein ganzes System objektiver gesellschaftlicher Bedingungen vor die ihrem Handeln Inhalt und Richtung geben. Aber diese Bedingungen bleiben nicht, gleichsam als eine „Naturbasis" menschlichen Seins, ewig sich gleich, sondern werden durch die Praxis fortlaufend umgestaltet und neu geschaffen. Damit verändern die Menschen die objektiven Voraussetzungen ihres eigenen Seins, und sie verändern gleichzeitig sich selbst. Das Ändern der Umstände fällt zusammen mit dem Ändern der menschlichen Tätigkeit und der Menschen. Die Arbeit wandelt nicht nur das Objekt, sie wandelt auch das Subjekt; der Mensch ist kein passiver Reflex des „Milieus", sondern er erzeugt und revolutioniert sich durch seine Tätigkeit.

Die Praxis bildet auf diese Weise die treibende Kraft der geschichtlichen Entwicklung des Menschen. Wenn die idealistische Dialektik in der Tätigkeit des Menschen die Grundlage dessen gesehen hatte, daß die menschliche Gesellschaft stets Neues hervorbringt und auf diese Weise einen Entwicklungszusammenhang herstellt, so konnte der Marxismus die idealistischen Schranken überwinden, innerhalb deren diese Erkenntnis gewonnen wurde. Der Inhalt der menschlichen Geschichte ist die Selbsterzeugung des Menschen durch seine Arbeit. Der Entwicklungsfortschritt des Menschen ist folglich nicht das Resultat primär ideologischer Prozesse, sondern der materiell-praktischen, d. h. vor allem der ökonomischen Tätigkeit. Die Entwicklungsstufen der Geschichte unterscheiden sich danach, wie die Menschen produzieren. Die Steigerung der Arbeitsproduktivität bildet das objektive ökonomische Fundament des menschlichen Fortschritts. Der Mensch entwickelt sich, indem er seine Produktivkräfte entfaltet; diese sind Kristallisation der Auseinandersetzung des Menschen mit der Natur, Resultat seiner Tätigkeit und zugleich deren Determinanten.

Die Entwicklung der menschlichen Gesellschaft vollzieht sich in widersprüchlicher Form. Schon Jean-Jacques Rousseau hatte die Dialektik dieses Prozesses angedeutet, indem er den Fortschritt der Menschheit in der Klassengesellschaft zugleich als partiellen Rückschritt deutete. Marx und Engels hoben in der „Heiligen Familie" [22] diese Tatsache ebenfalls hervor; sie zeigten, daß im Fortschritt der Menschheit bestimmte Rückschritte und Kreisbewegungen auftreten. In den „Grundrissen der Kritik der politischen Ökonomie" wandte sich Marx gegen die Vorstellung eines gleichmäßigen und gleichzeitigen Fortschritts der menschlichen Gesellschaft auf allen Gebieten. Ein „unegales Verhältnis" kann z. B. zwischen der Entwicklung der materiellen Produktion und der künstlerischen Tätigkeit eintreten. Bestimmte Blütezeiten der Kunst koinzidieren keineswegs mit Höhepunkten der Entwicklung der materiellen Grundlagen der Gesellschaft. Die Totalität der praktischen Selbsterzeugung des Menschen ist daher nicht im Sinne strikter Proportionalität ihrer konstituierenden Elemente zu fassen; sie ist häufig in sich ungleichmäßig, weil diese Elemente relative Selbständigkeit besitzen und eigenen Bewegungsgesetzen folgen. Der Begriff des Fortschritts darf daher, wie Marx hervorhebt, nicht in der gewöhnlichen Abstraktion (d. h. im Sinne der Gradlinigkeit) gefaßt werden.

Die Ungleichmäßigkeit tritt nicht nur im Verhältnis der wesentlichen Sphären der gesellschaftlichen Tätigkeit zueinander, sondern auch innerhalb ihrer selbst auf. Die Produktionsverhältnisse können mit sich selbst in die Beziehung der Unegalität treten, was sich, nach Marx, im Verhältnis des römischen Privatrechts zur modernen Produktion – zwei Seiten *derselben* Erscheinung – zeigt.

Marx und Engels führten den widersprüchlich-komplizierten Charakter der Entwicklung in der Klassengesellschaft wesentlich darauf zurück, daß sie „naturwüchsig" vor sich geht, daß sie nicht einem Gesamtplan frei vereinigter Individuen subordiniert ist. Sie geht von verschiedenen Lokalitäten, Stämmen, Nationen, Arbeitszweigen usw. aus, die sich anfangs unabhängig von den anderen entwickeln und erst nach und nach mit ihnen in Verbindung treten. Zugleich werden die verschiedenen Stufen und Interessen nie vollständig überwunden, son-

[22] Vgl. Karl Marx/Friedrich Engels, Werke, Bd. 2, Berlin 1957.

dern jeweils dem siegenden Interesse untergeordnet und existieren noch jahrhundertelang neben diesem fort. Daher nehmen innerhalb einer Nation die Individuen, selbst bei gleichen sozialen Verhältnissen, eine verschiedene Entwicklung, und ein früheres soziales Interesse, dessen materielle Basis bereits überwunden ist, kann noch lange eine Macht in den dem Individuum gegenüber verselbständigten Verhältnissen und Institutionen wie Staat, Recht, Ideologie ausüben. Dies ist eine Erscheinung, die beim Übergang vom Feudalismus zum Kapitalismus eine wesentliche Rolle spielt. Gleichzeitig aber kann das Bewußtsein auch weiter vorgerückt sein als die unmittelbar gegebenen empirischen Verhältnisse, eine Erscheinung, die sich z. B. in der klassischen deutschen Philosophie zeigte.

Die Dialektik der Entwicklung steht, unter dem eben erörterten Aspekt betrachtet, in engem Zusammenhang mit der Entfremdung, mit der Verselbständigung der Resultate der gesellschaftlichen Tätigkeit den Subjekten dieser Tätigkeit gegenüber. Dies besagt zugleich, daß wesentliche Seiten dieser Dialektik in der Entwicklung der sozialistischen Gesellschaft, mehr noch nach ihrem Sieg im Weltmaßstab, wegfallen werden. Die Tatsache, daß die Entwicklung nach einem Gesamtplan erfolgt, läßt jene Disproportionen, die aus der Entfremdung resultieren, verschwinden; die Entwicklung geht rascher, gleichmäßiger und zielstrebiger vor sich.

Fortwirken werden widersprüchliche Momente der Entwicklung, die sich aus der Struktur der menschlichen Tätigkeit schlechthin ergeben. Sie bestehen darin, daß sich eine neue, höhere Entwicklungsetappe auf dem Wege der dialektischen Überwindung der jeweils vorangehenden Etappe entfaltet. In einem gegebenen Entwicklungszustand liegen Möglichkeiten des Fortschreitens, die die menschliche Tätigkeit realisiert. Die Praxis schafft mit der jeweiligen konkreten Wirklichkeit zugleich die Bedingungen für deren progressive Überwindung; indem sie ins Dasein überführt wird, ist zugleich die Notwendigkeit dessen gegeben, daß ihr Dasein aufgehoben wird. Wenn Marx diesen Sachverhalt an der Entwicklung der Produktivkräfte zeigte, die sich jeweils gegensätzlich gegen die bestehenden Produktivkräfte entwickeln, so gilt dies zweifellos nicht nur für die Klassengesellschaft, sondern für die Gesellschaft überhaupt, und es gilt nicht nur für die Produktivkräfte, sondern für alle Formen und Resultate menschlicher Tätigkeit.

Aber was sich in der Klassengesellschaft unbewußt, das vollzieht sich in der sozialistischen Ordnung bewußt. Das Kapital schafft unbewußt, dem Zwange der Gesetze seiner Bewegung unterliegend, die materiellen Bedingungen einer höheren Produktionsform. In der sozialistischen Gesellschaft vollzieht sich der Übergang zu höheren Entwicklungsetappen dem Wesen der Sache nach bewußt. Die bewußte Gestaltung der sozialen Wirklichkeit schließt ein, daß auch die Bedingungen ihrer progressiven Veränderung theoretisch erfaßt und durch die gesellschaftliche Praxis planmäßig in die jeweilige Gestalt der Wirklichkeit überführt werden. So liefert die sozialistische Gesellschaft den praktischen Beweis der Richtigkeit jenes Gedankens, den Engels am 5. August 1890 in einem Brief an C. Schmidt äußerte, wonach der Sozialismus kein „ein für allemal fixiertes Ding" ist, sondern sich „in fortwährender Veränderung und Fortschritt" befindet.[23] Die Quelle und Triebkraft dieses unausgesetzten Entwicklungsprozesses ist die Tätigkeit der Massen, und die Bewußtheit seiner Gestaltung ist durch die führende Rolle der Partei verbürgt.

Der Marxismus konnte, indem er die Geschichte als die praktische Selbsterzeugung des Menschen definierte, das Prinzip der Entwicklung historisch konkret ausarbeiten. Das vormarxsche Denken vermochte bestimmte Schranken des Entwicklungsdenkens grundsätzlich nicht zu überwinden. Diese ergaben sich aus dem Umstand, daß der Mensch als Abstraktum, nicht jedoch als geschichtliches Konkretum gefaßt wurde. Die Ideologen der Bourgeoisie gingen von der abstrakten Natur „des" Menschen aus, die sie entweder bloß biologisch, oder als Konzentrat bürgerlicher Lebensbedingungen auffaßten. In dem abstrakten Begriff der Natur des Menschen war der Gedanke der menschlichen Entwicklung seinem Wesen nach ausgelöscht, und so viel Bedeutendes die klassische deutsche Philosophie, namentlich Hegel, zum Entwicklungsdenken beisteuerte, so bildete die Absolutsetzung des bürgerlichen Menschen doch ein unüberwindliches Hindernis für eine wirklich allseitige Konzeption der Entwicklung. Der Marxismus bestimmte das Wesen des Menschen als das Ensemble der gesellschaftlichen Verhältnisse. Diese Verhältnisse wurden konkret-historisch als Ausdruck der Dialektik von Produktivkräften und Produktionsverhältnissen gefaßt.

[23] Karl Marx/Friedrich Engels, Ausgewählte Briefe, a. a. O., S. 501.

Das Wesen des Menschen ist zwar einerseits durch allgemeine Momente bestimmt, die aus der allgemeinen Natur der menschlichen Praxis resultieren. Zugleich besitzt es jeweils eine konkret-historische Spezifik, die sich mit den materiellen Bedingungen der menschlichen Selbsterzeugung wandelt. Eine geschichtliche Entwicklungsetappe ist daher wesentlich aus ihrer konkret-historischen Struktur zu erklären, nicht daraus, in welchem Maße sie einer abstrakten „Natur des Menschen" zum Dasein verhilft.

Mit dieser Erkenntnis wurde es möglich, die Subjekt-Objekt-Dialektik jenes abstrakt-allgemeinen Charakters zu entkleiden, den sie im Geschichtsdenken des deutschen Idealismus besaß, und sie in ihrer sich historisch wandelnden Typik zu erfassen. Eine große Rolle spielte dabei für Marx und Engels das Problem der Entfremdung, das als historisch bestimmtes Verhältnis von Subjekt und Objekt erschien. Fichte und Hegel hatten die Entfremdung ebenfalls als aufzuhebende Subjekt-Objekt-Beziehung qualifiziert, aber die Aufhebung sollte sich in der ideologischen Sphäre vollziehen, sie erschien als Ausdruck eines bestimmten Erkenntnisstandes, wurde jedoch nicht in ihrem sozialökonomischen Wesen erfaßt.

Marx unterschied – auch damit befand er sich im Gegensatz zum deutschen Idealismus – zwischen Vergegenständlichung und Entfremdung. Jede Produktion ist Vergegenständlichung des Individuums, bzw. des produzierenden Kollektivs. *Unmittelbar* ist das Produkt die Vergegenständlichung der unabhängigen Privatarbeit der jeweiligen Produzenten, *mittelbar* ist es, als Tauschwert, vergegenständlichte allgemeine Arbeit. Die Entfremdung ist durch das zweite Moment, auf der Grundlage der kapitalistischen Warenproduktion, gegeben. Im Kapitalismus tritt der gesellschaftliche Reichtum als fremde und beherrschende Macht dem ihn erzeugenden Proletariat gegenüber. Damit nimmt die Vergegenständlichung zugleich die Form der Entfremdung an; sie ist Entäußerung vom Standpunkt der Arbeit, Aneignung fremder Arbeit vom Standpunkt des Kapitals aus. Daraus ergibt sich, daß die Entfremdung ein historisches Verhältnis ist; sie ist, wie Marx betont, eine bloß *historische* Notwendigkeit, Notwendigkeit für eine bestimmte Entwicklungshöhe der Produktivkräfte, nicht aber eine *absolute* Notwendigkeit der Produktion. Der historische Charakter der Entfremdung besteht einerseits darin, daß diese Form der Subjekt-Objekt-Beziehung einer

relativ niedrigen Phase der Entwicklung der Produktivkräfte entspricht.
Die Menschen sind, wie Marx dies ausdrückte, noch in der Schöpfung
der Bedingungen ihres sozialen Lebens begriffen, statt es von diesen
Bedingungen aus begonnen zu haben. Zugleich jedoch ist die Entfremdung Kennzeichen einer bestimmten Höhe der Entwicklung der Produktivkräfte. Denn sie ist Ausdruck dessen, daß die Beziehungen zwischen
den Produzenten sich über das Niveau einer naturwüchsig zersplitterten,
isolierten Produktion erhoben haben. Die Individuen können sich natürlich ihren gesellschaftlichen Zusammenhängen nicht unterordnen, ehe
sie sie in ihrer praktischen Tätigkeit geschaffen haben.

Die Entfremdung ist somit Ergebnis und Grundlage objektiver geschichtlicher Dialektik; und das bürgerliche Denken ist in einer grundsätzlichen Täuschung befangen, wenn es das *historische* Verhältnis der
Entfremdung als ein *Natur*verhältnis auffaßt, wenn es Vergegenständlichung mit Entfremdung identifiziert.

Die Entfremdung ist dadurch gekennzeichnet, daß die Produkte der
Arbeit den Produzenten als sie beherrschende Macht gegenübertreten.
Sie tun dies jedoch nicht in ihrer unmittelbar durch die Produktion
gegebenen Bestimmtheit, sondern als Konzentrate gesellschaftlicher
Verhältnisse. Die Beziehungen der Menschen machen in der materiellen Arbeit einen Formwandel durch, der darin besteht, daß sie am
Ende des Prozesses in dinglicher Form erscheinen. Die Produktion
transformiert nicht nur Naturbestimmungen in ein Produkt menschlicher Tätigkeit, sondern sie verwandelt auch gesellschaftliche Bedingungen in eine „natürliche", eine dinghafte Existenz. Die gesellschaftliche Beziehung der Personen stellt sich gleichsam verkehrt dar, nämlich als gesellschaftliches Verhältnis der Sachen. Der Tauschwert ist
ein unter dinglicher Hülle verstecktes Verhältnis zwischen Menschen.
Unmittelbarer Ausdruck dieser Tatsache ist das Geld; in ihm wird der
Sachverhalt manifestiert, daß ein gesellschaftliches Produktionsverhält-
nis sich als ein außerhalb der Individuen existierender Gegenstand
darstellt, der nunmehr, als „tote Materie", eine das menschliche Handeln beherrschende Funktion ausübt.

Die Entfremdung offenbart sich damit als per se dialektisches Verhältnis auf der Grundlage menschlicher Tätigkeit; sie ist Einheit entgegengesetzter Momente; Umschlagen der Gegensätze ineinander; Entwicklungsprozeß, der seine eigenen Bedingungen revolutioniert.

Die bürgerliche Marx-„Kritik" geht vollkommen in die Irre, wenn sie die Behauptung aufstellt, die ganze Marxsche Entfremdungs- und Verdinglichungslehre finde sich bereits bei Hegel. So viele Berührungspunkte es auch zwischen Hegel und Marx gibt, so vermochte Hegel jedoch aus objektiven Gründen den Menschen nicht als Ensemble seiner jeweiligen materiellen Verhältnisse zu bestimmen und damit auch nicht Entfremdung und Verdinglichung als konkret-historische Form der Beziehung der Menschen zueinander zu erkennen. Das Wesen dieser Beziehung besteht darin, daß der Arbeiter sich seine eigene Schöpferkraft als Kapital, als fremde Macht gegenübersetzt. Hegel konnte dies nicht erkennen, weil dazu (ganz abgesehen von Hegels bürgerlichem Klassenstandpunkt) eine viel umfassendere Entwicklung des Kapitalismus und des Proletariats notwendig war, als sie zu Hegels Lebzeiten bestand.

Die Entfremdung ist für Marx und Engels ein historisch gegebenes Verhältnis zwischen Produzent und Produkt. Sie ist Herrschaft der unmenschlichen, sachlichen Gewalt über den Menschen, wobei diese sachliche Gewalt verdinglichte soziale Tätigkeit ist. Damit erweist sich die kapitalistische Entfremdung als menschliche Selbstentfremdung auf der Grundlage der praktischen Selbsterzeugung des Menschen durch seine Arbeit.

Im Ergebnis der Klassenspaltung der Gesellschaft erhält die Entfremdung einen doppelten Ausdruck: Sie ist Entfremdung sowohl des Kapitalisten wie des Lohnarbeiters der gesellschaftlichen Wirklichkeit gegenüber. Dieser doppelte Aspekt der menschlichen Selbstentfremdung beinhaltet, daß nicht nur das Proletariat, sondern auch die Bourgeoisie ein soziales Handeln in Gang setzt. Die Selbstentfremdung der Bourgeoisie als Klasse tritt in der Spontaneität an den Tag, die das wirtschaftliche Handeln des Kapitals im Maßstab der Gesellschaft kennzeichnet. Marx und Engels definierten den Kapitalismus als Gesellschaft des blinden Wirkens der ökonomischen Gesetze und stellten fest, daß in ihm keine gesellschaftlich bewußte Regelung der Produktion möglich ist. Natürlich organisieren die Kapitalisten die Produktion im Rahmen der ihnen zugänglichen Zweck-Mittel-Rationalität bewußt; aber die durch das Privateigentum bedingte Trennung der Produzenten voneinander schließt eine Regelung der Produktion im gesamtgesellschaftlichen Rahmen aus. Die

Spontaneität im Kapitalismus ergibt sich aus der Vereinzelung der Produzenten.

Bekanntlich sind durch den staatsmonopolistischen Kapitalismus der Gegenwart Modifikationen dieser Zusammenhänge aufgetreten. Auf Grund der außerordentlichen Zunahme der Konzentration und Zentralisation der Produktion und des Kapitals und vermittels der Tätigkeit des Staates als einer ökonomischen Potenz wurde es dem Kapitalismus möglich, das blinde Wirken der ökonomischen Gesetze einzuschränken und Elemente der bewußten Regulierung der Produktion im gesamtgesellschaftlichen Maßstab zur Geltung zu bringen. Es ist dies Ausdruck dessen, daß die modernen Produktivkräfte eine gesellschaftlich bewußte Entwicklung fordern; sie haben längst den Rahmen und die Möglichkeiten des kleinen und mittleren kapitalistischen Eigentums gesprengt und stellen die kapitalistischen Produktionsverhältnisse überhaupt in Frage. Denn die gesellschaftlich bewußte Entwicklung der Produktivkräfte, die das Optimum ihrer Entfaltung verkörpert, stößt im Kapitalismus nach wie vor an die Schranken des Profitinteresses, der Konkurrenz, der Anarchie. Nur eine wirkliche Übereinstimmung der Interessen, wie sie sich aus dem Gemeineigentum an den Produktionsmitteln ergibt, kann eine optimale Entwicklung der modernen Produktivkräfte gewährleisten. Die Bourgeoisie bleibt daher auch in der Gegenwart dem Gesetz der Entfremdung und Spontaneität unterworfen; sie vermag den gesellschaftlichen Lebensprozeß nicht wirklich bewußt in seiner Totalität zu gestalten, weil die Bedingungen des Privateigentums dies ausschließen.

Marx und Engels stellten fest, daß die besitzende Klasse und die Klasse des Proletariats dieselbe menschliche Selbstentfremdung darstellen. Aber die Bourgeoisie fühlt sich in der Entfremdung wohl und bestätigt, das Proletariat fühlt sich in ihr vernichtet. Dies ist freilich nur die eine Seite. Mit der Entwicklung des Verhältnisses nämlich, mit der Verschärfung des Gegensatzes zwischen Produktivkräften und Produktionsverhältnissen nimmt das Sekuritätsbewußtsein der Bourgeoisie zwangsläufig ab, wird ihr der Boden, auf dem sie existiert, immer fragwürdiger, was sich in den ideologischen Ausdrucksformen der Angst, der Vereinsamung, der Perspektivlosigkeit usw. widerspiegelt. Das Proletariat andererseits ist keineswegs in der Entfremdung bloß vernichtet, sondern organisiert, indem es das Wesen seiner

Lage und die Möglichkeiten ihrer Veränderung erkennt, den bewußten,
aktiven Kampf gegen die Entfremdung und fühlt sich in ihm bestätigt.
So schlagen die Gegensätze um, so realisiert sich die Entfremdung als
dialektisches Entwicklungsverhältnis. Die Bourgeoisie kann einen wirklichen Kampf gegen die Entfremdung nicht führen, weil sie sich damit
gegen ihre eigenen Existenzbedingungen wenden müßte, das Proletariat hingegen ist durch seine Lebenslage gezwungen, die Bedingungen
der menschlichen Selbstentfremdung zu vernichten und sich *im Kampf*
von ihr zu befreien. Die Entfremdung ist kein statisch fixierter Zustand, sondern eine Form der menschlichen Selbstvergegenständlichung,
der sozialen Praxis, und ihr realer Inhalt ist der Kampf der Klassen —
einerseits um die Verewigung, andererseits um die Überwindung der
Entfremdung.

Die ökonomische Stellung des Arbeiters im Kapitalismus ist, nach
Marx, durch eine dreifache Entfremdung gekennzeichnet. Der Arbeiter
hat ein Verhältnis der Fremdheit zum Produkt seiner Arbeit, zur gesellschaftlichen Gesamtarbeit und zu seiner Arbeit selbst. Die Tätigkeit des Arbeiters ist entfremdete Arbeit, weil ihm die Bedingungen
und das Resultat der Arbeit als fremde Macht, als Kapital gegenüberstehen. Der Arbeiter ist jedoch nicht bloßes Objekt dieses von ihm
erzeugten Verhältnisses. Seine Lebenslage verdammt ihn einerseits zur
Entfremdung, aber sie zwingt ihn andererseits zum Kampf gegen sie.
Indem sich das Proletariat als Klasse organisiert und unter Führung
der marxistisch-leninistischen Partei den Kampf gegen die es be-
drückenden Verhältnisse aufnimmt, macht es diese Verhältnisse selbst
transparent und greift ihre Fremdheit an der Wurzel an. Die organisierte Arbeiterklasse vermag durch den ökonomischen und vor allem
durch den politischen Kampf den Zustand der Entfremdung bereits
unter den Bedingungen des Kapitalismus einzuschränken; die Entfremdung ist kein Schicksal, dem die Arbeiterklasse blind ausgeliefert
wäre. Indem das Proletariat seinen Willen als kämpfende Klasse in
die Waagschale der Geschichte wirft, kann es die ökonomische und die
politische Entfremdung zurückdrängen, so wie es die ideologische
Entfremdung in hohem Maße überwunden haben muß, um sich als
Klasse zu organisieren. Es ist unter den Bedingungen des staatsmonopolistischen Kapitalismus der Gegenwart bereits eine reale Möglichkeit, daß die Arbeiterklasse auf dem Wege der Mitbestimmung in den

Betrieben und Konzernen, auf dem Wege der Teilnahme an einer demokratischen Wirtschaftsplanung sich mehr und mehr zum bewußten Subjekt ihrer ökonomischen Lebensverhältnisse emporarbeitet und ihnen bereits einige Züge ihres feindlichen und fremden Charakters nimmt. Damit kann es die Bedingungen für die tatsächliche und allseitige Überwindung der kapitalistischen Entfremdung, die natürlich erst der Sozialismus verwirklicht, günstiger gestalten und diese Überwindung selbst beschleunigen.

So ist die Entfremdung ein dialektisches Entwicklungsverhältnis in dem Sinne, daß sie nicht einen Zustand, sondern einen Prozeß verkörpert, in dem sich die Arbeiterklasse von der Macht der Dinge über die Menschen befreit, und zwar teilweise schon dann, wenn sie objektiv noch die Bedingungen der Selbstentfremdung durch ihre Arbeit erzeugt. Entfremdung und Nicht-Entfremdung stehen sich nicht starr gegenüber, sondern diese Zustände sind durch den Prozeß der gesellschaftlichen Praxis der Arbeiterklasse vermittelt und berühren sich, wie alle Extreme.

Dies gilt naturgemäß wie für die kapitalistische Entfremdung so für die sozialistische endgültige Überwindung der Entfremdung. Die Beseitigung der objektiven Bedingungen der kapitalistischen Entfremdung geschieht nicht durch einen einmaligen Akt, nicht allein dadurch, daß die Arbeiterklasse sich politisch als herrschende Klasse organisiert, sondern dadurch, daß sie sich in einem komplizierten und konfliktreichen Prozeß ökonomisch, politisch und ideologisch zur bewußten Gestalterin ihrer eigenen Lebensverhältnisse emporarbeitet. Dies setzt die fortlaufende Revolutionierung sowohl der objektiven wie der subjektiven Bedingungen voraus. Natürlich erzeugen die objektiven Verhältnisse des Sozialismus nicht eine „neue" – die sozialistische – Entfremdung, wie sie auch selbstverständlich keine kapitalistische Entfremdung neu hervorbringen. Es handelt sich vielmehr darum, daß die allseitige Überwindung der kapitalistischen Entfremdung ein langer geschichtlicher Prozeß ist, in dem die Arbeiterklasse es „lernt", alle Formen und Prozesse der Wirklichkeit bewußt zu gestalten.

Gleichzeitig darf die bewußte Verwirklichung der gesellschaftlichen Erfordernisse und Gesetze nicht als konfliktloser, widerspruchsfreier Vorgang aufgefaßt werden. Die jeweiligen konkreten Resultate der gesellschaftlichen Tätigkeit stehen den Menschen immer zunächst in einer relativen, partiellen Fremdheit gegenüber, denn sie verkörpern zwar gewollte Zwecke, aber zugleich auch eine Totalität von Bedingungen und Zusammenhängen, die der Mensch jeweils erst erkennen muß, um den Erfordernissen gerecht zu werden, die ihnen objektiv innewohnen. So offenbart sich die Subjekt-Objekt-Beziehung in der sozialistischen Gesellschaft als ständige Erzeugung von Widersprüchen, deren Lösung in der theoretischen und praktischen Arbeit des vergesellschafteten Menschen erfolgt.

Marx und Engels sahen die Entfremdung als ein historisches Entwicklungsverhältnis an, das unter bestimmten Bedingungen entstand, sich entwickelte und zuspitzte und notwendig überwunden werden mußte. Engels stellte in „Der Ursprung der Familie, des Privateigentums und des Staats"[24] fest, daß in der urkommunistischen Gesellschaft der Produzent das Produkt beherrschte, was der „ungeheure Vorzug" der barbarischen Produktion gegenüber der Zivilisation war. Natürlich ist dieser Vorzug sehr relativ; denn er ist Ausdruck einer äußerst niedrigen Entwicklungsstufe der Produktion. Wenn die Entfremdung – historisch gesehen – Ergebnis relativer Unentwickeltheit der Produktivkräfte ist, so war es jener vorzivilisatorische Zustand in ungleich höherem Grade. Die Beherrschung des Produkts durch den Produzenten war nur in einer sehr elementaren Weise gegeben; sie war verknüpft mit einer weitgehenden Ohnmacht des Produzenten seinen Lebensbedingungen gegenüber, die aus dem äußerst niedrigen Niveau der Naturbeherrschung hervorging. So war das Dasein des Produzenten in der Urgesellschaft zugleich durch Abwesenheit der Entfremdung wie durch Herrschaft natürlicher und gesellschaftlicher Gewalten über den Menschen gekennzeichnet, und die Entwicklung der Warenproduktion, die zur Herrschaft des Produkts über den Produzenten führte, war zugleich Ausdruck und Ergebnis fortschreitender Zurückdrängung der Ohnmacht des Menschen seinen Lebensbedingungen gegenüber.

Marx und Engels gingen davon aus, daß die Entfremdung, einmal entstanden, sich ständig vertiefte und verschärfte, die ihr innewohnenden Gegensätze herausprozessierte und damit den Impuls zu ihrer Überwindung erteilte. Diese Betrachtungsweise ist, ihrer allgemeinen

---

[24] Vgl. Karl Marx/Friedrich Engels, Werke, Bd. 21, a. a. O., S. 168/169.

14 Stiehler, Dialektik

Form nach, sicher durch Hegel beeinflußt, der in ähnlicher Weise die Selbstbewegung bzw. Selbstnegation einer Erscheinung durch Entfaltung ihrer inneren Gegensätze darstellte. Offenbar ist aber die Dialektik dieses Prozesses komplizierter, als es jenes allgemeine Schema erkennen läßt. Wie die Erfahrung zeigt, ist die Vertiefung der Entfremdung im Kapitalismus kein geradlinig verlaufender Prozeß, sondern wird durch gegenwirkende Tendenzen beeinflußt. Die ungeheure Entwicklung der Produktivkräfte im modernen Kapitalismus ist zweifellos Ausdruck der wachsenden Macht des Menschen über die Natur, die in der glänzenden Entwicklung der Naturwissenschaften ihre theoretische Form erhält. Außerdem ist die moderne Bourgeoisie den Gesetzen ihres sozialen Lebens nicht einfach hilflos ausgeliefert, sondern sie kann Bedingungen schaffen, die es ihr erlauben, diese in bestimmten Grenzen unter Kontrolle zu nehmen. Ferner kann, wie schon gezeigt, die Arbeiterklasse ihr entfremdetes Dasein bereits im Kapitalismus teilweise überwinden. Alles dies zeigt, daß die Entfremdung sich nicht gleichsam automatisch verschärft, sondern daß es Tendenzen gibt, die der Vertiefung der Entfremdung entgegenwirken. Es wäre eine mechanistische Betrachtungsweise, *nur* von der Zuspitzung der sozialen Gegensätze den Übergang zum Sozialismus zu erwarten; die ökonomischen Gegensätze können sich verschärfen, ohne daß dieser Übergang erfolgt, wenn nicht auf der subjektiven Seite durch zielgerichtetes politisches Handeln das Entscheidende geschieht, um die gesellschaftlichen Verhältnisse zu ändern. Man darf weder das Objektive gegen das Subjektive, noch dieses gegen jenes isolieren, wenn man die Dialektik des Geschichtsprozesses gültig erfassen will.

Im allgemeinen ist die These zweifellos richtig, daß die höchste Entfremdung im Kapitalismus zu dem nicht-entfremdeten, wahrhaft menschlichen Zustand des Sozialismus überleitet. Nur ist dies kein geradliniger, sondern ein sehr widerspruchsvoller Prozeß, in dem dem revolutionären Handeln der Massen die entscheidende Rolle zufällt.

Die theoretische Beschäftigung mit dem Problem der Entfremdung fordert, wie sich zeigt, dialektisches Denken. So wie die Dialektik des deutschen Idealismus wesentliche Impulse aus dem Bemühen um ein adäquates Verständnis der menschlichen Selbstentfremdung und ihrer Überwindung empfing, so erschloß auch das marxistische Denken mit der konkret-historischen Fassung der Entfremdung einen dialektischen

Wesenszusammenhang sui generis. Die Entfremdung ist ein spezifischer Subjekt-Objekt-Zusammenhang, eine besondere Form menschlicher Entäußerung und Selbstvergegenständlichung. Die Tätigkeit des Menschen, der seine Erzeugnisse in ein feindliches Verhältnis zu sich selbst setzt, ist die Substanz der Entfremdung. Zugleich ist ihre Voraussetzung dies, daß die subjektive Seite selbst in sich zerrissen ist; der Gegensatz von Kapital und Lohnarbeit, wie er Produkt der Spontaneität und Entfremdung ist, bildet gleichzeitig ihre Bedingung. In der Entfremdung tritt ein Stellenwechsel von Gegensätzen auf: Das subjektive *Tun* schlägt in ein objektives *Sein* um, und die *Verhältnisse* der Menschen nehmen *dingliche* Gestalt an. Ebenso subjektivieren sich die versachlichten Erscheinungen, und die menschlichen *Subjekte* erscheinen als deren *Objekte*. Die Entfremdung ist ein Verhältnis des Produzenten zu seiner Tätigkeit, zu den Resultaten der Tätigkeit und damit zu sich selbst. Gleichzeitig aber ist sie wesentlich ein Verhältnis von Menschen zueinander; sie ist ein Klassenverhältnis. In der Entfremdung und Spontaneität kommt die blinde Herrschaft der Notwendigkeit über das Tun und Treiben der Menschen zum Ausdruck; die Gesetze ihres Tuns treten den Menschen als fremde, sie beherrschende Zwangsgesetze gegenüber. Aber damit ist die Entfremdung gleichzeitig als Herrschaft des Zufalls über die Menschen bestimmt; die Konstellation zufälliger Bedingungen entscheidet über Wohl und Wehe der Privateigentümer, eben weil die Notwendigkeit eine unbegriffene ist. So erklärt sich der scheinbare Widerspruch, daß Marx und Engels die Entfremdung einerseits als Herrschaft der Notwendigkeit, andererseits als Herrschaft des Zufalls kennzeichneten.

Die Entfremdung stellt eine Totalität von Beziehungen dar; sie durchdringt das ganze gesellschaftliche Sein der Menschen – allerdings gleichzeitig, wie schon bemerkt, mit gegenwirkenden Tendenzen. Auch Hegel hatte die Entfremdung als Totalität unterschiedlicher Gestaltungsweisen aufgefaßt; aber er hatte die Wurzel und Grundlage dieser Totalität im menschlichen Bewußtsein erblickt. Demgegenüber machte Marx deutlich, daß die Mannigfaltigkeit der Formen der Entfremdung aus der ökonomischen Entfremdung, aus der entfremdeten Arbeit, erwächst. Erst so wurde diese objektive Totalität zu einer subjektiv begriffenen, und was bei Hegel nur scheinbar vermittelt nebeneinander stand, wurde von Marx materialistisch als dialektischer

14*

Zusammenhang entwickelt. Die ökonomische Entfremdung führt dazu, daß die Widerspiegelung der ökonomischen Verhältnisse in der Ideologie eine verkehrte und verkehrende ist; sie geht vonstatten, ohne den Handelnden in ihrem eigentlichen Wesen zum Bewußtsein zu kommen und konstituiert damit das falsche Bewußtsein. Die Ideologie wird, wie Engels in einem Brief an Mehring bemerkte, zwar mit Bewußtsein vollzogen, „aber mit einem falschen Bewußtsein" [25]; die Triebkräfte des Prozesses bleiben den Ideologen unbekannt. Auf dieser Grundlage bilden sich Religion, idealistische Weltanschauung, bürgerliches Staatsbewußtsein und die weiteren Formen des falschen gesellschaftlichen Bewußtseins aus. Ihnen entspricht ein Handeln, das im Prinzip ebenfalls dem Gesetz der Entfremdung unterliegt. Das entfremdete Bewußtsein vermag sein Handeln nicht an der Realität mittels der Ergebnisse der Praxis gültig zu überprüfen, weil seine Interpretation der Realität und der Praxis bereits ideologisch vorgeprägt ist. Die Praxis als Wahrheitskriterium hat für dieses Bewußtsein nur begrenzte Bedeutung: Untergehende Klassen vermögen aus ihren Fehlern meist nicht mehr zu lernen, sie beschleunigen ihren Untergang durch Maßnahmen, die ihnen als Mittel der Sicherung ihrer Herrschaft erscheinen.

Die entfremdete Welt präsentiert sich auf diese Weise in mannigfaltigen Aspekten als Welt des täuschenden Scheins. Die Kategorie des Scheins war von Hegel in der „Wissenschaft der Logik" zum Gegenstand bedeutsamer Erörterungen gemacht worden. Hegel hatte den Schein als allgemeine Bestimmung der Wirklichkeit aufgefaßt und ihn als Unmittelbarkeit des Nichtseins definiert. Demgegenüber analysierten Marx und Engels den Schein als konkreten Ausdruck einer entfremdeten sozialen Wirklichkeit. Da in der kapitalistischen Gesellschaft die Wirklichkeit vom erkennenden bürgerlichen Subjekt in verkehrender Weise widergespiegelt wird, treten bestimmte grundlegende soziale Zusammenhänge in der Form eines täuschenden Scheins auf. Die Erscheinung verhüllt zugleich das Wesen und offenbart es; sie offenbart es aber in einer verkehrenden Weise. Um in der Erscheinung das Wesen zu erfassen, muß der Schein, der der Erscheinung inhäriert, zerstört und die Unmittelbarkeit des Verhältnisses von Erscheinung und

[25] Karl Marx/Friedrich Engels, Ausgewählte Briefe, a. a. O., S. 549.

Wesen gedanklich hergestellt werden. Dies setzt ein bestimmtes Klassensubjekt der Erkenntnis voraus, ein Subjekt, das sich nicht von dem täuschenden Schein gefangennehmen läßt, sondern ihn aus sozialen Erfordernissen durchbrechen kann und muß. Dieses Klassensubjekt der Erkenntnis fand seine Verkörperung in der organisierten Arbeiterbewegung und ihrer Theorie, dem Marxismus. Während die bürgerliche politische Ökonomie am Schein festhielt, ihm sich unterworfen zeigte, konnte die Theorie von Marx den Schein als Schein begreifen; sie nahm ihn nicht mehr für das Wesen, sondern für dessen objektiven, wenn auch verzerrten Ausdruck. Der Schein ist objektiv und notwendig; er existiert real in der kapitalistischen Gesellschaft und wird durch die entfremdete Arbeit unvermeidlich reproduziert. Aber er ist zugleich subjektiv insofern, als er nur für ein bestimmtes Erkenntnissubjekt sich in seiner täuschenden Wirklichkeit fixiert. Wenn, wie Marx im Dritten Band des „Kapital" bemerkte, die Konkurrenz alles verkehrt erscheinen läßt [26], so gilt dies in bezug auf ein Subjekt der Erkenntnis, das den Verkehrungsprozeß nicht zu durchschauen vermag oder ihn noch nicht durchschaut hat. Aber es gilt nicht absolut, nicht für jedes beliebige Erkenntnissubjekt. Der Schein ist im Wesen des Kapitals objektiv begründet; im Wesen des Kapitals ist aber auch dessen objektive Negation, verkörpert im Proletariat, und damit seine sowohl theoretische als auch praktische Überwindung begründet.

Die reale Befreiung vom Schein fällt zusammen mit der praktischen Überwindung der Entfremdung, d. h. mit der Erlangung gesellschaftlicher Freiheit. Marx und Engels stellten das Problem der Freiheit auf eine von dem bisherigen philosophischen Denken verschiedene Weise, ohne die echten Errungenschaften zu übersehen, die bei dem Ringen mit diesem Problem in der Geschichte der Philosophie erzielt worden waren. Die menschliche Freiheit stellt sich vom Standpunkt des Marxismus aus als Problem der praktischen Überwindung der Entfremdung dar, als die Frage nach der Ausübung der vollen Herrschaft des Produzenten über das Produkt und der bewußten Verwirklichung seiner Lebensbedingungen. Damit ist die Freiheit nicht als theoretisch-kontemplatives Verhalten zur Wirklichkeit bestimmt, sondern als eine Form des sozialen Lebensprozesses insgesamt; sie ist

[26] Vgl. Karl Marx/Friedrich Engels, Werke, Bd. 25, a. a. O., S. 860 ff.

wesentlich eine praktische Frage. In der menschlichen Freiheit kommt eine reale Beziehung des Menschen zur Wirklichkeit zum Ausdruck, die sich nur als Gegensatz zu Entfremdung und Spontaneität begreifen läßt. Wenn Engels die Errichtung des Sozialismus als Sprung aus dem Reich der Notwendigkeit in das Reich der Freiheit interpretierte, so wurde damit die Freiheit als gesamtgesellschaftliche Praxis, als kollektiver Prozeß der Ausübung der Herrschaft des Menschen über seine Lebensbedingungen qualifiziert. Das vormarxsche Denken hatte die Freiheit auf das isoliert gedachte Individuum des Warenaustauschs gegründet. Demgegenüber erkannten Marx und Engels die Freiheit als gesellschaftlich-praktischen Totalitätszusammenhang. Für Hegel hatte sich die Vereinigung von Freiheit und Notwendigkeit primär als Einsicht des reflektierenden Subjekts in die objektiv vor sich gehenden Prozesse dargestellt; vom Standpunkt des Marxismus aus ist zwar Freiheit ohne Erkenntnis der objektiven Gesetzmäßigkeiten und Zusammenhänge nicht möglich, aber zugleich geht sie nicht in dieser theoretischen Beziehung auf, sondern ist vor allem praktische Verwirklichung der gesellschaftlichen (und natürlichen) Notwendigkeiten. Der Mensch wird also nicht durch eine bloß theoretische Tätigkeit, sondern durch den praktischen revolutionären Prozeß frei. Die Befreiung des gesellschaftlichen Menschen hat in unserer Zeit den politischen Kampf gegen die kapitalistische Ausbeutung und Entfremdung und den umfassenden und allseitigen Prozeß der Verwirklichung der sozialistischen Gesellschaft zum Inhalt. Nur in diesem Zusammenhang kann sich die volle Freiheit und Entwicklung des Individuums entfalten, die das vormarxsche Denken dem gesellschaftlichen Prozeß gegenüber verselbständigt hatte. Eine individuelle Freiheit bei gesellschaftlicher Unfreiheit, d. h. Spontaneität und Entfremdung, ist immer nur partiell, relativ und in ihrem eigentlichen Wesen Unfreiheit. Nur auf dem Boden gesellschaftlicher Freiheit kann die wahre und tatsächliche Freiheit des Einzelnen realisiert werden.

So wird durch die sozialistische Gesellschaft die Verkehrung und Entfremdung, der die Freiheit in der Klassengesellschaft unterworfen ist, überwunden und die reale menschliche Freiheit verwirklicht. Wenn in der Klassengesellschaft, wie Marx in den „Grundrissen der Kritik der politischen Ökonomie" bemerkte, die Arbeit als Zwang, die Nicht-Arbeit hingegen als Freiheit erscheint, so wird in der sozialistischen

Gesellschaft die Freiheit im praktischen Lebensprozeß, d. h. wesentlich in der gesellschaftlichen Arbeit, Wirklichkeit. Die soziale Praxis in allen ihren Daseinsformen ist der eigentliche Nährboden, das Aktionsfeld der Freiheit des Menschen im Sozialismus. Das Reich der Notwendigkeit, das die gesellschaftliche Arbeit stets bleibt, wird zugleich als Reich der Freiheit verwirklicht, indem es von den assoziierten Produzenten bewußt und planmäßig gestaltet wird. Damit erhält auch der Staat eine gegenüber der Klassengesellschaft völlig veränderte Funktion. Marx stellte in der „Kritik des Gothaer Programms" fest, daß die Freiheit darin besteht, „den Staat aus einem der Gesellschaft übergeordneten in ein ihr durchaus untergeordnetes Organ zu verwandeln".[27]

Hegel hatte den Staat als die Wirklichkeit der sittlichen Idee definiert und in ihm die höchste Form gesellschaftlicher Ordnungsbeziehungen erblickt. Der Staat erschien als die absolute, alles übrige beherrschende Macht; ein Gedanke, in dem der Herrschaftsanspruch der Bourgeoisie konzentrierten und zugleich mystifizierten Ausdruck erhielt. In der bürgerlichen Gesellschaft ist der Staat Erscheinungsform der Entfremdung, insofern sich in ihm die soziale Tätigkeit zu einer Gewalt über die Produzenten fixiert. In der sozialistischen Gesellschaft hingegen ist der Staat Organ der assoziierten Produzenten zur Regelung ihres gemeinschaftlichen Lebensprozesses; er ist der Gesellschaft untergeordnet, insofern er Mittel, nicht jedoch absoluter Zweck ist. Diesen grundsätzlichen Funktionswandel des sozialistischen Staates übersehen alle die, die den Staat auch im Sozialismus als Erscheinungsform der kapitalistischen Entfremdung ansehen. Es ist offenkundig, daß die bewußte Verwirklichung der gesellschaftlichen Erfordernisse und Gesetze im Sozialismus nicht ohne ein Organ erfolgen kann, das die mannigfaltigen partikularen Bestrebungen auf die Erreichung der gesamtgesellschaftlichen Zwecke orientiert. Dieses Organ ist der Staat. Über der formellen Ähnlichkeit des sozialistischen und des bürgerlichen Staates den entgegengesetzten Inhalt zu „vergessen", den Klassenstaat mit dem Staat des freien werktätigen Volkes zu „verwechseln", zeugt von beträchtlicher politischer Blindheit. Die Tatsache, daß auch im Sozialismus der Staat sich bei einer falschen Politik den

---

[27] Karl Marx/Friedrich Engels, Werke, Bd. 19, a. a. O., S. 27.

Massen „entfremden" kann, ist kein Beleg für die These, daß der sozialistische Staat grundsätzlich, seinem Wesen nach eine Form der
kapitalistischen Entfremdung ist. Die Freiheit auf diesem Gebiet kann
nicht darin bestehen, „den" Staat abzuschaffen, sondern den Klassenstaat zu überwinden und den sozialistischen Staat als Organ der Werktätigen zu schaffen, ihn allseitig zu festigen und zu entwickeln. Gerade
hierin kommt die echte Synthese von Freiheit und gesellschaftlicher
Notwendigkeit zum Ausdruck, während die Diffamierung des sozialistischen Staates als Ausdruck der Entfremdung subjektivistisch und unmarxistisch ist und der imperialistischen Ideologie in die Hände arbeitet.

Am Modell der Beziehung von Freiheit und Notwendigkeit wird
eine allgemeine Eigenschaft der Wirklichkeit sichtbar, nämlich ihre
duale, polarisch-widersprüchliche Struktur. Schon die vormarxistische
Dialektik hatte sich dieser Tatsache in mannigfachen Problemstellungen
und Untersuchungen zugewandt. Die Konzeptionen, die auf diesem
Gebiet ausgearbeitet wurden, waren jedoch mehr oder weniger von
der Idee der Versöhnung der Gegensätze als spezifischer Form ihrer
Durchdringung beherrscht. Der politische Inhalt dieser Idee bestand
in der bei allen vormarxschen bürgerlichen Philosophen anzutreffenden
Überzeugung, daß die sozialen Gegensätze der sich entfaltenden bürgerlichen Gesellschaft durch die Bourgeoisie regulierbar, beherrschbar
seien. Das Moment des feindlichen Sich-Ausschließens dieser Gegensätze erschien als ihrer inneren Einheit durchaus untergeordnet; das
gemeinsame Streben „der" Menschheit triumphierte scheinbar über alle
sich anbahnenden Konflikte der neuen, der „idealen" bürgerlichen Gesellschaft. Diese Gesellschaft stellte sich den bürgerlichen Ideologen
wohl als der Boden konkurrierender Verfolgung der Interessen der
Privateigentümer, zugleich aber auch als der Raum sozialer Gleichheit,
gegründet auf die Universalität des Privateigentums und der „Anerkennung" jedes einzelnen Privateigentümers durch die Totalität aller
übrigen Eigentümer dar.

Dieser trügerische Schein schwand dahin, als die bürgerliche Gesellschaft ihr Embryonaldasein verließ und ihr eigentliches Wesen in
ihren entwickelten Gestaltungen präsentierte. Mit der Entstehung einer
immer zahlreicher werdenden Klasse von Proletariern, die ihre sozialen
Ansprüche in heftigen Klassenauseinandersetzungen geltend machten,
mußte die Illusion einer sozial einheitlichen, demokratisch-freiheitlichen

Gesellschaft der kleinen Warenproduzenten endgültig zu Grabe getragen werden. Das theoretische Programm der neuen Klasse, der Marxismus, formulierte die Erkenntnis der Spaltung der bürgerlichen Gesellschaft in feindliche, sich heftig bekämpfende Klassen. Wenn die bürgerliche Dialektik wesentlich die Idee der Einheit und Versöhnung der Gegensätze exponierte, so die marxistische Dialektik die Idee der Einheit und des Kampfes der Gegensätze. Im Mittelpunkt der Lehre von Marx und Engels über die Dialektik des Geschichtsprozesses steht die fundamentale Erkenntnis, daß alle bisherige Geschichte eine Geschichte von Klassenkämpfen war, daß der Klassenkampf eine entscheidende Triebkraft des Fortschritts der in Klassen gespaltenen Gesellschaft bildete.

Im Kampf der sozialen Klassen wird die Tatsache sichtbar, daß die Gegensätze im Leben der Gesellschaft eine Strukturbeziehung der gesellschaftlichen Praxis sind, daß ihre Bewegung das soziale Handeln der Menschen zum Inhalt hat. Der Kampf der Klassen ist eine Form der aufsteigenden Bewegung der sozialen Praxis; in der Beziehung dieser Klassen aufeinander kommen die entgegengesetzten Momente der Konstanz und der Veränderlichkeit, der Struktur und der Entwicklung, des Objektiven und des Subjektiven zum Dasein. Die feste, zum objektiven Zustand geronnene Bestimmtheit sozialer Klassen hat zu ihrer Wurzel eine bestimmte geschichtliche Entwicklungshöhe der Arbeitsproduktivität, d. h. eine bestimmte Extension und Intension der grundlegenden Form gesellschaftlicher Praxis. Zugleich ist das *Sein* der Klassen ihre heftige *Bewegung*, ihr Kampf gegeneinander. Das Proletariat existiert als Klasse *für sich* erst in dem bewußten und organisierten Kampf, den es gegen das Kapital führt. So hat der Kapitalismus, wie jede andere sozial-ökonomische Formation der Klassengesellschaft, in seiner konkret-historischen Bestimmtheit, in seinem geschichtlichen *Dasein* den Kampf, die *Bewegung* feindlicher Klassen zum Inhalt; er ist *Objekt* nur als die Aktion antagonistisch entgegengesetzter sozialer *Subjekte*.

Die Aktivitäten der antagonistischen Klassen sind auf die Verfolgung einander ausschließender sozialer Interessen und Ziele gerichtet. Aber diese Aktivitäten, so sehr sie gegeneinander wirken, fallen nicht beziehungslos auseinander, sondern sind aufeinander bezogen durch ihr gemeinsames Objekt. Gerade weil es im Kampf der Klassen immer um *ein*

Objekt des entgegengesetzten Ringens geht, kann von einem Klassengegensatz und einem Kampf der Klassen gesprochen werden, der sich
sonst als bloße Verschiedenheit sozialer Aktionen entfalten würde. An
den Grundfragen des gesellschaftlichen Lebens im Kapitalismus, an
den Problemen des ökonomischen und politischen Daseins der Klassen,
an der Frage der sozialen Perspektive entzündet sich der Kampf der
Grundklassen. Identisch sind die großen gesellschaftlichen Objekte der
Auseinandersetzung, entgegengesetzt aber sind die Interessen und
Zwecke, die die Klassen in ihrem Kampf verfolgen. Einheit und Gegensatz bedingen sich in der sozialen Praxis der kämpfenden Klassen;
dies ist ein Ausdruck dessen, daß die antagonistischen Klassen objektive Pole eines *einheitlichen* sozialen Organismus sind. Die Bewegung
der Klassen ist durch den Gegensatz bestimmt, weil es ihr objektives
Sein ist; und ihr Sein ist gegensätzlich, weil es ihre soziale Praxis ist.
So stellt der Gegensatz eine Beziehung dar, die durch die innere Einheit
der Momente gekennzeichnet ist. Aber diese Einheit ist nicht die einer
Gleichheit der sozialen Interessen, sondern basiert auf deren feind-
lichem Sich-Ausschließen. Es geht bei den Zielstellungen antagonisti-
scher Klassen im Prinzip um ein entweder – oder; aber bereits in
dieser Alternative ist das einheitliche Objekt des Kampfes der Klassen
und damit ihre Zusammengehörigkeit innerhalb des Gegensatzes vorausgesetzt. Die Einheit der Gegensätze ist stets ein beweglicher Zustand
von Wirkung und Gegenwirkung; in der Klassengesellschaft aber ist
dieser Zustand spezifisch bestimmt durch den sozialen Antagonismus.
Proletariat und Bourgeoisie bilden eine Einheit, weil sie Antipoden
einer Gesellschaft, des Kapitalismus, sind; aber sie sind Antipoden
nur insofern, als die Bewegungsrichtungen ihrer sozialen Aktivitäten
sich jeweils feindlich ausschließen.

Ausgehend von der Analyse der Klassengegensätze, unter Berücksichtigung der Ergebnisse der Naturwissenschaft und unter Verwertung
von Erkenntnissen Hegels haben insbesondere Engels und nach ihm
Lenin die Allgemeinheit des Gegensatzverhältnisses und seiner konstituierenden Momente theoretisch zur Geltung gebracht. Engels zeigte,
daß nicht nur in der Gesellschaft, sondern auch in der Natur die
Gegensätze bewegliche Zusammenhänge realisieren, daß sie nicht
starr sind, sondern sich durchdringen und ineinander übergehen. Die
Erkenntnis der Flüssigkeit der Gegensätze sah Engels direkt als Kern-

punkt einer dialektischen Betrachtungsweise an. Wenn Engels davon sprach, daß eine Entgegensetzung nur innerhalb der Zusammengehörigkeit stattfindet, so machte er damit zweifellos eine allgemeingültige Aussage über die Wirklichkeit. Von dieser Aussage gilt allerdings, daß sie recht abstrakt ist und den Reichtum des Besonderen verflüchtigt hat. Eine Philosophie, die hierbei stehenbliebe (und natürlich tat dies Engels nicht), müßte sich zu Recht den Vorwurf der Wirklichkeitsferne gefallen lassen. Andererseits liegt es im Wesen der Philosophie, die Abstraktionen immer weiter zu treiben, um sich, gerade vermöge dessen, konkreten Wirklichkeitsbereichen produktiv zuwenden zu können. Ein tiefes Verständnis der Dialektik der Gesellschaft kann daher wertvolle Denkimpulse und heuristische Maximen für die Erforschung der Natur liefern und umgekehrt. Die Möglichkeit dafür besteht sowohl in der objektiven Einheit der Welt wie in der subjektiven Einheit des menschlichen Erkenntnisvermögens. Das Besondere und das Allgemeine vereinigen sich in den philosophischen Fragestellungen und Lösungen. Dies ist natürlich keine ausschließende Eigenschaft der Philosophie, sondern Wesensmerkmal jeder Wissenschaft. Lenin analysierte die kapitalistische Gesellschaft in ihrer imperialistischen Entwicklungsphase bis in ihre einzelnen Seiten und Aspekte; aber zugleich traf er Feststellungen über die Dialektik der Wirklichkeit von umfassender Extension. Die Spaltung des Einheitlichen in gegensätzliche Seiten und die Wechselwirkung dieser Seiten bildeten für Lenin Wesensmerkmale der Wirklichkeit in allen ihren Daseinsformen und Entwicklungszuständen. In der Gesellschaft ist dieser Zusammenhang durch die menschliche Praxis vermittelt; er ist ihr Ergebnis und ihre Grundlage. In der Natur ist er Ausdruck des „blinden", aber natürlich gesetzmäßigen Wirkens der Naturkräfte. Die Wirklichkeit existiert in der Gesellschaft wie auch in der Natur objektiv; sie ist weder dort noch hier eine „freie" Schöpfung des Geistes. In dieser umfassenden Materialität des Wirklichen (in der Gesellschaft verkörpert durch die materielle Basis, die zugleich die ideologischen Beziehungen determiniert) besteht die Einheitlichkeit der Welt und ihrer allgemeinsten Zusammenhänge.

Darum gelten die in den Werken der Klassiker des Marxismus kenntlich gemachten allgemeinsten Strukturmomente der Gegensätze sowohl für die Natur wie für die Gesellschaft. Dies bezieht sich auf das gegenseitige Sich-Ausschließen der Gegensätze wie auf ihre Durchdringung; auf die Vermittlung der Gegensätze wie darauf, daß in Entwicklungsverhältnissen unter konkreten Bedingungen die eine Seite gegenüber der anderen dominiert usf.

Marx, Engels und Lenin untersuchten das Wirken der Gegensätze und Widersprüche vor allem im Leben der Gesellschaft. Dies ergab sich aus der Notwendigkeit, der Arbeiterklasse eine konkrete Theorie zur revolutionären Umgestaltung der Gesellschaft an die Hand zu geben, eine Theorie, die natürlich von den realen Entwicklungszusammenhängen der Gesellschaft ausgehen mußte. Zugleich aber erweiterten sie die zunächst auf die Gesellschaft bezogenen Fragestellungen zu solchen, die auf die Wirklichkeit insgesamt Bezug nahmen. Ebenso wie der Materialismus, mußte auch die Dialektik als *allgemeines* Prinzip entwickelt werden; Materialismus und Dialektik wurden als *Weltanschauung* ausgearbeitet, als allgemeinste Voraussetzungen des denkenden Begreifens und praktischen Veränderns der Wirklichkeit insgesamt. Eine positivistische Fixierung der Theorie auf jeweils nur partikulare Bereiche mußte sie nicht nur ihres Weltanschauungscharakters entkleiden, sondern sie zugleich auch für das Erfassen jener Bereiche stets fragwürdig und zweifelhaft machen. Wir finden daher in den Werken der Klassiker Aussagen über die konkrete Entwicklung des Kapitalismus durch Entfaltung seiner inneren Gegensätze neben Aussagen über die Dynamik der Klassengesellschaft insgesamt und schließlich Feststellungen von größter Allgemeinheit wie die These Lenins, daß Entwicklung Kampf der Gegensätze ist. Es wäre völlig falsch, von der marxistischen Philosophie zu fordern, sie dürfe sich nur konkreten Einzelzusammenhängen denkend zuwenden, wie es falsch wäre, sie auf das Formulieren allgemeinster Aussagen festzulegen. Die Konkretheit der marxistischen Philosophie wurzelt gerade in der Verbindung der Einzelanalyse mit der Erarbeitung allgemeinster Erkenntnisse über die Wirklichkeit.

Lenin stellte in der Arbeit „Zur Frage der Dialektik" fest, daß die Dialektik von der „Anerkennung (Aufdeckung) widersprechender, *einander ausschließender*, gegensätzlicher Tendenzen in *allen* Erscheinungen und Vorgängen der Natur (*darunter* auch des Geistes und der Gesellschaft)" ausgeht, daß die Selbstbewegung aller Erscheinungen auf dem Wirken der Gegensätze beruht, daß Entwicklung (überhaupt)

„Kampf" der Gegensätze ist.[28] Bei Marx finden wir zu dieser Frage eine Aussage von minderer Allgemeinheit, aber zugleich von größter Allgemeinheit, bezogen auf die menschliche Geschichte. Sie findet sich im „Elend der Philosophie" und besagt, daß das Gesetz, dem *die* Zivilisation bis heute gefolgt ist, darin besteht, daß „ohne Gegensatz kein Fortschritt"[29] möglich ist. Engels wiederum hat diese Aussage weiter konkretisiert und spezifiziert, indem er in der „Dialektik der Natur" feststellte, daß in der Geschichte „die Bewegung in Gegensätzen" insbesondere „in allen kritischen Epochen" der geschichtlich führenden Völker hervortritt.[30] Alle diese Aussagen aber wurzelten in der Analyse konkreter Beziehungen von Gegensätzen, wie sie sich (neben vielen anderen) etwa in Lenins Arbeit „Ein Schritt vorwärts, zwei Schritte zurück" findet, wo der Kampf des revolutionären und des opportunistischen Flügels in der russischen Sozialdemokratie untersucht wird. Erst auf der Grundlage solcher Einzelanalysen waren Aussagen höchsten Allgemeinheitsgrades, Aussagen über die Dialektik der Wirklichkeit überhaupt möglich. Erst auf einer solchen Grundlage konnte Marx das *Wesen* der *dialektischen Bewegung* bestimmen, die, wie es im „Elend der Philosophie" heißt, durch „das Nebeneinander- bestehen der beiden entgegengesetzten Seiten", ihren Widerstreit und ihr Aufgehen in eine neue höhere Einheit gekennzeichnet ist (was im Einzelfall natürlich stark modifiziert in Erscheinung ·tritt).[31]

Im gesellschaftlichen Leben ist die Bewegung der Gegensätze eine Formbestimmtheit und ein Resultat der sozialen Praxis. Wenn in den Schriften von Marx, Engels und Lenin die fortschreitende Vertiefung des Klassengegensatzes von Kapital und Arbeit konstatiert wird, so auf der Grundlage der Erkenntnis, daß die materielle Produktions- tätigkeit des Proletariats und das ökonomische Handeln der Bour- geoisie zu einer gewaltigen Entwicklung der Produktivkräfte führen, die in immer schärferen Gegensatz zur privatkapitalistischen Form der Aneignung der Produkte gerät. Der Klassengegensatz zwischen Bourgeoisie und Proletariat vertieft sich auf dem Wege seiner ständigen Neuerzeugung auf höherer Grundlage mittels der gesellschaftlichen

[28] W. I. Lenin, Werke, Bd. 36, Berlin 1962, S. 345/346.
[29] Karl Marx/Friedrich Engels, Werke, Bd. 4, a. a. O., S. 91/92.
[30] Karl Marx/Friedrich Engels, Werke, Bd. 20, a. a. O., S. 481.
[31] Karl Marx/Friedrich Engels, Werke, Bd. 4, a. a. O., S. 133.

Praxis. Es ist dies, wie schon betont wurde, kein einfacher, linearer Vorgang; sondern der sozialen Praxis selbst wohnen Tendenzen inne, die die Polarisierung der Gegensätze verzögern und modifizieren. Ein machtvoll geführter politischer Kampf der Arbeiterklasse kann der ökonomischen wie der moralisch-ideologischen Degradation der Unterdrückten entgegenwirken, ihr Selbstbewußtsein erhöhen und ihre Rolle als selbständig handelnder Faktor der gesellschaftlichen Wirklichkeit verstärken. Andererseits macht gerade dies den bestehenden sozialen Gegensatz um so krasser deutlich, die Tatsache, daß die organisierten, selbstbewußten Schöpfer des materiellen Reichtums von der Verfügung über ihn weitgehend ausgeschlossen sind. Marx und Engels betonten wiederholt, daß durch die Entwicklung des Kapitalismus selbst der Klassengegensatz auf die Spitze getrieben wird. Es ist dies ein Prozeß der dialektischen Selbstentfaltung der sozialen Praxis; er ist dialektisch auch insofern, als er äußerst widerspruchsvoll verläuft und den Tendenzen der Vertiefung der sozialen Gegensätze Tendenzen ihrer relativen Abschwächung entgegenwirken können. Lenin stellte in „Marxismus und Revisionismus" fest, daß es „ein großer Fehler" wäre „zu glauben, die (volle) Proletarisierung der Mehrheit der Bevölkerung sei notwendig, damit die Revolution durchführbar werde".[32] Der Kapitalismus führt objektiv nicht nur zur Vergrößerung des Proletariats, sondern auch zur Vergrößerung des Kleinbürgertums. Indem die neuen Kleinproduzenten unvermeidlich wieder in die Reihen des Proletariats geschleudert werden, entsteht stets ein neuer Nährboden für revisionistische, antimarxistische Gedankengänge in der Arbeiterbewegung, für Tendenzen der Abschwächung des politischen Kampfes des Proletariats gegen die Bourgeoisie.

Durch die gesellschaftliche Praxis werden die objektiven und subjektiven Voraussetzungen der Überwindung des Gegensatzverhältnisses von Lohnarbeit und Kapital geschaffen. Wie Marx in einem Brief an Kugelmann bemerkte, erzeugt die große Industrie den sich zuspitzenden Antagonismus von Kapital und Arbeit wie auch die materiellen und geistigen Bedingungen seiner Überwindung. Die Wurzel des Gegensatzes ist ein bestimmtes Niveau der materiellen Produktionstätigkeit; seine Überwindung wird durch die Entwicklung dieser Tätigkeit ob-

[32] W. I. Lenin, Werke, Bd. 15, Berlin 1962, S. 27.

jektiv vorbereitet und durch den politischen und ökonomischen Kampf des Proletariats in der sozialistischen Revolution vollzogen. Die Aufhebung des Verhältnisses geschieht nicht in gemütlich-idyllischer Form, durch eine Art Versöhnung der entgegengesetzten Seiten, sondern durch harten, opfervollen Klassenkampf, durch den Sieg des Proletariats über die Bourgeoisie.

So zeigt sich die dialektische Struktur der gesellschaftlichen Entwicklung als Form der Äußerung menschlicher Tätigkeit, als Struktur der sozialen Praxis. Engels definierte den Grundwiderspruch des Kapitalismus als die immer unverträglicher werdende Beziehung von gesellschaftlicher Produktion und kapitalistischer Aneignung. Dieser Widerspruch, der die Keimzelle aller anderen Widersprüche des Kapitalismus bildet, hat eine subjektive und eine objektive Seite. Die subjektive Seite besteht darin, daß es Grundformen der gesellschaftlichen Praxis, der menschlichen Tätigkeit sind, die in eine feindliche Beziehung zueinander treten. Die objektive Seite findet darin ihren Ausdruck, daß diese menschlichen Tätigkeiten an fixierte, institutionalisierte, „gegenständliche" Formen der gesellschaftlichen Wirklichkeit wie die Produktivkräfte, den Machtapparat des Staates usw. gebunden sind. Der Widerspruch zwischen gesellschaftlicher Produktion und kapitalistischer Aneignung tritt, wie Engels betonte, an den Tag als Gegensatz von Proletariat und Bourgeoisie, er objektiviert sich in der realen Klassenstruktur der Gesellschaft.

Der Widerspruch zwischen der Produktions- und der Aneignungsweise erhält in den Werken der Klassiker des Marxismus den Ausdruck eines Widerspruchs zwischen den Produktivkräften und den Produktionsverhältnissen. Engels betonte in der „Entwicklung des Sozialismus von der Utopie zur Wissenschaft", daß dieser Widerspruch objektiv besteht: in den Tatsachen, außerhalb des Menschen, unabhängig vom Wollen und Laufen selbst derjenigen Menschen, die ihn herbeigeführt haben. Dieser Widerspruch ist seiner Herkunft nach Resultat der menschlichen Produktionstätigkeit; zugleich ist er ein Ergebnis der Entwicklung der materiellen Bedingungen des gesellschaftlichen Lebens, die ihren eigenen, vom Menschen unaufhebbaren Gesetzen folgen. Die Objektivität dieses Widerspruchs ist durch den Umstand bedingt, daß die Produktionstätigkeit Vergegenständlichung ist, daß sie nicht bloßer Prozeß ist, sondern sich in gegenständlichen Resultaten niederschlägt. Dies ist zugleich die Grundlage der Objektivität des Widerspruchs im erkenntnistheoretischen Sinne. Er besitzt zwar, da er durch menschliche Tätigkeit ins Dasein tritt, die Eigenschaft der Objektivität nicht in genau dem gleichen Sinne, wie Erscheinungen der vom Menschen unberührten Natur objektiv sind. Aber da er Ausdruck der *verdinglichenden* Funktion der menschlichen Praxis ist und unaufhebbare Gesetze der gesellschaftlichen Entwicklung zu seiner Voraussetzung hat, ist er objektiv-real wie alle Erscheinungen der materiellen Wirklichkeit.

Die Materialität dieses Widerspruchs besitzt folgende charakteristische Kennzeichen: Er ist objektiv-real als außerhalb des Bewußtseins existierende Erscheinung. Er besitzt eine gegenständliche Seite, da sich in ihm die materielle Produktionstätigkeit kristallisiert. Er ist materiell, da er eine Beziehung innerhalb der materiellen Basis der Gesellschaft verkörpert. Diese materielle Existenz ist schließlich dadurch gekennzeichnet, daß der Widerspruch von Produktivkräften und Produktionsverhältnissen Ergebnis der im gesellschaftlichen Rahmen spontan verlaufenden Tätigkeit der Menschen unter den Bedingungen des Kapitalismus ist. Er ist somit unabhängig vom menschlichen Wollen in zwiefachem Sinne. Erstens ist er Ausdruck der objektiven, vom Menschen unaufhebbaren Gesetze der gesellschaftlichen Entwicklung. Zweitens ist er nicht Ergebnis der bewußten Verwirklichung der objektiven gesellschaftlichen Gesetze, sondern Ausdruck von deren spontanem Wirken.

Der Widerspruch von Produktivkräften und Produktionsverhältnissen besitzt jedoch nicht nur eine objektive, sondern auch eine subjektive Seite. Dies unterscheidet ihn von den objektiv-realen Erscheinungen der außermenschlichen Natur. Die Naturprozesse sind ihrer Entstehung nach im Prinzip nicht an menschliche Tätigkeit geknüpft; sie können wohl vom Menschen ausgenutzt werden, sind aber kein Produkt der sozialen Praxis, sondern der außerhalb und unabhängig vom Menschen existierenden Natur. Der Widerspruch von Produktivkräften und Produktionsverhältnissen hingegen ist kein „Naturprodukt" – die Natur bringt keine Werkzeuge, Maschinen, Fabriken usw. hervor –, sondern ein Produkt menschlicher Tätigkeit. Dies macht seine subjektive Seite aus. Da der Mensch nur als bewußt handelndes Wesen produzieren kann, ist die Existenz dieses Widerspruchs zugleich an das menschliche Bewußtsein geknüpft, was ebenfalls seine Materialität von der der Naturdinge unterscheidet.

Das subjektive Moment des Widerspruchs von Produktivkräften und Produktionsverhältnissen bedingt es, daß dieser Widerspruch durch menschliche Tätigkeit aufgehoben werden kann. Diese Möglichkeit gilt zwar auch für bestimmte Naturprozesse (z. B. Krankheiten), die der Mensch ebenfalls überwinden kann. Hier greift jedoch die menschliche Tätigkeit gleichsam von außen regulierend ein, während bei den Erscheinungen des gesellschaftlichen Lebens die soziale Praxis deren immanentes Prinzip ist. Da die Gesellschaft nur als Entwicklungsprozeß existiert, ist die sich geschichtlich entfaltende und umgestaltende menschliche Tätigkeit Bedingung der Existenz und Aufhebung gesellschaftlicher Widersprüche sowie der jeweiligen historischen Veränderung der sozialen Institutionen und Verhaltensweisen.

Die Klassiker des Marxismus analysieren in ihren Werken die gesellschaftlichen Widersprüche sowohl nach ihrer objektiven wie nach ihrer subjektiven Seite. Einerseits fassen sie die Widersprüche als Beziehungen innerhalb der sozialen Tätigkeit, andererseits untersuchen sie diese als reale Strukturformen des gesellschaftlichen Lebens. In beiden Fällen werden sie als objektive, nicht dem menschlichen Belieben geschuldete Erscheinungen begriffen. So wie der Grundwiderspruch des Kapitalismus sich als Ausschließungs- (und natürlich auch Bedingungs-) Verhältnis menschlicher Tätigkeiten darstellt, so ist auch die davon abgeleitete Beziehung der Klassen lebendige soziale Aktion. Die Produktion, die Lebensgrundlage der menschlichen Gesellschaft, entfaltet sich im dialektischen Zusammenhang mit der ihr entgegengesetzten Tätigkeit, der Konsumtion. Marx führte in den „Grundrissen der Kritik der politischen Ökonomie" aus, daß die Produktion unmittelbar Konsumtion, die Konsumtion unmittelbar Produktion ist. Die Konsumtion schafft das Bedürfnis *neuer* Produktion und damit den treibenden Grund der Produktion. Die Produktion muß jedoch, um den Impulsen der Konsumtion zu genügen, eine Welt konsumierbarer gegenständlicher Dinge erzeugen. Diese gegenständliche Welt enthält den Widerspruch ebenso in sich, wie die Tätigkeit, die sie begründet. Die Ware, nach Marx zunächst ein äußerer Gegenstand, ein Ding, das durch seine Eigenschaften menschliche Bedürfnisse befriedigt, ist in der kapitalistischen Gesellschaft zugleich die Keimzelle aller sozialen

Widersprüche. „Der der Ware immanente Gegensatz von Gebrauchs-
wert und Wert, von Privatarbeit, die sich zugleich als unmittelbar gesellschaftliche Arbeit darstellen muß, von besondrer konkreter Arbeit,
die zugleich nur als abstrakt allgemeine Arbeit gilt, von Personifizie-
rung der Sache und Versachlichung der Personen – dieser immanente
Widerspruch erhält in den Gegensätzen der Warenmetamorphose seine
entwickelten Bewegungsformen."[33] Der in der Ware objektiv existierende Widerspruch ist natürlich nicht unmittelbar gleichzusetzen mit
den Widersprüchen der außermenschlichen Dingwelt, da er seine Bestimmtheit durch den konkret-historischen Entwicklungsgrad der
menschlichen Produktionstätigkeit erhält. Das tangiert jedoch nicht
seine real-gegenständliche Daseinsform. Dies gilt auch für eine Vielzahl von Widersprüchen der kapitalistischen Produktion, die Marx
eingehend im „Kapital" dargestellt hat. Es handelt sich hierbei u. a. um
die widerstreitenden Tendenzen des kapitalistischen Akkumulations-
prozesses: Die kapitalistische Produktionsweise ist, wie Marx im Dritten Band des „Kapital" ausführte, von dem Widerspruch beherrscht,
daß sie einerseits eine Tendenz nach absoluter Entwicklung der Produktivkräfte einschließt und andererseits die Erhaltung des existierenden Kapitalwerts und seine höchstmögliche Verwertung zum Ziel hat.
Es ist dies zweifellos ein objektiver, der realen gesellschaftlichen Wirklichkeit unmittelbar angehöriger, vom menschlichen „Wollen und Laufen" unabhängiger Widerspruch. Er tritt nicht unabhängig von menschlicher Tätigkeit ins Dasein, aber er ist von ihr unabhängig in *dem*
Sinne, daß diese Tätigkeit ihn nicht beliebig modifizieren oder grundsätzlich umgehen kann. Er ist ein Widerspruch, der dem versachlichten
Resultat der menschlichen Tätigkeit innewohnt und den objektiven
Gesetzen unterliegt, die deren Entwicklung bestimmen.

Die treibende Kraft der gesellschaftlichen Entwicklung beruht in
der menschlichen Tätigkeit, in den Widersprüchen, die sich zwischen
dem Menschen und der äußeren Wirklichkeit entfalten, in den Widersprüchen des objektiven gesellschaftlichen Lebens, in den subjektiv
und objektiv determinierenden Faktoren der verschiedenen Art. In den
Werken der Begründer des Marxismus wird hervorgehoben, daß der

---

[33] Karl Marx, „Das Kapital", Erster Band, in Karl Marx/Friedrich Engels,
Werke, Bd. 23, a. a. O., S. 128.

Kampf der Klassen die treibende Kraft der Entwicklung der Klassengesellschaft ist. In dem Wirken dieser Triebkraft fallen menschliche Tätigkeit und mobilisierender Widerspruch, subjektive Aktion und objektive Bedingungen zusammen. Das geschichtliche Handeln des Menschen entfaltet sich als Gegeneinander der Bestrebungen, Interessen, Tendenzen; dies ergibt sich aus den objektiven Bedingungen der Klassengesellschaft, die selbst wiederum Ausdruck und Resultat einer bestimmten Entwicklungshöhe der materiellen Produktionstätigkeit sind. Die objektiv-realen Bedingungen der kapitalistischen Gesellschaft enthalten determinierende Faktoren des sozialen Prozesses, die als Stimulantien verschiedener Art wirken – als Wirkursachen und Zweckursachen, als objektive Impulse und subjektiv-menschliche Interessen. Es sind dies Triebkräfte, die alle in mittelbarem oder unmittelbarem Zusammenhang mit der menschlichen Tätigkeit, mit dem sozialen Handeln stehen; sei es, daß sie Komponenten des Handelns selbst sind, sei es, daß sich in ihnen menschliches Handeln objektiv strukturiert und sich in vermittelter Weise selbst determiniert. Unter den objektiven Bedingungen können es sowohl Verhältnisse wie die sachlichen Elemente der Produktion und des gesellschaftlichen Lebens sein, die den sozialen Prozeß fördern. Engels bemerkte in der „Wohnungsfrage" daß die treibende Kraft der Arbeiterbewegung in der Entwicklung der großen Industrie und deren Wirkungen liegt. Andererseits ist die Arbeit selbst das vorwärtstreibende Element der geschichtlichen Bewegung. Die subjektiv menschliche Tätigkeit schafft somit notwendig jene objektiven Formen und Bedingungen, die sie selbst und mit ihr die Totalität des gesellschaftlichen Seins in den Prozeß unausgesetzter Entwicklung überführen.

Die mobilisierende, vorwärtstreibende Rolle der menschlichen Tätigkeit tritt nicht nur in der Gestaltung der objektiven Wirklichkeit, sondern auch in dem Bewegungszusammenhang ihrer gedanklichen Widerspiegelung an den Tag. Wenn die materielle Praxis die Einheit objektiver und subjektiver Komponenten der gesellschaftlichen Entwicklung begründet, so die theoretische Tätigkeit den Zusammenhang von adäquater Erfassung des Wirklichen und gedanklicher Antizipation künftiger Notwendigkeit bzw. Möglichkeit. Der vormarxsche Materialismus hatte die Widerspiegelungsfunktion des Erkennens herausgearbeitet, das erkennende Subjekt dabei jedoch nicht zugleich als praktisch tätiges definiert und auf diese Weise Erkenntnisgewinnung als mehr oder weniger passiv-kontemplativen Vorgang gedeutet. Die klassische deutsche Philosophie suchte demgegenüber das Erkenntnisgeschehen primär von der Seite des aktiven, tätigen Subjekts zu erschließen; aber da die vormarxsche Philosophie prinzipiell zur Erfassung der materiellen Praxis unfähig war, erschien diese Tätigkeit als die dialektische Selbstentfaltung des Geistes. Die entscheidende Umwälzung in der Gnoseologie erfolgte mit der Entdeckung der sozialen Praxis durch Marx und Engels. Diese Entwicklung machte es möglich, den Erkenntnisprozeß nicht nur konsequent materialistisch, sondern zugleich dialektisch zu verstehen und den Gedanken der Widerspiegelung mit dem Gedanken des dialektischen Fortschreitens der Erkenntnis vermöge der aktiven Tätigkeit des Subjekts zu verbinden. Da die Praxis materialistisch nur als Tätigkeit des gesellschaftlichen Menschen begriffen werden kann, stellte sich nunmehr auch das theoretische Erkennen nicht mehr primär als gedankliche Beziehung des Individuums zur äußeren Wirklichkeit dar, sondern als ein gesellschaftlich fundierter, klassenmäßig bestimmter Vorgang.

Die Erkenntnisauffassung von Marx, Engels und Lenin ist durch das allem Materialismus gemeinsame Prinzip des Empirismus, der Ablehnung jeglicher Spekulation gekennzeichnet. Das Erkennen hat, wie in der „Deutschen Ideologie" mehrfach betont wird, auszugehen von den empirischen Voraussetzungen und Gegebenheiten. Man kann die Wirklichkeit nicht erkennen, wenn man nicht *sie selbst* in ihrer eigentümlichen und wesentlichen Beschaffenheit zu erfassen sucht. Dies aber kann nur auf jenem Wege erfolgen, der allgemein mit dem Wort „Erfahrung" umschrieben wird. Das Erfahren der Wirklichkeit besteht nicht darin, daß der Mensch passiv die sinnliche Realität auf sich einwirken läßt, sondern er ist hierbei aktiv und tätig, indem er die objektive Wirklichkeit praktisch verändert und sie so „erfährt". Der Materialismus der marxistischen Erkenntnistheorie besteht in der Objektivität der Betrachtung, in der Ablehnung jedes subjektivistisch-idealistischen Herangehens. Die entscheidende erkenntnistheoretische Frage besteht, wie Lenin in „Materialismus und Empiriokritizismus" formulierte, darin, ob die vom Erkennen zu enthüllenden objektiven

Gesetzmäßigkeiten und Prozesse primär der Wirklichkeit selbst oder dem menschlichen Bewußtsein angehören. Aller Idealismus beantwortet diese Frage im zweiten Sinne, während der marxistische Materialismus sie konsequent im ersten Sinne löst.

Der Materialismus in der Erkenntnistheorie schließt, wenn er allseitig verwirklicht wird, den Standpunkt der Dialektik ein. Dies ergibt sich bereits aus der von dem jungen Marx skizzierten grundlegenden Voraussetzung, daß es gilt, nicht dogmatisch die Welt zu antizipieren, wie das mehr oder weniger alle vormarxsche Philosophie getan hatte, sondern aus der Kritik der alten Welt die neue zu finden. Marx faßte sein erkenntnistheoretisches Prinzip in die Forderung nach „rücksichtsloser Kritik alles Bestehenden" zusammen. Gemäß diesem Prinzip wurde die Wirklichkeit sowohl anerkannt wie kritisch aufgehoben; sie wurde anerkannt als objektiv reales Dasein sie wurde nicht anerkannt, insofern sie als notwendig zu verändernde begriffen wurde. Dieser aktivistische Grundsatz, in dem sich in lebendiger Weise Materialismus und Dialektik verbinden, ist ein erkenntnistheoretisches Postulat, in welchem der revolutionäre Charakter des Marxismus mit voller Klarheit zum Ausdruck kommt.

Der Empirismus in der marxistischen Philosophie nimmt somit die Wirklichkeit nicht als eine fertige, schlechthin gegebene, zu der das erkennende Subjekt sich lediglich rezeptiv zu verhalten hätte, sondern er begreift sie als ein Dasein, in dem der Mensch sich jeweils neu verwirklicht, dessen Gestalt durch den theoretisch und praktisch tätigen Menschen geprägt ist. Der Mensch verhält sich im Erkennen nicht einfach widerspiegelnd. Er vermag die Welt nur widerzuspiegeln, indem er sich aktiv, tätig mit ihr vermittelt. Der Marxismus zieht alle Konsequenzen aus jener genialen Idee, die von Diderot, Hegel u. a. geäußert wurde und besagt, daß die Arbeit Grundlage der Erkenntnis ist. So wie der Mensch als passives, rein konsumtives Wesen zu Erkenntnis überhaupt nicht gelangen würde, so werden auch wesentliche Erkenntnisfortschritte vor allem von solchen Klassen vollbracht, die eine gesellschaftlich aktive Beziehung zur Wirklichkeit entfalten, die durch ihre Tätigkeit den gesellschaftlichen Fortschritt verwirklichen.

Wie Engels zeigte, erweiterte die auf der Arbeit beruhende Herrschaft des Menschen über die Natur bei jedem neuen Fortschritt den Gesichtskreis des Menschen. Er entdeckte an den Naturgegenständen

ständig neue, bisher unbekannte Eigenschaften. In der gleichen Weise
schuf die gesellschaftlich-politische Tätigkeit des Menschen die Voraussetzung dafür, daß auch das gesellschaftliche Sein und Werden sich
dem Erkennen öffneten. Durch die Arbeit hat der Mensch sich als
materielles Wesen erzeugt und vervollkommnet, durch die Arbeit hat
er zugleich eine geistige Welt geschaffen, die die materielle Wirklichkeit sowohl widerspiegelt wie vorbildet. Engels hatte daher vollkommen recht, wenn er in der „Dialektik der Natur" betonte, nicht die
reale Wirklichkeit als solche, sondern ihre Veränderung und Entwicklung durch den Menschen sei die wesentlichste und nächste Grundlage
des Denkens. Erst in der praktischen Auseinandersetzung mit der Wirklichkeit kann die Menschheit Erkenntnis gewinnen.

Damit erhält die Kategorie Praxis bestimmende Bedeutung für die
marxistische Erkenntnistheorie, und zwar sowohl im Hinblick auf
ihre materialistische Grundlage wie auf die von ihr artikulierte Dialektik des Erkennens. Denn insofern Erkenntnis die praktische Hervorbringung bzw. Umgestaltung eines konkreten Bereichs der Realität
durch den Menschen zu ihrer Voraussetzung hat, entfaltet sie sich
als widerspruchsvoller Fortschritt vom Nicht-Wissen zum Wissen, vom
weniger tiefen zum tiefen Wissen. Die Selbsterzeugung des Menschen
durch seine Arbeit schließt die ständige Erzeugung neuer realer Erscheinungen und Verhältnisse ein; dies stellt immer neue Anforderungen an die Tätigkeit des Erkennens, läßt neue Objekte und Subjekte der Erkenntnis hervorgehen. In Marx' „Feuerbach-Thesen" steht
der bedeutungsvolle Satz: „In der Praxis muß der Mensch die Wahrheit, das heißt die Wirklichkeit und Macht, die Diesseitigkeit seines
Denkens beweisen."[34] Ein Denken, das sich von der Praxis isoliert,
verfehlt den Sinn menschlichen Erkenntnisbemühens. Die Praxis vermittelt zwischen Subjekt und Objekt, sie ist die produktive Grundlage
und das Kriterium objektiver Wahrheit. Die Objektivität der Erkenntnis gründet in der Praxis; nur durch die praktische Umsetzung der
Resultate des Erkennens kann der Mensch sich von der Wahrheit
seiner Erkenntnisse überzeugen. Lenin definierte die objektive Wahrheit als einen Inhalt der Erkenntnis, der vom Subjekt unabhängig
ist. Dies gilt selbstverständlich nur im Blick auf die erkenntnistheo-

[34] Karl Marx/Friedrich Engels, Werke, Bd. 3, a. a. O., S. 533.

retische Grundfrage. Im Sinne der Totalität der menschlichen Praxis ist die objektive Wahrheit vom Subjekt insofern abhängig als ihre Erfassung den tätigen Menschen zur Voraussetzung hat, wie auch in dem Sinne, daß sie – sofern es sich um die vom Menschen gestaltete Wirklichkeit handelt – sich auf ein Sein bezieht, das seiner Existenz nach Produkt der menschlichen Tätigkeit ist. Das sich durch die soziale Praxis stets wandelnde Sein fordert von dem erkennenden Subjekt die Verbindung des Gesichtspunktes der Objektivität der Betrachtung mit dem Gesichtspunkt der Prozeßhaftigkeit der Erkenntnis und ihrer Resultate.

Lenin hat in seiner praktisch-politischen und in seiner theoretisch-wissenschaftlichen Arbeit beide Gesichtspunkte als dialektische Einheit gehandhabt. Wie er bewies genügt es nicht, allgemeine Schablonen auf jeden beliebigen Fall anzuwenden sondern es kommt vielmehr darauf an, sich der konkreten Natur einer bestimmten Erscheinung, z. B. einer gegebenen politischen und ökonomischen Situation zuzuwenden und sie durch konkrete Analyse ins Bewußtsein zu heben. Ein dogmatisches Denken, das auf tradierten Erkenntnissen starr beharrt, ist so wenig materialistisch, wie es dialektisch ist. Der Gesichtspunkt der Praxis muß der erste sein: Das schließt ein, den vorliegenden Erkenntnisstand an den neuen Erfahrungen kritisch zu messen und die Erkenntnisse in Übereinstimmung mit der fortgeschrittenen Praxis, der entwickelten Wirklichkeit weiterzubilden. Ohne die Berücksichtigung dieses Erfordernisses hätte die internationale Arbeiterbewegung jene Erfolge nicht erzielen können, die sie erreicht hat, weil sich die marxistische Theorie in eine dogmatische Schablone verwandelt hätte. Natürlich hat dieser Gesichtspunkt nichts mit Relativismus und Sophistik zu tun; denn er fordert die unbedingte Beibehaltung und Anerkennung der tausendfach bewährten marxistischen Grundpositionen, er vereinigt in sich die Momente der Konstanz und der Veränderlichkeit. Die neuen Erfahrungen führen zur Präzisierung und Entwicklung der Theorie, zugleich aber auch zu ihrer erneuten, tieferen Bestätigung.

Lenin schärfte immer wieder ein, daß die marxistische Theorie durch die historische Konkretheit der Fragestellung gekennzeichnet ist. Es geht um die konkrete Anwendung einer bestätigten, vielfach erprobten Erkenntnis auf neue konkrete Verhältnisse und Erscheinungen, wobei die Erkenntnis selbst sich erweitert und entwickelt. Die Erfassung der Wahrheit ist ein unendlicher Prozeß, weil die menschliche Tätigkeit immer neue Seiten der Wirklichkeit gestaltet und hervorbringt, bzw. dem Erkennen öffnet. Aber diese Unendlichkeit ist nicht jene schlechte Unendlichkeit, in der anderes auf anderes beziehungslos folgt, sondern sie ist Bei-sich-sein, wahrhafte Unendlichkeit als Rückkehr in sich, als Bewahrung und Entwicklung des Erprobten, Bestätigten, im Prozeß der Erschließung neuer Horizonte.

Dabei entstehen und entwickeln sich zugleich die Strukturgerüste der Erkenntnis, die Kategorien und Begriffe. Die Kategorien sind objektiv, insofern sie reale Wesenszusammenhänge der Wirklichkeit theoretisch spiegeln; sie sind beweglich, flüssig, insofern sie Konzentrate und Orientierungspunkte der lebendigen, fortschreitenden menschlichen Tätigkeit sind. Engels wies in der „Dialektik der Natur" darauf hin, daß die Vorstellung der Kausalität durch menschliche Tätigkeit begründet ist. Dieser materialistische Gesichtspunkt schließt in sich die dialektische Überzeugung ein, daß mit der konkreten Wandlung, Bereicherung der menschlichen Tätigkeit sich auch die Kategorien wandeln und bereichern, die diese gedanklich reflektieren. Auch Lenin faßte die Kategorien zugleich materialistisch-objektiv und dialektisch: Sie sind Ausdruck der Gesetzmäßigkeit der Natur und der Gesellschaft, gleichzeitig aber auch Stufen der fortschreitenden Erkenntnis der Welt durch den Menschen. In ihnen vereinigt sich ein objektives und ein subjektives Moment; beide Momente aber sind zusammengeschlossen durch den Materialismus und die Dialektik. Die Kategorien als subjektive Formen der Erfassung objektiver Wesensbeziehungen sind, gerade ihrer Objektivität wegen, beweglich und veränderlich wie es das objektive Sein ist, das durch die soziale Praxis konstituiert und revolutioniert wird. Lenin hob hervor, daß die Axiome, die die objektiven Verhältnisse der Dinge in abstrakter Form zum Ausdruck bringen, umfassende praktische Tätigkeit zu ihrer Voraussetzung haben. In diesem Gedanken ist die Feststellung enthalten, daß die Grundlage der Bildung allgemeiner Begriffe die *gesellschaftliche* Tätigkeit in ihrer unausgesetzten Selbstreproduktion ist. Weder könnte ein partikulares Erkenntnissubjekt zu ihnen gelangen, noch würde eine nur momentane Praxisbeziehung das leisten, was die milliardenfache praktische Erzeugung und Bestätigung der Kategorien und Axiome leistet. Das heißt aber, daß die Kategorien nicht nur objektiv sind, sondern daß sie auch eine subjektive Seite haben, daß sie das praktisch tätige gesellschaftliche Erkenntnissubjekt zu ihrer Voraussetzung haben. Die soziale Praxis ist das Mittel, durch das der Mensch sich die allgemeinsten Wesenszusammenhänge der Realität denkend aneignet; zugleich ist sie der Zielpunkt aller Erkenntnisbemühungen, insofern es niemals um die Erkenntnis und Veränderung der Wirklichkeit schlechthin, sondern um ihre Erkenntnis und Veränderung *für den Menschen* geht.

Der grundlegende Mangel der vormarxschen Erkenntnistheorien bestand darin, daß sie die menschliche Praxis niemals vollgültig in sich aufzunehmen vermochten. Dies führte sowohl zum Verfehlen des gesellschaftlich-materialistischen Charakters der Erkenntnis wie ihres dialektischen Entwicklungsganges. Der vormarxsche Materialismus betrachtete die Praxis zumeist nur nach der Seite der „Anwendung" bereits erzielter Erkenntnisse, während der vormarxsche Idealismus sie lediglich als Selbstreproduktion eines geistigen Prinzips in den Blick nahm. Erst der dialektische und historische Materialismus, der die Erkenntnis als eine Seite der Selbsterzeugung des Menschen durch seine Arbeit begreift, konnte mit der materiellen „Basis" der Erkenntnis auch ihre dialektische Struktur enthüllen. Für den Marxismus ist die Erkenntnis keine platte Widerspiegelung fest für sich bestehender Dinge in einem nur rezeptiv tätigen Subjekt, sondern ein dialektischer Prozeß, in dem der Mensch die Welt der Objekte praktisch erzeugt bzw. verändert und sie sich dadurch denkend aneignet. Die Erkenntnis ist der Prozeß des immer tieferen theoretischen Eindringens des Menschen in die Wirklichkeit, die mit der fortschreitenden sozialen Praxis dem Erkennen jeweils neue Gegenstände liefert. Nicht durch bloße dialektische Selbstnegation der Begriffe – wie der dialektische Idealismus gemeint hatte –, sondern durch praktische Veränderung der Wirklichkeit wandelt sich das theoretische Bewußtsein. Es ist dies kein Prozeß, in dem gleichsam mechanisch Teilwahrheit an Teilwahrheit gefügt wird, bis sich das Ganze der absoluten Wahrheit ergibt. Sondern es ist ein Prozeß der Widersprüche und ihrer Lösung, in dem Wahrheit und Irrtum miteinander im Streit liegen und sich durchdringen, weil das Erkenntnisobjekt sich niemals rein und unverstellt dem Erkennen darbietet und weil das Erkenntnissubjekt an beschränkende soziale und individuelle Voraussetzungen geknüpft ist. Diese Dialektik der Widersprüche der Erkenntnis gründet nicht zuletzt auch darin, daß die

Praxis als Kriterium der Wahrheit niemals die Totalität der Wirklichkeit erfassen kann, daß sie selbst unabgeschlossen ist wie die Wirklichkeit. Die Praxis ist gesellschaftlicher Gesamtprozeß, aber als Kriterium der Wahrheit hat sie stets eine partikulare Seite; sie ist Überprüfung konkreter Theorien in ihnen zugeordneten relativ abgeschlossenen Bereichen der Wirklichkeit.

Wenn die Erkenntnis sich als dialektischer Prozeß entfaltet, dann bedeutet dies auch, daß von zunächst wenig gesicherten, nur hypothetisch angenommenen Voraussetzungen zur Aufstellung von wissenschaftlichen Gesetzen fortgeschritten wird. Es ist dies ein Zusammenhang, der die konzeptiv-tätige Rolle des Erkenntnissubjekts deutlich werden läßt, der zeigt, daß Erkennen kein bloß passives Widerspiegeln ist. Die Erkenntnis ist ein Prozeß, und zwar nicht ein Prozeß nur der Bewegung, sondern der Entwicklung. Wo im tätigen Menschen der Schöpfer der konkreten realen oder geistigen Welt gesehen wird, muß der Begriff der Entwicklung notwendig mitgedacht werden. Der tätige Mensch geht jeweils vom Erreichten aus und bildet es weiter, indem er ihm neu Errungenes hinzufügt. So entfaltet sich die menschliche Tätigkeit zu einem dialektischen Entwicklungsprozeß, in dem Altes bewahrt und Neues errungen wird.

Wesentliche Fragen des Zusammenhangs von Dialektik, Erkenntnis und Praxis warf Lenin auf. Er sah die Wahrheit als einen Prozeß an und bemerkte, daß der Mensch von der subjektiven Idee zur objektiven Wahrheit durch die Praxis gelangt. In der Praxis macht der Mensch die Probe auf die Richtigkeit seiner Widerspiegelungen und gelangt so zur objektiven Wahrheit. Notwendig entfaltet sich damit die Erkenntnis zu einem Entwicklungsgeschehen; eine Notwendigkeit, die in der menschlichen Praxis gründet. Die Praxis selbst ist ein Prozeß; sie ist kein einmaliges „Zugreifen", sondern unausgesetzte Entwicklung, weil sie aus sich heraus immer neue Objekte erzeugt, die sie sich aneignen, die sie durchdringen, die sie bewältigen muß. Sie bedarf hierbei der theoretischen, der erkennenden Tätigkeit und diese ist daher notwendig Entwicklungsgeschehen wie jene.

Die Erzeugung der geistigen Welt durch den erkennend tätigen Menschen schließt, als fortschreitendes Entwicklungsgeschehen, jene Relativität des Wissens ein, die in der ständigen Überholung erreichter Erkenntnispositionen durch die Verarbeitung neuer Erfahrungen besteht. In der „Heiligen Familie" bemerkten Marx und Engels, daß auch die „unvollständigsten Urteile eine Summe von Wahrheiten einschließen, die ... für einen bestimmten Kreis des praktischen Lebens"[35] gelten, über den hinaus sie zu Irrtümern werden. Wird der Umkreis der Praxis erweitert oder umgestaltet, müssen sich auch die Urteile über die Wirklichkeit ändern, wenn sie der Praxis die notwendige Orientierung vermitteln sollen. Indem die Praxis sich historisch wandelt, verändert sich auch die Erkenntnis, und die Wahrheit mißt sich an der konkreten geschichtlichen Entwicklungshöhe der Praxis. Die Wahrheit ist, da sie historisch ist, zugleich relativ; die Relativität gründet wesentlich in dem Prozeßcharakter der Praxis.

Jede theoretische Erfassung der Wirklichkeit ist Grenzen, Beschränkungen unterworfen, die vor allem durch die Entwicklungshöhe der Produktivkräfte und die Natur der Produktionsverhältnisse bedingt sind. Man darf sich die absolute Wahrheit nicht als etwas jenseits des praktisch und theoretisch tätigen Subjekts Fertiges, für sich Bestehendes vorstellen, dem sich der Mensch nur nähert. Diese Vorstellung hat allenfalls für die Naturerkenntnis einen gewissen Sinn, aber sie ist für die Kenntlichmachung der theoretischen Bewältigung der vom Menschen gestalteten Wirklichkeit unangemessen. Und zwar deshalb, weil die Menschenwelt nichts Abgeschlossenes, Fertiges ist, sondern in konkreten geschichtlichen Formen jeweils neu erzeugt wird. Natürlich gibt es allgemeinste Zusammenhänge und Gesetzmäßigkeiten, die nur modifiziert, aber nicht völlig aufgehoben werden. Aber es entstehen gleichzeitig auch immer neue Wesenszusammenhänge und bestimmte Qualitäten, die aus der praktischen Tätigkeit des Menschen hervorgehen und völlig neue Erkenntnisobjekte verkörpern. Damit werden die objektiven Bedingungen und realen Voraussetzungen der absoluten Wahrheit selbst verändert. Dies hat nichts mit einem Relativismus zu tun, der die Wahrheit nur punktuellen objektiven Gegebenheiten zuordnet. Sondern es drückt den *historischen Prozeß* aus, der die menschliche Praxis bestimmt und der auch für das theoretische Erkennen gilt. Lenin nannte die Dialektik die Lehre von der Relativität des Wissens; diese Bemerkung schließt sich dem auf, der diesen historischen Prozeßcharakter der Praxis begreift.

[35] Karl Marx/Friedrich Engels, Werke, Bd. 2, a. a. O., S. 27.

Die Auffassung des Erkenntnisgeschehens als eines Vorgangs, in dem sich der Mensch aktiv, schöpferisch, und nicht nur passiv, kontemplativ verhält, führt zum Verständnis der hervorragenden Rolle der Theorie, der Wissenschaft im gesellschaftlichen Leben. Wird das Bewußtsein lediglich als eine tabula rasa aufgefaßt, das die Wirklichkeit spiegelnd in sich aufnimmt, dann bleibt die Theorie bloßes sinnlich-empirisches Abbild des Gegebenen. Das Bewußtsein „hinkt" dann immer dem Sein „hinterher": eine typisch mechanistische Auffassung des Ideellen. Der Marxismus hat demgegenüber die nicht nur abbildende, sondern zugleich vorbildende Rolle des theoretischen Bewußtseins herausgearbeitet; indem das Denken die Wirklichkeit im Prozeß der durch die menschliche Praxis bewirkten progressiven Veränderung erfaßt, deckt es im Gegebenen die Linien des Künftigen auf, prognostiziert die Entwicklung. Erst im Zusammenwirken dieser beiden Seiten des Erkennens tritt die entscheidende Rolle der Theorie an den Tag. Marx bemerkte in einem Brief an Kugelmann, daß mit „der Einsicht in den Zusammenhang" der kapitalistischen Gesellschaft „vor dem praktischen Zusammensturz aller theoretische Glauben in die permanente Notwendigkeit der bestehenden Zustände" stürzt. Daher hat die herrschende Klasse ein „absolutes Interesse . . . die gedankenlose Konfusion zu verewigen."[36] Die Erfassung des Wesens der kapitalistischen Gesellschaft öffnet den Blick in die Zukunft, zeigt den vergänglichen Charakter des Kapitalismus und die Notwendigkeit seiner revolutionären Überwindung. Damit wird die Theorie, wenn sie die Massen ergreift, zu einer materiellen Gewalt; verbunden mit der Praxis des Klassenkampfes wird sie eine aktiv revolutionäre Potenz und nimmt die Form einer materiellen Triebkraft an. Im Lichte dieser Tatsache wird die Bemerkung verständlich, die Lenin im Anschluß an Hegel machte, und die besagt, daß das Bewußtsein des Menschen die objektive Wirklichkeit nicht nur widerspiegelt, sondern sie auch schafft. Diese aktive Rolle des Bewußtseins zeigt sich im Arbeitsprozeß, sie zeigt sich in der vorsozialistischen Menschheitsentwicklung in Perioden des Übergangs von einer niederen zu einer höheren Etappe des gesellschaftlichen Lebens und sie offenbart sich mit voller Deutlichkeit in dem Prozeß der bewußten Verwirklichung der sozialistischen und

---

[36] Karl Marx/Friedrich Engels, Werke, Bd. 32, a. a. O., S. 553/554.

kommunistischen Lebensbedingungen durch den gesellschaftlichen Menschen.

Ohne volles Bewußtsein der Massen über die Hauptlinien der weiteren gesellschaftlichen Entwicklung, ohne Klarheit über die Funktion der jeweiligen Arbeitsbereiche im gesellschaftlichen Gesamtprozeß kann von einem allseitig bewußten Aufbau des Sozialismus nicht die Rede sein. Aber dieses Bewußtsein wird, wenn es sich als Massenerscheinung betätigt, zu einer materiellen Gewalt, so wie die Wissenschaft, die den Produktionsprozeß durchdringt und revolutioniert, als eine Produktivkraft auftritt. Die Theorie ist conditio sine qua non der Selbstentfaltung der sozialen Praxis, sie wird zu einem objektiv wirkenden Faktor, wenn sie sich mit der Praxis der Massen allseitig verbindet. Wenn Lenin in „Was tun?" die ungeheure Bedeutung der revolutionären Theorie für die revolutionäre Bewegung hervorhob, so gilt dies keineswegs nur für den Kampf des Proletariats gegen die kapitalistische Ausbeutung und Unterdrückung, sondern es gilt in noch höherem Maße für den Aufbau und die Verwirklichung der sozialistischen Ordnung.

Indem die Theorie nicht in der Erfassung des Bestehenden aufgeht, sondern künftiges Sein durch Bestimmung des Handelns antizipiert, stellt sie nicht nur einen Zusammenhang mit der Wirklichkeit, sondern auch mit sich selbst her. Das heißt, sie vermag sich aus ihren inneren Voraussetzungen zu entwickeln und durch die ihr innewohnende Dialektik zu neuen Resultaten zu gelangen. Dies ist dadurch möglich, daß bestimmte an der Realität überprüfte theoretische Ausgangspositionen mehr Realitätsbezüge enthalten, als die jeweilige Praxis zu entschlüsseln vermag. Die Partikularität der Praxis als Wahrheitskriterium gilt auch in dem Sinne, daß sie die Wahrheit einer Theorie nicht immer in ihrem vollen Gehalt aufzuschließen vermag. Dies bezieht sich auf die Endlichkeit der Praxis; insofern sie aber zugleich Totalität ist, bildet sie natürlich den letztlich bestimmenden Bezugspunkt jeder Theorie und stellt als sich reproduzierender Prozeß das Kriterium der einer Theorie insgesamt innewohnenden Wahrheit dar.

Engels hob in der „Entwicklung des Sozialismus von der Utopie zur Wissenschaft" hervor, daß jede neue Theorie zunächst an das vorgefundene Gedankenmaterial anknüpfen muß, wenn ihre Wurzeln auch in den ökonomischen Tatsachen liegen. Die Theorie empfängt ihre

Impulse aus der gesellschaftlichen Praxis; aber da der Theoretiker sich der Praxis bereits mit einem vorgeformten theoretischen Bewußtsein zuwendet und das Bewußtsein keine tabula rasa ist, erfolgt die Verarbeitung der Impulse der fortgeschrittenen Praxis zunächst mit den überlieferten theoretischen Voraussetzungen. Erst im Prozeß des Versuchs der Bewältigung der neuen Praxis mit der alten Theorie tritt die Diskrepanz beider deutlich in Erscheinung. In diesem Widerspruch liegt der Springpunkt der Umgestaltung der Theorie. Es gäbe keine Veranlassung, in der Gestaltung der Theoriengebäude fortzuschreiten, würde nicht die überkommene Theorie vor der entwickelteren Praxis versagen.

Das Anknüpfen an die vorgefundene Theorie erklärt sich also aus der widerspruchsvollen Beziehung von Theorie und Praxis; es erklärt sich damit zugleich daraus, daß die bisherige Theorie sich der bisherigen Praxis gegenüber bewährt hat. Insofern nun die Praxis in ihrer Entwicklung einen objektiv begründeten inneren Zusammenhang realisiert und nicht in beziehungslose, jeweils „andere" Praxen auseinanderfällt, schlingt sich auch durch die Entwicklung der Theorie ein Band inneren Zusammenhangs, dessen Substanz die fortschreitende Erfassung der Wahrheit bildet. Wenn die neue Theorie an das vorgefundene Gedankenmaterial anknüpft, geht sie zugleich von bestimmten als wahr erkannten Voraussetzungen aus. Erst im Prozeß der Hinordnung der Theorie auf die entwickeltere Praxis wird die Relativität der Wahrheit dieser Voraussetzungen voll sichtbar und es erfolgt die mehr oder weniger radikale Umwälzung der Theorie, wodurch Praxis und Theorie in neue Übereinstimmung gesetzt werden.

Das theoretische Bewußtsein ist also stets ein historisches Produkt; es spiegelt eine historisch konkrete Praxis wider, gleichzeitig aber auch Züge der menschlichen Praxis und der Wirklichkeit überhaupt.

Im theoretischen Denken vereinigen sich ein natürliches und ein gesellschaftliches Moment. Der Denkprozeß ist, wie Marx bemerkte, ein Naturprozeß und das begreifende Denken ist, nach dieser Naturbestimmtheit genommen, immer dasselbe; es unterscheidet sich nur graduell, nach der Reife der Entwicklung. Das Denken ist ein physiologisch-psychologischer Vorgang, der an ein natürliches Organ, das Gehirn, gebunden ist und als Naturprozeß bei allen Menschen und bei allen Generationen im Prinzip in der gleichen Weise abläuft.

Andererseits aber ist das Denken stets zugleich historisch bestimmt; es ist ein gesellschaftliches Produkt. Dies gilt nicht nur in dem Sinne, daß es sich überhaupt nur in der Gesellschaft entfalten kann, und daß in diesem Sinne also auch die Naturgrundlage des Denkens gesellschaftlich bedingt ist. Sondern es gilt vor allem bezüglich der konkreten geschichtlichen Typen des Denkens, hinsichtlich der Möglichkeiten und Grenzen des Erkennens unter konkreten gesellschaftlichen Bedingungen. Marx verwies darauf, daß selbst die abstraktesten Kategorien, trotz ihrer Gültigkeit für alle Epochen, in der Bestimmtheit dieser Abstraktion ebensosehr das Produkt historischer Verhältnisse sind. Die Kategorie Arbeit konnte nur gebildet werden auf der Grundlage einer entwickelten Totalität wirklicher Arbeitsarten. Einmal durch Abstraktion gewonnen, erlangte sie Gültigkeit für das theoretische Begreifen aller Epochen. Gleichzeitig mußte sie sich im Wandel der historischen Praxis in ihrer konkreten Bestimmtheit wandeln, um neue geschichtliche Sachverhalte in sich aufnehmen zu können. So durchdringt sich in den Kategorien das Allgemeine und das Besondere und es wird die Tatsache sichtbar, daß sie ein Produkt der historischen Verhältnisse sind und zugleich für eine breite Mannigfaltigkeit sich wandelnder historischer Bedingungen Gültigkeit besitzen.

Die Historizität der Erkenntnis ergibt sich aus der Historizität der Praxis: Die reale Entwicklung der Produktivkräfte, die Entfaltung und Umgestaltung der Produktionsverhältnisse bieten die Grundlage dafür, daß sich das Erkennen neuen Bereichen zuwendet, daß es neue Kategorien und Wesensbestimmungen in sich aufnimmt. Engels stellte in der „Alten Vorrede zum Anti-Dühring" fest, daß das „theoretische Denken einer jeden Epoche ... ein historisches Produkt" ist, „das zu verschiednen Zeiten sehr verschiedne Form und damit sehr verschiednen Inhalt annimmt." Folglich muß auch die Wissenschaft vom Denken, wie jede andere, eine historische Wissenschaft sein, die „Wissenschaft von der geschichtlichen Entwicklung des menschlichen Denkens."[37] Es wäre also falsch, Logik und Dialektik als gleichsam „ewige" Denkformen anzusehen. Sie haben eine geschichtliche Entwicklung durchlaufen, die ihre letztlich bestimmenden Impulse von der fortschreitenden materiellen Tätigkeit der Menschen empfing. Die im feudalen

[37] Karl Marx/Friedrich Engels, Werke, Bd. 20, a. a. O., S. 330.

Mittelalter vorherrschende starr-metaphysische Auffassung der Logik brachte ebenso wie die Belebung des dialektischen Denkens in der Periode der aufsteigenden Bourgeoisie objektive geschichtliche Bedingungen der sozialen Praxis zum Ausdruck. Selbstverständlich besagt dies nicht, daß die Logik wie die Dialektik nicht zu allen Zeiten auch einen Schatz richtiger Erkenntnisse („ewiger Wahrheiten") enthalten hätten, sondern es handelt sich vor allem darum, daß der konkrete Wandel grundlegender Denktypen in letzter Instanz nur aus der gesellschaftlichen Praxis erklärt werden kann. Es kommt auf das Verständnis des geschichtlichen Entwicklungsganges des Denkens an – sowohl seiner allgemeinen Struktur nach als auch in bezug auf die einzelnen Wissenschaften –, dies aber hat das Verständnis des geschichtlichen Entwicklungsganges der sozialen Praxis zur Voraussetzung.

Die Bedingtheit der theoretischen Erkenntnis durch den Entwicklungsstand der Praxis tritt am schlagendsten bei der Ideologie, dem „falschen Bewußtsein", und ihrer Überwindung in Erscheinung. Marx erkannte, daß in der Natur des Kapitals eine Mystifikation liegt, die es der bürgerlichen Wissenschaft unmöglich macht, eine adäquate Erkenntnis der kapitalistischen Produktionsbedingungen zu gewinnen. Wenn das Arbeitsprodukt (kapitalistische) Warenform annimmt, erlangt es einen rätselhaften Charakter. Er wurzelt darin, daß die Warenform den Menschen die gesellschaftlichen Beziehungen ihrer Arbeiten als gegenständliche Eigenschaften der Arbeitsprodukte, als deren gesellschaftliche Natureigenschaften widerspiegelt. Das gesellschaftliche Verhältnis der Produzenten zur Gesamtarbeit erscheint als außer ihnen existierendes Verhältnis von Gegenständen; das Verhältnis der Menschen nimmt die täuschende Form eines Verhältnisses von Dingen an.

Im Bewußtsein der Privatproduzenten und der ihre sozialen Interessen reflektierenden Ideologen erscheint der gesellschaftliche Charakter der Privatarbeiten in Formen, wie sie im praktischen Alltagsleben auftreten: in der Form der Nützlichkeit der Arbeitsprodukte für andere und in der Form ihres gemeinsamen Wertcharakters. Dabei tritt der Wertcharakter der Arbeitsprodukte als deren ewige Eigenschaft auf. Die von der bürgerlichen politischen Ökonomie gewonnene Einsicht, daß die Wertgröße durch die Arbeitszeit bestimmt ist, hebt den gegenständlichen Schein des gesellschaftlichen Charakters der Arbeit nicht auf, weil sie nicht bis zur Entdeckung der Grundlagen der Mehrwertproduktion vorstößt, sich also nicht wirklich kritisch zu ihrem Erkenntnisgegenstand verhält.

Marx zeigte, daß für das bürgerliche Bewußtsein die Formen, die die Arbeitsprodukte zu Waren machen, die Festigkeit von Naturformen des gesellschaftlichen Lebens haben, bevor die bürgerlichen Ökonomen den Gehalt, wenn auch nicht den historischen Charakter, dieser Formen zu entschlüsseln suchen. Insbesondere ist es die Geldform als fertige Form der Warenwelt, die die gesellschaftlichen Beziehungen der Privatarbeiter sachlich verschleiert, statt sie zu offenbaren.

Vom Standpunkt der kapitalistischen Produktion, vom Standpunkt der Interessen des Kapitals aus erscheinen somit die grundlegenden realen Sachverhalte des materiellen gesellschaftlichen Reproduktionsprozesses in verkehrter Form. Eine solche mystifizierte Form, die mit Notwendigkeit aus der kapitalistischen Produktionsweise herauswächst, ist der Profit. Ebenso wie der Preis der Arbeitskraft in der verwandelten Form von Arbeitslohn, erscheint der Mehrwert in der verwandelten Form von Profit. Für den Kapitalisten fallen konstantes und variables Kapital zusammen; und zwar deshalb, weil die Höhe seines Gewinns bestimmt ist nicht durch das Verhältnis zum variablen, sondern zum Gesamtkapital. Indem alle Teile des Kapitals gleicherweise als Quelle des Profits erscheinen, wird das Kapitalverhältnis mystifiziert. Ein Opfer dieser Mystifikation ist der bürgerliche Theoretiker; aber in naturgemäß noch höherem Maße ist es der „praktische Kapitalist" der, im Konkurrenzkampf befangen, unfähig ist, durch den Schein hindurch die wahre Natur des ökonomischen Prozesses zu verstehen. Die Konkurrenz, d. h. die Oberfläche der ökonomischen Beziehungen, zeigt alles verkehrt; sie gibt den zugrundeliegenden Wesensbeziehungen oft einen direkt entgegengesetzten Ausdruck. Diese Verkehrtheit gründet wesentlich darin, daß der Kapitalist nicht auf der Grundlage gesamtgesellschaftlicher Normen und Zielvorstellungen agiert, sondern sich die gesellschaftlichen Verhältnisse vom Blickpunkt seiner durch das Privateigentum bedingten partikularen Tätigkeit aneignet und an ihnen teilnimmt. Er ist im eigentlichen Sinne „Positivist"; sein theoretisches Verhältnis zur Wirklichkeit ist durch den engen Erfahrungs- und Interessenhorizont seiner Praxis bestimmt. Ein Bedürfnis nach theoretischer Durchdringung der ökonomischen Prozesse besteht – zumindest unter den Bedingungen der freien Kon-

16 Stiehler, Dialektik

kurrenz – für ihn nicht, weil seine Praxis nicht auf die bewußte Verwirklichung der gesellschaftlichen Beziehungen gerichtet ist und gerichtet sein kann. Der bürgerliche Ökonom, der die Interessen und die
Praxis der Kapitalisten theoretisch reflektiert, „tut in der Tat nichts
als die sonderbaren Vorstellungen der in der Konkurrenz befangnen
Kapitalisten in eine scheinbar mehr theoretische, verallgemeinernde
Sprache zu übersetzen und sich abzumühn, die Richtigkeit dieser Vorstellungen zu konstruieren." [38]

Die Verkehrung der realen Verhältnisse, die Mystifikation der ökonomischen Beziehungen hat sowohl eine objektive wie eine subjektive
Seite. Sie ist objektiv bedingt durch die materielle Natur des kapitalistischen Produktionsprozesses, durch den geschichtlichen Entwicklungsgrad der sozialen Praxis. Sie ist aber zugleich subjektiv bedingt:
Die Wirklichkeit stellt sich den Subjekten der Praxis – und zwar dem
einzelnen Kapitalisten ebenso wie dem einzelnen Arbeiter – verkehrt
dar. Die Erkenntnisschranke, die damit gezogen ist, ist *absolut* im
Hinblick auf *diese* Erkenntnissubjekte. Aber sie ist relativ, insofern
sich die Wirklichkeit der theoretischen Erfassung nicht *grundsätzlich*
versagt. Der Boden, auf dem die adäquate Erkenntnis der Wesensnatur
der gesellschaftlichen Beziehungen des Kapitalismus möglich wird, ist
die reale Bewegung und das objektive soziale Interesse jener Klasse,
deren geschichtliche Mission die bewußte Überwindung der kapitalistischen Verhältnisse und ihre Ersetzung durch einen höheren Typ
der Produktionsverhältnisse ist, in dem die Wurzeln der ökonomischen
Mystifikation beseitigt sind.

Das Mittel der Erfassung der Wesensnatur des Kapitalismus ist die
marxistische Wissenschaft. Es macht das Wesen der Wissenschaft aus,
in der bunten Mannigfaltigkeit der Erscheinungen die wesentlichen
Beziehungen, die Gesetze aufzudecken. Die bürgerliche Sozialwissen-
schaft, so sehr sie in ihren großen Vertretern um die Erkenntnis der
Wesensnatur der sozialen Verhältnisse bemüht war, vermochte diese
Erkenntnis nicht allseitig zu gewinnen, weil die Praxis der bürgerlichen
Klasse im Grunde nur eine theoretisch verkehrte, oberflächenhafte
Widerspiegelung ermöglicht. Erkenntnis der inneren Natur der sozia-

---

[38] Karl Marx, „Das Kapital", Dritter Band, in Karl Marx/Friedrich Engels,
Werke, Bd. 25, a. a. O., S. 241.

len Beziehungen erfordert aber die Überwindung der durch die kapitalistische Praxis gesetzten Erkenntnisschranken, erfordert Verlassen des bürgerlichen Klassenstandpunktes. Für sie ist eine gesellschaftliche Bewußtheit gefordert, die den praktischen Existenzbedingungen des Kapitals widerspricht. Die bürgerliche Sozialwissenschaft bleibt zumeist bei der Beschreibung von Oberflächenphänomenen stehen; sie vermag den Mechanismus der kapitalistischen Praxis nicht zu durchschauen, insofern die Intention hierauf im Grunde den Erfordernissen eben dieser Praxis widersprechen würde.

Genau das Gegenteil gilt für die marxistische Wissenschaft. Die Existenzbedingungen des Sozialismus erfordern eine adäquate Erfassung der Wesensbeziehungen dieser Ordnung und der Gesellschaft überhaupt, weil eine im gesamtgesellschaftlichen Maßstab sich vollziehende bewußte Verwirklichung der sozialen Verhältnisse nicht ohne wissenschaftliches Bewußtsein über die Gesetzmäßigkeiten der sozialen Entwicklung möglich ist. Im Sozialismus fallen die Bedingungen weg, die zu einer Mystifikation der gesellschaftlichen Beziehungen führen.

Die ökonomischen Existenzbedingungen des Sozialismus sind, wie Marx im „Kapital" nachwies, dadurch gekennzeichnet, daß eine Vereinigung freier Menschen mit gemeinschaftlichen Produktionsmitteln arbeitet und die vielen individuellen Arbeitskräfte selbstbewußt als *eine* gesellschaftliche Arbeitskraft verausgabt. Indem der ökonomische Prozeß sich als einheitliches System entfaltet, auf *ein* Ziel hingeordnet ist und von einem *einheitlichen* gesellschaftlichen Subjekt vollzogen wird, läuft er notwendig als ein seiner allgemeinen Struktur nach bewußter Prozeß ab. Das Gesamtprodukt ist ein gesellschaftliches Produkt, das planmäßig erzeugt und planmäßig verteilt wird. „Die gesellschaftlichen Beziehungen der Menschen zu ihren Arbeiten und ihren Arbeitsprodukten bleiben hier durchsichtig einfach in der Produktion sowohl als in der Distribution."[39]

So wie die bürgerliche Warengesellschaft notwendig Idealismus und Religion erzeugt, so bedingt die sozialistische Gesellschaft notwendig die materialistische Weltanschauung, die Überwindung der Religion und des Idealismus. Die idealistisch und religiös verzerrte Wider-

[39] Karl Marx, „Das Kapital", Erster Band, in Karl Marx/Friedrich Engels, Werke, Bd. 23, a. a. O., S. 93.

spiegelung der realen Wirklichkeit verschwindet nur, wenn die Verhältnisse des praktischen Lebens, d. h. vor allem der materiellen Produktionstätigkeit, sich als durchschaubare Beziehungen der Menschen untereinander sowie zur Natur darstellen. Der mystische Nebel-
schleier des gesellschaftlichen Lebensprozesses fällt, sobald der Produktionsprozeß als Produkt frei vergesellschafteter Menschen unter
deren bewußter, planmäßiger Kontrolle steht. Damit sind jene Schranken überwunden, die die Gesellschaft des Privateigentums und der
Warenproduktion der menschlichen Erkenntnis zieht.

Die Untersuchung des inneren Zusammenhangs der marxistischen
Philosophie zeigt, daß die Dialektik kategorial eng mit der Praxis
zusammenhängt: Die Dialektik der Gesellschaft entfaltet sich auf der
Grundlage der Selbsterzeugung des Menschen durch seine Arbeit. Aber
Dialektik ist nicht der bloße Prozeß der Subjekt-Objekt-Vermittlung,
sondern besitzt einen objektiv-realen Charakter. Sie ist Wesenszusammenhang der objektiven Wirklichkeit und zugleich Strukturform
der Subjektivität. Die bürgerliche sogenannte Marxismus-„Kritik"
möchte gerade die objektive Seite der Dialektik ausklammern. Die
politische Zielrichtung dieses Bemühens ist offenkundig: Es geht um
die Diskreditierung der Dialektik als objektiver Prozeß der Wirklichkeit, sofern sie den allgemeinen Bewegungszusammenhang des gesetzmäßigen Übergangs vom Kapitalismus zum Sozialismus bildet.

In der bürgerlichen Auffassung haben sich einige Stereotype herausgebildet, die die Interpretation der marxistischen Dialektik bestimmen. Man behauptet, die Dialektik des jungen Marx habe die Selbsterzeugung des Menschen durch die Arbeit und die Entfremdung reflektiert, während der ältere Marx und Engels *im Gegensatz dazu* die Dialektik fälschlich als objektiv widerspruchsvollen Entwicklungsprozeß
umdeuteten. Diese Auffassung wird als Ausgangspunkt dafür genommen, den jungen Marx an Hegel und den deutschen Idealismus anzu-
nähern. Für R. Heiß und viele bürgerliche Marxforscher steht es fest,
daß der Ausgangspunkt der Marxschen Dialektik ganz und gar von
Hegel übernommen sei. Besonders schlecht kommt in dieser Deutung
Engels weg, der als Dogmatiker und Scholastiker par excellence erscheint. Landgrebe meint, Engels habe die Marxsche und die Hegel-

sche Dialektik nie verstanden. Er setze die Natur und den materiellen Produktionsprozeß identisch und fasse beide nach den Voraussetzungen der Naturwissenschaft auf, während Marx die Natur immer nur in Beziehung zum Menschen setzte. Denselben Gedanken finden wir u. a. bei R. Tucker, der erklärt, die Marxsche Dialektik sei eine Dialektik der Geschichte; die Konzeption einer Dialektik der Natur sei ein Produkt der scholastischen Periode des Marxismus, die schon zu Lebzeiten seiner Gründer begonnen habe.

Die theoretische Grundproblematik, um die es in der Auseinandersetzung mit diesen Behauptungen zunächst geht, betrifft das Verhältnis von Objektivität und subjektiver Tätigkeit im Dialektikverständnis der Begründer des Marxismus. Die Marx-„Kritik" gibt die Dialektik als Bewegungszusammenhang lediglich der subjektiv menschlichen Tätigkeit aus und bestreitet ihren objektiven Charakter. Diese Auffassung sei die genuin marxistische, d. h. die Auffassung des jungen Marx.

Nun ist es sicher richtig, daß der junge Marx die Dialektik wesentlich als Entwicklungszusammenhang der *Gesellschaft* untersuchte. Aber dies besagt erstens nicht, daß er ihr keine Objektivität zuerkannt hätte, und zweitens bedeutet es nicht, daß er die Existenz einer Dialektik in der Natur bestritten hätte. Der Umstand, daß er eine solche Dialektik nicht explizierte, ist kein hinreichendes Indiz dafür, daß er sie nicht anerkannt hätte. Marx sah als die innere Substanz der Geschichte die menschliche Tätigkeit, genauer, die materielle Produktionstätigkeit an. Gleichzeitig ging er davon aus, daß diese Tätigkeit von objektiven Voraussetzungen bestimmt ist und materielle Resultate produziert, die einen objektiven dialektischen Entwicklungszusammenhang herstellen. Um sich von der Richtigkeit dieser Feststellung zu überzeugen, braucht man sich nur anzusehen, wie Marx und Engels in der „Deutschen Ideologie" oder im „Kommunistischen Manifest" die objektive Dialektik von Produktivkräften und Produktionsverhältnissen darstellen. Es besteht gar kein Zweifel daran, daß der junge Marx das Verhältnis von Produktivkräften und Produktionsverhältnissen als einen objektiven, vom menschlichen Belieben unabhängigen Bewegungszusammenhang auffaßte, wie er auch die grundlegenden Widersprüche der Gesellschaft als materielle Erscheinungen ansah, als Resultate der *Vergegenständlichung* des Menschen in seiner gesellschaftlichen Tätigkeit. Der Umstand, daß die Dialektik der Gesellschaft an die tätige Selbsterzeugung des Menschen geknüpft ist, beeinträchtigt keineswegs ihren objektiven Charakter. Die sogenannte Marx-„Kritik", die diesen Zusammenhang offensichtlich nicht begreift oder begreifen will, geht daher mit undialektischen Erkenntnisvoraussetzungen an die Kritik der Dialektik heran: kein Wunder, daß ihre Resultate so dürftig ausfallen.

Der Standpunkt dieser Theoretiker, der darauf hinausläuft, den jungen gegen den alten Marx und gegen Engels auszuspielen, entbehrt jeder Beweiskraft, weil sich in der Entwicklung der Auffassungen von Marx und Engels keine Veränderung jener grundsätzlichen Erkenntnis feststellen läßt, daß die Dialektik der Gesellschaft die Tätigkeit des Menschen zum Inhalt hat und daß diese Dialektik, auf Grund des materiellen Charakters der Produktionstätigkeit, einen objektiven, vom menschlichen „Wollen und Laufen" unabhängigen Charakter besitzt. Bei einer oberflächlichen Betrachtung könnte es so scheinen, als werde im Werk des reifen Marx das objektive Moment der Dialektik ihrer subjektiven Seite gegenüber stärker akzentuiert, weil Marx im „Kapital" den objektiven dialektischen Bewegungszusammenhang des Kapitalismus enthüllt. Aber eine genauere Betrachtung lehrt, daß Marx diesen objektiven Bewegungszusammenhang als Resultat und Voraussetzung der Produktionstätigkeit der Arbeiterklasse betrachtete. Wenn bestimmte Seiten und Bereiche einer Theorie unter bestimmten geschichtlichen Bedingungen stärker in den Vordergrund treten, mehr entwickelt werden als andere, dann bedeutet dies offenkundig nicht notwendig eine Preisgabe der anderen Elemente und Voraussetzungen der Theorie.

Das betrifft z. B. auch die Ausarbeitung der Theorie einer Dialektik der Natur durch Engels, eine Tatsache, die die bürgerliche Marx-„Kritik" seit eh und je nicht ruhig schlafen läßt. Man legt dem jungen Marx die Ansicht bei, daß die Natur nur Existenz in Beziehung zum Menschen habe. Was an einer solchen Naturauffassung rationell ist, hatte in subjektiv-idealistisch verzerrter Weise bereits Fichte zur Geltung zu bringen gesucht. Marx indessen war, wenn wir von seinen frühesten Anfängen absehen, nicht Idealist, sondern Materialist. Für ihn existierte daher die Natur selbstverständlich objektiv-real, sie besaß Gesetze und innere Zusammenhänge, deren materialistische Anerkennung als unabhängig vom Menschen existierend gerade die Voraussetzung dafür bildete, um die Natur auf dem Wege der Produk-

tionstätigkeit aus einem „Ding an sich" in ein „Ding für uns" zu verwandeln.

Die „Ökonomisch-philosophischen Manuskripte", von der Marx-
„Kritik" eifrig in ihrem Sinne interpretiert, bieten, obwohl die Marxsche Weltanschauung damals noch nicht ausgereift war, keinen Ansatzpunkt für eine Deutung des Marxschen Naturverständnisses als
einer idealistischen Theorie. Marx stellt fest, daß die Natur *durch die
Produktion* als Werk des Menschen erscheint: Gerade dies schließt
aber ein, daß sie eine materielle Existenz besitzt, denn nur unter dieser
Voraussetzung kann der Mensch eine gegenständliche vermenschlichte
Wirklichkeit schaffen. Marx betont daher, daß die idealistische Auffassung gerade durch die Praxis widerlegt wird; der Idealismus behauptet die „Unwesentlichkeit" der Natur und des Menschen, aber die
Praxis demonstriert die praktisch-sinnliche Gegenständlichkeit, die
reale Existenz der Natur. Der Sozialismus, stellt Marx fest, „beginnt
von dem *theoretisch und praktisch sinnlichen Bewußtsein* des Menschen und der Natur als des *Wesens*" [40], d. h. als Erscheinungsformen
der materiellen Wirklichkeit. Völlig klar tritt der materialistische Charakter des Marxschen Naturverständnisses in der „Deutschen Ideologie" an den Tag. Hier wird festgestellt, daß die Menschen durch die
Produktion zugleich ihr *materielles Leben* produzieren; die „Identität
von Natur und Mensch" erweist sich in der Produktion als eine materielle Beziehung. Marx und Engels wenden sich gegen eine Trennung
von Natur und Geschichte, aber sie betrachten die Einheit beider Seiten nicht als eine reale Schöpfung „der" Natur durch den Menschen,
sondern als die Erzeugung der vermenschlichten Natur, die stets an
vom Menschen unabhängige Voraussetzungen geknüpft ist. Der Standpunkt von Marx und Engels ist dialektisch, insofern er die Natur nicht
als ein von Ewigkeit her unverändertes, stets sich gleichbleibendes
Sein betrachtet – wie der metaphysische Materialismus die Natur aufgefaßt hatte –, sondern – in ihrer humanisierten Gestalt – als ein
geschichtliches Produkt der materiellen Produktionstätigkeit. Diese
dialektische Auffassung der Natur, die diese in Beziehung zum tätigen
Menschen setzt, ist materialistisch in zwiefachem Sinne. Erstens postu-

---

[40] Karl Marx/Friedrich Engels, „Kleine ökonomische Schriften", a. a. O.,
S. 139.

liert sie eine reale Existenz der Natur und ihrer Gesetze unabhängig vom Menschen. Zweitens bestimmt sie die „Vermenschlichung" der Natur, ihre Umgestaltung aus einem „Ding an sich" in ein „Ding für den Menschen" als einen materiellen Prozeß, als reale Produktionstätigkeit. Die Natur ist daher sowohl abhängig als auch unabhängig vom Menschen: Ein Widerspruch, der durch die Produktionstätigkeit erzeugt wird und daher eine materielle Grundlage besitzt. Gerade wenn man die Natur als durch den Menschen gestaltete Wirklichkeit betrachtet, bleibt, wie Marx und Engels betonen, „die Priorität der äußeren Natur bestehen".[41]

An dem Grundsätzlichen dieser Auffassung hat sich auch bei dem späten Marx nichts geändert. Im „Kapital" zeigt Marx, daß die Arbeit ein Prozeß zwischen Mensch und Natur ist, in dem der Mensch die Kräfte der Natur seiner eigenen Botmäßigkeit unterwirft. Die Natur und ihre Kräfte und Gesetze werden als real existierend anerkannt; wenn der Mensch sie durch die Produktionstätigkeit in den Horizont seiner eigenen Wirklichkeit aufnimmt, hebt er ihre Materialität nicht auf. Sie existieren, obwohl nunmehr eine Seite des gesellschaftlichen Lebens, *unabhängig* vom Menschen, da sie sowohl ihrer stofflichen als auch ihrer funktionalen Seite nach eine sich unabhängig vom menschlichen Wollen entfaltende Existenz verkörpern.

Soviel sei zu der Behauptung der Marx-„Kritik" bemerkt, Marx habe ein Dasein der Natur außerhalb des Menschen nicht anerkannt. Wenn es richtig ist, daß Marx die dialektische Einheit von Mensch und Natur als durch die Produktionstätigkeit vermittelten Entwicklungszusammenhang definierte, so ist es ebenso richtig, daß er stets an dem Gesichtspunkt der Materialität der Natur und ihrer Prozesse und Gesetze festhielt.

Die Auffassung der Marx-„Kritik" ist dadurch gekennzeichnet, daß sie das Entscheidende, den objektiv-realen Charakter der Dialektik, in Frage stellt und diese in der Subjekt-Objekt-Beziehung aufgehen läßt. Aber nicht einmal dieser − zweifellos äußerst wichtige − Aspekt der Dialektik wird richtig, nämlich materialistisch, entwickelt. Ein materialistisches Verständnis dieser Beziehung, das diese wesentlich als *praktisch-gegenständlichen* Prozeß bestimmt, führt mit Notwendigkeit zu einem materialistischen Verständnis der Dialektik als Ganzes.

[41] Karl Marx/Friedrich Engels, Werke, Bd. 3, a. a. O., S. 44.

Der Ausgangspunkt in der Auffassung der Dialektik muß daher der Materialismus sein. Nach Engels besteht die Einheit der Welt in ihrer Materialität. Die Materialität umfaßt die außermenschliche Natur, die humanisierte Natur, die Gesellschaft und die menschliche Tätigkeit. Die außermenschliche Natur ist „reine" Materialität, d. h. es gibt in ihr kein immaterielles Sein. Die humanisierte Natur ist materieller Prozeß, dessen Existenz die menschliche gesellschaftliche Tätigkeit und damit das Bewußtsein zur Voraussetzung hat. Der Mensch gibt durch seine Tätigkeit der Bewegung der Erscheinungen der vermenschlichten Natur eine von ihm gewünschte Richtung; dies setzt zugleich die Anerkennung und Ausnutzung der unabhängig vom Menschen sich vollziehenden Prozesse voraus. Die Gesellschaft legt sich in eine materielle und eine ideologische Wirklichkeit auseinander; die Einheit beider Seiten wird durch die materielle Grundlage der Gesellschaft hergestellt. Die gesellschaftliche Tätigkeit besitzt eine materielle Seite – das praktische – und eine ideelle Seite – das theoretische Verhalten des Menschen zur Wirklichkeit. Die Grundlage der menschlichen Tätigkeit ist die praktisch-gegenständliche Tätigkeit, die materielle Gestaltung der realen Wirklichkeit. So verbindet die Materialität die Welt im Ganzen, und es ist durch die Sache selbst gefordert, die Dialektik ihrer Grundlage nach als universellen materiellen Prozeß zu begreifen.

Die Begründer des Marxismus haben mit unerschütterlicher Konsequenz an dem Prinzip der Objektivität der Dialektik festgehalten. Sie faßten die Dialektik als realen Prozeß der Wirklichkeit auf und forderten von dem dialektischen Denken, daß es sich mit der objektiven Wirklichkeit vermittele, die dialektischen Zusammenhänge der Wirklichkeit adäquat erfasse. Insofern die Dialektik *primär* Prozeß des materiellen Seins ist, greift sie auch in den Bereich der objekten Naturprozesse ein. Die Dialektik der Natur – das sind allgemeine Struktur- und Entwicklungszusammenhänge sowohl der vom Menschen unberührten als auch der vom Menschen gestalteten Natur. Die beiden Daseinsformen der Natur sind identisch durch ihre Materialität und durch die in ihnen gleicherweise wirkenden allgemeinsten Gesetze.

Beide sind dem Gesetz widerspruchsvoller Entwicklung unterworfen; aber in der außermenschlichen Natur verläuft die Entwicklung „spontan", nach ihr innewohnenden materiellen Gesetzen, in der humanisierten Natur ist die Entwicklung durch die gesellschaftliche Tätigkeit

des Menschen vermittelt. In der Klassengesellschaft schließt diese
Entwicklung ein Moment des Spontanen ein, das durch die gesellschaftliche Spontaneität bedingt ist. In der sozialistischen Epoche
nimmt die Entwicklung der Natur auf der Grundlage objektiver Gesetze einen von dem gesellschaftlichen Menschen gewünschten Verlauf;
sie wird ein notwendiges Element der planmäßigen, bewußten Entwicklung der Gesellschaft.

Der Gegenstand der Dialektik als Wissenschaft sind allgemeine Struk-
tur-, Bewegungs- und Entwicklungsgesetze des objektiven Seins in
seinen konkreten Bereichen sowie des sie abbildenden Denkens. Insofern die Einheit der Welt in ihrer Materialität besteht, wirken auch,
wie Engels im „Anti-Dühring" feststellte, dieselben dialektischen Bewegungsgesetze in der Natur wie in der Gesellschaft einschließlich
des Denkens. Hierbei ist jedoch zu berücksichtigen, daß die Gesellschaft nicht lediglich nach der Analogie eines Naturprozesses aufgefaßt
werden darf. Die dialektischen Bewegungs- und Entwicklungsgesetze
wirken nur in der außermenschlichen Natur als spontan ablaufender
Prozeß. In der Gesellschaft ist die Dialektik durch die menschliche
Tätigkeit vermittelt. Dies hebt zwar nicht die Objektivität der Dialektik auf – diese ist vielmehr das Band, das Natur und Gesellschaft
materiell miteinander verknüpft. Aber die Dialektik nimmt in der
Gesellschaft einen wesentlich komplizierteren Charakter als in der
nichthumanisierten Natur an, weil ihre Wirkung durch menschliche
Interessen, menschliche Bestrebungen, menschliche Kämpfe vermittelt
ist. Die Tätigkeit des Menschen setzt eine Dialektik sui generis in
Gang, die durch das Spannungsverhältnis von Objekt und Subjekt
bestimmt ist. Wollte man dabei stehenbleiben, die Dialektik *nur* als
den in Natur und Gesellschaft sich gleicherweise vollziehenden objektiven Prozeß zu bestimmen, so geriete man auf den Standpunkt des
metaphysischen Materialismus, der die Gesellschaft nach der Analogie
der Natur deutet und die Dialektik des menschlichen Handelns nicht
berücksichtigt. Ein solcher Standpunkt reflektiert den Zustand gesellschaftlicher Entfremdung: Das materielle Sein steht den Menschen als
ein fremdes, unbezwingliches Sein gegenüber.

In der „Naturdialektik" von Engels wie in seinem „Anti-Dühring"
wird der universelle Charakter der Dialektik, der in der Materialität
des Seins seine Grundlage hat, herausgearbeitet; allerdings wird noch

nicht mit genügender Deutlichkeit jene Spezifik der gesellschaftlichen Dialektik sichtbar gemacht, die in der menschlichen Praxis wurzelt. Engels analysiert zwar die Dialektik des gesellschaftlichen Prozesses, aber er stellt nur wenig theoretische Überlegungen darüber an, welche *besonderen* Merkmale diese Dialektik gegenüber der Dialektik der Natur aufweist. Der Gesichtspunkt der Universalität und Objektivität der Dialektik ist von entscheidender Wichtigkeit für das marxistische Dialektik-Verständnis. Seine politische Bedeutung besteht in dem Nachweis, daß die gesellschaftlichen Gesetze und Zusammenhänge, die auf die Überwindung des Kapitalismus durch den Sozialismus drängen, gleichsam mit der Gewalt von Naturprozessen wirken. Aber so richtig dieser Gesichtspunkt ist, so erfaßt er doch nur *eine* Seite der Sache, da die objektiven Prozesse, für sich genommen, den revolutionären Übergang zum Sozialismus nicht herbeizuführen vermögen. Vielmehr hängt das immer zugleich von dem subjektiven Faktor ab. Die Dialektik des Subjektiven und des Objektiven, an deren Erfassung vor allem Lenin in seinen Werken arbeitete, stellt daher eine wesentliche Seite der Dialektik in der Gesellschaft dar. Das Verhältnis von Subjektivität und Objektivität stimmt in wesentlichen Seiten mit der Dialektik der objektiven Wirklichkeit überein: Es verkörpert einen widerspruchsvollen Entwicklungsprozeß, der durch Negation und Negation der Negation gekennzeichnet ist und durch Akkumulation quantitativer Veränderungen zu qualitativen Unterschieden führt. Seine Spezifik gründet in der Dialektik der menschlichen Praxis, die sich in die dialektischen Beziehungen des Bewußtseins kontinuiert und den widerspruchsvollen Zusammenhang des Individuellen und des Gesellschaftlichen in sich schließt. Dies bedingt gleichzeitig ein Spannungsverhältnis von Freiheit und Notwendigkeit und damit einen dialektischen Determinismus, der gegenüber allen anderen Sphären der Wirklichkeit grundlegende Besonderheiten aufweist. Es handelt sich darum, daß nicht schlechthin das Notwendige, Gesetzmäßige sich im Zufälligen durchsetzt, wie das überall in der Wirklichkeit der Fall ist, sondern daß der Mensch durch sein bewußtes Tun unter verschiedenen Möglichkeiten und Notwendigkeiten „wählen", daß er eine sich objektiv anbahnende Entwicklung „abbrechen" und an ihrer Stelle – natürlich im Rahmen der objektiven Voraussetzungen – eine andere durchsetzen kann. Es ist leicht ersichtlich, daß die *allgemeinsten* Kategorien und

Gesetze der Dialektik – Widerspruch, Entwicklung usw. – zur Erfassung dieser spezifischen Dialektik nur den allgemeinen Rahmen liefern können, und daß sie durch die Herausarbeitung der konkreten Dialektik der sozialen Entwicklung vertieft und präzisiert werden müssen. Die Ausarbeitung dieser Dialektik wird vor allem im Zusammenhang mit der bewußten Lenkung der sozialen Entwicklung im Sozialismus zu einer unabweisbaren Notwendigkeit.

Da die wesentlichen Prozesse der kapitalistischen Gesellschaft, wie die Klassiker des Marxismus nachwiesen, spontan wie die Vorgänge in der Natur ablaufen, konnte man mit einer gewissen Berechtigung das Schwergewicht auf die Betonung der allgemeinsten dialektischen Entwicklungsgesetze legen. Unter den Bedingungen der immer umfassenderen Entwicklung der sozialistischen Gesellschaft wird es jedoch erforderlich, die Dialektik jener sozialen Beziehungen zu analysieren, die an die Stelle gesellschaftlicher Spontaneität (Unfreiheit) gesellschaftliche Freiheit treten lassen. Wenn Engels die Klassengesellschaft als Epoche der Herrschaft der Notwendigkeit bestimmte, brachte er hiermit die bei allen Besonderheiten bestehende Identität von Natur und (Klassen-) Gesellschaft zum Ausdruck. Wenn er gleichzeitig den Sozialismus als Ablösung der Notwendigkeit durch die Freiheit charakterisierte, verwies er auf jenes wesentlich Neue, das damit in die Dialektik des Wirklichen eintritt. Daß die Klassiker des Marxismus *diese* Dialektik nicht allseitig ausarbeiten konnten, versteht sich von selbst. Notwendig ist jedoch, daß die marxistische Philosophie der Gegenwart die Analyse der konkreten Dialektik der sozialistischen Gesellschaft als eine ihrer vordringlichen Aufgaben erkennt.

Es gibt in der gegenwärtigen marxistischen Philosophie immer stärkere Bemühungen, die Spezifik der Dialektik der sozialistischen Formation in den Blick zu bekommen. Dies geschieht in Verbindung mit der philosophischen Analyse der Auswirkungen der technischen Revolution auf die Stellung des Menschen in der Gesellschaft. Im Zusammenhang damit wird die Frage des historischen Gestaltwandels der objektiven Dialektik diskutiert. In der sowjetischen Philosophie äußerten eine Reihe Autoren den Gedanken, daß es zwei grundlegende Typen der sozialen Dialektik gebe: die Dialektik der bürgerlichen Gesellschaft und die Dialektik der sozialistischen Gesellschaft. Andere Autoren widersprachen dieser Meinung mit der Erklärung, sie leugne die Allgemeingültigkeit der Dialektik. Wieder andere marxistische Philosophen nehmen gleichsam eine mittlere Stellung ein, indem sie an der Allgemeingültigkeit der dialektischen Grundsätze festhalten, zugleich aber betonen, diese Gesetze erführen eine Modifikation unter sich wandelnden gesellschaftlichen Bedingungen, ohne dabei jedoch ihr Wesen zu ändern.

Mir scheint, daß es immer weniger genügt, die Dialektik lediglich als die Lehre von den *allgemeinsten* Gesetzen der Wirklichkeit zu bestimmen. Eine thematische Orientierung der philosophischen Forschung hierauf müßte dazu führen, daß gerade von den wesentlich neuen Zügen der sozialistischen Gesellschaft abstrahiert wird, um das Gemeinsame aller sozialökonomischen Formationen einschließlich der Natur zu erfassen. Wenn aber die sozialistische Gesellschaft sich von der Klassengesellschaft *grundsätzlich* dadurch unterscheidet, daß an die Stelle der Herrschaft der blinden Notwendigkeit die bewußte, planmäßige Selbstverwirklichung und Selbsterzeugung des befreiten Menschen tritt, so ist dies sicherlich von entscheidender Bedeutung für die Stellung des Menschen in der Wirklichkeit und für die Prozesse, mittels deren der Mensch auf diese Wirklichkeit einwirkt. Dies schließt aber ein, daß die Dialektik des Wirklichen eine wesentlich neue Qualität erlangt. Es macht sich erforderlich, das neue soziale Sein mit neuen Kategorien zu erfassen und den überlieferten Kategorien einen neuen Inhalt zu geben. Gleichzeitig ist es auch geboten, die Wirklichkeit des Kapitalismus unserer Zeit konkret zu untersuchen und die veränderten Wesenszüge, die er offenbart, philosophisch zu analysieren. Die marxistische Weltanschauung vermittelt zweifellos ein allgemeines Bild der Wirklichkeit insgesamt, aber nicht unter der mehr oder weniger gewaltsamen Voraussetzung einer optischen Gleichförmigkeit der Wirklichkeit, sondern unter Anerkennung der konkreten Spezifik unterschiedlicher Seinsbereiche.

Die Analyse des Besonderen und die Erfassung des Allgemeinen müssen sich, so wie das in den Werken der Begründer des Marxismus geschieht, gegenseitig durchdringen. Falsch wäre die Behauptung, daß die Dialektik der sozialistischen Gesellschaft mit der Dialektik der Klassengesellschaft und der Dialektik der Natur überhaupt nichts gemeinsam habe. Eine einfache Überlegung zeigt die Unsinnigkeit dieses Standpunktes. Die Dialektik des Wirklichen besitzt in *allen*

Sphären des Seins einen materiellen Grundcharakter; *überall* vollzieht die Wirklichkeit eine objektive Selbstbewegung; der Mensch bringt sich in *allen* sozialökonomischen Formationen durch seine Arbeit selbst hervor usw. Gleichzeitig handelt es sich jedoch bei der Spezifik der Dialektik nicht nur um Modifikationen eines gegebenen „Grundschemas", nicht um einen bloßen Formwandel, sondern um jeweils unterschiedliche Verhältnisse, die unlöslich mit der Natur des gegebenen Bereichs verknüpft sind.

Durch die konkrete Analyse dieser spezifischen Dialektik vermag die marxistische Philosophie den Schatz an Erkenntnissen über die Dialektik des Wirklichen zu vermehren. Diese Vermehrung besteht einerseits in dem Nachweis der Formunterschiede, die die Wirkung der allgemeinsten dialektischen Beziehungen unter konkreten Bedingungen annimmt. Engels sprach bekanntlich von den Hauptgesetzen der Dialektik; diese wirken in der Natur in anderer Weise als in der Gesellschaft, in der Klassengesellschaft anders als im Sozialismus. Das Gesetz der Einheit und des Kampfes der Gegensätze tritt überall in der Wirklichkeit auf, aber es besitzt wesentlich neue Züge und eine veränderte Wirkungsweise in der sozialistischen Gesellschaft gegenüber der Klassengesellschaft.

Andererseits geht es aber nicht bloß um den Nachweis des Formwandels der allgemeinen dialektischen Beziehungen und Gesetzmäßigkeiten, sondern um das Herausarbeiten der wesentlichen Besonderheiten der Dialektik konkreter Seinsbereiche. In der Gegenwart schließt dies vor allem das Bemühen um das Verständnis der Dialektik der sozialistischen Gesellschaft ein, das nicht allein unter Verwendung der überlieferten Kategorien zu erzielen ist, sondern einen weiterentwickelten Begriffsapparat erfordert.

Fragen wir nach dem Gegenstand der Dialektik als Wissenschaft, so können wir von der These Engels' ausgehen, nach welcher die Dialektik die „Wissenschaft des Gesamtzusammenhangs" ist.[42] Während das metaphysische Denken die Erscheinungen nur in der Form äußerlicher Verknüpfung faßt und sie damit isoliert, geht das dialektische Denken auf das Verständnis des konkreten, wesentlichen, inneren Zusammenhangs der Erscheinungen aus. Zugleich faßt es die Erschei-

---

[42] Karl Marx/Friedrich Engels, Werke, Bd. 20, a. a. O., S. 307.

nungen als Momente einer übergreifenden Totalität, eines Systems, und stellt sie in den Gesamtzusammenhang, durch den sie bestimmt sind und den sie bestimmen. Dialektisches Denken ist konkretes Denken, Denken in wesentlichen Zusammenhängen; es ist richtiges Denken, weil die Beziehungen der Wirklichkeit selbst konkret, und nicht abstrakt sind. Das Berücksichtigen des Gesamtzusammenhangs schließt das Verständnis der dialektischen Selbstbewegung des Systems auf Grund innerer Bewegkräfte ein, während ein Verharren in isolierten Bestimmungen niemals zur Erkenntnis der Selbstbewegung gelangen kann, sondern die Bewegung nur als äußere Verknüpfung, nicht aber als Vermittlung eines Systems mit sich selbst begreift.

Die objektive Dialektik der sozialistischen Gesellschaft ist deren konkreter Gesamtzusammenhang. Er beinhaltet die wesentlichen Struktur- und Entwicklungsbeziehungen dieser Gesellschaft, die Formen und Triebkräfte ihrer Selbstbewegung. Das philosophische Denken, das um das Verständnis dieses konkreten Gesamtzusammenhangs bemüht ist, muß die sozialistische Gesellschaft daher als Totalität zu begreifen suchen: Ausgehend von der grundsätzlich neuen Stellung des Menschen zur Wirklichkeit erschließt es sich das Verständnis dessen, wie die sozialistische Praxis durch ein System komplizierter Vermittlungen allen Formen und Bereichen des gesellschaftlichen Lebens das Gepräge gibt. So entsteht das Bild eines Gesamtzusammenhangs, nicht als bloß äußerer Verknüpfung gesellschaftlicher Wirkungssphären, sondern als eines *Systems*, in dem das Ganze die Glieder bedingt und umgekehrt, in dem sich *eine* wesentliche Beziehung durch alle Bereiche der Wirklichkeit hindurchschlingt und gerade dadurch ihren Zusammenhang konstituiert.

Der Gegenstand der Dialektik als Wissenschaft sind somit die Totalitätszusammenhänge wesentlicher Bereiche der Wirklichkeit sowie des Denkens; das konkrete Verständnis des Ganzen unterscheidet das dialektische vom metaphysischen Denken, dessen Kennzeichen die Abstraktheit ist. In der Gesellschaft entfaltet sich der Gesamtzusammenhang eines Bereichs auf der Grundlage der Praxis, der konkreten, tätigen Beziehung des Menschen zur Wirklichkeit.

Die wesentlichen Momente des Gesamtzusammenhangs realer Systeme wurden von den Begründern des Marxismus als allgemeine Bewegungsformen der objektiven Dialektik gekennzeichnet. Es handelt sich um die wechselseitige Vermittlung der Glieder eines Systems, um ihren Zusammenhang miteinander, der den Zusammenhang des Ganzen begründet. Dialektisches Denken heißt, wie Engels in der „Dialektik der Natur" betonte, die Dinge im Zusammenhang sehen. Es geht dabei nicht um ein bloßes Beschreiben äußerer Zusammenhänge in der Form der Koexistenz, sondern um die Entschlüsselung des inneren, wesentlichen Zusammenhangs, des tätigen Ineinandergreifens der Erscheinungen auf der Grundlage eines Systemganzen. Diesen Totalitätsaspekt der Wirklichkeit, dem das dialektische Denken nachgeht, brachte Lenin. im Anschluß an Hegel, mit der folgenden Bemerkung zum Ausdruck: „Die Entfaltung der gesamten Totalität der Momente der Wirklichkeit NB = das Wesen der dialektischen Erkenntnis." [43]

Dialektische Systeme verkörpern keinen Zustand absoluter Ruhe und Starrheit, sondern sind im Prozeß der Selbstbewegung begriffen, die unter bestimmten Voraussetzungen die Form der Entwicklung annimmt. Während das metaphysische Denken die Dinge isoliert und sie damit aus dem Prozeß der Selbstbewegung herauslöst, betrachtet die Dialektik die Totalitätszusammenhänge als prozessierende Einheiten, bei denen jedes Moment eine bestimmte Rolle im Bewegungs- und Entwicklungsgeschehen spielt. Indem die Dialektik Wissenschaft des Gesamtzusammenhangs ist, ist sie zugleich Wissenschaft von den Gesetzen und Triebkräften der Bewegung dialektischer Systeme. Engels stellte im „Ludwig-Feuerbach" und in der „Dialektik der Natur" fest, daß die Dialektik die Wissenschaft von den allgemeinen Gesetzen der Bewegung ist. Diese Gesetze müssen, wie er erklärte, Gültigkeit haben ebensosehr in der Natur und in der Geschichte der Menschheit wie im Denken. Dies ist zweifellos ein wichtiger Gesichtspunkt; er ist Ausdruck der Überzeugung von der prinzipiellen Einheitlichkeit des materiellen Seins. Aber er reicht, wie schon betont, nicht aus, da z. B. die Dialektik der sozialistischen Gesellschaft nicht allein dadurch charakterisiert ist, daß in ihr *dieselben* Grundgesetze wie in der Klassengesellschaft und in der Natur wirken. Die Dialektik ist wesentlich Wissenschaft des realen Bewegungszusammenhangs konkreter Bereiche der Wirklichkeit, die jeweils ihre eigene Spezifik besitzen.

[43] W. I. Lenin, Werke, Bd. 38, Berlin 1964, S. 148.

Dies gilt auch in bezug auf die Erfassung der Entwicklung durch die Dialektik. Wie Lenin in der Arbeit „Über einige Besonderheiten der historischen Entwicklung des Marxismus" feststellte, ist die Dialektik die Lehre von der allseitigen und widerspruchsvollen historischen Entwicklung. Während das metaphysische Denken im allgemeinen nicht zu einem tragfähigen Entwicklungsbegriff gelangte, erschloß sich das dialektische Denken, ausgehend von der Erkenntnis der tätigen Selbsterzeugung des Menschen in der Geschichte, das weite Feld historischen Werdens. Die Betrachtung der Dinge unter dem Gesichtspunkt ihrer Entwicklung ist eines der wichtigsten Kennzeichen dialektischen Denkens. Aber auch hierbei kann es sich nicht darum handeln, ein fertiges Schema von Kategorien und Begriffen der Wirklichkeit als Maßstab äußerlich anzulegen, um zu prüfen, wie weit sie diesem Schema entspricht. Dialektisches Denken heißt konkretes Denken, Denken in konkreten Zusammenhängen. Dies aber besagt, daß die unterschiedlichen Voraussetzungen und Triebkräfte der Entwicklung in der Natur, in der Gesellschaft und im Denken erfaßt werden müssen. Auch bei der Analyse der Entwicklung geht es um die Vereinigung allgemeiner Prinzipien mit einer Betrachtungsweise, die sich voll und ganz auf die Besonderheiten des jeweiligen Bereichs der Wirklichkeit einstellt.

Nach den Anschauungen der Klassiker des Marxismus ist die objektive Dialektik schließlich dadurch gekennzeichnet, daß sie einen Bewegungs- und Entwicklungszusammenhang dialektischer Gegensätze verkörpert. Dieser Prozeß findet seinen allgemeinsten Ausdruck in der Tatsache, daß die Gegensätze sich auf der Grundlage ihrer Zusammengehörigkeit wechselseitig ausschließen, eine Beziehung, die der Entwicklung unterworfen ist und zum Widerstreit der Gegensätze führt, der durch die Lösung überwunden wird, womit ein neues dialektisches Verhältnis hergestellt wird. Dialektische Gegensätze bilden keine starre, ein für allemal fixierte Beziehung, sondern sie sind flüssig und schlagen ineinander um. Engels gab als den Kernpunkt der dialektischen Betrachtung das Ausgehen von der Flüssigkeit der Gegensätze an. Dies ist zweifellos ein allgemeingültiges Erfordernis; ihm liegt eine überall in der Wirklichkeit auftretende reale Beziehung zugrunde. Diese besteht in der beweglichen Einheit dialektischer Gegensätze, einer Einheit, die den objektiven dialektischen Widerspruch konstituiert. Die

Dialektik als Methode des Erkennens orientiert daher, wie Lenin bemerkte, auf das Studium des Widerspruchs im Wesen der Dinge selbst. In dieser methodischen Forderung ist zugleich eine Aussage über die Beschaffenheit der Wirklichkeit selbst enthalten: Sie wird als die konkrete Daseinsform dialektischer Widersprüche bestimmt. Alle Bereiche der Gesellschaft, der Natur, des Denkens lassen – natürlich in jeweils unterschiedlicher, konkreter Weise – das Wirken von Widersprüchen erkennen, das Aufeinanderstoßen und wechselseitige sich Ergänzen dialektischer Gegensätze. Die Auffassung Lenins vom Wesen der Dialektik war zutiefst von diesem Gesichtspunkt der Universalität des Widerspruchs bestimmt; es war für Lenin keine Frage, daß die Wirklichkeit in allen ihren Erscheinungen eine Spaltung des Einheitlichen in gegensätzliche Bestandteile verkörpert.

Nach der Auffassung der Klassiker des Marxismus stellt die objektive Dialektik somit den widerspruchsvollen Bewegungs- und Entwicklungszusammenhang konkreter Systeme der Wirklichkeit dar, der jeweils seine Besonderheiten aufweist, zugleich aber wesentliche Übereinstimmungen mit allen anderen Bereichen der Wirklichkeit besitzt. Die Dialektik der Geschichte, die die materielle und ideologische Selbsthervorbringung des Menschen zum Inhalt hat, unterscheidet sich selbstverständlich grundlegend von der Dialektik der vor- und außermenschlichen Natur. Zugleich aber stellt sie einen inneren Zusammenhang mit ihr her, der in der materiellen Einheit der Welt gründet. Die menschliche Existenz ist mit tausend Fäden an die Existenz der Natur geknüpft; sie ist selbst in mehrfacher Hinsicht Naturprozeß. Dialektische Zusammenhänge werden also nicht erst durch die menschliche Tätigkeit konstituiert, sondern sie sind dieser bereits als objektive Voraussetzungen vorgegeben.

Wie schon betont wurde, wenden sich bürgerliche Philosophen mit großer Heftigkeit gegen diese Auffassung. Für Sartre ist die Natur die Sphäre der Metaphysik, die Gesellschaft hingegen die Sphäre der Dialektik. A. Schmidt[44] faßte die Anschauungen vieler Marx-„Kritiker" zusammen, wenn er von der „falschen" Ansicht der „sowjet-

---

[44] Vgl. seine Ausgabe von Henri Lefèbre, „Probleme des Marxismus, heute", Frankfurt am Main 1965, sowie sein Buch „Der Begriff der Natur in der Lehre von Marx", Frankfurt am Main 1962.

marxistischen Orthodoxie" sprach, daß der Natur (der Materie) unter Abstraktion aller menschlichen Vermittlung eine dialektische Bewegung immanent sei. Nach der Meinung dieser Autoren gibt es eine objektive Dialektik, getrennt von der menschlichen Tätigkeit, überhaupt nicht; die Dialektik der Natur wird durch die menschliche Praxis begründet und besteht in der fortschreitenden Einbeziehung der Natur in den Horizont menschlichen Wirkens.

Die Tendenz dieser Argumentation richtet sich der Sache nach weniger gegen die Dialektik, als vielmehr gegen den Materialismus. Die Zurückweisung der Idee einer Dialektik der Natur impliziert die Kritik der Vorstellung unabhängig vom Menschen wirkender objektiver Prozesse. Ist die objektive Dialektik der Natur gefallen, so auch die objektive Dialektik der Geschichte, und die Dialektik stellt sich als bloße Subjekt-Objekt-Vermittlung dar, deren bestimmende Substanz das menschliche Bewußtsein ist. Damit aber ist der Materialismus in den Idealismus „übergegangen".

Indessen verknüpft die Materialität Natur und Gesellschaft: In beiden Seinsbereichen wirken objektive Prozesse, die vom menschlichen Bewußtsein unabhängig in dem Sinne sind, daß sie ihren eigenen, nicht willkürlich aufhebbaren Gesetzen gehorchen. Die Dialektik des gesellschaftlichen Lebens schließt zwar die tätige Vermittlung von Mensch und Wirklichkeit, die soziale Praxis, ein, aber sie besitzt, als objektiver Prozeß, zugleich eine relative Selbständigkeit und entfaltet sich in der Art eines Naturprozesses. In der Reflexion auf diese Tatsache liegt das „ontologische" Moment des Marxismus, und es ist unrichtig, den Marxschen Materialismus schlechthin als nicht-ontologischen Materialismus zu kennzeichnen, wie das z. B. A. Schmidt tut. Selbstverständlich unterscheidet sich der dialektische Materialismus vom metaphysischen Materialismus dadurch, daß er die Materie der gesellschaftlichen Wirklichkeit nicht in der Trennung vom Menschen und seiner Tätigkeit fixiert (was übrigens, sensu stricto, vom metaphysischen Materialismus nur als *Tendenz* gilt). Aber zugleich ist für ihn das Materielle keineswegs *nur* ein Produkt menschlicher Tätigkeit, sondern zugleich ein Produkt *seiner selbst.* Die ökonomischen Verhältnisse realisieren in der Geschichte der Menschheit einen objektiven Bewegungszusammenhang, der sowohl aus der menschlichen Praxis, wie aus sich selbst zu erklären ist.

Die Selbstbewegung des Materiellen ist jenes objektiv Dialektische, das in allen Bereichen der Wirklichkeit auftritt. Es ist daher, gegen die bürgerliche Marx-Auffassung, an dem materiellen Grundcharakter der Dialektik festzuhalten; aus ihm ergibt sich die Existenz einer objektiven Naturdialektik. Sie besteht in den konkreten Vermittlungszusammenhängen der Systeme der außermenschlichen Natur, die der Veränderung und der Entwicklung unterworfen sind. Die theoretische Erfassung dieser Systemzusammenhänge ist wesentlich eine Aufgabe der einzelnen Naturwissenschaften (was, mutatis mutandis, auch für die Gesellschaft gilt). Die Funktion des dialektischen Materialismus besteht einerseits in der ständigen Schärfung der denkmethodischen Voraussetzungen der einzelnen Wissenschaften, andererseits in der Herausarbeitung von Systemzusammenhängen, die den Rahmen einzelwissenschaftlicher Betrachtung sprengen. Dies gilt, wie für die Natur, so auch für die Gesellschaft. Eine philosophische Theorie der sozialistischen Gesellschaft wird die wesentlichen Struktur- und Entwicklungszusammenhänge des Sozialismus zu erfassen haben, wobei sie die Erkenntnisse der politischen Ökonomie, Soziologie, Geschichtswissenschaft, Pädagogik usw. zu verarbeiten hat. Eine solche Theorie ist ihrem Wesen nach dialektisch, weil das System, das sie intendiert, objektiver dialektischer Prozeß, konkreter Gesamtzusammenhang ist.

Zur Dialektik der Subjektivität im Sozialismus

1. Gestaltwandel der Subjektivität

Die menschliche Geschichte gründet sich zu allen Zeiten und unter allen Verhältnissen auf die praktische und theoretische Vermittlung des Menschen mit der Wirklichkeit. Die objektiven Existenzbedingungen des Menschen sind, insofern sie gesellschaftliche Bestimmungen verkörpern, zugleich Vergegenständlichung der menschlichen Tätigkeit und daher einerseits aus ihren immanenten Zusammenhängen, andererseits aus der Vermittlungsfunktion der Subjektivität zu erklären. Diese Beziehung nimmt im Sozialismus einen gegenüber der Klassengesellschaft prinzipiell veränderten Charakter an, was sich aus der Veränderung der objektiven Verhältnisse ergibt, der die Veränderung des subjektiven Faktors, der menschlichen Subjektivität, entspricht.

Das vormarxsche, bürgerliche Denken, das die Bedingungen der warenproduzierenden Gesellschaft vom Standpunkt der Interessen der Privateigentümer reflektierte, hatte die Subjektivität wesentlich als den „vereinzelten Einzelnen" der Warengesellschaft bestimmt. Sofern die Subjektivität den Charakter einer *allgemeinen* Wirkkraft erhielt, wurde sie als ein imaginäres ideelles Agens gefaßt und, wie bei Hegel, in der Form des Begriffs exponiert. Hegel ging davon aus, daß die Gattung erst als freies konkretes Individuum Wirklichkeit erhalte; dieser Gedanke lag auf der Linie der damals allgemeinen Überzeugung, daß nicht ein Allgemeines oder Besonderes, sondern nur das Einzelne wirklich zu handeln vermöge. Mit dieser Anschauung wurden die Verhältnisse der Warengesellschaft widergespiegelt und zugleich absolut gesetzt. Der übergreifende Zusammenhang der Privateigentümer, dessen konkreter Ausdruck ihr gemeinsames Klasseninteresse war, erhielt die Form einer selbständigen geistigen Macht.

Marx und Engels, die die gemeinsamen materiellen Interessen des Proletariats zum Ausdruck brachten, erkannten, daß primär nicht Individuen, sondern Klassen die treibende Kraft der Geschichte sind. Im

genauen Gegensatz zu der bürgerlichen Denkweise gingen sie davon
aus, daß die Proletarier sich nicht als Individuen, sondern nur als
Klasse zu befreien vermögen. Indem sie in der materiellen Produktionstätigkeit die Wurzel der geschichtlichen Entwicklung der Menschheit
erkannten, konnten sie zugleich beweisen, das die *Massen* die Schöpfer
der Geschichte sind. Dies bedeutete nicht nur keine Extrapolation der
Lebensbedingungen des Proletariats auf die Geschichte überhaupt,
sondern schloß auch das konkrete Verständnis des Charakters und der
Wirkungsformen der Subjektivität unter verschiedenen geschichtlichen
Bedingungen ein.

Für Marx und Engels bildete die „Bewegung der *großen Masse*"
den hauptsächlichen Inhalt der Entwicklung und revolutionären Umgestaltung der kapitalistischen Gesellschaft. Der Kampf des Proletariats entwickelt sich, wie im „Manifest der Kommunistischen Partei"
ausgeführt wird, von Einzelaktionen der Arbeiter zum bewußten, organisierten Klassenkampf. Ist diese Stufe erreicht, dann bildet die proletarische Bewegung die „selbständige Bewegung der ungeheuren Mehrzahl im Interesse der ungeheuren Mehrzahl".[1] Die Bewegung der Massen erhält den Charakter einer eigenständigen Kraft; und so sehr sie
im Handeln der einzelnen Arbeiter begründet ist, bildet sie doch
gleichzeitig einen *allgemeinen* Wirkungszusammenhang, die Praxis bestätigt damit, daß nicht nur Individuen, sondern auch und vor allem
Massen *selbständig* zu handeln vermögen. Damit tritt ein geschichtlicher
Zusammenhang ans Licht, der bereits in der bisherigen Geschichte wirksam war, den aber erst Marx und Engels voll zu erkennen vermochten.

Das Subjekt der Geschichte sind die tätigen Individuen, insofern sie
als gesellschaftliche Ensembles wirken. Zwischen Individuum und Gesellschaft besteht eine dialektische Beziehung: Die geschichtsbildende
Tätigkeit der Individuen realisiert sich in der Form der Tätigkeit der
Massen (der Klassen) und umgekehrt. Letztere ist nicht bloße Summe
einzelner Aktionen, sondern stellt eine qualitativ besondere Daseinsform menschlichen Handelns dar. Das Subjekt dieses Handelns ist die
dialektische Totalität einer Klasse (nicht die einfache Summe ihrer
Glieder); seine Bewußtheit findet in den kollektiven Zwecksetzungen
der Klasse ihren Ausdruck.

---

[1] Karl Marx/Friedrich Engels, Werke, Bd. 4, a. a. O., S. 473.

Dieser Zusammenhang impliziert freilich, daß auch Individuen als bestimmender subjektiver Faktor auftreten können; dies sind die geschichtlich handelnden Persönlichkeiten, die den Willen und das Interesse einer Klasse zur Geltung bringen. Das Subjekt der Geschichte ist nicht eine amorphe Masse, sondern ein Gesamtzusammenhang bewußt tätiger Individuen, von denen einige die Rolle der theoretisch und organisatorisch Führenden übernehmen. Die Notwendigkeit dieser Führerrolle ergibt sich aus dem Ganzheitscharakter des Geschichtssubjekts: Da dieses immer aus Individuen mit ihren besonderen Eigenschaften und Verhaltensformen „besteht", ist es notwendig, dem gemeinsamen Interesse selbständigen Ausdruck, dem gemeinsamen Willen organisierende Form zu verleihen. Eine Klasse kann sich nicht ad hoc über ihr Interesse verständigen und die Art seiner Sicherung fixieren, sondern dazu bedarf es lenkender und leitender Persönlichkeiten. Lenin machte auf diese Tatsache in seiner Arbeit „Was tun?" aufmerksam, indem er feststellte, daß es ohne ein Dutzend talentvoller und bewährter Führer in der modernen Gesellschaft keinen Kampf irgendeiner Klasse geben kann. Dabei kann, wie Marx darlegte, der „Zufall" des Charakters der Führer einer Bewegung von erheblichem Einfluß auf die Beschleunigung oder Verzögerung der Bewegung der Massen werden.

Ein entscheidendes Element des Proletariats als subjektiven Faktors ist die Partei der Arbeiterklasse. Das Proletariat kann im Kapitalismus nur insofern seine Subjektivität entfalten, als es in der Partei die organisierte und organisierende, bewußte und Bewußtsein bildende Avantgarde seines Kampfes besitzt. Die Partei ist jener kollektive Führer, dessen das Proletariat bedarf, um seinen Kampf zielgerichtet und bewußt zu führen. Sie verkörpert eine notwendige Seite des subjektiven Faktors, wobei sie jene Dialektik von Führern und Geführten in sich einschließt, die sie im Verhältnis zur Klasse selbst betätigt. Die Kommunisten haben, wie im „Kommunistischen Manifest" festgestellt wird, keine von den Interessen des Proletariats getrennten Interessen. Sie sind vielmehr jenes Organ, mittels dessen sich das Proletariat seine Interessen bewußt macht und sie im organisierten Kampf durchsetzt. Die Kommunisten haben vor der Masse des Proletariats die Einsicht in die Gesetzmäßigkeiten der proletarischen Bewegung voraus – eine Distinktion, deren Bestimmung es ist, im

Prozeß der Führung der Klasse durch die Partei aufgehoben zu werden. Allerdings wird sie immer neu gesetzt, da die sich historisch
wandelnden Bedingungen des Kampfes ein immer neues Bewußtmachen
derselben durch die Partei erfordern. Die Bewußtheit des Klassenkampfes des Proletariats setzt daher, wie Lenin immer wieder betonte,
eine Kampfpartei voraus, die den Besitz der wissenschaftlichen Theorie
der Gesellschaft mit der Entschlossenheit vereinigt, die objektiv historisch gesetzten Ziele des Proletariats im Kampf der Klasse zu verwirklichen. Ohne die Partei kann die proletarische Bewegung nicht organisiert werden, ohne sie kann das Proletariat seine Rolle als subjektiver
Faktor nicht erfüllen.

Der Kampf des Proletariats ist seiner Grundlage nach materielle
Praxis, die in der kritisch-revolutionären, gegenständlich-konkreten
Veränderung der Lebensbedingungen der Gesellschaft besteht. In der
Partei ist jene theoretische Bewußtheit verwirklicht, dessen die Praxis
bedarf, um erfolgreich verwirklicht werden zu können. Der subjektive
Faktor vereinigt in sich eine materielle und eine ideologische, eine
praktische und eine theoretische Komponente, und nur die Einheit
dieser dialektischen Gegensätze konstituiert sein Wesen. Materielle
Gewalt kann, wie Marx feststellte, nur durch materielle Gewalt ge-
stürzt werden, aber auch die Theorie wird zu einem Faktor dieser
materiellen Gewalt, zu einem Element der Praxis, wenn sie die Massen
ergreift. In der Tatsache, daß es ohne revolutionäre Theorie keine
revolutionäre Bewegung geben kann, kommt die unauflösliche Durchdringung von Theorie und Praxis in der menschlichen Subjektivität
zum Ausdruck. Das sozialistische Bewußtsein kommt zwar zunächst
von außen; aber es kommt zugleich in einer vermittelten Form aus
der proletarischen Bewegung selbst, insofern die Theorie deren Bedingungen, Erfordernisse und Gesetzmäßigkeiten reflektiert.

Der subjektive Faktor stellt somit eine dialektische Ganzheit unterschiedlicher Momente dar. Seinen Inhalt bilden die sich in der Geschichte durch ihre materielle und ideologische Tätigkeit selbst erzeugenden Menschen, die Individuen, die in der Form gesellschaftlicher
Ensembles wirken. Die ideologische Reife, der Grad der Organisiertheit, revolutionäre Entschlossenheit, Mut und Kühnheit sind wesentliche Voraussetzungen dafür, daß das Proletariat, der entscheidende
subjektive Faktor innerhalb der kapitalistischen Gesellschaft, seine

historische Mission erfüllen kann. Der subjektive Faktor – das sind die tätigen Menschen, die ein ganzes System von Maßnahmen und Verhaltensweisen aufbieten, um ihre Tätigkeit mit dem höchsten Grad an Effektivität zu vollziehen.

Mit der Überwindung des Kapitalismus und der Errichtung der sozialistischen Gesellschaft erfolgt eine wesentliche Veränderung von Struktur, Rolle und Existenzformen der Subjektivität. Bestehen bleibt die Tatsache, daß es die wirklich handelnden, aktiv tätigen Menschen sind, die die Daseinsbedingungen der Gesellschaft erhalten, reproduzieren und revolutionieren. Aber indem sich die Arbeiterklasse im Bündnis mit der Bauernschaft und den übrigen Werktätigen zur herrschenden Klasse organisiert, nimmt der subjektive Faktor eine neue Gestalt an. Die Spaltung der Gesellschaft in feindliche Klassen wird überwunden, und die Glieder der Gesellschaft wirken immer mehr als einheitliche Kraft, die ihr Wollen und ihre Aktionen auf die gemeinsamen Ziele aller richtet. Es verschwindet das feindliche Gegeneinanderstreben subjektiv menschlicher, klassenbedingter Aktionen und an seine Stelle tritt das bewußte Handeln der Menschen nach gesamtgesellschaftlichen Normen und Zwecken. Der subjektive Faktor im Sozialismus – das ist das einheitliche Ganze der in den verschiedenen Sphären des gesellschaftlichen Lebensprozesses tätigen Menschen, die als Kollektive konkrete Aufgaben verwirklichen, die einen genau festgelegten Platz in dem System der gesamtgesellschaftlichen Erfordernisse und Aufgaben einnehmen. Während im Kapitalismus die Schöpferkraft der werktätigen Massen durch die Natur der Eigentumsverhältnisse restringiert ist, kann sie sich im Sozialismus frei entfalten, da die Werktätigen sich dem von ihnen erzeugten Reichtum nicht mehr als eine fremde und feindliche Macht gegenüberstellen, sondern sich ihn als Form und Realität ihrer menschlichen Selbstverwirklichung aneignen. Auf Grund dessen spielt der subjektive Faktor im Sozialismus eine wesentlich aktivere Rolle als im Kapitalismus. Insbesondere ergibt sich dies aus der Tatsache, daß die Erzeugung der objektiven Lebensbedingungen der Gesellschaft nicht mehr, wie im Kapitalismus, in spontaner Form vonstatten geht, sondern den Charakter eines gesellschaftlich bewußten Prozesses annimmt. Damit wird eine entscheidende Stelle menschlichen Wirkens besetzt, die in aller bisherigen Gesellschaft unbesetzt geblieben war: die Bewußtheit im Vollzug des gesamtgesellschaftlichen Reproduktionsprozesses gemäß den Interessen und Bedürfnissen aller Glieder der Gesellschaft. In den vorsozialistischen Formationen war die Bewußtheit ökonomisch auf die konkurrierenden Interessen und Bedürfnisse der Privatproduzenten fundiert und damit beschränkt. Im Sozialismus erfordert das gesellschaftliche Eigentum eine gesellschaftliche Bewußtheit der Gestaltung der ökonomischen und aller anderen wesentlichen Lebensprozesse, die die Anforderungen an die menschliche Subjektivität gewaltig erhöht. Die Bewußtheit nimmt gegenüber der Klassengesellschaft sowohl quantitativ als auch qualitativ zu; sie besitzt einen prinzipiell veränderten Charakter. Im Sozialismus werden der objektiven Tendenz nach *alle* Menschen, die in den verschiedenen Sphären des gesellschaftlichen Lebensprozesses tätig sind, in die bewußte Gestaltung der sozialen Entwicklung einbezogen. Die Verwirklichung des Sozialismus hat gerade die umfassende, die Masse der Werktätigen ergreifende sozialistische Bewußtheit zur unabdingbaren Voraussetzung. Gleichzeitig erhält die Bewußtheit einen neuen Inhalt: Sie ist Ausdruck der planmäßigen Gestaltung der *Gesamtheit* der grundlegenden Prozesse im Leben der Gesellschaft, während sie im Kapitalismus die vereinseitigte Form war in der sich die Spontaneität der gesellschaftlichen Entwicklung realisierte.

Das Subjekt der sozialistischen Gesellschaft ist die dialektische Totalität der wirklichen und wirkenden gesellschaftlichen Menschen. Die Glieder dieser Totalität sind die Individuen, die Kollektive und das Ganze der arbeitenden Menschen eines Staates. Unter den Bedingungen der immer engeren ökonomischen, kulturellen und politischen Zusammenarbeit der sozialistischen Länder greift diese Totalität bereits über den Rahmen eines einzelnen Landes hinaus und erlangt die Form einer internationalen Gemeinschaft bewußt tätiger Menschen. Der Dialektik der objektiven Struktur des subjektiven Faktors entspricht die Dialektik der Bewußtheit, die sich ebenfalls zu einem widerspruchsvoll strukturierten Ganzen entfaltet.

Die tätigen Menschen der sozialistischen Gesellschaft bedürfen, um sich durch ihre Arbeit selbst zu erzeugen, einer Skala von Mitteln. Diese sind Komponenten des subjektiven Faktors, insofern dessen Wirken sich *durch sie* realisiert und die Veränderung der objektiven Bedingungen bewirkt. Zu diesen Mitteln gehören die sachlichen Produktivkräfte, der sozialistische Staat und die Partei der Arbeiterklasse. Sie sind die notwendigen Formen, in denen sich die subjektive menschliche Tätigkeit vollzieht. Der Mensch kann seinen Stoffwechsel mit der Natur nur in der Weise verwirklichen, daß er mit den hierfür erforderlichen, sich historisch wandelnden sachlichen Mitteln auf sie einwirkt. Er kann seinen Lebensprozeß nur bewußt gestalten, indem er im sozialistischen Staat sich das Organ schafft, das die planmäßige Entwicklung der Gesellschaft organisiert. Er bedarf der Partei, um die Hauptlinien der gesellschaftlichen Entwicklung wissenschaftlich auszuarbeiten und die Menschen in allen Bereichen des sozialen Lebens zum Kampf um die Durchsetzung des Neuen, Besseren anzuspornen und zu organisieren. Die Partei ist der Kern des Subjekts im Sozialismus: In ihr findet die Einheit von Bewußtheit und Tätigkeit den konzentrierten und höchsten Ausdruck:

Das Subjekt im Sozialismus ist ein einheitliches Ganzes. Aber diese Einheitlichkeit ist die eines gegliederten Totums, nicht die einer abstrakten überdimensionierten „Person". Als dialektische Ganzheit unterschiedlicher Komponenten realisiert sie sich in der Form mannigfaltig differenzierter kollektiver und einzelner Aktionen sowie unterschiedlicher Weisen der Organisierung des Gesamtprozesses. Es entfaltet sich eine Dialektik der Subjektivität, wesentlich verschieden von der Dialektik des subjektiven Faktors unter den Bedingungen der Klassengesellschaft. Diese Dialektik hat die grundsätzliche Übereinstimmung der besonderen und einzelnen Interessen zu ihrem Fundament; sie ist Verschiedenheit und Widerspruch, in die sich die dialektische, konkrete Identität entläßt.

Das Subjekt der sozialistischen Gesellschaft befindet sich in einer wesentlich anderen Stellung der Wirklichkeit gegenüber als das Subjekt der Klassengesellschaft. Die Wirklichkeit – die vom Menschen gestaltete Welt – ist sowohl in der Klassengesellschaft wie im Sozialismus ein Produkt der wirklichen und wirkenden Menschen. Aber in der Klassengesellschaft erzeugt der subjektive Faktor die Bedingungen seines eigenen Lebensprozesses als ihm fremde Gewalten, während sie im Sozialismus die bewußt verwirklichten Voraussetzungen seiner ständigen Höherentwicklung sind. Es erfolgt eine Reintegration des Objekts ins Subjekt: Das Objekt wird aus der feindlichen Entgegensetzung gegen das Subjekt herausgelöst und zu einem Moment von

dessen Selbstentfaltung. Die objektiven gesellschaftlichen und natürlichen Verhältnisse werden zu Mitteln, deren das Subjekt bedarf und
auf die es praktisch und theoretisch reflektiert, wenn es seinen Lebensprozeß bewußt gestaltet. Herrschaft des Menschen über die gesellschaftlichen und natürlichen Bedingungen seiner Existenz – ein schon
von der vormarxschen Philosophie artikuliertes Ziel menschlicher Entwicklung – ist nicht ohne Überwindung der feindlichen Entgegensetzung von Subjekt und Objekt möglich. Das Objekt nimmt die Kraft
der Subjektivität in sich auf und ist in immer wachsendem Maße durch
den Willen und die Macht der Subjektivität bestimmt.

Damit erfolgt nicht nur eine Reintegration des Objekts in das Subjekt, sondern auch des Subjekts in das Objekt. Im Sozialismus nimmt
das Subjekt die objektiven Bedingungen seiner Existenz in sich hinein;
aber zugleich ist der Bewegungsprozeß des Objekts an das bewußte
und zielstrebige menschliche Handeln geknüpft: Das Objekt ist vom
Subjekt durchdrungen.

So vereinigt das Subjekt der sozialistischen Gesellschaft Ziel und
Mittel, theoretisches Bewußtsein und materiell-praktische Aktion in
sich und greift in das Objektive über, wie dieses ohne die gesellschaftlich-bewußte Tätigkeit des Subjekts nicht möglich wäre. Unter den
Bedingungen der Entfremdung sind Subjekt und Objekt feindlich, starr
voneinander geschieden; im Sozialismus hat sich diese Form der Entgegensetzung aufgelöst; an ihre Stelle tritt eine nichtantagonistische
dialektische Einheit der Pole.

Damit wird die Beweglichkeit, Elastizität der Grenzen zwischen Subjekt und Objekt offenbar. Der fließende Übergang von Subjekt und
Objekt gründet in ihrer unlöslichen Bezogenheit vermittels der menschlichen Praxis und in der Beseitigung der Entfremdung. Das Objektive
ist in der Gesellschaft zugleich geronnene menschliche Tätigkeit; es
muß, um sich zur Bedingung des sozialen Lebens zu gestalten, durch
die Arbeit „zubereitet" und damit in den Bewegungsprozeß des Subjekts integriert werden.

Der Begriff des Objekts ist mehrdeutig. Objekt ist der Gegenstand,
der Zielpunkt des praktischen und theoretischen Verhaltens des Menschen. Insofern existiert es stets in der Abhängigkeit vom Menschen,
einer Abhängigkeit, die durch die Praxis vermittelt ist. *Objektiv* aber
nennen wir dasjenige, das außerhalb und unabhängig vom Bewußtsein

des Menschen existiert. Die Klammer beider Begriffsaspekte ist wiederum die menschliche Praxis. Die Praxis erzeugt reale Erscheinungen („Gegenstände") und Verhältnisse, die als determinierende Voraussetzungen die Praxis selbst objektiv bedingen. Dies verbindet sie mit der Objektivität der Natur, insofern diese auf die menschliche Existenz und das soziale Handeln einwirkt. Was Objekt der Praxis ist, hat seinem Wesen nach die Bestimmung, durch menschliches Gestalten zu einem neuen Moment der Objektivität zu *werden*. Gleichzeitig *ist* es seinen Voraussetzungen nach bereits objektiv, da es nur so praktisch gestaltet werden kann. Es liegt also eine doppelte Art von Objektivität vor. Die erste kommt dem der menschlichen Praxis „vorgegebenen", die zweite dem aus ihr hervorgegangenen Sein zu. (Natürlich ist auch die erste Art, betrachtet man den Gesamtprozeß der Praxis, Resultat der Vermittlungsfunktion der Praxis.)

Die Gesetze, Zusammenhänge, konkreten Erscheinungen der sozialistischen Gesellschaft existieren objektiv; d. h., es kommt ihnen Dasein zu, außerhalb und unabhängig vom menschlichen Bewußtsein. Aber diese Unabhängigkeit besitzt verschiedene Grade. Die Entwicklungsgesetze der sozialistischen Gesellschaft können nicht beliebig verändert werden, sie wirken in der Form eines Naturprozesses. Sie existieren jedoch nicht in „reiner" Form, sondern nehmen Gestalt in der jeweiligen konkreten sozialistischen Gesellschaft eines gegebenen Landes an, deren Verwirklichung Resultat des praktischen und theoretischen Handelns der Menschen dieser Gesellschaft ist. Die konkrete Daseinsweise der sozialistischen Gesellschaft ist einerseits an die unaufhebbaren Gesetze der gesellschaftlichen Entwicklung geknüpft, andererseits an das in bestimmten Grenzen variable Handeln der Menschen, das wiederum wesentlich vom Inhalt und Massenumfang der sozialistischen Bewußtheit bestimmt wird. Das Systemganze der sozialistischen Gesellschaft existiert außerhalb und unabhängig vom Bewußtsein im erkenntnistheoretischen Sinne; dabei sind die materiellen und die ideologischen Verhältnisse zu unterscheiden, von denen jene die objektive Grundlage der Gesellschaft bilden. Zwar werden auch sie mit gesellschaftlichem Bewußtsein realisiert, jedoch im Rahmen der objektiven Möglichkeiten und Erfordernisse. Die Objektivität der materiellen Verhältnisse ist also eine doppelte: erstens wirken in ihnen (wie überall in der Gesellschaft) objektive Gesetze; zweitens bilden sie das objektive Fundament der Gesellschaft. Das Bewußtsein ist konstituierendes Element der konkreten Gestaltung der sozialistischen Verhältnisse; dies ist eine notwendige Seite der schöpferischen Praxis der sozialistischen Werktätigen.

Der Ausdruck „unabhängig vom Bewußtsein existierend" gilt also bezüglich *aller* Erscheinungen der sozialistischen Gesellschaft im Sinne der allgemeinen Gegenüberstellung von Materiellem und Ideellem, er gilt bezüglich der fundierenden Rolle der materiellen Verhältnisse, aber er gilt *nicht* bezüglich der konkreten Verwirklichung der Erscheinungen und Verhältnisse der sozialistischen Gesellschaft durch die handelnden Menschen. Insofern die Existenz natürlich die Erzeugung zur Voraussetzung hat, geht das Bewußtsein als formgebendes Element in die objektive Existenz mit ein, jedoch nicht so, daß es die Objektivität „vergeistigt", sondern so, daß es deren eigene Bewegungs- und Entwicklungserfordernisse freisetzen und verwirklichen hilft.

Wenn wir als das Subjekt der Geschichte den tätigen Menschen betrachten, dann ist Objekt alles das, auf das sich dieses Handeln richtet. Diese Kennzeichnung schließt eine große Spannweite von Möglichkeiten in sich ein; sie reicht von der Natur über die gesellschaftlichen Verhältnisse bis zum Menschen selbst. Der gesellschaftliche Mensch ist sein eigenes Subjekt und Objekt; außerdem werden Menschen oder Menschengruppen zum Objekt der Aktionen anderer Menschen und Menschengruppen. Diese Bestimmung der Begriffe Subjekt und Objekt definiert den Spannungsbogen menschlichen Handelns; sie leistet indes wenig zur theoretischen Kenntlichmachung der Wirkungsbedingungen des subjektiven Faktors.

Dies wird vielmehr erreicht durch Verwendung der Begriffe subjektiv und objektiv. Wenn das Subjekt der sozialistischen Gesellschaft die Totalität der werktätigen Glieder der Gesellschaft ist, dann sind die subjektiven Bedingungen der gesellschaftlichen Entwicklung die Mittel und Verhaltensweisen, die der subjektive Faktor im Prozeß seiner Selbstrealisierung aufbietet. Das sind moralische, politische, ideologische Voraussetzungen; Qualitäten der Führung der Massen durch die Partei; das Niveau der Organisiertheit und Bewußtheit der Massen; Formen der Leitung der ökonomischen Prozesse; die Methoden des Einsatzes, der Entwicklung, der Vervollkommnung der Produktivkräfte, kurz: alle jene Bedingungen des Geschichtsverlaufs, die *unmit-*

telbar durch die bewußte Tätigkeit der Menschen bestimmt sind. Die subjektiven Bedingungen sind damit zugleich eine Seite des praktischen Vermittlungszusammenhangs zwischen Mensch und Wirklichkeit; diesem wohnt andererseits natürlich auch ein objektives Moment inne, so daß die Vermittlung von Subjekt und Objekt Kennzeichen beider Seiten aufweist, was überhaupt die Natur der Vermittlung von Gegensätzen ist.

Objektiv sind jene Bedingungen des Geschichtsprozesses, die *unmittelbar nicht* vom Willen und Bewußtsein der tätigen Menschen abhängen. Das sind die Gesetze und wesentlichen Zusammenhänge der Natur und der Gesellschaft sowie die für den subjektiven Faktor jeweils historisch „vorhandenen" Existenz- und Wirkungsbedingungen, die konkrete ökonomische und politische Situation, die das handelnde Subjekt „vorfindet". Dazu gehören natürlich auch Bedingungen, die nicht nur allgemein durch den gesellschaftlichen Menschen geschaffen werden, sondern die auch ein subjektives, vom tätigen Menschen unmittelbar abhängendes Moment aufweisen, wie der Entwicklungsstand der Produktivkräfte, die Höhe der Arbeitsproduktivität usw. Die objektiven Bedingungen sind, allgemein gesprochen, die konkret-historischen Voraussetzungen, unter denen sich die bewußte menschliche Tätigkeit entfaltet. Hierzu können, bei einem entsprechenden Bezugssystem, auch subjektive Bedingungen, wie das ideologische Niveau der Massen, gehören. Diese subjektiven Bedingungen werden dann zu objektiven Voraussetzungen der Tätigkeit eines bestimmten Elements des subjektiven Faktors, z. B. der Partei. Der Bewußtseinsstand der Massen ist natürlich eine subjektive Bedingung des Geschichtsverlaufs, aber in einem bestimmten konkreten Zusammenhang wird er zu einem objektiven, vom Bewußtsein und Wollen, z. B. der Partei, zunächst unabhängigen Faktor.

Man muß daher die allgemeinen, den Geschichtsverlauf *überhaupt* bestimmenden objektiven Voraussetzungen von den konkreten Wirkungsbedingungen des subjektiven Faktors oder eines seiner Elemente unterscheiden. Der Begriff „objektive Bedingungen" ist stets in Beziehung zum Wirken des gesellschaftlichen Menschen gedacht; er definiert alle jene Gegebenheiten, von denen das Handeln der Menschen ausgeht, die es bestimmen, die den Ausgangspunkt der Wirkungsweise des subjektiven Faktors bilden. Der subjektive Faktor ist, vor allem im Sozialismus, kein bloßes Produkt dieser objektiven Bedingungen, sondern er ist jene Kraft, die der Bewegung der Bedingungen eine von ihm gewünschte Richtung zu geben vermag – natürlich im Rahmen von Voraussetzungen, die objektiv, d. h. vom bloßen Belieben der Menschen unabhängig sind. Es ist offenkundig, daß „objektiv" in diesem Sinne nicht identisch mit „materiell" ist, da zu den objektiven Voraussetzungen menschlicher Tätigkeit auch ideologische Bedingungen gehören können. „Objektiv" ist nur im Sinne der Grundfrage der Philosophie mit „materiell" identisch gesetzt: Subjektiv ist das Bewußtsein, materiell ist das Sein, das ihm gegenübersteht. In dem oben angegebenen Zusammenhang kehrt diese Unterscheidung in dem Sinne wieder, daß die letztlich bestimmende Seite der objektiven Bedingungen alles menschlichen Handelns die materiellen gesellschaftlichen Verhältnisse der Menschen, ihre ökonomischen Beziehungen sind.

Wenn die sozialistische Gesellschaft gegenüber der Klassengesellschaft durch die qualitative Erhöhung der Rolle des subjektiven Faktors gekennzeichnet ist, so handelt es sich hierbei nicht einfach um einen *Zustand*, sondern um einen *Prozeß*. Die bewußte Gestaltung der Existenzbedingungen des sozialistischen Menschen ist nicht mit einem Schlag gegeben, sondern umschließt einen langen historischen Zeitraum, in dem die Werktätigen es lernen müssen, sich umfassend als Subjekte der gesellschaftlichen Entwicklung zu betätigen – und in gewissem Sinne müssen sie es immer wieder neu lernen. Der unterschiedliche Entwicklungsgrad und die konkreten Formen, in denen sich dieser Prozeß vollzieht, sind objektiv bedingt; sie korrespondieren mit der Entwicklungshöhe der Produktivkräfte und den sich wandelnden allgemeinen gesellschaftlichen Bedingungen. Die Macht des Subjekts über das Objekt ist zu keiner Zeit ein fertiger, ein für allemal abgeschlossener Zustand, sondern muß sich unter progressiv veränderten Bedingungen immer erneut bestätigen und erproben.

In einer frühen Etappe der Entwicklung der sozialistischen Gesellschaft werden in der Regel Zentralismus und Administration eine bevorzugte Rolle spielen müssen. Dies ergibt sich aus der Notwendigkeit, die konzentrierte Macht der Arbeiterklasse zur energischen, rücksichtslosen Durchsetzung der neuen ökonomischen, politischen und ideologischen Erfordernisse einzusetzen. Es ergibt sich auch daraus, daß die Kader, die den gesellschaftlichen Entwicklungsprozeß mit

Sachkunde konkret und selbstverantwortlich im einzelnen leiten können, anfangs nur spärlich vorhanden sind. Ferner muß sich die Ersetzung der überkommenen bürgerlichen und kleinbürgerlichen Produktions- und Lebensformen notwendig im gesamtgesellschaftlichen Rahmen, zentralisiert vollziehen.

Erst auf einer höheren Entwicklungsetappe, wenn diese notwendigen Voraussetzungen erfüllt sind, wird es möglich und zugleich notwendig, den Selbsterzeugungsprozeß der Subjektivität sich konkreter und differenzierter vollziehen zu lassen. Die Eigenverantwortung der Kollektive und Individuen – vor allem der Betriebe als der wesentlichsten Wirtschaftseinheiten – wächst qualitativ und die Springquellen der Initiative der Individuen fließen reicher. In der DDR ist dieser Prozeß ökonomisch durch den Übergang zum Neuen Ökonomischen System der Planung und Leitung gekennzeichnet. So sehr dieses System in der ganzen bisherigen Politik der Partei und der Regierung verwurzelt ist, so konnte es umfassend doch erst unter bestimmten objektiven Voraussetzungen realisiert werden, wobei den Erfordernissen der Entwicklung der Produktivkräfte unter den Bedingungen der technischen Revolution, der allseitigen Durchsetzung der sozialistischen Produktionsverhältnisse, der höheren sozialistischen Bewußtheit der Massen die entscheidende Bedeutung zukommt. Das Neue Ökonomische System ist gerade darauf gerichtet, überflüssiges Administrieren abzubauen und die Eigenverantwortlichkeit der Produzenten zu stärken.

Der Gestaltwandel der Subjektivität ergibt sich nicht nur aus dem Übergang von kapitalistischen zu sozialistischen Produktionsverhältnissen, sondern zugleich und in der Zukunft in immer wachsendem Maße aus dem Entwicklungsprozeß der Produktivkräfte. Die sich gegenwärtig vollziehende technische Revolution führt zu einer gegenüber früheren Bedingungen qualitativ neuen Form der Subjekt-Objekt-Beziehung und damit zu einer neuen Gestalt der Subjektivität. Die technische Revolution verwirklicht ein neues Stadium der Herrschaft des Menschen über die Natur. Die Beherrschung der Naturkräfte wird in immer größerem Maße die Form, in der die Wissenschaft unmittelbar als Produktivkraft wirkt; die Macht des wissenschaftlichen Denkens und Erkennens greift in alle Prozesse, durch die der Mensch seinen Stoffwechsel mit der Natur vollzieht, revolutionierend ein. Die konsequente Verwissenschaftlichung der Produktion setzt gewaltige

Produktivkräfte frei, die dem Menschen eine neue Stellung im System
der materiellen ökonomischen Prozesse zuweisen und die Struktur
seiner Tätigkeit entscheidend modifizieren. Nach wie vor bleibt der
Mensch die entscheidende Produktivkraft, aber die Mittel, die er im
Prozeß der Naturbeherrschung aufbietet, wandeln sich: Mit der unmittelbar körperlichen Arbeit verbindet sich immer mehr die geistig-
theoretische Beherrschung und Regulierung der Natur- und technologischen Prozesse. Der wissenschaftlich-technische Fortschritt und
die technisch-ökonomischen Parameter der Produktionsanlagen werden
zum entscheidenden Faktor des ökonomischen Fortschritts, die Effektivität der vergegenständlichten Arbeit wird zur wichtigsten Voraussetzung der Steigerung der Arbeitsproduktivität.[2] Die Stellung des
Menschen der Natur gegenüber geht, nach der erkenntnismäßigen Seite
betrachtet, von einem mehr empirisch zu einem immer mehr geistig-
theoretisch bestimmten Verhalten über. Die vergegenständlichte Arbeit
nimmt gerade deshalb in ihrer Bedeutung zu, weil sie das Konzentrat
der wissenschaftlichen Erkenntnisse ist, weil sich in ihr die theoretische Macht des Menschen über die Natur real vergegenständlicht.

Im Zusammenhang mit diesen Prozessen verändert sich der Platz,
den der arbeitende Mensch im Produktionsgeschehen einnimmt: Er
tritt *neben* den unmittelbaren Fertigungsprozeß und richtet seine Tätigkeit vor allem auf Produktionsvorbereitung und technische Über-
wachung. In höherem Maße als je zuvor gilt unter den Bedingungen
der technischen Revolution, daß der Mensch in der Produktion die
Natur gegen sich selbst kehrt, daß er Naturprozesse zur Bearbeitung
der Naturgegenstände mobilisiert. Nach dieser Seite betrachtet, zwingt
der Mensch die Objektwelt, sich seinen Zwecken gemäß in sich
selbst zu differenzieren, sich gegen sich zu kehren und eine vom Menschen gewollte Bewegung zu vollziehen. Der Mensch „steht", wie das
schon Hegel formulierte, „daneben" und regiert das Ganze mit leichter
Hand, worin seine „List" besteht.

Aber andererseits ist es natürlich nicht eine Objektivität, eine Natur
„an sich", die hier ihre Selbstbewegung entfaltet, sondern es ist eine
jeweils vom Menschen geformte Wirklichkeit. Es ist daher nicht eigent-

---

[2] Vgl. H. Harry Nick, „Probleme der Ökonomie der vergegenständlichten
Arbeit", Wirtschaftswissenschaft, 2/1965, S. 182.

lich die Natur, die sich gegen sich kehrt, sondern die Welt der Technik, d. h. die vom Menschen gestaltete „Natur", die der Mensch seinen Zwecken gemäß zu reagieren zwingt. So gesehen, steht der Mensch nicht „daneben", sondern er ist in allen Prozessen voll gegenwärtig, da diese Prozesse den Stempel seiner schöpferischen Hand tragen. Es ist ein vom gesellschaftlichen Menschen hervorgebrachtes Dasein, eine nicht nur objektive, sondern zugleich subjektive Welt, die die Daseinsbedingungen des Menschen formt. Und wenn es richtig sein mag, daß die Fabriken der Zukunft von Menschen geleert sein werden, so gilt dies natürlich nur bezüglich des unmittelbaren Fertigungsprozesses. Denn die Fabriken und Produktionsstätten sind selbst ein Ergebnis des menschlichen Willens und der menschlichen Tätigkeit, so daß sich auch in dieser Betrachtungsweise der Mensch als homo faber erweist. Wenn wir bei Hannah Arendt lesen, daß der Mensch der Zukunft der Last der Arbeit und des Jochs der Notwendigkeit frei sein werde [3], so kommt in diesen Worten kleinbürgerliche Sehnsucht nach einer abstrakten Freiheit zum Ausdruck. Die Arbeit wird sich zweifellos bedeutend wandeln, aber doch Arbeit bleiben, und Notwendigkeit, d. h. Gesetzmäßigkeit, wird immer das menschliche Dasein seiner realen Voraussetzung nach bestimmen. Erst auf der Basis bewältigter Notwendigkeit kann sich das Reich der menschlichen Freiheit erheben. Die materielle Produktionstätigkeit nimmt bereits heute mehr und mehr die Form ingenieurtechnischer Arbeit an; dadurch erhöhen sich bedeutend die geistigen, physiologischen und psychologischen Anforderungen an den Produzenten. [4] Es verändert sich die Gestalt der materiellen Praxis und damit zugleich der subjektive Faktor selbst. Die Arbeit wird in dem Sinne aufhören, eine Last zu sein, daß die schwere körperliche Arbeit technischen Aggregaten übertragen wird. Gleichzeitig bleibt sie immer eine den Einsatz des ganzen Menschen fordernde Tätigkeit; nur daß die Anforderungen an den Produzenten sich von der körperlichen auf die geistig-psychische Seite verschieben. Ob die Arbeit als Last oder als dem menschlichen Wesen gemäße Form seiner Selbstverwirklichung empfunden wird, ist übrigens keineswegs primär

[3] Vgl. Hannah Arendt, „Vita activa oder Vom tätigen Leben", Stuttgart 1960, S. 11.

[4] Vgl. Die marxistisch-leninistische Philosophie. Materialien des philosophischen Kongresses vom 22. bis 24. April 1965 in Berlin, S. 22.

eine Frage ihrer technologischen, sondern ihrer sozialen Voraussetzungen. Es hängt von der sozialen Stellung des Menschen, vom Charakter der Gesellschaftsformation ab, in welchem Verhältnis er zu seiner eigenen Tätigkeit steht.

Indem durch die technische Revolution neue, höhere Anforderungen an den Produzenten gestellt werden, wandelt sich notwendig der Typ des Produzenten und damit die Gestalt der Subjektivität. Technisierung, Mechanisierung und Automatisierung der Produktion nehmen zu, es sinkt der Anteil der nicht an Maschinen tätigen Produktionsarbeiter, und es erhöht sich die technisch-wissenschaftliche Qualifikation der Werktätigen.[5] Hieran zeigt sich, wie der gesellschaftliche Mensch sich vermittels gegenständlicher Tätigkeit selbst hervorbringt und erzeugt. Die konkrete Gestalt der Technik ist Ergebnis des Zusammenschießens objektiver Naturprozesse und subjektiv menschlicher Naturbezwingung. Die Form der Subjektivität ist daher durch objektive Bedingungen bestimmt, die zugleich an den geschichtlichen Entwicklungsgrad der materiellen Tätigkeit geknüpft sind. In bezug auf die technische Revolution ergibt sich, daß jene Einheit objektiver Bedingungen und subjektiver Tätigkeit den subjektiven Faktor in der Weise stimuliert, daß die geistig-psychische Tätigkeit eine immer größere Rolle in dem Subjekt-Objekt-Zusammenhang spielt. Unter den Bedingungen der sozialistischen Gesellschaft stellt die technische Revolution wachsende Anforderungen an die schöpferische Tätigkeit der Werktätigen bei der Entwicklung und industriellen Anwendung der neuen Technik. Um diesen Anforderungen zu genügen, muß sich die wissenschaftlich-technische Qualifikation der Arbeiter erhöhen. Die Arbeiter werden sowohl ihrer technologischen wie ihrer sozialen Stellung nach zu Beherrschern des Produktionsprozesses; die Einheit dieser unterschiedlichen Momente ist es, die die Schöpferkraft der Massen notwendig potenziert. Der Werktätige der sozialistischen Gesellschaft ist nicht nur homo faber, sondern er ist zoon politikon im umfassendsten Sinne. Seine Aufgabe ist nicht allein die Durchführung der Produktionsprozesse, sondern die Organisierung des sozialen Lebenspro-

---

[5] Vgl. Gerda Huth, „Produktivkraft Persönlichkeit. Philosophische Bemerkungen über Qualifizierung und wissenschaftlich-technische Revolution", Berlin 1966, S. 77.

zesses im Ganzen, was ein hohes Bewußtsein des Gesamtzusammenhangs sowie der perspektivischen Entwicklungstendenzen und -erfordernisse voraussetzt. Der Werktätige der sozialistischen Gesellschaft ist nicht mehr der im engeren Sinne nur körperlich arbeitende, sondern der gesellschaftliche Mensch, der in den verschiedenen Sphären des sozialen Lebensprozesses wirkt. Er ist daher nur als gesellschaftliche Totalität zu begreifen. Mit der Klassenspaltung schwindet auch mehr und mehr der Gegensatz von körperlicher und geistiger Arbeit; und so wie der gesellschaftliche Mensch die Einheit dieser Tätigkeiten realisiert, so nimmt sie auch in der Tätigkeit der einzelnen materiell Produzierenden immer deutlicher Gestalt an.

Besonders anschaulich zeigt sich dies bei dem sogenannten „Arbeiterforscher". Er verbindet politisches Bewußtsein mit einem schöpferischen Verhalten zum wissenschaftlich-technischen Fortschritt. Unermüdlich eignet er sich im Selbststudium und durch Benutzen entsprechender Weiterbildungseinrichtungen den neuesten technischen Stand auf seinem Fachgebiet an. Er nimmt die Hilfe und Kraft des Kollektivs bei der Entwicklung und Durchsetzung schöpferischer Ideen zur Verbesserung und Weiterentwicklung der Technik in Anspruch. Der Arbeiterforscher ergänzt die unmittelbare Produktionsarbeit an den Maschinen durch geistige Arbeit, er verwirklicht eine höhere Stufe der Einheit von körperlicher und geistiger Tätigkeit.[6]

Diese neue Qualität der Arbeit der materiellen Produzenten ist die Grundlage ihrer wachsenden Disponibilität, ein charakteristisches Merkmal des Werktätigen der sozialistischen Gesellschaft unter den Bedingungen der technischen Revolution. Die Disponibilität wird durch die ständige Erhöhung der Qualifikation gewährleistet. Die Qualifizierung befähigt zur besseren Wahrnehmung spezialisierter Tätigkeit, gleichzeitig ist sie die Voraussetzung dafür, daß die Werktätigen sich unter den Bedingungen raschen Wandels der technischen Gegebenheiten auf neue Anforderungen einstellen können. Sie vereinigt daher Spezialisierung mit Breite und Tiefe des Wissens. So erfordert gerade die Disponibilität eine umfassende Entwicklung des Produzenten, sie erfordert Annäherung an jenes „totale Individuum", als das sich die

[6] Vgl. „Arbeit, Gemeinschaft, Persönlichkeit", Soziologische Studien, Berlin 1964, S. 41.

Persönlichkeit der kommunistischen Menschheitsepoche präsentiert. Das partikularisierte Individuum der Klassengesellschaft macht einem Individuum Platz, das sich zu einem aktiven und bewußten Verhalten zur Gesamtheit der Lebensprozesse der Gesellschaft emporgearbeitet hat und in seiner Tätigkeit Spezialisierung mit der Bereitschaft verbindet, sich die Grundprozesse größerer Bereiche theoretisch anzueignen, um neuen, höheren Anforderungen an seine Tätigkeit gerecht werden zu können. Dies aber setzt ein hohes Maß an schöpferischer Einstellung zur Arbeit voraus und bedingt eine entwickeltere Stufe der Einheit von körperlicher und geistiger Arbeit in der Produktion.

Der Gestaltwandel der Subjektivität im Sozialismus, der durch die Natur und Entwicklung der Produktionsverhältnisse wie der Produktivkräfte bedingt ist, findet seinen höchsten und konzentrierten Ausdruck in der neuen Rolle der Partei der Arbeiterklasse. Im Kapitalismus war die Tätigkeit der Partei auf den bewußten und organisierten Kampf zur Beseitigung der bestehenden Ordnung gerichtet. Im Sozialismus ist das Ziel und der Inhalt ihrer Tätigkeit die umfassende Verwirklichung, der Aufbau und die Entwicklung einer Gesellschaft, in der die Einzelnen und die Kollektive sich bewußt auf die Gestaltung der gesellschaftlichen Zusammenhänge orientieren. Die Tätigkeit der Partei im Kapitalismus hatte praktische und theoretische revolutionäre Kritik zum Inhalt. Im Sozialismus ist das Moment der prinzipiellen Kritik des je Erreichten weiter wirksam, aber in dem Sinne, daß aus der Kritik des Erreichten sich die Linien der weiteren praktischen Arbeit ergeben, die stets vom Erreichten ausgeht und es dialektisch bewahrt. Die kritische Tätigkeit der Partei im Sozialismus ist von derjenigen im Kapitalismus wesensverschieden. Sie verkörpert ein dialektisches Negieren, das immer zugleich ein Ponieren ist: Aufbau durch Überwindung, Fortschreiten durch Bewahren.

So unendlich mühevoll, opferreich und schwierig der Kampf der Partei gegen das kapitalistische Ausbeutungssystem ist, so verlangt doch die bewußte Verwirklichung der sozialistischen Gesellschaft eine neue und höhere Intensität des Kampfes. Die volle Gewinnung der Massen wird zur unabdingbaren Voraussetzung erfolgreicher Entwicklung: Dies setzt eine täglich sich bewährende enge Verbindung der Partei mit den Massen voraus. Der bewußte Aufbau einer hochorganisierten Gesellschaft verlangt ein Niveau der wissenschaftlichtheoretischen Bewußtheit und Organisiertheit der Massen, wie es unter den Bedingungen des Kampfes gegen den Kapitalismus nur zum Teil realisiert werden konnte. Die Verantwortung der Partei erhöht sich gewaltig. Im Kapitalismus konnten alle Fehler und Gebrechen des sozialen Lebens vor allem der bekämpften Gesellschaftsordnung zur Last gelegt werden. Im Sozialismus sind Rückschläge, Mißerfolge, die nie völlig zu vermeiden sind, Resultate des Handelns derjenigen selbst, die unter ihnen leiden. Es gilt daher, die Massen in Siegen und Niederlagen fest mit der Partei und der sozialistischen Gesellschaft zu verbinden, sie zu lehren, daß die Bedingungen ihres Seins das Ergebnis ihres eigenen Tuns sind, daß sie, wenn sie sich emotionell oder rationell zu diesem Sein ins Verhältnis setzen, es immer ihr *eignes Handeln* ist, mit dem sie es zu tun haben. So läßt sich sagen, daß die Bedingungen des Kampfes der Partei nach der Liquidierung des Kapitalismus einerseits viel leichter geworden sind, daß sie andererseits aber schwerer werden durch die höheren und komplexeren Anforderungen, die an die führende Rolle der Partei im gesellschaftlichen Leben gestellt werden.

Die Partei arbeitet, ausgehend von den Grunderkenntnissen des Marxismus-Leninismus, die Politik des sozialistischen Aufbaus entsprechend den jeweiligen objektiven Bedingungen konkret aus, leitet die Verwirklichung dieser Politik und kontrolliert die Erfüllung der Beschlüsse.[7] Die Tätigkeit der Partei hat zu ihrem Hauptinhalt die Arbeit mit den Menschen, die Entwicklung ihres Bewußtseins, die Vervollkommnung ihres praktischen Handelns, um sie so für die Meisterung der ständig wachsenden Aufgaben zu stählen. Auf diese Weise vollzieht sich die Selbstentwicklung des subjektiven Faktors vermittels seiner Vergegenständlichung in einer objektiven Wirklichkeit, die den Antrieb für diese Entwicklung erteilt, sowie der Selbstdifferenzierung, die das Mittel ist, jenem Antrieb zu entsprechen. Die Dialektik der Subjektivität wurzelt einerseits in ihrer Entgegensetzung gegen das objektive Sein, andererseits in ihrer inneren Widersprüchlichkeit, die insbesondere durch das Spannungsverhältnis Partei–Masse gegeben ist. Partei und werktätige Massen vollziehen eine wechselseitige Stimu-

---

[7] Vgl. Richard Herber, „Wesen und Entwicklung der wissenschaftlich fundierten Leitungstätigkeit der SED", Einheit, 3/1966. S. 294.

lierung, deren Notwendigkeit sich aus den Anforderungen ergibt, die das gesellschaftlich geschaffene objektive Sein an den subjektiven Faktor stellt. Die Erziehung der Massen durch die Partei kann nicht ohne die Selbsterziehung der Partei stattfinden; diese aber setzt eine enge Verbindung der Partei mit den Massen voraus, weil aus der Praxis der Massen Impuls und Richtung der Entwicklung des sozialistischen Bewußtseins hervorgehen.

Stellt das Verhältnis Partei–Masse eine dialektisch-widerspruchsvolle Beziehung dar, so ist die Tätigkeit der Partei ihrer Struktur nach ebenfalls ein dialektisch gegliedertes Totum. *Als Ganzes* beschäftigt sich die Partei mit den *grundsätzlichen* praktischen und theoretischen Fragen, mit den Entwicklungsaufgaben der Gesellschaft. In den einzelnen Bereichen der gesellschaftlichen Tätigkeit spezifiziert sie diese für die konkreten Bedingungen, wobei sie gleichzeitig, vom Konkreten ausgehend, das Allgemeine präzisiert. Die Partei wendet sich der Bestimmung der *allgemeinen* Entwicklungslinien zu, sie fixiert die *besonderen* Aufgaben und Bewegungsrichtungen, und sie organisiert den Kampf, wie im großen Ganzen, so im *Einzelnen*, Konkreten für die Lösung der Aufgaben. Aus der konkreten praktischen Arbeit wachsen die Voraussetzungen der theoretischen Bestimmung des allgemeinen Prozesses hervor. Die Partei ist somit keine aparte Erziehungsinstitution, der das Volk als Erziehungsobjekt gegenüberstünde, sondern sie vermag nur zu erziehen, insofern sie *mit den Massen gemeinsam* praktisch tätig ist. Die Erziehung der Massen ist daher, dem eigentlichen Sinne nach, deren Selbsterziehung *vermittels* der Partei. Die Partei ist nichts anderes als das Organ der assoziierten Produzenten; sie hat, unabhängig von ihnen, keine Bedeutung, sondern ist der konzentrierte Ausdruck des Willens, der Interessen, der Bedürfnisse des Volkes.

Aber die Partei geht andererseits nicht in dieser instrumentalen Rolle auf, sondern besitzt, innerhalb der Abhängigkeit von den Massen, zugleich eine selbständige Bedeutung. Aus der Tätigkeit der Massen geht *unmittelbar* keineswegs das theoretische Bewußtsein der grundlegenden Zusammenhänge des gesellschaftlichen Prozesses hervor, auch nicht die Einsicht in die tiefe Verflochtenheit der ökonomischen und der politischen Aufgaben. Die Sichtbarmachung dieser Zusammenhänge und die Organisierung ihrer praktischen Verwirklichung ist vielmehr Aufgabe der Partei. Die Partei ist daher eine aus der

Struktur der Subjektivität und der Gestalt des objektiven Prozesses mit Notwendigkeit sich ergebende Institution der sozialistischen Gesellschaft, ihre Rolle wächst in dem Maße, wie die Zusammenhänge komplizierter und vielschichtiger, die Methoden ihrer Beherrschung schwieriger werden. Es ist ja keineswegs so, daß die sozialistische Gesellschaft sich dem Einzelnen als unmittelbar zu durchschauender Zusammenhang darstellt. Wenn auch die ökonomische Mystifikation geschwunden ist, so doch nicht der Systemcharakter des gesellschaftlichen Lebens, und gerade dieser vertieft sich im Fortschreiten der sozialistischen Gesellschaft und der technischen Revolution. Das Bewußtsein des gesellschaftlichen Zusammenhangs und die Formulierung und Durchsetzung der Entwicklungsaufgaben, die sich aus ihm ergeben, kann nicht das Werk der Massen in ihrer Unmittelbarkeit, sondern nur in ihrer Vermittlung sein. Diese Vermittlung aber wird durch die Partei der Arbeiterklasse konstituiert. Die Partei ist das theoretische und das praktische Zentrum der Bewegung der Massen, sie ist notwendig gesetzt durch diese Bewegung selbst.

2. Dialektik der Bewußtheit

In der sozialistischen Gesellschaft erlangt die Wirklichkeit gegenüber der Klassengesellschaft einen neuen Charakter dadurch, daß sie in ihren Hauptzügen das Ergebnis bewußten gesellschaftlichen Handelns ist. Der subjektive Faktor tritt in neuer Weise dem realen Sein gegenüber: Erfolgte in der Klassengesellschaft nur eine temporäre, relative und partielle bewußte Ausnutzung gesellschaftlicher Entwicklungsgesetze, so ist die sozialistische Gesellschaft auf die umfassende Ausnutzung und bewußte Verwirklichung der Gesetze und Zusammenhänge des gesellschaftlichen Prozesses gegründet. Auf der Grundlage des sozialistischen Bewußt*seins* erhält damit das Handeln das Kennzeichen sozialistischer Bewußt*heit*. Bewußtheit ist Merkmal des Handelns, wenn es von einem richtigen Bewußtsein gesteuert wird. Die Bewußtheit erlangt damit, als ideelles Instrument des vergesellschafteten Menschen, ausschlaggebende Bedeutung bei der gesellschaftlichen Entwicklung. Da die sozialistische Gesellschaft keine amorphe Masse, sondern einen vielgliedrigen Organismus darstellt, ist auch die sozia-

listische Bewußtheit nicht durch eine abstrakte Identität gekennzeichnet, sondern besitzt ein dialektisches Wesen, eine dialektische Struktur
und entfaltet sich zugleich als dialektischer Prozeß.

In der sozialistischen Gesellschaft wirken, wie in allen Gesellschaftsformen, die Gesetze des sozialen Lebens objektiv. Sie gehen nicht in
der Subjektbeziehung auf und es wohnt ihnen mehr als nur die Energie der Subjektivität inne: ein Sein und Wirken, dem sich das Subjekt
subordinieren muß, ohne doch von ihm beherrscht zu sein. Die Gesetze des gesellschaftlichen Lebens haben das bewußte Handeln der
Menschen zur Voraussetzung, dennoch sind sie unabhängig von ihm,
insofern sie, einmal existierend, den Bewegungen folgen, die ihnen ihr
eignes Sein vorschreibt. Dies ist eine Seite der Dialektik der Materialität, die die Dialektik der Bewußtheit bestimmt. Die Entwicklungsgesetze der sozialistischen Gesellschaft sind abhängig und unabhängig
vom gesellschaftlichen Bewußtsein; sie treten in der Regel nur in die
Existenz als gewollte, gesellschaftlich intendierte, aber gleichzeitig
determinieren sie das Wollen, das ihnen zur Existenz verhilft. Das gesellschaftliche Wollen ist nicht frei im Sinne der Willkür, sondern frei
im Sinne der Anerkennung der Notwendigkeit; es kann nicht beliebige
Ziele zu verwirklichen trachten, sondern nur solche, die durch den
objektiven Prozeß selbst gesetzt sind. Diese Seite der Objektivität, rein
für sich betrachtet, verbindet alle Gesellschaftsformationen und verknüpft Natur und Gesellschaft: Die Wirklichkeit ist Naturprozeß, der
nach seinen eigenen, vom Menschen nicht willkürlich aufzuhebenden
Gesetzen abläuft. Dies besagt, daß die Einheit der Welt in ihrer Materialität besteht – eine Einheit, die alle Existenzformen der Wirklichkeit umschließt. Falsch ist daher die in der Literatur mitunter anzu-
treffende Behauptung, die Entwicklung der sozialistischen Gesellschaft
sei nicht in diesem Sinne Naturprozeß.[8] Bei allen wesentlichen Modifikationen, die sich aus der veränderten Subjekt-Objekt-Beziehung
ergeben, bleibt der Wirkungszusammenhang der Entwicklungsgesetze
der sozialistischen Gesellschaft objektiv; er verläuft nach den ihm
innewohnenden Erfordernissen, die durch den Menschen nicht willkürlich beeinflußt werden können. Es kommt ihnen daher – wie entgegen

[8] Vgl. G. Koch, „Charakter und Wirkungsweise ökonomischer Gesetze im
Sozialismus", Deutsche Zeitschrift für Philosophie. 4/1964.

anderslautenden Behauptungen betont werden muß[9] – die Eigenschaft zu, außerhalb und unabhängig vom Bewußtsein zu existieren, und zwar in dem bereits entwickelten Sinne. Zwar werden die Gesetze des gesellschaftlichen Zusammenlebens der Menschen im Sozialismus bewußt verwirklicht, und sie sind in diesem Sinne *abhängig* vom Bewußtsein. Aber diese Abhängigkeit ist nicht so beschaffen, daß das Bewußtsein der Demiurg dieser Gesetze wäre. Vielmehr realisieren sie einen Bewegungszusammenhang, der zugleich durch sich selbst vermittelt ist; er ist *unabhängig* vom Bewußtsein als materieller Prozeß, das Bewußtsein ist ihm gegenüber sekundär, *insofern* es ihn theoretisch erfassen muß, um ihn praktisch zu realisieren (zwei Prozesse, die in concreto natürlich in dialektischer Einheit auftreten). Man darf, wie bemerkt, das Merkmal „unabhängig vom Bewußtsein existierend" nicht starr, einseitig, undialektisch auffassen: Es ist im Sozialismus (wie, in anderer Weise, auch in der Klassengesellschaft) mit seinem Gegensatz verbunden. Aber die Einheit dieser Momente hebt nicht ihre relative Selbständigkeit auf und tangiert somit nicht die Objektivität der Gesetze der sozialistischen Gesellschaft. Dies gilt sowohl für jene Gesetze, die in den materiellen, wie für jene, die in den ideologischen Beziehungen der Menschen wirken. Im Sinne der historisch-materialistischen Spezifizierung der Grundfrage der Philosophie sind die einen Gesetze materiell, die anderen ideell (ideologisch). Aber im Sinne der Grundfrage, erkenntnistheoretisch gefaßt, sind alle diese Gesetze objektiv, denn sie sind nicht Ergebnis menschlicher Willkür, freier geistiger Schöpfung, sondern dem bewußten Tun der Menschen unaufhebbar vorgegeben bzw. immanent. Die Gesetze der Wirklichkeit sind ihrem Wesen nach objektiv; sie sind *notwendige*, in der Wirklichkeit selbst wurzelnde Beziehungen.

Sind die Entwicklungsgesetze der sozialistischen Gesellschaft als mit sich selbst vermittelter Bewegungszusammenhang objektiv, so wohnt ihnen andererseits gleichzeitig das Moment menschlicher Subjektivität inne. Dies gilt in zweifachem Sinne. Erstens realisieren sich diese Gesetze, so wie auch in der Klassengesellschaft, vermöge des Handelns der Menschen als bewußter Wesen. Sie treten nur in Erscheinung, so-

---

[9] Vgl. Die marxistisch-leninistische Philosophie und die technische Revolution, a. a. O., S. 144.

fern die Menschen tätig miteinander wechselwirken. Sie sind in diesem
Sinne abhängig vom Bewußtsein. Aber in der Klassengesellschaft ist
die Bewußtheit der Menschen dem Wesen nach nicht auf die gesellschaftlich-bewußte Durchsetzung der sozialen Entwicklungsgesetze gerichtet. Dies ist erst im Sozialismus der Fall. In der sozialistischen
Gesellschaft werden die ökonomischen Gesetze, die Gesetze des politischen Lebens, die Gesetze der gesellschaftlichen Bewußtseinsbildung
usw. planmäßig verwirklicht. Die gesellschaftliche Bewußtheit ist kon-
stitutive Bedingung ihrer optimalen Durchsetzung. Das besagt nun freilich nicht, daß sie *nur* insofern in Erscheinung treten, als die Gesellschaft sie in der Totalität ihres Wirkungszusammenhangs bewußt verwirklicht. Die Bewußtheit wirkt oft nur partikular, erfaßt nicht das
Ganze der Wirkungsweise eines oder mehrerer Gesetze. Es kann vor-
kommen, daß Gesetze des gesellschaftlichen Lebens sich realisieren,
ohne daß die Gesellschaft sie bereits hinreichend erkannt hat und sie
allseitig bewußt verwirklicht (z. B. die Gesetze der Bewußtseinsent-
wicklung). Ökonomische Gesetze können, durch bestimmte objektive
Bedingungen und Faktoren verursacht, unvollkommen wirken, was
sich in Störungen des volkswirtschaftlichen Reproduktionsprozesses
offenbart. Es reifen Bedingungen für die Durchsetzung neuer, höherer
Formen gesetzmäßiger Zusammenhänge heran und die Gesellschaft
sieht sich vor die Aufgabe gestellt, diese Zusammenhänge theoretisch
zu erfassen, um ihnen im praktischen Handeln gerecht werden zu
können.

Die bewußte Verwirklichung der Entwicklungsgesetze der sozialistischen Gesellschaft muß somit als dialektischer Entwicklungsprozeß
begriffen werden. Sie ist kein fertiger, das Ganze der gesellschaftlichen
Beziehungen stets absolut umspannender Zusammenhang, sondern muß
sich täglich neu erproben und bewähren. Die Gesetze des gesellschaftlichen Lebens sind auch im Sozialismus eine Art objektiver Naturprozeß; der Grad ihrer bewußten Durchsetzung zeigt sich in den Ergebnissen der praktischen Arbeit, die mehr oder minder erfolgreich ist
entsprechend dem Maß der Erkenntnis und bewußten Verwirklichung
der sozialen Gesetze (natürlich im Rahmen der Möglichkeiten, die die
inneren und äußeren Bedingungen bieten). Darin zeigt sich die Dialektik der Bewußtheit; die Bewußtheit darf nicht statisch, sondern muß
widerspruchsvoll-dynamisch gesehen werden. Die Aussage, daß die

Gesetze der sozialistischen Gesellschaft gesellschaftlich-bewußt durchgesetzt werden, ist in dieser Allgemeinheit sicher richtig, aber sie erfaßt nicht den widerspruchsvollen, komplizierten Charakter dieses Prozesses.

Ein ökonomisches Gesetz wie das der planmäßigen, proportionalen Entwicklung der Volkswirtschaft setzt per definitionem die gesellschaftlich-bewußte Tätigkeit der Produzenten voraus. Dennoch wirkt es in relativer Eigenständigkeit: Es ist ein objektives Gesetz, dessen Maß bewußter Durchsetzung verschieden sein kann. Es wohnen ihm objektive Erfordernisse inne, die die Menschen *berücksichtigen*, gegen die sie aber auch *verstoßen* können. Ginge die Wirkung dieser Gesetze in der Bewußtheit des subjektiven Faktors auf, so wäre ein Verstoß gegen sie überhaupt nicht möglich: Sie existierten in unendlicher Perfektion, oder sie existierten gar nicht. Aber die Dialektik ihrer Wirkung, die die Dialektik der Bewußtheit fundiert und offenbart, zeigt die schöpferische Rolle und Bedeutung des subjektiven Faktors, von dem die unterschiedliche Wirkungsweise der Gesetze mit abhängt. Die bewußte Verwirklichung der Gesetze ist selbst ein objektives Erfordernis, das die Menschen optimal zu erfüllen trachten müssen. Aber sie ist nicht ein schlechthin Gegebenes, sondern muß durch bewußte praktische Tätigkeit ständig neu errungen werden. Es kommt gerade darauf an, die Erscheinungsformen und die Wirkungsweise der ökonomischen und anderer Gesetze des Sozialismus zu vervollkommnen, wozu objektive und subjektive Bedingungen erforderlich sind. Eine wesentliche Seite des Neuen Ökonomischen Systems besteht gerade in dieser umfassenden Vervollkommnung der Wirkung der ökonomischen Gesetze des Sozialismus. Die Bewußtheit ist also nicht einfach *da*, sondern sie muß immer neu verwirklicht und vervollkommnet werden. Selbstverständlich wäre es falsch, bei der Feststellung der Objektivität der Entwicklungsgesetze der sozialistischen Gesellschaft stehenzubleiben, denn ihr wesentliches Kennzeichen ist, gegenüber der Klassengesellschaft, gerade die *bewußte* Durchsetzung. Aber nicht minder falsch und undialektisch wäre es auch, die Objektivität auszuklammern und die Subjektivität für sich zu fixieren. Es handelt sich darum, daß die objektiven Gesetze mit einem *Höchstmaß* gesellschaftlicher Bewußtheit und Organisiertheit verwirklicht werden; in dieser Notwendigkeit ist die dialektische Einheit des Objektiven und des Subjektiven vorgezeichnet. Sie findet ihren Ausdruck in der wachsenden Rolle der Partei bei der Durchsetzung der objektiven Gesetze der sozialistischen Gesellschaft.

Im Sozialismus wird die Bewußtheit zu einem Element der objektiven Entwicklung. Das Subjektive geht in das Objektive über, es erlangt selbst objektiven Charakter. Dies ergibt sich aus der gesellschaftlich-bewußten Durchsetzung der Entwicklungserfordernisse des sozialen Lebens. Die Dialektik der Bewußtheit besteht, unter diesem Gesichtspunkt betrachtet, darin, daß die Bewußtheit zugleich einen subjektiven und einen objektiven Aspekt besitzt, ein Umstand, dem die Tatsache entspricht, daß die objektiven Entwicklungszusammenhänge eine subjektive Seite aufweisen. Die Bewußtheit ist inhaltlich als die gedankliche Widerspiegelung der allgemeinen Zusammenhänge und der konkreten besonderen Bedingungen und Erfordernisse gekennzeichnet; sie ist dies in der Weise, daß sie das Bestehende nicht einfach reflektiert, sondern die Tendenzen seiner progressiven Entwicklung ausfindig macht und Instrument ihrer Verwirklichung ist. Die Entwicklungsgesetze der sozialistischen Gesellschaft können optimal nur in bewußter Weise durchgesetzt werden: Insofern wird die Bewußtheit zu einem integrierenden Bestandteil der objektiven Entwicklung. Aber indem das Maß der Verwirklichung der Bewußtheit verschieden ist je nach dem Grad der Erkenntnis und organisierten Durchsetzung der objektiven Erfordernisse, ist der Objektivitätsgrad der Bewußtheit unterschiedlich. Dieser wird auch vom subjektiven Faktor selbst bestimmt; was eine weitere Seite der Einheit von Objektivem und Subjektivem ist. Das Optimum besteht darin, daß die Bewußtheit die volle Erkenntnis der objektiven Entwicklungserfordernisse umschließt und die ganze Gesellschaft erfaßt. Dieses Optimum wird im konkreten Fall allerdings nur angenähert erreicht, was sich aus der Dialektik des objektiven und des subjektiven Prozesses ergibt. Es handelt sich beim Bewußt-Sein ja nicht um die Beschreibung eines fixierten Zustandes, sondern um das Erfassen der Bewegungszusammenhänge eines dynamischen Prozesses. Die Bewußtheit dieses Prozesses muß notwendig eine dialektisch-widersprüchliche Gestalt annehmen, wie der Prozeß und seine treibenden Kräfte selbst.

Die Beherrschung der ökonomischen und der anderen grundlegenden Entwicklungsgesetze des Sozialismus erfolgt über die Steuerung

der Interessen.[10] Die Erfordernisse und Tendenzen der gesellschaftlichen Entwicklung werden zu subjektiven Triebkräften in der Weise,
daß sie als Interessen das menschliche Handeln bestimmen. Dies ist
ein weiteres Element der Dialektik der Bewußtheit. Bewußtheit heißt
nicht bloße Erfassung des Gegebenen, sondern sie ist eine subjektive
Form, in der das objektiv Mögliche und Notwendige verwirklicht wird.
Konkret realisiert sich dies über die Interessen. Sie sind partikular,
insofern sie sich auf die Durchsetzung der einzelnen konkreten Gesetze richten, und indem sie spezifische Bedürfnisse der Individuen
und Kollektive zum Ausdruck bringen. Sie sind zugleich total, insofern
der Wirkungszusammenhang der Gesetze ein dialektisches System konstituiert und insofern die besonderen Interessen Momente des einheitlichen gesellschaftlichen Gesamtinteresses sind. Im gesellschaftlichen
Interesse kommt das subjektive Bedürfnis nach Verwirklichung der
Entwicklungserfordernisse der Gesellschaft zwecks umfassender Sicherung der Lebensbedingungen des vergesellschafteten sozialistischen
Menschen zum Ausdruck. Das Interesse, das seinen Ursprung im Wesen des Menschen unter konkreten historischen Bedingungen hat, ist
eine treibende Kraft der organisierten Entwicklung der sozialistischen
Gesellschaft. Um diese Funktion zu erfüllen, muß es den Menschen
bewußt werden, und zwar nicht in einer lediglich empirisch-emotio-
nellen, sondern in einer rationellen Form. Das heißt, ihm muß eine
gesellschaftliche Wesentlichkeit inhärieren, es muß sich auf gesellschaftliche Entwicklungserfordernisse richten. Hier ergibt sich eine
Dialektik des Interesses, die die Dialektik der Beziehungen von Einzelnem, Besonderem und Allgemeinem zur Grundlage hat. Das Interesse unterliegt der gesellschaftlichen Regulierung wie die Bewußtheit
der Massen insgesamt. Gesellschaftliche Interessen entstehen nicht in
der Unmittelbarkeit der Individualität, sondern sie werden gesellschaftlich geweckt und bewußt gemacht. Nur auf dieser Grundlage können
sie optimal als Triebkräfte des objektiven Prozesses wirken. Dabei
handelt es sich im Sozialismus natürlich nicht um eine Manipulierung
des Interesses, sondern darum, die subjektiven Interessen in ihrer

[10] Vgl. M. Michailow, „Die Rolle der Interessen in der sozialistischen
Wirtschaft", Sowjetwissenschaft, Gesellschaftswissenschaftliche Beiträge,
8/1965, S. 791.

Objektivität für die Einzelnen erkennbar und vollziehbar zu
machen.

Im Interesse wird die Einheit des Subjektiven und des Objektiven sichtbar. Die subjektive Verwirklichung der objektiven Erfordernisse erfolgt
über die Interessen. Daraus ergibt sich, daß die Verletzung objektiver
Gesetze zugleich ein Verstoß gegen die Interessen der Werktätigen ist. Es
ist ein objektives Interesse aller Werktätigen, die Gesetze allseitig zu
verwirklichen und die Möglichkeit ihrer Verletzung zu unterbinden.[11]

So wie die Gesellschaft sich als Totalität der Beziehungen der Individuen und Kollektive entfaltet, so besitzen auch die Interessen in
ihrer Gesamtheit eine dialektische Struktur. Diese weist zugleich auf
die dialektische Struktur des gesellschaftlichen Gesamtbewußtseins zurück. Die materielle Interessiertheit erscheint im Sozialismus in drei-
facher Form, nämlich als gesamtgesellschaftliche, kollektive und persönliche materielle Interessiertheit. Der Ausdruck „materiell" verweist
auf die materiellen Existenzbedingungen der Menschen, die ökonomische Basis: Im materiellen Interesse kommt das Bedürfnis nach Verbesserung und Entwicklung der ökonomischen Lage der Gesellschaft,
der Kollektive und der Individuen zum Ausdruck.

Es ist nun nicht so, daß die gesamtgesellschaftliche Interessiertheit
die kollektive Interessiertheit, und diese die persönliche Interessiertheit gleichsam summativ in sich enthalten. Sondern die drei Formen
der Interessiertheit finden wechselseitig ineinander Gestalt, wie sie
auch gleichzeitig relativ selbständig existieren. Das materielle gesellschaftliche Gesamtinteresse kann nicht befriedigt werden ohne
Sicherung der kollektiven und individuellen Interessen; allerdings
setzt dies voraus, daß die letzteren sich nicht gegenüber dem Gesamtinteresse verselbständigen, sondern zugleich wesentlich als gesellschaft-
lich-produktive Interessen betätigt werden. Die dialektische Einheit der
Interessen wird gerade dadurch konstituiert, daß sie in ihrer gesellschaftlichen Wesentlichkeit gleichmäßig sichergestellt werden und
nicht eines den anderen abstrakt übergeordnet wird. Es ist sicher ein
Zustand denkbar, wo gesellschaftliche Interessen verfolgt werden, ohne
daß zugleich die wohlbegründeten Interessen der Individuen befriedigt

11 Vgl. Walter Ulbricht, Referat auf der 17. Tagung des ZK der SED, Doku-
    mentation der Zeit, 274/1962, S. 34.

werden, wie auch der umgekehrte Zusammenhang denkbar ist. Dies aber beweist nur, daß die Beziehung zwischen dem Einzelnen, Besonderen und Allgemeinen keine mechanisch-aggregative, sondern eben eine dialektische ist. Wäre das gesellschaftliche Interesse gleich der Summe der individuellen Interessen, dann würde es genügen, nur jenes zu verfolgen. Aber kollektives und persönliches Interesse haben, bei aller gesellschaftlichen Bestimmtheit, ihre eigene Spezifik und müssen daher als *selbständige* Triebkräfte anerkannt und zur Geltung gebracht werden, wie dies durch das Neue Ökonomische System der Planung und Leitung geschieht. Nur im Gleichklang der Stimulierung der drei Ebenen der materiellen Interessiertheit kann das materielle Interesse optimal als Entwicklungstriebkraft wirken.

Gleichzeitig treten die materiellen Interessen dann am besten stimulierend in Funktion, wenn sie in der Einheit mit den anderen Interessen zur Geltung gelangen. Den materiellen Interessen treten die ideologischen Interessen an die Seite; das sind jene Interessen, die sich auf die optimale Entfaltung der ideologischen Bedingungen der Gesellschaft, der Kollektive und der Individuen beziehen. Während die materiellen Interessen vor allem der Individuen gleichsam unmittelbar gegeben sind, weil sie aus dem menschlichen Grundbedürfnis nach Selbsterhaltung hervorgehen, müssen die ideologischen — vor allem die geistigen — Interessen häufig erst geweckt und kultiviert werden. Zu den ideologischen Interessen gehört das Bedürfnis nach gesellschaftlicher Anerkennung, nach Teilnahme an der bewußten Gestaltung der Beziehungen der Menschen, nach allseitiger Entwicklung des geistig-moralischen Profils des Menschen usw. Die materiellen Interessen wirken zweifellos um so besser als Triebkräfte des Handelns, je mehr der Mensch gleichzeitig um Sicherung seiner ideologischen Interessen bemüht ist. Hierdurch wird die Gefahr von Störungen im System der Interessen reduziert, und der Mensch wirft die Totalität seines Wesens in die Waagschale des gesellschaftlichen Fortschritts.

Die aktive Rolle des subjektiven Faktors und der Bewußtheit im Sozialismus tritt besonders deutlich in der umfassenden Planung aller grundlegenden Entwicklungsprozesse der Gesellschaft an den Tag. Die Planung ist Ausdruck der Macht des gesellschaftlichen Menschen über seine Verhältnisse. Er legt eine solche Richtung der Entwicklung fest, wie sie, auf der Grundlage objektiver Möglichkeiten, seinen Interessen entspricht, er zwingt die Wirklichkeit, sich nach seinem Willen zu entfalten. Sozialistisches Bewußtsein impliziert Planung; sie ist die notwendige Form, in der sich die bewußte Gestaltung der Lebensverhältnisse der sozialistischen Gesellschaft vollzieht. Der Entwicklungscharakter der Gesellschaft bedingt im Sozialismus, daß die Perspektiven der wesentlichen Formen des gesellschaftlichen Lebensprozesses in ihrer wechselseitigen Bedingtheit festgelegt werden. Die Gesellschaft bewußt gestalten, heißt ihre notwendigen inneren Proportionen als Entwicklungsverhältnisse sicherstellen. Das bezieht sich auf die Wirtschaft und ihre inneren (und äußeren) Verhältnisse, auf die Kultur und die ideologischen Prozesse insgesamt. Die Planung geht von den objektiven Möglichkeiten und Erfordernissen aus; gleichzeitig ist sie nicht nur objektiv, sondern auch subjektiv bedingt. Die Zielbestimmtheit der Planung der Wirtschaft ergibt sich nicht nur aus ökonomischen Erfordernissen, sondern auch aus politischen Interessen. Hierin zeigt sich, daß die ökonomische Planung nicht einfach und schlechthin ökonomische Erfordernisse widerspiegelt, sondern daß das kollektive Interesse der Gesellschaft, ausgedrückt in den politischen Zielen, die Bewegung des ökonomischen Prozesses formt. Die Dialektik der Bewußtheit tritt in deren Vermittlungscharakter an den Tag; diese Vermittlung ist nicht nur eine solche zwischen Objekt und Subjekt, sondern auch innerhalb des Subjekts, und sie schließt damit zugleich Objektives verschiedenen Wesens zusammen. Man kann über den Charakter der ökonomischen Planung sich nicht sinnvoll äußern, wenn man über die Planung „an sich" urteilt. Der wesentliche Inhalt der Planung wird nicht nur von ökonomischen, sondern auch von politischen Voraussetzungen bestimmt: Die optimale ökonomische Entwicklung ist eine Form des politischen Kampfes der befreiten Arbeiterklasse. Hieraus ergibt sich, daß die sozialistische Bewußtheit nicht etwa einfach Wissen um ökonomische Zusammenhänge, sondern daß sie vor allem *politische* Ideologie ist. Die Einheit des Ökonomischen, Technischen, Kulturellen mit dem Politischen steht im Mittelpunkt sozialistischer Bewußtheit. Für die Planung besagt dies, daß sie politischen Erfordernissen dient und die politischen Ziele, die die Partei der Arbeiterklasse formuliert, zu verwirklichen hat. Sie ist deshalb immer zugleich politische Aktion.

In der Entwicklung und Vervollkommnung der wissenschaftlichen Planung des sozialistischen Aufbaus kommt die Schöpferkraft des subjektiven Faktors und die aktive Rolle des Bewußtseins zum Ausdruck. Es geht darum, die Vorzüge und Entwicklungstriebkräfte der sozialistischen Ordnung allseitig zur Wirkung zu bringen, die ökonomischen und die anderen sozialen Gesetze bewußt auszunutzen und die Voraussetzungen für einen ständigen Anstieg des materiellen und kulturellen Lebensniveaus des Volkes zu schaffen.[12] Die Schöpferkraft des Menschen zeigt sich darin, daß er die materielle und kulturelle Entwicklung der sozialistischen Gesellschaft durch seine eigene Arbeit hervorbringt und daß er den Prozeß seiner produktiven Tätigkeit gesellschaftlich steuert und reguliert. Die Formulierung der Entwicklungsaufgaben der Gesellschaft, die Organisierung ihrer kollektiven Durchsetzung und der soziale Gesamtprozeß ihrer Verwirklichung sind das Werk des befreiten sozialistischen Menschen. Planung und Leitung einerseits, materielle Tätigkeit andererseits fallen nicht mehr klassenbedingt auseinander, sondern sind Wesensäußerungen des einheitlichen Gesamtsubjekts der sozialistischen Gesellschaft. Die Dialektik der Bewußtheit, die in der Planung der gesellschaftlichen Entwicklung Gestalt gewinnt, wird in dem Umstand sichtbar, daß Ideelles und Materielles, Bewußtheit und konkrete praktische Aktion Pole eines einheitlichen Ganzen sind, die wechselseitig aufeinander Einfluß ausüben. Die Planung ist die notwendige Form, in der sich der bewußte Schöpfungsprozeß der sozialistischen Gesellschaft entfaltet; die Organe der Planung sind Instrumente des kollektiven Subjekts, in ihr findet die gesellschaftliche Bewußtheit unmittelbaren Ausdruck.

Die Dialektik der Bewußtheit wird auf dem Gebiet der ökonomischen Planung durch das Neue Ökonomische System in einer neuen, höheren Weise realisiert. Die zentrale Planung der grundlegenden wirtschaftlichen Aufgaben wird zu einer sinnvollen Einheit mit der selbständigen Planung nach Haupterzeugnissen und Erzeugnisgruppen in den einzelnen Wirtschaftseinheiten zusammengeschlossen.[13] Die Bewußtheit

---

[12] Vgl. H. Wolf, „Probleme der Entwicklungslinien der wissenschaftlichen Planung beim umfassenden Aufbau des Sozialismus in der DDR" Wirtschaftswissenschaft, 5/1966, S. 729.

[13] Ebenda, S. 732.

tritt damit als in sich gegliedertes dialektisches System in Erscheinung,
sie ist nicht starre Linearität eines vorgeordneten Regelmechanismus,
sondern vollzieht eine relative dialektische Selbstbewegung, die sich
aus der dialektischen Struktur des Systems ergibt. Indem sich die
eigenverantwortliche Planung der Vereinigungen Volkseigener Betriebe
(VVB) und der Betriebe auf die wirtschaftliche Rechnungsführung
stützt, wird die volle Ausnutzung der objektiven ökonomischen Gesetze
zum lebendigen Inhalt der ökonomischen Planung. Das wesentliche
Kennzeichen besteht in einem neuen Herangehen an die Perspektivplanung. Indem sich diese auf den voraussichtlichen Stand der wissenschaftlich-technischen Erkenntnisse und ihrer Anwendung in der Wirtschaft stützt, können die Veränderungen auf Grund der technischen
Revolution besser berücksichtigt werden. Damit wird die Planung zu
einem beweglichen System bewußter Gestaltungsverfahren der dynamisch sich entwickelnden sozialistischen Volkswirtschaft.

Diese Beweglichkeit tritt in dem dialektischen Verhältnis von
Konstanz und Veränderung, von Stabilität und Variabilität an den
Tag. Die in der Planung sich manifestierende Bewußtheit nimmt die
Form eines dialektischen Strukturzusammenhangs an; die Planung verbindet langfristige Stabilität mit kurzfristiger Beweglichkeit. In diesem
Umstand reflektiert sich die objektive Dialektik des gesellschaftlichen
Prozesses, der die relative Konstanz von Grundvoraussetzungen mit
der Veränderlichkeit akzidenteller Momente verbindet. Der Wechsel
der Bedingungen, hervorgegangen aus der menschlichen Tätigkeit oder
aus der Selbstvermittlung des Objektiven, führt zu Modifikationen des
konkreten Verlaufs der gesellschaftlichen Bewegung, die sich in der
wechselnden Fülle der Erscheinungen niederschlagen. Bewußte Durchsetzung gesellschaftlicher Entwicklungslinien heißt daher, die Stabilität
des gesellschaftlichen Lebensprozesses in seinen Grundzügen zu sichern
und gleichzeitig die unter konkreten Bedingungen sich ergebenden
Modifikationen in die Hauptlinien der Entwicklung zu integrieren. Indem die Bewußtheit diese objektive Dialektik respektiert, entfaltet
sie sich selbst als widerspruchsvoller dialektischer Prozeß.

Der Totalitäts- und Prozeßcharakter der gesellschaftlichen Praxis
zeigt die Untauglichkeit aller mechanistischen Vorstellungen über die
konkreten Vermittlungszusammenhänge des gesellschaftlichen Lebens.
Die Gesellschaft ist ein dialektisches System, aber kein starres Be-

ziehungsgefüge sozial gleichwertiger Ursache-Wirkungs-Ketten. Diese Tatsache stellt hohe Anforderungen an die Beweglichkeit des sozialistischen Bewußtseins, das die gesellschaftliche Praxis regelt und kontrolliert. Im gesellschaftlichen Leben durchdringen sich Notwendiges und Zufälliges, Wesentliches und Unwesentliches, Mögliches und Wirkliches. Bewußte Gestaltung des sozialen Progresses impliziert daher die gedankliche Bewältigung dieser komplizierten dialektischen Vermittlungszusammenhänge und die Gestaltung des praktischen Prozesses in einer solchen Weise, daß den am meisten progressiven Möglichkeiten und Erfordernissen entsprochen wird. Bewußtes Handeln geht nicht im einfachen Nachvollzug objektiver Determination auf, sondern hat die verschiedenen Möglichkeiten, die der reale Prozeß enthält, zu reflektieren und die optimalste auszuwählen und zielstrebig zu verwirklichen. Das Bewußtsein sieht sich alternativen Tendenzen gegenüber, zwischen denen es sich zu entscheiden hat. Das Fällen der Entscheidung findet im Raume des gedanklichen Durchspielens objektiver Möglichkeiten statt und stellt eine hohe und verantwortungsvolle Leistung des sozialistischen Bewußtseins dar. Die Bewußtheit ist sowohl darauf gerichtet, die notwendigen allgemeinen Entwicklungserfordernisse durchzusetzen, wie darauf, unter verschiedenen Möglichkeiten der konkreten Gestaltung dieses Prozesses zu wählen und wohlbegründete Entscheidungen zu treffen. Die Einheit von Stabilität und Beweglichkeit der Planung der gesellschaftlichen Entwicklung, die die konkrete Dialektik des sozialen Prozesses reflektiert, gibt den allgemeinen Rahmen für die Dialektik von Planung und Entscheidungsspielraum. Planung bedeutet keine mechanistische Durchrationalisierung des gesellschaftlichen Gesamtprozesses, sondern beinhaltet den bewußten Einsatz des subjektiven Faktors zur optimalen Gestaltung der menschlichen Lebensbedingungen. Im Begriff der Optimalität ist die Streubreite sozialer Entwicklungstendenzen enthalten: Diese wird sowohl von der Perspektivplanung wie von der planmäßigen Gestaltung konkreter Teilbereiche des sozialen Prozesses besetzt. Es geht also stets darum, aus der Vielfalt der objektiven und subjektiven Bedingungen die für die soziale Entwicklung günstigsten herauszufinden und eine solche Gestaltung der Mittel, Methoden und des Tempos der gesellschaftlichen Tätigkeiten zu verwirklichen, die eine günstige gesellschaftliche Entwicklung ermöglicht. Das Bewußtsein hat daher das soziale Leben nicht in seinem statischen Da-Sein, sondern in seiner lebendigen Bewegung, in seinen widersprüchlichen Tendenzen zu erfassen: So ist es notwendig selbst dialektisch. Dies kann sich äußern in der Aufstellung mehrerer Varianten der volkswirtschaftlichen und überhaupt der gesellschaftlichen Entwicklung. Diese Varianten sind nicht, bis auf eine, bloß abstrakte Möglichkeiten, sondern reale Möglichkeiten, die die Breite der objektiven Entwicklungstendenzen sichtbar machen. Es kommt darauf an, nicht abstrakt „die" beste Variante auszuwählen, sondern jene, die unter den gegebenen Bedingungen die beste ist. Damit ist sie die optimale, und sie erweist sich als konkrete, nicht abstrakte Möglichkeit, so wie das Optimum stets ein konkretes, nicht ein abstraktes ist. Es geht darum, die vorhandenen Mittel so einzusetzen, daß ein optimales Ergebnis erzielt wird, und unter den verschiedenen Möglichkeiten des Einsatzes der Mittel die optimale zu wählen.[14]

Es handelt sich bei Entscheidungen, die dem Kriterium der Optimalität zu genügen haben, um das konkrete Erfassen eines Systemganzen, einer dialektischen Verflochtenheit unterschiedlicher Bedingungen und Möglichkeiten. Es geht also nicht darum, auf *einem* Gebiet allein, in nur *einer* Beziehung den gesellschaftlichen Fortschritt voranzutreiben, sondern dies in einem Systemganzen und in den Subsystemen *insgesamt* zu erreichen; natürlich nicht im Sinne starrer Gleichförmigkeit, sondern unter Berücksichtigung des verschiedenen Gewichts der einzelnen Bereiche und Sphären unter den jeweiligen Bedingungen.

Um dies zu leisten, muß das Bewußtsein die Wirklichkeit in ihrem Entwicklungsprozeß erfassen. Es muß mögliche Entwicklungen abschätzen und Entwicklungstrends perspektivisch miteinander ins Verhältnis setzen. Das sozialistische Bewußtsein ist kein einfacher Spiegel gegebener Zustände, sondern es ist rezeptiv und konzeptiv zugleich. Ein nicht genügend perspektivisches Denken bleibt positivistisch und praktizistisch dem jeweiligen Dasein verhaftet; es wird von veränderten Bedingungen stets überrascht und ist geschäftig, seinen Stand-

---

[14] Vgl. W. Heyde, W. Martens, „Methodische Probleme der Zielfunktionen bei der Ermittlung optimaler Produktionsprogramme mit Hilfe der linearen Optimierung", Wirtschaftswissenschaft, 6/1964, S. 898.

punkt und seine Verfahrensweisen stets zu verändern, ohne eine als richtig erkannte Linie der Arbeit konsequent durchhalten zu können. So steht es der Wirklichkeit hilflos gegenüber, statt sie theoretisch und praktisch zu beherrschen.

Es kommt darauf an, die Einheit von Stabilität und Beweglichkeit, die das Wesen sozialistischer Planung ausmacht, auch in der perspektivisch orientierten praktischen Arbeit zu verwirklichen. Dies gelingt in dem Maße, wie die Zukunft in den Horizont des Erkennens aufgenommen und die Dialektik von Möglichkeit und Wirklichkeit erfaßt wird. Besonders wichtig ist dies für die Abschätzung der technischen Entwicklung, die von großer Bedeutung für die Änderung der Sozialstruktur überhaupt ist. Durch Anwendung mathematischer Methoden lassen sich die komplexen Auswirkungen partieller Veränderungen in der Volkswirtschaft perspektivisch abschätzen, was es gleichzeitig ermöglicht, Maßnahmen für die Organisierung des künftigen Wirtschaftsgeschehens vorzubereiten.

So ist die sozialistische Bewußtheit wesentlich durch ihre aktive Beziehung auf die Zukunft, auf die Perspektive der praktischen Tätigkeit bestimmt; sie ist dialektisches Perspektivbewußtsein. Auf der Grundlage der Erkenntnis des Wirkens der sozialen Entwicklungsgesetze vermag das sozialistische Bewußtsein als Perspektivbewußtsein die zukünftige Entwicklung der Gesellschaft geistig vorwegzunehmen und die Maßnahmen zu bestimmen, die die optimale Entwicklungsrichtung durchsetzen helfen. Das sozialistische Perspektivbewußtsein ist dialektisches Bewußtsein kat exochen; es ist gekennzeichnet durch die Fähigkeit, das Neue im Keim zu erkennen, durch die Betrachtung der sozialen Erscheinungen vom Standpunkt der Gegenwart und der Zukunft, durch strenge Objektivität und Ausschluß des Wunschdenkens und durch die Bereitschaft, die Entwicklungspläne sowohl stabil wie beweglich zu gestalten.[15] Im Perspektivbewußtsein kommt die Einheit von wissenschaftlicher Voraussicht und Planung zum Ausdruck. Die theoretisch begründete Voraussicht der weiteren sozialen Entwicklung ist mit der Organisierung bewußter Gestaltung der gesellschaftlichen Praxis verknüpft. Theorie und Praxis greifen in der perspektivisch orientierten Tätigkeit wechselseitig ineinander ein: Die gedankliche Be-

[15] Vgl. Günther Söder, „Planung und Demokratie", Einheit, 9/1965, S. 19.

stimmung der Zukunft ist die theoretische Seite ihrer praktischen Hervorbringung.

Das Perspektivbewußtsein ist gerade deshalb ein notwendiges Elelement sozialistischer Bewußtheit, weil die planmäßige Gestaltung der sozialen Prozesse an das Wissen um die Entwicklungstendenzen und -erfordernisse geknüpft ist. Die Kenntnis der Perspektive gibt der Planung der Gesellschaft im Ganzen und in ihren einzelnen Bereichen die notwendige inhaltliche Bestimmung; Planung setzt die wissenschaftliche Voraussicht künftiger Entwicklung voraus. Aber auch die wissenschaftliche Führungstätigkeit, die sich ja auf die soziale Planung stützt, fußt auf der Kenntnis der Entwicklungsperspektiven; Führungstätigkeit heißt Organisierung der gesellschaftlichen Prozesse nach wissenschaftlich begründeten Perspektiven.[16]

Das Bewußtsein fixiert die Perspektiven, indem es den Wirkungsmechanismus der objektiven gesellschaftlichen Gesetze erfaßt und die sich daraus herleitenden Tendenzen künftiger Entwicklung bestimmt. Es antizipiert, indem es rezipiert, und es vollzieht die Einheit theoretischer und praktischer Tätigkeit, indem es im Prozeß der praktischen Realisierung der Perspektiven die konkreten Teilaufgaben und -ziele präzisiert und damit ständig neue Impulse aus der theoretischen und praktischen Bewältigung der durch die menschliche Tätigkeit geschaffenen objektiven Verhältnisse empfängt. Die Lenkung der gesellschaftlichen Entwicklungsprozesse erfolgt von den durch die Partei gesetzten Zielstellungen her: Damit tritt die gewaltige aktive, schöpferische Rolle des Bewußtseins in der Entwicklung der sozialistischen Gesellschaft an den Tag. Gleichzeitig erfolgt die Determinierung der Entwicklung durch objektive Bedingungen, die, auf der Grundlage der gesellschaftlichen Gesetze, durch die menschliche Tätigkeit geschaffen werden.

In der Entwicklung der Wirtschaft und anderer Bereiche der gesellschaftlichen Praxis tritt das objektiv treibende Moment in der spezifischen Form ökonomischer Hebel in Erscheinung. Das Objektive und das Subjektive bilden bei ihnen eine bewegliche Einheit. In den ökonomischen Hebeln kommen die unaufhebbaren materiellen Erforder-

---

[16] Vgl. Walter Ulbricht, „Das neue ökonomische System der Planung und Leitung der Volkswirtschaft in der Praxis", Berlin 1963, S. 19, 142.

nisse des sozialen Geschehens zum Ausdruck; gleichzeitig werden sie von den Planungs- und Leitungsorganen *bewußt* eingesetzt. Nur in dieser Form sind sie Hebel. Hebel sind materiell-ökonomische Organe der sozialistischen Gesellschaft, mit denen sie den objektiven Prozeß — vermittelt über die Subjektivität — zu seiner höchsten Entfaltung zwingt. Dies geschieht in der Form, daß das gesellschaftliche Handeln der Menschen durch materielle Stimuli gesteuert wird. Es liegt Selbstbewegung des subjektiven Faktors vor, der sich in entgegengesetzte Seiten differenziert und als treibende Kraft objektive Erfordernisse in einer subjektiv zubereiteten Form zur Geltung bringt. Die ökonomischen Hebel werden gesellschaftlich-bewußt eingesetzt und sind bezogen auf das Bewußtsein der menschlichen Subjekte, verkörpert in ihren Interessen. Richtige Gestaltung der Hebel ist der Anstoß zur Entfaltung der schöpferischen Arbeit der Individuen und Kollektive, ohne daß diese im einzelnen vorgezeichnet werden müßte. Die ökonomischen Hebel sind darum eine wirksame Triebkraft der allseitigen Entfaltung der menschlichen Subjektivität unter den konkreten Bedingungen der sozialistischen Gesellschaft. Der Einsatz dieser materiellen Faktoren ermöglicht es den gesellschaftlich leitenden Organen, die bewußte Verwirklichung des Gesamtprozesses in wissenschaftlicher Form tiefgründig zu planen und voranzutreiben. Damit kommt gerade durch sie der wissenschaftliche Charakter der Leitung der gesellschaftlichen Entwicklung deutlich zum Ausdruck.[17]

Die prognostizierende Vorwegnahme künftiger Entwicklungszustände gilt nicht nur hinsichtlich der Planung der ökonomischen, sondern auch der ideologischen und wissenschaftlichen Tätigkeit. Die Überwindung der Spontaneität gesellschaftlicher Entwicklung schließt die bewußte Gestaltung des geistigen Lebens der Gesellschaft ein. Das Bewußtsein wird sich in der Planung der ideologischen Prozesse selbst Gegenstand; es analysiert den gegebenen Stand seiner Entwicklung, den es als Reflex materieller Bedingungen faßt, und bestimmt, von hier ausgehend, die notwendige weitere Entwicklung. Nicht nur das Materielle, sondern auch das Ideelle ist planbar, kann bewußt als Entwicklungsprozeß realisiert werden. Wenn in der Bewußtheit der gesellschaftlich-praktischen

---

[17] Vgl. Erich Apel, Günter Mittag, „Planmäßige Wirtschaftsführung und ökonomischer Hebel", Berlin 1964, S. 53 ff.

Tätigkeit die Quelle ihrer Effektivität liegt, so gilt dies auch für die geistige Tätigkeit. Diese ist kein Raum bloßer intuitiver Eingebungen, sondern eine Form höchst konzentrierter, zuchtvoller menschlicher Wesensäußerung. Sie könnte nur dann nicht gesellschaftlich-bewußt gestaltet werden, wenn sie ohne die Wirksamkeit erkennbarer Gesetze vonstatten ginge. Dies ist indes nicht der Fall, und eben das Vorhandensein objektiver Gesetze ermöglicht und bedingt im Sozialismus die Planung der ideologischen Prozesse als Form gesellschaftlicher Tätigkeit.

Die Planung des geistigen Lebens der Gesellschaft besteht, auf der Grundlage der Erfassung seiner objektiven Wirkungsmechanismen, in der Fixierung der Hauptentwicklungslinien, nicht in einem ins einzelne gehenden Vorschreiben dessen, was zu tun ist. Nur in dieser Form vereinigt die Planung gesellschaftliche Bewußtheit mit umfassender Mobilisierung der Initiative der Menschen und wird dadurch zur Daseinsform gesellschaftlicher Freiheit. Die Dialektik der Bewußtheit tritt in der Weise in Erscheinung, daß das gesellschaftliche Gesamtbewußtsein und das Bewußtsein der Kollektive und Individuen sich wechselseitig bestimmen und in ihrer Entwicklung fördern. Eine echte Partnerschaft der dialektisch entgegengesetzten Momente bietet die Gewähr für eine optimale Gestaltung des Gesamtprozesses.

Die Planung von Wissenschaft und Technik verbindet die Festlegung der Hauptrichtungen der Entwicklung mit der Gewährleistung der vollen Entfaltung der schöpferischen Initiative der Wissenschaftler, Ingenieure und Arbeiter bei der Beschleunigung des technischen Fortschritts.[18] Gerade hierin zeigt sich, daß die gesellschaftliche Bewußtheit bei der Organisierung des geistigen Lebens kein ödes Administrieren ist, das die lebendige Initiative der Menschen erstickt, sondern im Gegenteil: Es ist die unter den modernen Bedingungen einzig angemessene Form, der Schöpferkraft der Menschen zur vollsten Entfaltung zu verhelfen. Die Planung von Wissenschaft und Technik ist mit der exakten Bestimmung von Ziel und Fristen der Arbeit verbun-

---

[18] Vgl. Walter Ulbricht, „Das Programm des Sozialismus und die geschichtliche Aufgabe der Sozialistischen Einheitspartei Deutschlands", Protokoll der Verhandlungen des VI. Parteitages der SED, Bd. 1, Berlin 1963, S. 92 ff.

den. Dadurch übt sie einen Ansporn zur Mobilisierung der schöpferischen Energien der Kollektive und Individuen aus und wirkt der Verzettelung und Willkür entgegen. Die gesellschaftliche Bewußtheit wird die Form, in der sich das individuelle Bewußtsein optimal entwickelt, in der die Leistungsfähigkeit der Wissenschaftler und Techniker bedeutend gesteigert wird. Gleichzeitig gibt diese Form der Organisierung des geistigen Lebens den Kollektiven und Individuen die Möglichkeit, innerhalb der gesellschaftlichen Zielsetzung den eigenen Schaffensprozeß bewußt und optimal zu gestalten, die Ziele zu erhöhen, die Fristen zu verkürzen. Die Planung der ideellen Prozesse geschieht nicht nur im Rahmen der Gesamtgesellschaft, sondern auch in den einzelnen Arbeitsbereichen. Ohne Planung und Diszipliniertheit können wirklich fruchtbare Arbeitsergebnisse nicht erzielt werden, und dies gilt wie für den Einzelnen, so für das Ganze. Die bewußte Gestaltung der Tätigkeit der Einzelnen (der Kollektive) und der Gesellschaft haben sich damit gegenseitig zur Voraussetzung und optimieren sich. Die Dialektik der Bewußtheit gründet in ihrem Systemcharakter, der das Zusammenwirken differenter Seiten bedingt.

Dies gilt, wie für die Planung von Wissenschaft und Technik, so auch für die Planung auf kulturellem Gebiet. Wenn die Planung wesentlich als bewußtes Herausarbeiten und Durchsetzen der Hauptentwicklungslinien verstanden wird, so ergibt sich, daß auch die kulturellen Prozesse beherrschbar sind und bewußt im Maßstab der Gesellschaft gestaltet werden können. Auch hier findet ein Zusammenstimmen gesellschaftlicher und individueller Bewußtheit statt und es verwirklicht sich jene wahre menschliche Freiheit, die *gleichzeitig* die der Gesellschaft und der Individuen ist. Die Bewußtheit ist ein dialektisches Phänomen, sie vereinigt gesellschaftliche Planmäßigkeit mit der Initiative der Individuen und Kollektive. Sie gibt nicht *auch* der Einzelinitiative Raum, sondern sie ist die Form, in der die individuellen Anstrengungen zu ihrem höchsten Effekt gebracht werden können. Natürlich werden in der praktischen Verwirklichung dieses Zusammenhangs mitunter Fehler auftreten; die Verwirklichung der Dialektik der Bewußtheit ist ein Problem, das selbst höchste dialektische Meisterschaft des praktischen Handelns voraussetzt. Diese ist nicht einfach da, sondern wird in der Tätigkeit selbst, die eine theoretisch-bewußte sein muß, erworben.

Wenn in der Wissenschaft sich die Möglichkeit und Notwendigkeit der Planung daraus ergibt, daß ihre Ergebnisse mittelbar und unmittelbar die gesellschaftlichen Lebensbedingungen der Menschen determinieren, so ist dies auf dem Gebiet der Kultur im Grunde genauso. Die Kultur in ihren vielgestaltigen Existenzformen ist nicht bloßer Zierrat menschlichen Daseins, sondern notwendige Wesensäußerung des Menschen und macht eine wesentliche Seite des „totalen Individuums" aus. Als eine unverzichtbare Lebensform des sozialistischen Menschen kann ihre Entwicklung nicht dem Wirken der Spontaneität überlassen werden, sondern muß, um ihre Funktion zu erfüllen, gesellschaftlich bewußt eingesetzt werden. Dies schließt die ständige Analyse des jeweiligen Entwicklungsstandes und die Bestimmung der Hauptlinien der weiteren Arbeit durch die kulturpolitischen Führungsorgane im Zusammenwirken mit der Wissenschaft ein.[19] Natürlich gibt es Unterschiede zur Planung von Wissenschaft und Technik, da auf diesem Gebiet die gesellschaftlichen Erfordernisse sich unmittelbarer, „gegenständlicher" äußern als auf kulturpolitischem Gebiet. Aber die Aufgabe, allgemeine notwendige Tendenzen der Entwicklung *bewußt* durchzusetzen, gilt hier wie dort. Die Erfüllung dieser Aufgabe setzt voraus, daß die Individuen und Kollektive an der inhaltlichen Bestimmung der Bewußtheit aktiv mitarbeiten, daß sie nicht bloße Objekte der Kulturpolitik, sondern Subjekte ihres eigenen Schaffensprozesses im Maßstab der Gesellschaft sind. Die gesellschaftliche Bewußtheit hat ihre Wurzeln in der Bewußtheit der Individuen; beide Seiten ergänzen sich dialektisch und regeln sich aufeinander ein. Dies hat zum Inhalt die echte Teilnahme der Individuen an der gesellschaftlichen Entwicklung und ist Voraussetzung dafür, daß Tendenzen der Entfremdung, Spontaneität und Administration unterbunden werden.

Die sozialistische Bewußtheit richtet sich schließlich unmittelbar auf sich selbst, indem sie ihren eigenen Entwicklungsprozeß in seiner gesellschaftlichen Notwendigkeit erkennt und prognostiziert. Die Bewußtheit ist ja nicht ein fertiger Zustand, dessen bloßer Nachvollzug der praktische gesellschaftliche Prozeß wäre. Sondern erstens bereichert und erweitert sie sich inhaltlich durch die Verarbeitung neuer gesellschaftlicher Erfahrungen. Zweitens muß sie, was damit eng zu-

---

19 Vgl. Fred Staufenbiel, „Planung und Freiheit der Kultur", Einheit, 4/1965, S. 84.

sammenhängt, immer erneut von den Massen Besitz ergreifen. Sozialistische Bewußtheit ist nicht allein damit gegeben, daß in den Dokumenten der Partei der praktische Lebensprozeß in seiner Entwicklung theoretisch fixiert wird, sondern damit, daß die *Massen* sie sich aneignen, daß sie ihr Tun gesellschaftlich-bewußt vollziehen. Dies ist ein Prozeß ständiger Lösung von Widersprüchen zwischen Neuem und Altem, zwischen Partei und Masse, zwischen Theorie und Praxis. Die Massen sind nicht einfach ein Gefäß, in das die sozialistische Bewußtheit hineingefüllt würde, sondern sie erwerben sich diese selbst, indem sie, von der marxistisch-leninistischen Weltanschauung ausgehend, ihre praktische Tätigkeit in ihrem Entwicklungsfortschritt theoretisch durchdringen. Die sozialistische Bewußtheit wächst aus der Tätigkeit und den Erfahrungen der Massen hervor, diese werden von der Wissenschaft und der Partei theoretisch verallgemeinert und bilden damit die Grundlage der ideologischen Führungstätigkeit der Partei. Tritt bei den Massen die fortgeschrittene Bewußtheit zunächst punktuell und elementar auf, so nimmt sie in der ideologischen Tätigkeit der Partei eine theoretisch-verallgemeinerte Form an und macht so den Massen ihre eigene Praxis bewußt.

Wie sich die Entwicklungstendenzen des materiellen Lebens der Gesellschaft prognostisch abschätzen lassen, so können auch die Perspektiven der ideologischen Prozesse grundsätzlich vorausbestimmt werden, wodurch die ideologische Führungstätigkeit einen höheren Grad an Effektivität erreicht. Die Analyse der künftigen gesellschaftlichen Entwicklung läßt erkennen, welche allgemeinen Anforderungen an das sozialistische Bewußtsein der Menschen die Zukunft stellen wird: Diesen kann dann durch die ideologische Erziehungstätigkeit so entsprochen werden, daß das Bewußtsein der Menschen den materiellen Anforderungen gewappnet ist und nicht hinter dem Sein „herhinkt". Das Bewußtsein widerspiegelt das Sein, aber nicht in seinem einfachen Da-Sein, sondern im Prozeß seiner Entwicklung, womit es auch ein Sein zu spiegeln vermag, dem die Praxis noch nicht allseitig zur Existenz verholfen hat.

Die Planung ideologischer Prozesse setzt natürlich eine Kenntnis ihrer Bedingungen und Gesetze voraus. Die besondere Schwierigkeit liegt darin, daß die Quellen der Bewußtseinsbildung sehr vielgestaltig sind und sich in ihrer Komplexität schwer fassen lassen. Individuelle

Erlebnisse, gefühlsmäßige Reaktionen spielen eine große Rolle, und es ist nicht einfach so, daß nur die ideologische Überzeugungstätigkeit umfassend entwickelt werden müßte, um die gewünschten Ergebnisse zu erzielen. So wie das Bewußtsein eine dialektische Totalität unterschiedlicher Momente bildet, so, und in noch höherem Maße, ist die Bildung des Bewußtseins ein Systemgeschehen, das in seiner Ganzheit nicht leicht überschaubar und beherrschbar ist. Dennoch wirken auch in diesem Prozeß Gesetzmäßigkeiten, die sich mit hinreichender Genauigkeit angeben lassen.

Eine immer wieder bestätigte Erkenntnis ist die, daß das sozialistische Bewußtsein sich in der gemeinsamen Tätigkeit der Menschen entwickelt. Die ideologische Überzeugungsarbeit darf nicht in der Weise bloßer „Belehrung" erfolgen, sondern muß auf dem Boden eigener Tätigkeit der Menschen stattfinden. Dies bildet die Voraussetzung dafür, das theoretisch Erkannte mit den eigenen Erfahrungen lebendig zu verbinden und es in seiner realen Beziehung zur Praxis zu erfassen. Indem die Theorie so zum praktischen Erlebnis wird, wohnt ihr eine stärkere Überzeugungskraft inne, als wenn sie im Bereiche der ratio verharrt. Die praktische Tätigkeit nimmt den Menschen in seiner Totalität in Anspruch und mobilisiert damit *alle* Quellen, aus denen das Bewußtsein fließt. Allerdings darf die Praxis nicht praktizistisch, atheoretisch betrieben werden, sondern muß durch die politischen Führungsorgane ideologisch überformt werden. Dies ist vor allem auch deshalb notwendig, weil die Praxis die Menschen mit der bunten Vielfalt der Erscheinungswelt konfrontiert, die keineswegs das *Wesen* der Dinge und Verhältnisse immer unverstellt offenbart. Daher kann es dazu kommen, daß die praktische Tätigkeit der sozialistischen Bewußtseinsbildung entgegenwirkt: Dies zeigt sowohl einen Mangel der theoretischen Überzeugungsarbeit wie der Praxis selbst an. Wenn die Vermittlung der Theorie sich darauf beschränkt, das Wesen der sozialistischen Verhältnisse gleichsam in seiner Idealgestalt vorzuführen, muß die Berührung mit dem „wirklichen Leben", mit den Schwierigkeiten, Mängeln, Unvollkommenheiten der praktischen Arbeit zu einer Schockwirkung führen, die das theoretisch Gelernte dem aus persönlicher Erfahrung erwachsenen Zweifel unterwirft. Diese Schockwirkung ist die gesunde Kritik des Lebens, der Praxis an einer undialektisch (und im Ansatz auch idealistisch) vermittelten Theorie.

Natürlich geht die Theorie auf das Wesen der Erscheinungen aus, aber sie darf das nicht so tun, daß sie das Wesen von den Erscheinungen trennt und es so hypostasiert. Vielmehr muß sie es in seinen widerspruchsvollen Vermittlungen erfassen, in seiner dialektischen Bewegung, die mit der Fetischisierung der Wesenheiten zu einem Reich der Schatten unverträglich ist. Die Theorie muß die Praxis in sich aufnehmen, sie muß konkret sein: Auf diese Weise ist sie eine wirkliche Orientierung der praktischen Arbeit und ergänzt sinnvoll das Werden sozialistischen Bewußtseins aus dem Grunde praktischer Erfahrungen.

Die praktische Tätigkeit wird für die Individuen zum Kriterium der Wahrheit der Theorie; die allgemein-gesellschaftliche Überprüfung der Theorie wird von den Individuen vor- bzw. nachvollzogen. Nur so wird sie zur sozialistischen Bewußtheit der Massen. Die Erkenntnisgewinnung ist im Sozialismus ein Prozeß praktischer Tätigkeit der Massen und die Totalität dieser Praxis ist das Kriterium der Wahrheit. „Wahr" wird die Theorie erst dann, wenn die Massen von ihr Besitz ergreifen und sie in ihrer praktischen Tätigkeit handhaben. Solange dies nicht geschieht, bleibt die Theorie „unwahr" weil „unwirklich". Die Theorie der sozialistischen Gesellschaft ist Anleitung zum Handeln, nur so erfüllt sie ihren Sinn und Zweck, und darum gewinnt sie als sozialistische Bewußtheit der Massen ihre eigentliche Gestalt. Das heißt nun nicht, daß die Theorie stets in den Bewußtseinsinhalten der Massen aufginge; sie muß vielmehr weiterstreben, tiefer loten und das Bewußtsein der Massen bereichern und präzisieren. Dies ist ein Prozeß der ständigen Setzung und Lösung von Widersprüchen innerhalb der Theorie (des Bewußtseins) sowie zwischen Theorie und Praxis. Die Bewußtheit der Massen bestimmt sich gemäß der Bewußtheit der Partei und ihrer Führungsorgane sowie gemäß den Wesensmerkmalen der eigenen Praxis, die durch Erfahrungen erlebbar werden. Das Ganze ist eine Einheit, deren unterschiedene Glieder sich wechselseitig beeinflussen und bestimmen. Aber die Grundlage dieses Ganzen ist die praktische Tätigkeit der Massen; sie schafft die objektiven Voraussetzungen und die Notwendigkeit der ständigen Weiterentwicklung und Höherbildung des sozialistischen Bewußtseins, der marxistischen Theorie. Die Entwicklung des sozialistischen Bewußtseins erfolgt, wie im Programm der Sozialistischen Einheitspartei Deutschlands festgestellt wird, vor allem in der Arbeit und in der

gesellschaftlichen Aktivität der Menschen. Das sozialistische Bewußtsein ist einerseits Grundlage, andererseits aber Resultat der schöpferischen Aktivität der Menschen. Es ist Voraussetzung für hohe Leistungen im Dienste des sozialistischen Aufbaus, zugleich entwickelt es sich
in der Arbeit, weil die Menschen durch ihre Tätigkeit die Wahrheit
der sozialistischen Theorie praktisch erfahren, weil sich ihnen in der
Wirklichkeit bestätigt, daß der Sozialismus alle Menschen braucht und
ihnen zu echter Daseinserfüllung verhilft.

Die bewußtseinsbildende Wirkung der praktischen Tätigkeit ist natürlich um so höher, je mehr dieser Tätigkeit durch die Handelnden
selbst sowie durch die gesellschaftlichen Führungskräfte ein sozialistischer Charakter verliehen wird. Dies gilt insbesondere im Hinblick auf die Entwicklung der sozialistischen Gemeinschaftsarbeit. Sie
ist die den sozialistischen Lebensbedingungen gemäße Form der Arbeit
und wirkt dem Individualismus und Egoismus, der aus den Verhältnissen des Privateigentums hervorgeht, entgegen. Die Gemeinschaftsarbeit wird damit zu einer Lehrstätte des Sozialismus: Indem sie die
Menschen in der praktischen Arbeit zusammenführt, gestaltet sie auch
ihr Bewußtsein im sozialistischen Sinne um, erzieht sie die Menschen
durch die Praxis zu Sozialisten. Natürlich darf auch hierbei nicht alles
schlechthin der Wirkung der Praxis überlassen bleiben, sondern diese
muß durch ideologischen Erziehungseinfluß potenziert werden. Dadurch wird es den Menschen leichter möglich, ihr eigenes Tun denkend
zu begreifen, und der Prozeß sozialistischer Bewußtseinsbildung wird
intensiviert. In den sozialistischen Gemeinschaften kann der ideologische Einfluß der fortgeschrittenen Werktätigen auf die noch Zweifeln-
den und Gleichgültigen verstärkt wirken; der Kontakt zwischen den
Menschen ist, auf der Grundlage gemeinsamer Arbeit, fester und das
persönliche Beispiel kann unmittelbarer zur Geltung kommen.[20] Dies
ist die Form, in der die Klasse sich selbst erzieht: Es liegt eine Selbstdifferenzierung vor, die die Grundlage echter Gemeinsamkeit und Einheitlichkeit wird. Die Einheit von praktischer Tätigkeit und ideologischer Erziehung wirkt als Form der Selbstverwirklichung der
Werktätigen der sozialistischen Gesellschaft.

[20] Vgl. Walter Ulbricht, „Das neue ökonomische System der Planung und
Leitung der Volkswirtschaft in der Praxis", a. a. O., S. 121.

Der Prozeß sozialistischer Bewußtseinsbildung wird kompliziert durch den Umstand, daß die Menschen nicht einem geradlinig und einheitlich verlaufenden ideologiebildenden Geschehen ausgesetzt sind, sondern daß sie, als Glieder mannigfaltig unterschiedener Gemeinschaften, auch höchst unterschiedlichen Einflüssen auf ihr Bewußtsein unterliegen. Diese außerordentliche Differenziertheit und Vielgestaltigkeit bringt negative, aber zugleich auch positive Momente mit sich. Unterschiedlich sind die ideologischen Bedingungen und Einflußformen in den Arbeitskollektiven, in der Familie, in den Parteigruppen usw. usf., denen die einzelnen Individuen angehören. Dies kann dazu führen, daß positiven Einflüssen negative entgegenwirken; aber es kann auch zum Inhalt haben, daß der positive Prozeß sozialistischer Bewußtseinsbildung sich potenziert dadurch, daß er sich vermannigfaltigt. So liegt hier eine Dialektik der Bewußtseinsgestaltung vor, die zugleich ihr Positives und ihr Negatives hat, die im ganzen aber zweifellos im positiven Sinne wirkt. Das Individuum ist in den wechselnden Gemeinschaften, denen es angehört, ja niemals bloß Objekt, sondern immer zugleich auch Subjekt. Dies bedingt, daß es seine Selbsterziehung unter sich wandelnden Bedingungen vollzieht und sie damit effektiver macht. Gleichzeitig vervielfältigen sich dadurch die Möglichkeiten der wechselseitigen ideologischen Einflußnahme der Menschen, die eine wesentliche Form ihrer Selbsterziehung ist.

Der ideologische Wirkungsgrad der einzelnen menschlichen Gemeinschaften ist natürlich unterschiedlich. Er ist in den Organisationen der Partei der Arbeiterklasse im allgemeinen höher als in anderen Kollektiven. Gleichzeitig aber erschließen auch diese Kollektive dem Individuum die sozialistische Wirklichkeit von wesentlichen Seiten und Sphären aus. So sind sie eine Voraussetzung dafür, das sozialistische Bewußtsein als Totalität zu entfalten; und nur in diesem Systemcharakter ist es ein dialektisches und wirklich praxisverbundenes Bewußtsein. Es ist daher nicht richtig, Alltagsbewußtsein und wissenschaftliches sozialistisches Bewußtsein starr gegenüberzustellen. Beide bilden vielmehr eine lebensvolle Einheit, die sowohl praktizistischer Enge als auch dogmatischer Wirklichkeitsferne entgegenwirkt.

Die dialektische Struktur des sozialistischen Bewußtseins tritt sowohl in der Vielgestaltigkeit seiner Komponenten als auch in den unterschiedlichen Niveaus, die es in seinen konkreten Gestaltungen annimmt, an den Tag. Das sozialistische Bewußtsein konstituiert sich auf der Grundlage sozialistischer Überzeugungen und Haltungen in bezug auf konkrete Zusammenhänge des gesellschaftlichen Lebens. Man kann von Staatsbewußtsein, Geschichtsbewußtsein, Nationalbewußtsein usw. sprechen. Dies sind notwendige, wesentliche Seiten und Aspekte, in die sich das sozialistische Bewußtsein auseinanderlegt. Sozialistisches Bewußtsein findet seinen Ausdruck in der konkreten Identifikation der Menschen mit den Gesetzmäßigkeiten und Triebkräften der sozialistischen Entwicklung; es ist dies kein abstrakt-allgemeines Bekenntnis zum Sozialismus, sondern schließt das Verständnis der grundlegenden Bewegungsprozesse der Gesellschaft ein. Damit aber differenziert er sich notwendig zu einer Totalität sozialistischer Überzeugungen, so wie die Wirklichkeit selbst als Totum, als dialektisches Ganzes wesentlicher Seiten und Momente an den Tag tritt.

Aber diese Totalität des sozialistischen Bewußtseins muß nicht immer eine gleichmäßige Ausgestaltung aller seiner Seiten und Momente erfahren. Jemand kann ein hohes Arbeitsbewußtsein besitzen, ohne daß z. B. sein Geschichtsbewußtsein in der gleichen Weise entwickelt wäre. Das sozialistische Bewußtsein wird bei einzelnen Schichten der Gesellschaft wie bei den Individuen immer eine gewisse Spezifik aufweisen, die mit der unterschiedlichen konkreten Beziehung der Menschen zur Wirklichkeit zusammenhängt. Das sozialistische Bewußtsein existiert daher als entfaltete, reich gegliederte Totalität sensu stricto nur als Bewußtsein der ganzen Gesellschaft, was keineswegs ausschließt, daß die Individuen sich dieser Totalität mehr oder minder nähern. Das „totale Individuum" wäre in diesem Sinne jener Mikrokosmos, der ein Bild des gesellschaftlichen Makrokosmos im Kleinen darstellt.

Unterschiedlich wie die Praxisbeziehungen der Menschen sind die Formen, in denen sich ihr sozialistisches Bewußtsein entwickelt. Ideologische Überzeugungsarbeit hat diese Unterschiede zu reflektieren und zu respektieren: Sie bieten einen Zugang zur konkreten Entwicklung sozialistischer Überzeugungen und müssen als Ansatz- und Ausgangspunkt einer Ausweitung und Vertiefung des sozialistischen Bewußtseins anerkannt werden.

Die Unterschiedlichkeit der Niveaus des gesellschaftlichen Bewußtseins ergibt sich aus der unterschiedlichen gesellschaftlichen Gewichtung sozialer Kollektive. Das Bewußtsein der Partei verkörpert die höchste

Stufe sozialistischer Bewußtheit [21], aber auch in ihr selbst gibt es Stufungen, die den unterschiedlichen Grad der theoretischen und praktischen Aneignung und Beherrschung der gesellschaftlichen Prozesse zur Grundlage haben. So existiert eine gewisse notwendige „hierarchische" Struktur des Bewußtseins, die allerdings nichts mit fixierten sozialen Stellungen zu tun hat, sondern objektive Seiten der Sozialstruktur ideell sichtbar werden läßt. Neben dieser Notwendigkeit in der Stufung des gesellschaftlichen Bewußtseins gibt es naturgemäß eine nicht in der gleichen Weise notwendige große Unterschiedlichkeit der effektiven Niveaus des sozialistischen Bewußtseins in den einzelnen Arbeits- und sonstigen Kollektiven. Diese ergibt sich aus dem unterschiedlichen Entwicklungsstand der praktischen und ideologischen Arbeit in den Kollektiven, aus der unterschiedlichen Wirksamkeit der Tätigkeit der Partei und aus der ganzen Fülle der jeweiligen besonderen Bedingungen. Diese Unterschiedlichkeit erleichtert bzw. erschwert im konkreten Fall den Individuen die Entwicklung und Festigung des sozialistischen Bewußtseins.

Die Bewußtheit der Verwirklichung der sozialistischen Lebensbedingungen kann nur in *der* Form praktisch durchgesetzt werden, daß sie von den Massen Besitz ergreift. Aber sie kann nur so das Tun der Massen bestimmen, daß sie, und zwar in möglichst umfassender Weise, die Bewußtheit der Handlungen der Individuen prägt. Die Bewußtheit findet ihren theoretischen Ausdruck in den Dokumenten der Partei, in den Erkenntnissen der Wissenschaft usw. Aber sie bleibt hier zunächst noch Theorie. Mit der Praxis verbindet sie sich im konkreten Handeln der Kollektive und Individuen. Die Individuen sind nicht gleichsam als Atome wirksam, sondern sie werden tätig als Glieder der verschiedenen Kollektive. Hier ergibt sich nun eine Dialektik der Bewußtheit derart, daß Kollektive nach den Normen einer Bewußtheit tätig werden können, die noch nicht von *allen* Individuen gleichmäßig Besitz ergriffen hat. Die Bewußtheit der Kollektive ist nicht die arithmetische Summe der Bewußtheit der Individuen. Individuen können in ihrem Handeln weiter sein als in ihrem Bewußtsein.

[21] Vgl. G. J. Gleserman, „Objektive Bedingungen und subjektiver Faktor beim Aufbau des Kommunismus", Sowjetwissenschaft, Gesellschaftswissenschaftliche Beiträge, 10/1965, S. 1014.

Dies ist u. a. deshalb möglich, weil es ein kollektives Bewußtsein, eine kollektive Bewußtheit gibt, die das Handeln der Kollektive und damit zugleich der Einzelnen bestimmt. Aber wenn die Bewußtheit auch nicht alle Individuen in der gleichen Weise erfaßt, so muß sie in bestimmten Individuen innerhalb eines Kollektivs ihren entwickelten Ausdruck erhalten. Dies ergibt sich auf der Grundlage der schöpferischen Verarbeitung der in Parteidokumenten usw. fixierten gesellschaftlichen Bewußtheit, aus der Struktur des Kollektivs und seiner ideologischen Selbstentwicklung durch wechselseitige Beeinflussung und Förderung der Individuen. Die gesellschaftliche Bewußtheit kann daher nur insofern wirksam werden, als sie im Handeln *bestimmter* Individuen und Kollektive Gestalt gewinnt. Insofern muß das Allgemeine notwendig zum Besonderen herabloten, um sich selbst zu verwirklichen. Damit werden die Bedingungen der Bildung der individuellen Bewußtseine zu einer wesentlichen Frage der Bildung des gesellschaftlichen Bewußtseins. Das Individuum rückt notwendig in den Mittelpunkt des Interesses, wenn die Gesellschaft ihr Tun zu optimieren strebt.[22]

Die Bildung des Bewußtseins erfolgt insbesondere in der Form der wechselseitigen ideologischen Beeinflussung der Individuen.[23] Dies ist daher einer der Wege, auf dem die von den Individuen erzeugten gesellschaftlichen Verhältnisse ihnen selbst bewußt werden. Diese Bewußtseinsbildung findet in der Weise der Vermittlung des gesellschaftlichen Bewußtseins an die Individuen statt. Aber die Existenz des gesellschaftlichen Bewußtseins wie das Vermittlungsgeschehen sind an die Tätigkeit von Individuen gebunden. Konkret wirken die Vermittlungszusammenhänge innerhalb der Kollektive, in denen sich die in unterschiedlichem Maße sozialistisch bewußte Tätigkeit entfaltet und sich eine wechselseitige Stimulierung der Individuen vollzieht.

Die wesentliche Grundlage der Bildung des individuellen Bewußtseins ist die Vermittlung des gesellschaftlichen Bewußtseins an die

---

[22] Vgl. F. Drewitz, P. Hinze, „Zum Begriff des gesellschaftlichen Bewußtseins und zum Verhältnis des individuellen zum gesellschaftlichen Bewußtsein", Deutsche Zeitschrift für Philosophie, 9/1965, S. 1085 ff.

[23] Vgl. E. Hahn, „Soziale Wirklichkeit und soziologische Erkenntnis", Berlin 1965, S. 116.

Individuen über eine Vielzahl ideologischer Kanäle und die Verarbeitung der individuellen Lebenserfahrungen, die mehr oder weniger bewußte Erfassung des gesellschaftlichen Seins im Horizont seiner individuellen Erschließung. Das gesellschaftliche Bewußtsein wird den Individuen über Schulen, Parteien, Massenkommunikationsmittel, Literatur, Kunst und andere bewußtseinsbildende Institutionen vermittelt. Hierbei ist das Individuum niemals bloß passiv, rezeptiv, sondern es verbindet die gesellschaftlichen Erkenntnisse mit seinen individuellen Erfahrungen. Aus der Wechselwirkung beider formt sich das Bewußtsein des Individuums. Damit erhält das gesellschaftliche Bewußtsein seinen individuellen Ausdruck in der Form des *Selbstbewußtseins*, der Bestimmung des Platzes und der Rolle des jeweiligen Individuums in dem System der gesellschaftlichen Verhältnisse durch dieses selbst.[24]

Indem sich im Prozeß der Bildung des individuellen Bewußtseins verallgemeinerte gesellschaftliche Erfahrungen und mehr oder weniger unaufbereitete individuelle Erfahrungen zusammenschließen, geht die Entwicklung des Bewußtseins nicht selten in der Form des Übergangs von der Spontaneität zur Bewußtheit vonstatten. Dies ist ein wesentliches Moment, in dem die Dialektik der Bewußtheit ihren Ausdruck findet. Es handelt sich bei dieser Spontaneität nicht um die die Klassengesellschaft kennzeichnende blinde Herrschaft der gesellschaftlichen Verhältnisse über das menschliche Bewußtsein, sondern um eine bestimmte Entwicklungsstufe *sozialistischer* Bewußtheit. Lenin sprach in „Was tun?" vom „spontanen Element" als Keimform der „Bewußtheit". Dieses „spontane Element" kennzeichnet ein Handeln, dessen soziale Relevanz den Handelnden erst zum Teil bewußt ist, das sie nur im Blick auf relativ begrenzte Bedingungen und Ziele bewußt ausführen. Bei spontanem Verhalten fehlt die theoretische Erfassung gesellschaftlicher Vermittlungen, sei es, daß die gesellschaftliche Bewußtheit auf diesem Gebiet noch nicht herausgearbeitet wurde, sei es, daß sie, wenn vorhanden, nicht in das Bewußtsein der jeweiligen Handelnden einging. Spontaneität in diesem Sinne ist jene, wenn auch nicht notwendig, so doch häufig auftretende Stufe der Entwicklung sozialistischer Be-

[24] Vgl. L. P. Bujewa, „Das individuelle Bewußtsein und die Bedingungen seiner Herausbildung", Sowjetwissenschaft, Gesellschaftswissenschaftliche Beiträge, 11/1963, S. 1176 ff.

wußtheit, wo das Bewußtsein gesellschaftliche Zusammenhänge nur in Ausschnitten, nur in ihrer Besonderung erfaßt. Die Spontaneität ist Keimform der Bewußtheit, ihr wohnt die notwendige Tendenz inne, sich zu einem Erfassen der gesellschaftlichen Vermittlungen und damit zu entwickelter Bewußtheit zu erheben.

Das Bewußtsein der Neuerer in der Produktion usw. ist nicht selten mit Elementen der Spontaneität durchsetzt, insofern sich die Bewußtheit auf die Lösung relativ begrenzter Aufgaben richtet, ohne die gesellschaftliche Bedeutung und Wirkung der neuen Ideen und Verfahrensweisen abschätzen zu können. Dies schließt natürlich keineswegs aus, daß diese Werktätigen mit einem sozialistischen Bewußtsein an ihre Aufgaben herangehen, nur ist die Spannweite der gesellschaftlichen Vermittlungen, die theoretisch reflektiert werden, und damit die Bewußtheit relativ begrenzt. Zweifellos gilt, daß eine Kenntnis der Totalität gesellschaftlicher Fernwirkungen besonderer Handlungen niemals gegeben ist, und daß in diesem Sinne auch dem entwickeltsten sozialistischen Bewußtsein Elemente der Spontaneität anhaften. Diese Spontaneität geht in Bewußtheit über in dem Maße, wie die gesellschaftlichen Wirkungen und Implikationen partikularer Handlungen durch die gesellschaftliche Praxis offenbar und damit ins Bewußtsein gehoben werden.

Im Leben der sozialistischen Gesellschaft können vorwärtsführende soziale Prozesse gesellschaftlich bewußt entstehen, indem sie von den leitenden Organen zielstrebig ins Leben gerufen werden. Sie können sich aber auch „spontan" entwickeln, aus der besonderen Konstellation objektiver und subjektiver Bedingungen heraus. Die Bewußtheit kann dabei ihrer Intention nach gesellschaftlich-total sein, aber da der gesellschaftliche Stellenwert des Prozesses zunächst nur vorausgesetzt, nicht bewiesen werden kann, ist sie zugleich durch das Moment der Spontaneität gekennzeichnet. Oft können sich gesellschaftliche Bewußtheit und Spontaneität so begegnen, daß die Bewußtheit die notwendige Richtung einer konkreten gesellschaftlichen Entwicklung vorzeichnet, daß aber die besonderen Bedingungen ein zunächst nur spontanes Ingangsetzen dieser Entwicklung ermöglichen und bewirken.

Die Dialektik der Beziehungen besonderer und allgemein-gesellschaftlicher Zwecke schließt ebenfalls häufig Momente der Spontaneität als Keimform sozialistischer Bewußtheit ein. Die Verfolgung von individuellen oder Gruppeninteressen kann so vonstatten gehen, daß der gesellschaftliche Vermittlungszusammenhang der besonderen Interessen und Zwecke außer Betracht bleibt. Es liegt dann eine nur partikulare Bewußtheit vor, die Kennzeichen der Spontaneität aufweist. Diese bestehen darin, daß der größere Zusammenhang, in den die besonderen Interessen und Zwecke eingebettet sind, nicht reflektiert wird. Diese Spontaneität ist Keimform der Bewußtheit insofern, als es die innere Dialektik des jeweiligen praktischen Tuns und seiner Bewußtheit und die von den Organen der Gesellschaft vollzogene ideologische Einflußnahme bewirken, daß die Schranken der gegebenen Bewußtseinslage notwendig gesprengt werden und die Bewußtheit sich mehr und mehr zu einer gesellschaftlichen und damit im eigentlichen Sinne sozialistischen Bewußtheit weitet.

Das Merkmal „Spontaneität" kommt im eigentlichen Sinne dem Handeln zu; aber es kennzeichnet, da Handeln stets ein bewußtes ist, auch das Bewußtsein. Spontan handelt jemand, dessen Tun durch einen engen, nur auf eine begrenzte Situation bezogenen Motivationszusammenhang determiniert ist. Spontanes Bewußtsein ist daher wesentlich Bewußtsein in seiner Unmittelbarkeit. Sozialistisches Bewußtsein ist demgegenüber durch die möglichst umfassende Intention auf die gesellschaftlichen Vermittlungen des besonderen Tuns gekennzeichnet: So ist es Bewußtsein in seiner Vermittlung und gesellschaftlichen Bezogenheit und verleiht dem Handeln das Kennzeichen sozialistischer Bewußtheit.

Die Verfolgung von Teilinteressen ist nicht eo ipso spontanes Handel. Vielmehr verwirklicht sich die gesellschaftliche Bewußtheit gerade über das bewußte Durchsetzen konkreter, besonderer Zwecke und Interessen. Die Dialektik der Verwirklichung gesamtgesellschaftlicher, kollektiver und persönlicher Interessen konstituiert gerade die Dialektik der sozialistischen Bewußtheit und hat sie zur Voraussetzung. Merkmale hemmender Spontaneität treten dort auf, wo die besonderen Zwecke sich in ihrer Unmittelbarkeit verfestigen. Damit wird zugleich die Dialektik der Bewußtheit verfehlt, und spontanes Denken und Handeln erweist sich als ein nichtdialektisches, bzw. noch nicht allseitig zur Dialektik ausgereiftes menschliches Verhalten.

3. Von der Veränderbarkeit des Menschen und der Verhältnisse

Eine der bewegenden Fragen großer Weltanschauungen ist das
Problem, wie der Mensch seinem Dasein Sinnerfüllung verleihen und
den Erfordernissen einer optimalen Entwicklung seiner Existenzbedingungen Rechnung tragen kann. Die theologische Weltanschauung
legt die letztlich bestimmende Macht für die Sicherung des Einklangs
des Menschen mit seinen äußeren Daseinsbedingungen in die Hand
Gottes, die idealistischen Philosophen sehen ein geistiges Prinzip
wirken, der mechanische Materialismus macht alles von der Veränderung der Umweltbedingungen des Menschen abhängig und erst der
dialektische und historische Materialismus erkannte, daß der Mensch
sich entwickelt, indem er die objektiven Bedingungen seines Daseins
durch praktische Tätigkeit einer progressiven Veränderung unterwirft.

Eine wesentliche Seite dieses Problemkreises besteht in der Frage
nach der Macht des Menschen über sich und seine äußeren Verhältnisse, in der Frage nach der Veränderbarkeit des Menschen und der
objektiven Bedingungen seines Daseins. Viel ist in der Geschichte der
Philosophie zur Lösung dieses Problems erarbeitet worden, doch stellt
es sich unter neuen Verhältnissen immer wieder neu und bedarf daher
neuer Antworten, die den neuen Bedingungen Rechnung tragen.

Die Frage, die hierbei der Klärung bedarf, betrifft das Individuum
in seinem Verhältnis zur Gesellschaft. Zwar kann der Einzelne sich nur
in dem Maße befreien, wie die Gesellschaft sich befreit; aber auch
die Gesellschaft kann sich nur zur Herrschaft über ihre äußeren Daseinsbedingungen emporarbeiten, insofern die Individuen es tun. Die
Frage nach der Veränderbarkeit des Menschen und der Verhältnisse
schließt daher die Aufforderung an das philosophische Denken ein,
die Fähigkeit des Individuums aufzuweisen, sich durch eigne Anstrengung zu einem Wesen zu bilden, das nicht Objekt, sondern Subjekt ist, das sich Freiheit durch Tätigkeit erwirbt.

Indes scheint der Mensch unentrinnbaren objektiven Determinanten
ausgeliefert zu sein; einerseits ist er durch ererbte Anlagen, andererseits durch den Einfluß der Gesellschaft geprägt. Er tritt in die Welt
ein und entwickelt sich in ihr als Produkt von Voraussetzungen, auf

die er zunächst keinen Einfluß hat, so ist er schon mehr oder weniger „fertig", nicht durch eigenes, sondern durch fremdes Tun und Wirken. Seine Freiheit könnte entweder in der Entgegensetzung gegen die Pressionen des Objektiven bestehen, oder als Einsicht in das Notwendige könnte sie dieses nur jeweils legitimieren und konservieren. Dies ist das Problem, das schon die großen Vertreter des mechanischen Materialismus des 18. Jahrhunderts bewegte. Wie kann der Mensch frei sein, wenn er in jeder Beziehung nur Objekt und Produkt ist, wenn Natur und Gesellschaft ihn so formen, daß er nur als ihr Geschöpf, nicht aber als ihr Schöpfer auftritt?

Freilich: Unübersehbar ist, daß hier der Mensch als Individuum in seiner Trennung von der Gesellschaft reflektiert wird; aber auch die Synthese beider Seiten hebt das Problem zunächst noch nicht auf denn der Mensch ist auch als gesellschaftliches Wesen immer zugleich Individuum. Die Individualität ist nicht eine Art überflüssiges Anhängsel der Sozialität, sondern sie begründet das Wesen des Menschen genauso wie sein Existieren in und durch die Gesellschaft.

Biologie und Psychologie lehren, daß der Mensch mit Voraussetzungen auf die Welt kommt, die seine individuelle Entwicklung in einem bestimmten Maße vorprägen.[25] Erbanlagen und angeborene Anlagen legen einen Spielraum fest, innerhalb dessen die Persönlichkeitsentfaltung vonstatten geht. Indessen ist bereits hier die Entwicklung nicht linear-mechanisch determiniert; die Anlagen sind zwar nicht omnipotent, aber doch multipotent. Die „natürlich" vorgegebenen Bedingungen verhindern zwar, daß der Mensch „alles werden" kann, aber sie ermöglichen ihm doch, „vieles zu werden". Dieser Tatsache korrespondiert gesellschaftlich die Erscheinung der Arbeitsteilung; es können nicht alle alles tun, sondern jedes Individuum muß einen durch den gesellschaftlichen Gesamtprozeß notwendig geforderten Platz ausfüllen. Natürliche und gesellschaftliche Notwendigkeit begegnen sich, wobei sich allerdings die „natürliche" und die gesellschaftliche Teilung der Menschen keineswegs decken.

Die Multipotenz angeborener Anlagen schließt nicht aus, daß alle Menschen einheitliche, gemeinsame Anlagen haben, die ihr Mensch-

[25] Vgl. H. Hiebsch, „Sozialpsychologische Grundlagen der Persönlichkeitsformung", Berlin 1967, S. 30.

sein als sittliche Wesen begründen. Jeder Mensch muß als prinzipiell in der gleichen Weise zu sittlicher Selbstverantwortung und zur Freiheit eigener moralischer Entscheidung fähig anerkannt werden. (Wir diskutieren diese Frage zunächst lediglich im Blick auf die „natürlichen" Voraussetzungen menschlichen Handelns; selbstverständlich bringt die gesellschaftliche Determination entscheidende Modifikationen herein, hebt das Gesagte aber nicht grundsätzlich auf.) Jeder Mensch besitzt die Fähigkeit, die Anstrengung der Vernunft und des Willens auf sich zu nehmen und sich zum Subjekt seiner selbst und seiner äußeren Verhältnisse zu machen. Es liegt am Menschen selbst, ob er Subjekt oder Objekt, Hammer oder Amboß ist. Nur unter dieser Voraussetzung hat es eine sittliche Berechtigung, den Menschen für sein Tun mit Lob oder Tadel in Anspruch zu nehmen. Kant wollte mit seinem ethischen Rigorismus im Grunde hierauf hinaus: Sittlichkeit und Freiheit des Menschen gründen in seiner eigenen Energie, in der Bezwingung der dem als gut Erkannten widerstreitenden Antriebe der Natur, der Sinnlichkeit, der Neigung. Die Selbstverantwortung des Menschen als sittliche (nicht juristische) Rechenschaft über sich selbst entfiele, wenn das Tun des Menschen mechanisch durch seine „Anlagen" (im Zusammenwirken mit dem „Milieu") bestimmt, wenn sein moralischer Habitus durch äußere Bedingungen festgelegt wäre. Der Mensch kann sich gerade deshalb zur Freiheit, zur bewußten Gestaltung seiner Verhältnisse erheben, weil er höher steht als die Natur, weil er im Denken und Handeln nicht bloßes Objekt, sondern auch Subjekt ist.

Man kann daher von der – zunächst abstrakten – Voraussetzung des gleichen sittlichen Vermögens der Menschen *als Menschen* ausgehen, das natürlich nicht die unterschiedliche Fähigkeit zur Ausübung konkreter Tätigkeiten tangiert, sondern die Möglichkeit der Wahrnehmung der menschlichen Subjektivität durch jedes Individuum zum Inhalt hat. Man kann dies – wie das schon Hegel getan hat – als ein Postulat bezeichnen, aber es ist ein Postulat, das seine objektive Grundlage in der „Natur" des Menschen als eines sozialen, sittlichen Wesens hat. Weil alle Menschen in diesem Sinne gleich sind, kann an sie alle der kategorische Imperativ zu sittlichem Handeln ergehen. Zweifellos werden sich oft Konflikte der „Natur" und der Sittlichkeit, der Individualität und der Gesellschaft ergeben; aber sie sind prinzipiell zugunsten der Sittlichkeit auflösbar, weil der Mensch ein gesellschaftliches Wesen ist und diese Eigenschaft aktiv und bewußt vollziehen kann. Freiheit in diesem noch abstrakten Sinne besteht in der regulierenden Entfaltung der „Natur" (die ja der Sittlichkeit nicht nur widerstreitet, sondern sich mit ihr durchdringt) und in der Verwirklichung jener Notwendigkeit, die durch die Forderungen der Humanität gesetzt ist. Wäre der Mensch ein passives Produkt der „Natur", so hätte der mechanische Materialismus mit seiner Negierung der Freiheit recht. Aber da der Mensch ein aktives, vernunftbegabtes Wesen ist, ist er auch zur Freiheit fähig. Frei ist der Mensch, insofern er nicht bloßes Vollzugsorgan einer von ihm unbeeinflußbaren Determination ist, sondern durch vernunftbestimmtes Handeln die Wirklichkeit nach Zwecken gestaltet, die die progressive Veränderung der Menschen und der Verhältnisse intendieren.

Wesentlich stärker und nachhaltiger als von den individuellen Naturbestimmungen seines Daseins wird der Mensch von seiner gesellschaftlichen Umwelt geformt. Auch diese Determination des Individuums hatte der alte Materialismus in seiner Weise zur Geltung zu bringen gesucht, und auch hier war er zu der Auffassung des Menschen als eines bloßen Produkts objektiver Voraussetzungen gelangt. Das Denken und Tun des Individuums wird in der Tat gesellschaftlich bestimmt; das Individuum kann sich die gesellschaftliche Umwelt, in der es lebt, nicht einfach „aussuchen", es kann sie nicht beliebig verändern, es kann sich ihrem Einfluß nicht durch eine bloße Willensbekundung entziehen. Diese gesellschaftliche Bestimmtheit des Menschen hat einen allgemeingesellschaftlichen sowie einen konkrethistorischen Inhalt; sie ist gegründet auf den Entwicklungsstand der Produktivkräfte, die Natur der Produktionsverhältnisse und die konkreten politisch-sozialen Verhältnisse, in denen das Individuum aufwächst und lebt.

Schließlich wird die allgemeine Verhaltensstruktur des Individuums durch das spezifische Milieu bestimmt; durch die konkreten sozialen Gesellungsformen, deren Einflüssen es unterliegt. In dieser Gruppendetermination des Individuums konkretisiert sich die gesellschaftliche Umwelt des Menschen, ohne allerdings in ihr aufzugehen, denn die sozialen Institutionen wirken nicht nur vermittels der Gesellungsformen, sondern auch relativ eigenständig auf das Individuum ein. Die gesellschaftliche Determination überlagert und bestimmt die biologische Determination des Menschen, so daß dieser im eigentlichen Sinne nur als gesellschaftliches Produkt begriffen werden kann. Der Mensch wird nicht mit bestimmten ideologischen Einstellungen und sittlichen Verhaltensstrukturen geboren, sondern diese werden ihm durch die Gesellschaft vermittelt, so daß das Individuum, seinem allgemeinen Status nach, stets das „Ensemble der gesellschaftlichen Verhältnisse" (Marx) ist.

Im Sozialismus ist die Bindung des Individuums an die Gesellschaft nicht geringer als in der Klassengesellschaft, sondern, im Gegenteil, stärker. Dies ergibt sich aus der Tatsache, daß die gesellschaftlichen Verhältnisse den Individuen nicht mehr als entfremdete Mächte, sondern als bewußt gestaltete und damit beherrschte Bewegungsformen ihrer sozialen Tätigkeit gegenüberstehen. Gleichzeitig bedingen die sozialistischen Eigentumsverhältnisse und die Bewußtheit der Organisierung des sozialen Lebensprozesses, daß das Individuum tiefer als je zuvor in seinem Wesen durch die gesellschaftlichen Institutionen und ideologischen Normen geprägt wird. Es vermittelt sich in einer äußerst konzentrierten Weise mit der Gesellschaft wie diese mit ihm.

Der Mensch der sozialistischen Gesellschaft erkennt im Prinzip diesen Zusammenhang, und dies macht es ihm möglich, seine individuellen Kräfte *bewußt* als Ensembleleistung zu verwirklichen. Der Einzelne ordnet sich den gesellschaftlichen Wertsystemen freiwillig unter, insofern und weil er sie als notwendige Form seiner individuellen Selbstverwirklichung erkannt hat. Die sozialen Sollwerte, die das Handeln der Individuen regulieren, können gerade darum allseitig wirksam werden, weil das Individuum durch ideologische Überzeugungsarbeit und durch das bewußte Erleben seiner eigenen Praxis diese Sollwerte zugleich als notwendige Kriterien seines eigenen Verhaltens begreift. Sie verlieren den Charakter einer klassenbedingten Fremdbestimmung und werden zum Ausdruck der Übereinstimmung persönlicher und gesellschaftlicher Interessen.

Vom Standpunkt der gesellschaftlichen Determiniertheit des Menschen aus betrachtet, scheint das Individuum ein bloßes Produkt äußerer Einflüsse zu sein und seine Freiheit lediglich in der Anpassung an vorgefundene Verhältnisse zu bestehen, wobei es dieser Anpassung allenfalls die höhere Weihe einer „Einsicht in die Notwendigkeit" gibt. Indessen handelt es sich darum, daß das Individuum nicht nur ein

Produkt der Verhältnisse ist, sondern daß diese auch die Form der Betätigung der Individuen sind. Das Individuum verhält sich den äußeren Bedingungen gegenüber nicht nur empfangend, sondern auch produktiv, hervorbringend. Es kann dies nur in gesellschaftlicher Form wirkungsvoll tun, nur im Zusammenwirken mit andern. Aber zugleich ist stets seine eigene, individuelle Aktivität gefordert, wenn die Verhältnisse den konkret-historischen menschlichen und damit zugleich den individuellen Bedürfnissen entsprechend gestaltet werden sollen. Allerdings sind die Verhältnisse mehr als die Summe der Lebensäußerungen der Individuen; sie haben eine den Individuen gegenüber selbständige Gestalt. Gerade dies bedingt, daß das Individuum in ihnen eine Objektivität vorfindet, zu der es sich in ein jeweils verschiedenes Verhältnis setzen kann. Gleichzeitig aber stellen sich die Verhältnisse als Form der wechselseitigen Aktion der Individuen dar. Hierin liegt die Voraussetzung ihrer prinzipiellen Veränderbarkeit wie der Veränderbarkeit der Individuen selbst. Die Individuen können sich nicht ändern, ohne damit ihre Verhältnisse zu ändern, und sie können die Verhältnisse nicht ändern, ohne sich selbst zu ändern.

Die Verhältnisse formen den Menschen. Aber da sie sich ändern durch fortschreitende menschliche Tätigkeit, formen sie den Menschen zugleich in unterschiedlicher Weise, setzen sie ihn verschiedenen Bedingungen aus. Diese Bedingungen entsprechen in unterschiedlichem Grade sozialen Bedürfnissen: dem Bedürfnis nach Freiheit, Selbstentfaltung, Glück, materieller Sicherheit usf. Die Bedürfnisse, mit denen das Individuum den Verhältnissen fordernd gegenübertritt, sind die Bedingungen dafür, daß seine Beziehung zu ihnen nicht in einer reinen Anpassungshaltung aufgeht. Die Bedürfnisse unterliegen der Subjekt-Objekt-Dialektik; sie sind nichts Ewiges, Absolutes, sondern werden durch die gesellschaftlichen Verhältnisse selbst erzeugt bzw. modifiziert. Das menschliche Grundbedürfnis – gleichsam eine Naturvoraussetzung des Menschen – ist das nach Sicherung der individuellen Existenz; aber dieses Grundbedürfnis nimmt eine in sich gegliederte, mannigfaltige gesellschaftliche Existenzweise an. Die Bedürfnisse und Forderungen, die das Individuum den Verhältnissen gegenüber geltend macht, sind ihm gesellschaftlich vermittelt worden, so daß die Individuen die Sinnerfüllung ihres Daseins von unterschiedlichen und konträren gesellschaftlichen Existenzformen gesichert finden oder zu finden glauben.

Dies ist nun kein Problem einer unvermittelten Beziehung Individuum–Gesellschaft, sondern es ist vor allem eine Klassenfrage. Die Gesellschaft ist ja nicht einfach die Summe der Aktionen sozial gleichgestellter Individuen, sondern sie wird wesentlich konstituiert durch die Beziehungen der Klassen, Schichten, Gruppen. Die Bedürfnisse, mit denen das Individuum seinen Verhältnissen gegenübertritt, sind klassenbedingt. Selbstverständlich hat die imperialistische Bourgeoisie eine andere Einstellung zur kapitalistischen Gesellschaft als die ausgebeutete und unterdrückte Arbeiterklasse. Die Bourgeoisie fühlt sich von den kapitalistischen Verhältnissen bestätigt und sucht sie zu konservieren; die Arbeiterklasse fühlt sich von ihnen in der Regel nicht bestätigt und sucht sie zu überwinden.

Welches sind nun die Kriterien, mittels derer die Individuen ihre Übereinstimmung oder Nichtübereinstimmung mit den Verhältnissen feststellen? Es geht hierbei empirisch zunächst um die individuelle materielle Lage des Menschen, ferner aber um die Frage nach den Möglichkeiten menschlicher Selbstentfaltung und Bestätigung. Wer sich in seinen Verhältnissen materiell wohl befindet, wird geneigt sein, sie zu akzeptieren. Aber das menschliche Sein geht nicht in Essen, Trinken und Wohnen auf; der Mensch hat zugleich das Bedürfnis nach Achtung und Anerkennung seiner Würde als menschliches Individuum und damit nach einer Betätigung in der Gemeinschaft, die zu dieser führt. (Natürlich sind diese Bedürfnisse bei den Individuen verschieden ausgebildet nach ihrem individuellen Wesen.)

Die Individuen befinden sich in einer Situation, in der sie als Angehörige sozialer Gruppen in unterschiedlicher Weise ihre Bedürfnisse durch die jeweilige Gesellschaft befriedigt finden. Diese Gruppen sind primär die Klassen. Das individuelle Sein und die individuelle Beziehung zu den Verhältnissen erweisen damit ihre Klassennatur. Das Individuum kann sich über seine Zwecke und Interessen nicht wahrhaft verständigen, ohne die Zwecke und Interessen seiner Klasse zu erfassen. Dies aber vermag es nicht aus der Unmittelbarkeit seiner individuellen Existenz heraus, sondern nur so, daß es seine persönlichen Erfahrungen mit den Erfahrungen der Klasse verbindet, sich die Erfahrungen der Klasse in Gestalt der diese Erfahrungen reflektierenden Theorie aneignet und so zugleich zum Bewußtsein seines individuellen Daseins gelangt.

Auf dieser Grundlage tritt das Individuum den Verhältnissen so gegenüber, daß es sie dem Kriterium des Klasseninteresses unterwirft. Es macht sich – als den werktätigen Klassen und Schichten angehörend – zum Subjekt und gelangt zur Freiheit, wenn es an der Veränderung der Verhältnisse in einer solchen Richtung arbeitet, daß sie diesem Interesse und damit dem Erfordernis sozialen Fortschritts gemäß werden. Dies schließt im Kapitalismus den Kampf um die Beseitigung der Ausbeutungsverhältnisse ein, im Sozialismus findet es seinen Ausdruck in dem Ringen um ständige progressive Entwicklung der materiellen und ideologischen Bedingungen der Gesellschaft.

Das Individuum wird zwar durch die objektiven Verhältnisse geprägt. Aber dies geschieht nicht so, daß es lediglich als deren Produkt fungiert. Indem es sich tätig mit den Verhältnissen vermittelt, steht es ihnen aktiv und fordernd gegenüber. Das Individuum richtet sich nicht nur nach den Verhältnissen, sondern die Verhältnisse richten sich auch nach dem Individuum. Aus der tätigen Beziehung zwischen dem Individuum und den objektiven Verhältnissen ergibt sich eine Dialektik beider Seiten derart, daß die Verhältnisse selbst sich „widersprechen", indem ihnen stets Möglichkeiten einer progressiven Veränderung innewohnen. Zugleich ist das Individuum nicht nur Empfänger von Umwelteinflüssen, sondern es wirkt auch selbst tätig auf die Verhältnisse ein. Dies geschieht auf der Grundlage der Bedürfnisse, die durch die objektiven Verhältnisse entstehen bzw. modifiziert werden und durch sie in unterschiedlicher Weise befriedigt werden. Um seine Bedürfnisse mit den Verhältnissen in Übereinstimmung zu bringen, muß das Individuum seiner Tätigkeit eine bestimmte Richtung geben, muß es die Verhältnisse progressiv verändern. Es ist klar, daß das Individuum dies nicht isoliert, als einzelnes leisten kann, sondern daß es dazu gemeinsamer Aktionen der Menschen bedarf. Die Bedürfnisse und Forderungen, die das Individuum den Verhältnissen gegenüber geltend macht, sind die Bedürfnisse und Forderungen *vieler* Individuen. Sie haben einen gesellschaftlichen Charakter und können auch nur gesellschaftlich befriedigt werden.

Das Individuum gelangt zur Freiheit durch die Tätigkeit, die es als Glied der Gesellschaft zur Optimierung der Verhältnisse leistet. Frei-

heit besteht nicht darin, die bestehenden Verhältnisse in ihrem jeweiligen Dasein einfach anzuerkennen und hinzunehmen, sondern
darin, sich — auf der Grundlage ihrer theoretischen Erfassung — gedanklich und praktisch über sie zu erheben, die Zukunft in das Heute
zu überführen. Dies kann nur als gesellschaftlich vollzogene Einsicht
in die objektiven Möglichkeiten und Erfordernisse progressiver Entwicklung der Verhältnisse und als der organisierte Kampf zur praktischen Verwirklichung dieser Einsicht geleistet werden. Frei ist das
Individuum, wenn es sich aktiv und bewußt an diesem gesellschaftlichen Ringen beteiligt und die ganze Energie seiner Persönlichkeit
dafür aufbietet. Dies kann niemals durch äußere Einflüsse erzwungen
werden, sondern bleibt im letzten Grunde immer die Tat des Individuums selbst, dessen Freiheit daher, so sehr sie gesellschaftlich bedingt ist, im Eigensten der Persönlichkeit ihre tiefste Wurzel hat. Es
kann einer formell frei handeln, ohne es real zu tun: Letzteres hat
immer das *bewußte* Engagement des Individuums zur Voraussetzung.
Indem das Individuum als gesellschaftliches Wesen in den Kampf
zur Veränderung der Verhältnisse eintritt, ändert es sich selbst, weil
die *Tätigkeit* es ist, die den Menschen immer neuen Bewährungs-
situationen unterwirft, in denen er reift und sich entwickelt. Zwar
wohnt den Existenzbedingungen des Menschen eine unaufhebbare
objektive Gesetzmäßigkeit inne, aber diese definiert gleichsam nur
den äußeren Rahmen, in dem sich die Tätigkeit der Individuen zur
Gestaltung ihrer Verhältnisse vollzieht. Die Menschen bringen sich
selbst hervor, indem sie die Bedingungen schaffen, die ihr Denken
und Handeln prägen. Freiheit und Würde des Individuums sind durch
das Maß dessen bestimmt, wie es in diesem Kampf sich als Persönlichkeit engagiert und bewährt. Der materialistische Satz, dáß die Umstände den Menschen bilden, stellt zweifellos eine tiefe Wahrheit dar.
Er steht in einem grundlegenden inneren Zusammenhang mit der
Theorie des wissenschaftlichen Sozialismus. Die Vermittlung der materialistischen und der sozialistischen Lehre geschieht durch den Begriff der Praxis. „Wenn der Mensch von den Umständen gebildet wird,
so muß man die Umstände menschlich bilden."[26] Die Vermensch-

---

[26] Friedrich Engels und Karl Marx, „Die heilige Familie", in Karl Marx/
Friedrich Engels, Werke, Bd. 2, a. a. O., S. 138.

lichung der Umstände geschieht durch den Klassenkampf des Proletariats und der mit ihm verbündeten Schichten um die Niederringung des Kapitalismus und die Errichtung des Sozialismus. Die Umstände richten sich nicht von selbst im Sinne des Humanismus und Sozialismus ein, sondern nur durch das gesellschaftliche Handeln der Menschen und damit letzten Endes durch die freie Tat der Individuen. Die Vermenschlichung der Umstände gilt in bezug auf die Gesamtgesellschaft wie auf die Mikrobereiche des sozialen Lebens. Die Geburt des wahrhaften Menschen setzt eine Umgestaltung *aller* Verhältnisse voraus, von der Familie bis zum Staat, damit der Mensch überall das Menschliche erfahre und so als Individuum alle seine Potenzen zu entfalten vermöge. Wenn von der Freiheit des Individuums als Fähigkeit zu selbstbewußter und selbstverantwortlicher Tat gesprochen wird, ist es natürlich das „Durchschnittsindividuum" unter „Durchschnittsbedingungen", das man im Auge hat. Kein Zweifel, daß es abnorme Bedingungen gibt, die es dem Individuum äußerst erschweren können, sich von der niederdrückenden Gewalt der Umstände zu befreien und sich aus sich selbst zu gestalten. Der Sozialismus hat gerade zur Aufgabe, die *Totalität* der sozialen, und damit zugleich der individuellen Daseinsbedingungen zu vermenschlichen und wirklich allen Individuen die gleichen günstigen Umstände zu verschaffen. Erst in dem Maße, wie dies durch das Handeln der Gesellschaft gelingt, kann von der allseitigen Entwicklung der Individuen zu Persönlichkeiten gesprochen werden.

Die Individuen sind nicht bloße Schnittpunkte gesellschaftlicher Determinanten, so daß ihre Individualität nur als Summe der Einflüsse der verschiedenen Gruppen, denen sie angehören, zu verstehen wäre. Ein solcher Standpunkt – der im Grunde der der bürgerlichen Konzeption der Sozialrolle ist – verkennt die schöpferische, produktive Energie der menschlichen Persönlichkeit und faßt diese fälschlich nur als Produkt auf. In Wahrheit kann das gesellschaftliche Individuum in den verschiedenen konkreten Verhältnissen – den Vermittlungen von Individuum und Gesellschaft – aktiv auftreten und aus seinem Eigensten zur Entwicklung der Verhältnisse beitragen. Die Individualität scheint sich hier zwar als eine nicht entzifferbare qualitas occulta zu präsentieren: Indessen ist sie durchaus rationell faßbar.

Das Eigenste und Unverwechselbare der Individualität ist nicht einfach das, was sie in individueller Ausprägung von der Natur und der Gesellschaft empfangen hat – obwohl dies sicher eine nicht unwichtige Rolle spielt –, sondern das, wozu sie sich selbst gemacht hat und macht. Natürlich sind die Individuen in vielen Eigenschaften und Merkmalen unterschieden, und jedes Individuum ist in diesem Sinne ein unverwechselbares und nicht beliebig austauschbares System von Eigenschaften. Aber die Individualität gründet nicht in der bloßen Summe beliebiger Merkmale, wonach sich immer etwas angeben läßt, wodurch sich einer von dem anderen unterscheidet. Wenn wir die Individualität wesentlich als *Persönlichkeit* auffassen, dann sind es vor allem die Taten und selbstbewirkten Schicksale des Individuums, ist es die Energie, die es in sein Tun gelegt hat, die die Persönlichkeit konstituieren. Dies geht nicht in dem auf, was der Mensch wie auch immer „empfangen" hat, sondern bildet das, was er selbst aus sich heraus hervorgebracht hat. Jeder Mensch hat die Fähigkeit, aus sich heraus zu leben, sich selbst zu etwas zu machen und damit eine Persönlichkeit zu sein. Hier spielt weniger der Kreis von beruflichen und anderen Verhältnissen eine Rolle, als das, was der Mensch durch seine eigne Anstrengung jeweils aus den Verhältnissen und damit aus sich selbst macht. Man kann die inneren Voraussetzungen dazu die „Haltung" des Menschen nennen; mit diesem Begriff wird die Disposition kenntlich gemacht, mit der das Individuum den Verhältnissen gegenübertritt. Das eine ist die Situation, in der sich das Individuum befindet, sind die Anforderungen, die an es gestellt sind, das andere ist die innere Einstellung, die es zu ihnen findet und die die Grundlage seiner Bewährung ist. Die Haltung wird nicht automatisch durch die Verhältnisse erzwungen, wenn diese auch eine wichtige stimulierende Rolle spielen. Die Einstellung zur Objektivität ist vor allem das Resultat der eigenen Energie des Individuums, ist der Ausdruck der Selbstentfaltung der Persönlichkeit. Damit ist die Unübertragbarkeit von Schuld und Verdienst gesetzt; der Mensch ist als sittliches Wesen anerkannt, das für seine Taten einstehen muß, weil diese nicht nur Resultat einer Verkettung von Umständen, sondern weil sie sein eigenes Werk sind.

Es ist also nicht angängig, Schuld und Verdienst auf Rechnung der Umstände zu setzen. Gerade die Tatsache, daß der Mensch nicht durch seine äußeren Daseinsbedingungen absolut determiniert wird, begründet seine moralische Selbstverantwortung. Die Mittel, mit denen das Individuum auf die Verhältnisse tätig zurückwirkt, sind Erkennen und Handeln. Zwar wird die allgemeine Bewußtseinslage des Menschen zunächst durch äußere Bedingungen und Voraussetzungen geprägt. Aber der Mensch ist nicht nur rezeptiv, sondern vor allem auch produktiv. Er ist nicht bloßer Empfänger von Einflüssen der Umwelt, sondern kann sich zu ihnen kritisch ins Verhältnis setzen. Dies geschieht zunächst durch das Aufbieten der Energie seines eigenen Denkens. Im Denken ist mehr enthalten als eine bloße Summe von Umweltbestimmungen, es liegt in ihm die subjektive Tätigkeit des Analysierens, Vergleichens, kritischen Prüfens, die der Mensch vollzieht. Vor allem ein kritisches Bewußtsein kennzeichnet das produktiv theoretische Verhalten des Menschen zu seinen Verhältnissen. (Natürlich ist das kritische Verhalten der Angehörigen der Arbeiterklasse zu den ihnen feindlichen Verhältnissen des Kapitalismus völlig verschieden von ihrer kritischen Einstellung zu dem jeweiligen Stand der selbstbewußt durch sie erzeugten Verhältnisse im Sozialismus.) Zu der Energie des Denkens muß die des Handelns treten: Auch das Handeln des Menschen besitzt ein Eigenes, das mehr ist als Stimulierung von außen. Da jeder Mensch mit der Fähigkeit zweckbezogenen Handelns begabt ist, kann er unter das Gesetz sittlicher Selbstverantwortung gestellt werden, das seine Freiheit als Individuum begründet. Er hat die Fähigkeit, ungünstige Verhältnisse nicht bloß zu erleben, sondern zu erkennen, sie nicht bloß auf sich einwirken zu lassen, sondern ihnen handelnd zu begegnen und sich damit theoretisch und praktisch kritisch zu ihnen zu verhalten.

Aber wenn das Bewußtsein der Menschen manipuliert wird, wie im Faschismus und im modernen staatsmonopolistischen Kapitalismus, wie soll das Individuum dann zu kritischer Distanz den Verhältnissen gegenüber kommen? Dem manipulierten Bewußtsein widerstreiten die Symptome der täglichen Erfahrung nicht minder wie die Wetterzeichen großer politischer Tendenzen und Bewegungen. Beide müssen daher Anlaß und Gelegenheit sein, daß sich das Individuum der Manipulation widersetzt und aus sittlicher Verantwortung den Kampf gegen die Verhältnisse aufnimmt. Hierbei ist ganz abgesehen davon, daß es immer Kanäle und Institutionen gibt, durch die den Menschen ein wahres Bewußtsein der Verhältnisse vermittelt wird. Schuldig wird der, der die Symptome der Bedrohung nicht zur Kenntnis nimmt und sich vom Handeln dispensiert, weil er seinen Frieden mit den Verhältnissen sucht. Verdienst aber liegt dort, wo das Individuum wachen Auges und Herzens den Verhältnissen gegenübertritt, sie an dem Kriterium des Fortschritts und der Menschlichkeit prüft und sein Handeln in den Dienst progressiver Veränderung der Verhältnisse stellt. So zeigt sich, daß das Individuum mehr ist als eine Konfiguration gesellschaftlicher Determinanten, daß es die Verhältnisse im Kampf zu verändern vermag, wenn es die Energie seines individuellen Erkennens und Handelns aufbietet.

Die Verantwortung des Individuums erstreckt sich sowohl auf die Motive seines Handelns als auch auf dessen Resultate. In den Motiven wird das Niveau des Erkennens und der sittliche Impetus der Persönlichkeit offenbar; in den Resultaten des Handelns findet die konkrete Natur der Tätigkeit ihren Ausdruck, allerdings nicht unvermischt, da es niemals im strengen Sinne Resultate *individuellen* Handelns gibt. Äußere Bedingungen, gesellschaftliche Verhältnisse, die Konvergenz bzw. Divergenz anderer Handlungsreihen formen stets das Ergebnis mit, so daß in diesem mehr oder auch weniger enthalten sein kann, als in den individuellen Motiven und Zwecken vorgezeichnet war. Dennoch läßt sich aus der Struktur einer Begebenheit das individuelle Handeln hinreichend klar gedanklich herauslösen und damit bewerten. Das Individuum muß zunächst und vor allem für seine Taten Rechenschaft ablegen, aber dann auch für seine Motive, Zwecke, Absichten. Der Mensch wandelt sich in seinem Handeln; hier schleifen sich auch seine moralischen Antriebe ab. Darum muß er vor allem für sein Tun einstehen; aber es wäre falsch, das Tun für sich zu fixieren und nicht auch nach den Absichten zu fragen, die ein Individuum verfolgt. Man kann mit unwürdigen Motiven Nützliches vollbringen, man kann mit edeln Motiven Schaden stiften. Der Mensch ist ein Ganzes, das Inneres und Äußeres, Zwecke und Mittel, Motive und Handlungen vereint. Nur als diese Totalität ist er sittliches Wesen, und nur als *ganze Persönlichkeit* kann er der Selbstverantwortung unterworfen werden.

Die sittliche Selbstverantwortung existiert natürlich nur insofern es eine Freiheit des individuellen Handelns gibt. Diese Freiheit versteht sich als Alternative zu einer starren Zwangsläufigkeit des menschlichen

Handelns, auf die das Individuum keinen selbsttätigen Einfluß zu nehmen vermag. Die Frage nach der Freiheit des Individuums ist ein altes Problem; eine große Rolle spielte sie in den Überlegungen des mechanischen Materialismus und des dialektischen Idealismus. Es geht dabei um die Vereinigung von Freiheit und Gesetzmäßigkeit. Vom Standpunkt des wissenschaftlichen Denkens aus muß an der durchgängigen Gesetzmäßigkeit aller Prozesse in Natur und Gesellschaft festgehalten werden; ohne diese Gesetzmäßigkeit wäre eine menschliche Existenz – wie überhaupt irgendeine Existenz – nicht möglich. Vom Standpunkt des tätig sich selbstbestimmenden Menschen aus muß gleichzeitig die Freiheit individuellen und kollektiven Handelns geltend gemacht werden, weil der Mensch sonst nichts anderes als ein Produkt äußerer Verhältnisse, nicht aber ein sittliches Wesen wäre. Die Gesetzmäßigkeit des Wirklichen erstreckt sich natürlich auch auf das menschliche Handeln. Die Tätigkeit des Menschen ist ihrer Struktur nach gesetzmäßig und, sofern die Notwendigkeit einen Wesenszug der Gesetzmäßigkeit ausmacht, notwendig. Zugleich aber soll es frei sein, d. h. nicht im Sinne starrer Notwendigkeit ablaufen. Das menschliche Handeln ist daher der lebendige Widerspruch, und es ist nach der Denkbarkeit und realen Lösung dieses Widerspruchs zu fragen.

Das Handeln des Individuums wird bestimmt von seinen allgemeingesellschaftlichen und konkret-spezifischen Daseinsbedingungen. Dies sind äußere Voraussetzungen, die zugleich als innere Bedingungen auftreten, indem sie das Bewußtsein des Handelnden prägen. Zwecke, Mittel, Motive, Methoden usw. des Handelns sind gesellschaftlich bestimmt. Wo aber bleibt dann das Wirkungsfeld des Individuums als der Ort seiner Freiheit?

Man könnte sagen, die Freiheit bestehe einfach darin, diese gesellschaftliche Determinierung des individuellen Handelns abstrakt zu durchschauen und das Bewußtsein der Notwendigkeit adäquat zu machen. Freiheit wäre dann bloße Einsicht in das Notwendige; was im Grunde die einfache Umkehrung der These des mechanischen Determinismus ist, daß die Freiheit in der Notwendigkeit untergeht.

Nun besteht allerdings kein Zweifel daran, daß ein Handeln, das die Gesetzmäßigkeit jener Prozesse, in die es eingreifen will, nicht erkennt, niemals frei sein kann. Es bleibt nämlich den Prozessen notwendig subordiniert, und seine Freiheit ist die abstrakte der Willkür. In diesem

Sinne ist Freiheit ohne Einsicht in das Notwendige nicht möglich. Aber die Notwendigkeit ist nicht, wie der mechanische Determinismus meint, die starre Beziehung von Ursache und Wirkung, sondern sie ist nur eine Seite jenes dialektischen Totalitätszusammenhangs, der mit dem Begriff „Gesetzmäßigkeit" gekennzeichnet wird. Die Gesetzmäßigkeit schließt aber die starre mechanische Notwendigkeit geradezu aus: Sie verbindet wesentliche und unwesentliche, innere und äußere, notwendige und zufällige Prozesse und tritt in der konkreten Beziehung eines ganzen Spektrums von Möglichkeiten an den Tag. Die objektive dialektische Struktur des Wirklichen begründet somit die subjektive dialektische Struktur des Handelns, die zur Freiheit führt. Freiheit besteht, abstrakt betrachtet, in dem So-oder-auch-anders-handeln-Können. Die Voraussetzungen dafür bestehen auf der Seite der Objektivität in der Dialektik des Möglichen und des Wirklichen, auf der Seite der Subjektivität in der menschlichen Fähigkeit des Erkennens, der vernünftigen Überlegung, der sachlichen Entscheidung, des zielgerichteten Handelns. Freiheit ist ohne Vernunft nicht möglich und darum ist nur der Mensch zur Freiheit fähig.

Das Individuum wird in dem Maße frei, wie es die objektive Wirklichkeit in ihrem dialektischen Prozeßcharakter gedanklich in sich aufnimmt – was natürlich nur im Rahmen der Gesellschaft, nicht als autonom ablaufende Tätigkeit des Individuums möglich ist – und sein Handeln auf die Durchsetzung der jeweils optimalen, der progressiven Möglichkeit orientiert, was es ebenfalls nur im Rahmen menschlicher Gemeinschaften tun kann. Erkennen und Handeln des Individuums als Gliedes der Gesellschaft bedingen seine Freiheit und seine moralische Selbstverantwortung. Das Erkennen und das Handeln, so sehr sie gesellschaftlich fundiert sind, können dem Individuum nicht einfach „vermittelt" werden, sondern müssen von ihm selbst, durch seine eigene Energie betätigt und in Gang gesetzt werden. Hier liegt das ganz dem Individuum zugehörige Wirkungsfeld: Wenn der Mensch erkennt und handelt, ist er stets in bestimmtem Maße aus sich selbst tätig. Zwar sind die Struktur und der allgemeine Inhalt seines Erkennens und Handelns gesellschaftlich bedingt, aber ihr konkreter Vollzug ist das Werk des Individuums. Es kann einer zum Erkennen und Handeln von außen „gestoßen" werden, wie Körper mechanisch auf andere Körper wirken, aber wahrhaft als Mensch wird er nur tätig, wenn er die ganze Energie seiner Persönlichkeit in sein Tun legt. Nur so handelt er frei. Freiheit besteht in dem bewußten und aktiven Durchsetzen progressiver Tendenzen und Möglichkeiten des objektiven Prozesses der Wirklichkeit; der Mensch ist in seinem Verhältnis zu diesem Prozeß nicht nur Produkt, sondern zugleich Produzent, Schöpfer. Der historisch progressive Wandel der Verhältnisse geht von den Individuen aus, sofern sie sich von diesen Verhältnissen nicht nur bestimmen lassen, sondern die ihnen innewohnenden weitertreibenden Möglichkeiten selbstbewußt und zielstrebig verwirklichen. Die menschliche Wirklichkeit ist etwas anderes als das Reich der Natur, wo alle Prozesse *nur* nach objektiven Gesetzen ablaufen. In der Menschenwelt wirken zwar auch unaufhebbare objektive Gesetze, aber die konkrete Gestalt der realen Prozesse ist auch subjektiv bestimmt, durch das Maß menschlicher Einsicht, Entscheidung, Tätigkeit. Das Einwirken der Subjektivität auf die Objektivität begründet die menschliche Freiheit.

Im Sozialismus findet gegenüber der Klassengesellschaft ein enormes Wachstum der Rolle der Persönlichkeit statt. Dies gründet in der Befreiung der Werktätigen von Ausbeutung und Unterdrückung, in ihrer immer umfassenderen Heranziehung zu bewußter Gestaltung der sozialen Verhältnisse. Damit wird gleichsam die Individualität und Persönlichkeit des „einfachen" Menschen entdeckt, der, in der Klassengesellschaft von den Herrschenden nur als Objekt innerhalb einer amorphen Masse behandelt, nun in seiner Subjektivität praktisch und theoretisch anerkannt und gewürdigt wird. Der Sozialismus gründet sich auf die bewußte Identifikation des Einzelnen mit den objektiven Verhältnissen, als deren Gestalter und Träger er sich begreift.

Eine wachsende Persönlichkeitsentfaltung gibt es aber nicht nur im Verhältnis des Sozialismus zum Kapitalismus, sondern auch innerhalb des Sozialismus selbst, insofern der Trend der Entwicklung darauf hinausläuft, bei Anerkennung und Betätigung des Ensemblecharakters des Individuums dieses immer mehr in seiner Einmaligkeit zu reflektieren und als unerschöpfliche Triebkraft des gesellschaftlichen Fortschritts zur Wirkung gelangen zu lassen.

Das Wachstum der Rolle der Persönlichkeit im Sozialismus ergibt sich aus der gesellschaftlich-bewußten Gestaltung der menschlichen Lebensverhältnisse. Diese ist ohne Engagement und Identifikation des

Individuums mit den Verhältnissen nicht zu erreichen; sie kann nur erfolgreich vonstatten gehen, wenn die Massen selbst sie tragen und verwirklichen. Dies wiederum setzt die volle Selbstentfaltung der Individuen als der in letzter Instanz entscheidenden Träger des gesellschaftlichen Fortschritts voraus.

Den konkreten Ausdruck erhält die individuelle Selbstentfaltung in der tätigen Einbeziehung jedes Einzelnen in die gesellschaftliche Verantwortung, in das Erarbeiten von Entscheidungen und die ideenreiche Mitgestaltung aller Prozesse des gesellschaftlichen Lebens. Das Wachstum der Rolle der Persönlichkeit in der Produktion ist materiell fundiert durch die technische Revolution. Die ungeheure Zunahme der Bedeutung der Wissenschaft als Produktivkraft erfordert einen Produzenten, der selbständiges Denken mit der Fähigkeit und Bereitschaft zum Erwerb neuer Kenntnisse und Fertigkeiten verbindet, der Disponibilität auf der Grundlage einer guten Allgemein- und Fachbildung besitzt.[27] Indem die produktive Arbeit immer mehr zu ingenieurtechnischer Tätigkeit wird, ist der Werktätige der sozialistischen Gesellschaft nicht bloß anonymes Rädchen in einem unüberschaubaren Ganzen, sondern ein Mitarbeiter, der hohe Verantwortung trägt und dessen Tätigkeit sich auf immer höherem geistigen Niveau vollzieht.

Kennzeichnend für den Platz des Individuums im gesellschaftlichen Leben ist Aktivität und Mitverantwortung. Sie resultieren aus der Überwindung von Ausbeutung und Unterdrückung und damit daraus, daß die Werktätigen nicht mehr einer fremden Macht subordiniert, sondern ihre eigenen Herren sind. Sie nehmen diese Herrschaft über den sozialistischen Staat und die Partei der Arbeiterklasse wahr, die die Organe ihres assoziierten Willens sind. Wenn die Ideologen der aufsteigenden Bourgeoisie den unendlichen Wert des Individuums artikulierten, so hat der Sozialismus an die Stelle dieser „heroischen Illusion" die konkrete, reale Wirklichkeit gesetzt. Das Individuum bleibt den Verhältnissen unterworfen, solange es sie nicht selbstbewußt gestaltet und beherrscht. Dies aber kann es nur im gesellschaftlichen Zusammenwirken, nur als aktives Glied und Mitstreiter der Bewegung

---

[27] Vgl. Gerda Huth, „Produktivkraft Persönlichkeit. Philosophische Bemerkungen über Qualifizierung und wissenschaftlich-technische Revolution", a. a. O., S. 86.

der Massen. Wenn die bürgerlichen Ideologen in unserer Zeit den sozialistischen Kollektivismus verunglimpfen, so offenbaren sie damit ihr Unvermögen, die reale Befreiung des Individuums als gesellschaftliche Massenaktion zu verstehen. Nur in der Gemeinschaft und nur auf der Grundlage sozialistischer Produktionsverhältnisse kann das Individuum zur Entfaltung aller seiner Wesenskräfte gelangen.

Der Mensch der sozialistischen Gesellschaft verändert und entwickelt sich, indem er sich aktiv mit der gesellschaftlichen Wirklichkeit vermittelt, indem er sich als selbstbewußter und verantwortlicher Gestalter seiner Verhältnisse begreift und betätigt. Die sozialistischen Lebensverhältnisse fordern die nicht nur theoretische, sondern vor allem auch praktische Identifikation des Individuums mit seinen gesellschaftlichen Daseinsbedingungen. Ohne Bewußtheit und Aktivität der Individuen könnten sie nicht erfolgreich entwickelt werden.

Die Politik der Sozialistischen Einheitspartei Deutschlands war und ist darauf gerichtet, die Individuen in die gesellschaftliche Mitverantwortung und Mitgestaltung umfassend einzubeziehen. Ökonomisch geschieht dies vor allem durch die allseitige Verwirklichung des Prinzips der materiellen Interessiertheit, ideologisch geschieht es durch umfassende Verallgemeinerung der sozialistischen Bewußtheit und politisch durch konsequente Verwirklichung des sozialistischen Demokratismus. Die Identifikation des Individuums mit den Verhältnissen vollzieht sich auf dem Wege der Entfaltung sozialistischer Gemeinschaftsarbeit im umfassendsten Sinne. Gemeinschaftsdenken und -handeln bestimmt die Stellung des Individuums zur sozialen Wirklichkeit; nur auf dieser Grundlage kann der Einzelne seine Freiheit und Verantwortung optimal entfalten. Die Gemeinschaftstätigkeit setzt die volle Selbstverwirklichung des Einzelnen voraus; das Kollektiv ist keine den Individuen gegenüber verselbständigte und entfremdete Institution, sondern die Form der Organisierung ihrer freien und disziplinierten Betätigung. Der Einzelne muß seinen Platz und seine Verantwortung in der Gemeinschaft kennen und aus Überzeugung bejahen. Dies setzt sowohl Sachkenntnis auf seiten des Individuums wie eine echt demokratische Leitungstätigkeit der Führungsorgane voraus.

Natürlich können Konflikte zwischen dem Einzelnen und der Gemeinschaft bzw. der Gesellschaft nicht prinzipiell ausgeschlossen werden. Ihre Möglichkeit kann sogar zunehmen, wenn das Individuum

immer umfassender als verantwortlicher Gestalter der gesellschaftlichen Prozesse in Funktion tritt. Denn es ist keineswegs von vornherein gesichert, daß die Überlegungen des Einzelnen immer auf das
gesellschaftliche Optimum zielen, wie es auch keineswegs ausgeschlossen ist, daß die Gemeinschaft vorwärtstreibenden Ideen und Taten des
Einzelnen zunächst skeptisch gegenübersteht. Der Blickwinkel, unter
dem der Einzelne und unter dem die Gesellschaft bestimmte Zusammenhänge betrachten, wird häufig verschieden sein, was zu konträren Urteilen führen kann. Diese unterschiedliche Optik ist an sich
ein belebendes Element sozialer Erkenntnis- und Willensbildung. Der
gesellschaftliche Wille kann sich nur aus der theoretischen und praktischen Aktivität der Individuen und Kollektive formen. Zugleich besteht die Gefahr des Irrtums des Einzelnen, der durch die praktische
gesellschaftliche Aktion überwunden wird. Aber es ist auch möglich,
daß die kollektive Erkenntnis hinter Erfordernissen zurückbleibt, die
bereits in den Ideen von Einzelnen reflektiert werden.

Eine Gewähr für die Optimierung des Verhältnisses von Individuum,
Kollektiv und Gesellschaft liegt in der allseitig entfalteten Tätigkeit
der Partei der Arbeiterklasse. Die Wirksamkeit der Partei besteht
gerade darin, alle Keime des Neuen, wie sie auf dem Boden der Tätigkeit der Massen erwachsen, zu entwickeln. Gleichzeitig öffnet sie
dem Einzelnen den Blick für die gesellschaftlichen Zusammenhänge
und Erfordernisse, gibt seiner individuellen Tätigkeit Richtung und
Impuls und schränkt die Möglichkeit von hemmenden Konflikten ein.
Die Freiheit des Einzelnen verwirklicht sich in einem Handeln gemäß
gesellschaftlichen Notwendigkeiten, was die Subordination unter die
Normen kollektiver Aktion einschließt. Eine Freiheit des Individuums
jenseits gesellschaftlichen Zusammenwirkens kann es im Sozialismus
nicht geben, gleichzeitig aber wächst die Freiheit des Einzelnen in dem
Maße, wie er sich bewußt in den Kampf der Partei und der Klasse
einreiht. Die Frage kann also nicht lauten: Entweder individuelle Freiheit oder Unterordnung des Einzelnen unter die Gesellschaft. Sondern
die Freiheit des Individuums als gesellschaftliche Betätigung des Einzelnen schließt im Sozialismus beide Momente ein, und wenn die Verwirklichung dieser Einheit auch in der Praxis nicht immer ohne
Konflikte vonstatten geht, so ist sie doch die reale Form, in der menschliche Freiheit Wirklichkeit wird.

Personenverzeichnis

III/29/2/5000/308/73